W0407079

Martin Rupps Der Lotse

Für M. G.

Martin Rupps

Der Lotse

Helmut Schmidt und die Deutschen

orell füssli Verlag

Umschlaggestaltung: Hauptmann & Kompanie Werbeagentur, Zürich, unter Verwendung eines Fotos von © Ulrich Baatz
Lektorat: Ute Maack
Druck: CPI books GmbH, Leck

ISBN 978-3-280-05553-3

Bibliografische Information der Deutschen Nationalbibliothek: Die Deutsche Nationalbibliothek verzeichnet diese Publikation in der Deutschen Nationalbibliografie; detaillierte bibliografische Daten sind im Internet über http://dnb.d-nb.de abrufbar.

FSC www.fsc.org
MIX
Papier aus verantwortungsvollen Quellen
FSC® C083411

Inhaltsverzeichnis

IM AREOPAG

Helmut Schmidt und die Berliner Republik 9

Geschichtsstunde 9

Generation Helmut Schmidt 26

»Ihr psychologisiert!« 35

TRAUMA

Die Schicksal einer Generation 49

Verführung 49

Krieg 55

Haltegriffe 61

GELERNTE DEMOKRATEN

Aus der Wehrmacht in die Politik 65

Späte Schulstunde 65

Kämpfer und Mahner 72

Mehrheitsdeutscher 81

MANTRA

Das politische Weltbild einer Generation 93

Wachstum macht gute Demokraten 93

Vom Segen der Technik 100

Sicherheit im Schoß des Kalten Krieges 108

PARANOIA

Die Generation Helmut Schmidt an der Macht 117
Soldatenpolitiker 117
Entsetzen über die Jungen 131
Hoch auf dem gelben Wagen 140
Die letzte Schlacht 154

GENERATIONENDÄMMERUNG

Machtverfall und Machtverlust der Generation Helmut Schmidt 167
Das Ende des »Modells Deutschland« 167
Psychogramm eines Kanzlers 188
Helmut Schmidt und Christiane F. 196
Meuchelmord an einer Generation 212

STELLUNGSWECHSEL

Die Mission wird fortgesetzt 223
In Wahlen unbesiegt 223
Psychogramm der Deutschen 239
Abschiedsrede einer Generation 248
Fehlbesetzung 261

KANZLER IM SEHNSUCHTSLAND

Späte Verehrung, späte Kritik 271
Mythos Kriegsgeneration 271
Kapriolen einer Demokratie 284
Leise Widerrede, lauter Widerspruch 296

CHARISMA
Eine Generation und ihre Republik 303
Das Wunder von Berlin 303
Warnung vor den Magiern 310
Wer zu spät kommt, darf regieren 322

Anmerkungen 330

Ein Wort des Dankes 342

Quellen- und Literaturverzeichnis 343

Bildnachweis 363

Personenregister 363

IM AREOPAG

Helmut Schmidt und die Berliner Republik

> *»Helmut Schmidt ist kein Mann, bei dem man zweifeln könnte, ob es ihn wirklich gibt. Seine Ecken und Kanten gehören ihm allein. Seine Grundsätze sind nicht beliebig übertragbar. Sein Standpunkt erscheint als Standpunkt von Helmut Schmidt.«*
>
> Siegfried Lenz

Geschichtsstunde

Berlin, im Dezember 2011. Die Deutschen haben ihr Geld noch. Zwei Jahre lang wurden sie von der größten Weltwirtschaftskrise der Nachkriegszeit in Atem gehalten. Jetzt macht sich Erleichterung breit und das Gefühl: Wir sind noch einmal davongekommen.

Der alte Mann, der in der Berliner »Station«, einer Halle im Stadtteil Kreuzberg, seinen Rollstuhl ans Rednerpult schiebt, hat die Entwicklung seit dem Herbst 2008, als die amerikanische Investmentbank Lehman Brothers zusammenbrach, genau verfolgt – genauer als die meisten Delegierten und Journalisten im Saal. Er hatte das Platzen der Börsenblase bereits Jahre vorher in Artikeln für »Die Zeit« und in Vorträgen vorausgesagt. »Beaufsichtigt die neuen Großspekulanten!«, fordert er seither bei wechselnden Gelegenheiten.

Doch Helmut Schmidt und der Rest der Welt mussten ohnmächtig zusehen, wie die Lehman-Pleite die Weltwirtschaft an den Rand des Abgrunds führte. Dabei war diese Pleite nur eine von vielen, sie brachte das Pulver lediglich zur Explosion. Plötzlich stand die Finanzwelt Kopf. Plötzlich ging Angst um in den Vereinigten Staaten und in anderen Teilen der Welt, auch in Deutschland, im Herzen des europäischen Kontinents. Die Deutschen haben im vergangenen Jahrhundert zweimal ihr Erspartes verloren, Anfang der zwanziger Jahre und nach 1945. Diese Erfahrung bleibt im kollektiven Gedächtnis haften. Der deutschen Politik war das sehr bewusst, sie musste ein Zeichen setzen. Und so versprach Bundeskanzlerin Angela Merkel am 5. Oktober 2008, dass die Sparbücher sicher seien. Sie sagte den Bürgerinnen und Bürgern eine staatliche Garantie für alle bei deutschen Banken angelegten privaten Spareinlagen zu.

Einer ihrer Amtsvorgänger, Helmut Schmidt, im Herbst 2008 fast neunzig Jahre alt, analysiert zu diesem Zeitpunkt nicht nur die Misere, schreibt und spricht über sie, er hat auch das Ohr der Frauen und Männer, die diese Misere eindämmen und bewältigen sollen, unter ihnen Finanzminister Peer Steinbrück, der Parteifreund, mit dem er auch persönlich befreundet ist, und Angela Merkel.

2011 in der Berliner »Station« bekundet Helmut Schmidt sein Wohlwollen gegenüber den Maßnahmen der Bundesregierung – die diversen Rettungspakete (gemeinsam mit anderen EU-Staaten) für Banken und Volkswirtschaften, die geldpolitischen Entscheidungen auf europäischer und internationaler Ebene. Er sagt nicht, dass Angela Merkel und Peer Steinbrück einen guten Job machen, doch er kritisiert sie auch nicht, und das ist bei Helmut Schmidt schon viel. Er lobt in der Regel nicht, schon gar nicht jemanden aus der Union. Nur in einem Gespräch »auf eine Zigarette« mit dem Chefredakteur der »Zeit« Giovanni di Lorenzo im November 2009 macht er eine Ausnahme: Frau Merkel habe in den Jahren, in denen sie in der Politik sei, »gewaltig hinzugelernt, und sie hat das Amt eines Bundeskanzlers zweifellos sehr ordentlich ausgefüllt«. In einem Punkt müsse er sie »ausdrücklich loben«: Dank ihres Zusammenspiels mit Herrn Steinbrück seien die Deutschen wesentlich daran beteiligt gewesen, dass die Regierungen der Welt auf die Finanzkrise »vernünftig reagiert« hätten.[1]

Einer anderen Regierung gäbe Helmut Schmidt, wenn er nicht diplomatisch darüber schwiege, Noten von »mangelhaft« bis »ungenügend«. Wenige Wochen vor dem Gespräch zwischen Schmidt und di Lorenzo wird bekannt, dass Griechenland zum wiederholten Mal seine Daten über das Haushaltsdefizit manipuliert hat. Griechenland gehört zu dieser Zeit zusammen mit Island, Spanien und Portugal zu den wirtschaftlichen Sorgenkindern in Europa.

Die Deutschen lieben Griechenland. Die Deutschen lieben die Sonne, das Meer und die Frauen, und sie lieben die Griechen dafür, dass sie anders »ticken« und anders leben als sie selbst. Griechenland ist ihnen – wie Italien – zum Sehnsuchtsland geworden. Der bekannteste deutsche Schlager, Udo Jürgens' »Griechischer Wein«, besingt das Heimweh griechischer »Gastarbeiter«, wie sie in den Siebzigern genannt wurden, und ist vierzig Jahre später immer noch populär.

Die Deutschen öffnen den Griechen auch freigiebig ihr Portemonnaie, beim Griechen um die Ecke ebenso wie im Urlaub auf einer griechischen Insel. Sie sind nicht überrascht, jetzt von Schummeleien und Betrügereien zu erfahren. Während ihrer Griechenlandferien trafen sie allerorts auf Bauruinen, die mitten in der Landschaft stehen, Torsi einer geringen, eben »griechischen« Gesetzesmoral. Die Griechen haben schon immer geschummelt, finden die Deutschen, und schmunzeln über so viel Chuzpe und Improvisationskunst – Eigenschaften, die ihnen selbst abgehen.

In diesen Wochen und den darauffolgenden Monaten werden immer neue Spielarten hellenischer Improvisationskunst bekannt. Eine gewisse Vera Christiane Felscherinow – von ihr und Helmut Schmidt wird später noch die Rede sein – hätte schon viel früher darüber Auskunft geben können. Christiane Felscherinow, ihren Lesern besser bekannt als »Christiane F.«, lebte einige Zeit in Griechenland; sie weiß von griechischen Dörfern, die offiziell gar nicht existieren, von Häusern, die auf keinem Plan stehen, weil sie an der Steuer vorbeigebaut wurden, oder von Restaurants, Hotels, Bars und Klubs, die als soziale Einrichtungen deklariert und mit EU-Geldern subventioniert werden. »Hätte Angela Merkel mich 2009 gefragt, ich hätte ihr gleich sagen können, dass wir von dem Geld, das wir den Griechen gerade leihen, nie etwas zurückbekommen«, schreibt sie rückblickend in ihrer Autobiografie.[2]

Im Winter 2011, da Helmut Schmidt das Wort ergreift, sind immer mehr Deutsche drauf und dran, den Griechen ihre Liebe zu entziehen. Keinen deutschen Cent mehr für die Bankrotteure in Athen, für diese Trickser und Schwindler! Die griechische Volkswirtschaft erscheint plötzlich als riesiges Fass ohne Boden, in dem »unser« Geld versickert.

Hinterbänkler in Berlin, Politiker der zweiten oder dritten Reihe, spüren den wachsenden Unmut und greifen ihn auf. Schon fordern sie den Rauswurf der Griechen aus der Eurozone. Soll doch der Staat bankrottgehen, befinden sie.

Die Delegierten in der Berliner »Station« sitzen an Tischen, die Zuhörer, allesamt SPD-Mitglieder, stehen zu Hunderten dichtgedrängt im hinteren Teil des Saals und in den Gängen. Die meisten Gäste sind gekommen, um Helmut Schmidt zu sehen und zu hören. Sie verehren den »sehr alten Mann», wie er sich gleich selbst nennen wird. Sie freuen sich auf seinen Klartext und auf seine rhetorische Brillanz. Sie wissen, dass es seine letzte Rede auf einem SPD-Parteitag sein könnte.

Helmut Schmidt kennt natürlich die Verhältnisse in Griechenland. Seit Jahrzehnten pflegt er auch nach Südeuropa politische Kontakte. Der damalige griechische Premierminister Konstantinos Karamanlis hatte Mitte der siebziger Jahre den damaligen Bundeskanzler Helmut Schmidt gebeten, eine Führungsrolle in Europa zu übernehmen. »Herr Schmidt, Europa ist in einem Zustand der heillosen Unordnung. Sie müssen jetzt die Führung übernehmen«, wird Schmidts ehemaliger Regierungssprecher Klaus Bölling den Dialog viele Jahre später wiedergeben.[3] Doch Helmut Schmidt wehrt ab – kein Deutscher könne sich nach dem Schrecken von Auschwitz anmaßen, in Europa nach einer Führungsrolle zu greifen. Die Macht, die von der kleinen Bundesrepublik ausgeht, ist eine wirtschaftliche – nur diese Macht sucht der Bundeskanzler nach Kräften zu mehren.

Für seine Berliner Rede wählt Helmut Schmidt einen persönlichen Einstieg, den er eine Nuance emotionaler formuliert als den darauf folgenden Text. Er erinnert daran, »wie ich heute vor fünfundsechzig Jahren mit Loki auf dem Fußboden kniend Einladungsplakate für die SPD in Hamburg-Neugraben gemalt habe«. Das rührt die Zuhörer, denn Loki Schmidt ist am 21. Oktober des Vorjahres gestorben. Die Trauer über den Tod dieser eigenständigen Persönlichkeit war im ganzen Land groß. Loki trat charmant und fröhlich auf und verbreitete stets gute Laune. Sie erzählte gern und freimütig Persönliches – ganz anders als ihr meist mürrischer, hanseatisch-verstockter Gatte. Loki Schmidts Bücher stehen in diesem Winter 2011 noch immer auf den Bestsellerlisten.

Der Redner stimmt mit seiner Bemerkung die Delegierten, Gäste und Fernsehzuschauer – der TV-Sender Phoenix überträgt die Rede live – auf die zeitliche Dimension ein, in der er mit über neunzig Lebensjahren denkt und argumentiert, hier geht es um Jahrzehnte, sogar um Jahrhunderte. »Als inzwischen sehr alter Mann denkt man naturgemäß in langen Zeiträumen – sowohl nach rückwärts in der Geschichte als ebenso nach vorwärts in die erhoffte und erstrebte Zukunft.« Gleichwohl habe er vor einigen Tagen auf eine sehr einfache Frage seines Parteifreundes Wolfgang Thierse keine eindeutige Antwort geben können. »Wann wird Deutschland endlich ein normales Land?«, hatte Wolfgang Thierse ihn gefragt. Darauf Helmut Schmidt: In absehbarer Zeit werde Deutschland kein »normales« Land sein. Dagegen stehe »unsere ungeheure, aber einmalige historische Belastung« und eine demografisch und ökonomisch übergewichtige Zentralposition inmitten des sehr kleinen, aber an Nationalstaaten reichen Europa.

»Deutschland in und mit Europa«, so lautet der Titel des Vortrags. Die Geschichte dieses Verhältnisses ist für Helmut Schmidt eine »schier endlose Folge von Kämpfen« seit dem Dreißigjährigen Krieg (1618 bis

1648), von Kämpfen »zwischen Peripherie und Zentrum und umgekehrt zwischen Zentrum und Peripherie«. Dabei sei das Zentrum immer wieder »das entscheidende Schlachtfeld« gewesen.

Wenn die Herrscher im Zentrum schwach waren, stießen die Nachbarn aus der Umgebung in das Zentrum vor, die Franzosen, Schweden, Russen und Engländer. Wenn aber die Herrscher im Zentrum Europas stark waren »oder wenn sie sich stark gefühlt haben«, wie Schmidt ausdrücklich ergänzt, marschierten sie selbst gegen die benachbarten Länder. Krieger aus dem Zentrum unternahmen Kreuzzüge in das Heilige Land, der Deutsche Orden zog nach Ostpreußen, Bismarck führte Kriege in den Jahren 1864, 1866 und 1870/71, Kaiser Wilhelm II. und noch mehr Adolf Hitler überzogen die europäischen Nachbarn (Hitler nicht nur die europäischen) mit Gewalt und Tod. »Mehrfach«, so Helmut Schmidt, »haben wir Deutschen andere unter unserer zentralen Machtposition leiden lassen.« Nach dieser Erfahrung, gepaart mit der Erfahrung des von Hitler-Deutschland ausgegangenen Genozids, bleiben Deutschlands Nachbarn »noch für viele Generationen« argwöhnisch gegenüber den Deutschen.

Die europäische Integration, so Helmut Schmidt weiter, gelang nach 1945 nicht aus Liebe zu Europa, sondern entsprang dem Wunsch, eine wieder erstarkende Macht im Zentrum, Deutschland, einzudämmen. Die Formung Europas war »die Einbindung Deutschlands in einen größeren westlichen Verbund«. Auch der später erfolgten deutsch-französischen Verständigung lag dieses Motiv zugrunde. »Wer dieses Ursprungsmotiv der europäischen Integration, das immer noch ein tragendes Element ist, wer dies nicht verstanden hat, dem fehlt eine unverzichtbare Voraussetzung für die Lösung der gegenwärtig höchst prekären Krise Europas.«

Auch Helmut Schmidt erklärt sich – ein überraschendes, weil persönliches Geständnis – zu einem Europäer der Vernunft, nicht des Herzens, weil Deutschland durch das europäische Zusammenwachsen politisch eingebunden wird. Die Freundschaft des ehemaligen Bundeskanzlers Helmut Schmidt mit dem ehemaligen französischen Staatspräsidenten Valéry Giscard d'Estaing hatte seine Grundlage ebenfalls in der Vernunft, nicht in Gefühlen, wie Schmidt nunmehr bekennt.

Ein Ergebnis dieser deutschen Einbindung ist die gemeinsame europäische Währung, der Euro, den der Altkanzler gegen notorische Kritiker verteidigt. Der Euro sei stabiler als der amerikanische Dollar und stabiler, als es die D-Mark in ihren letzten zehn Jahren gewesen sei.

Helmut Schmidt sagt diesen Satz mit einem Donnern in der Stimme. Er redet Klartext. Die Zuhörer brechen in frenetischen Beifall aus.

Die politischen Handlungsspielräume würden immer kleiner, beklagt Helmut Schmidt. Deutschland könne nur im Verbund mit seinen europäischen Nachbarn etwas bewirken, und der europäische Verbund besitze immer weniger Einfluss im Vergleich mit anderen Mächten. Woran liegt das? Der Altkanzler richtet das Augenmerk auf die demografische Entwicklung. Außerhalb Europas wachsen die Bevölkerungen rapide, in Europa selbst nicht, hier werden sie immer älter. Mitte des 21. Jahrhunderts, prophezeit Helmut Schmidt, werden vermutlich neun Milliarden Menschen auf der Erde leben, aber die europäischen Nationen werden nur noch sieben Prozent der Weltbevölkerung stellen. 1950 waren es noch zwanzig Prozent. Für denselben Zeitraum erwartet er, dass der Anteil der Wertschöpfung Europas innerhalb der Weltwirtschaft von dreißig auf zehn Prozent fallen wird. Sinkende Geburtenzahlen in zunehmend überalterten Gesellschaften und sinkende wirtschaftliche Macht führen dazu, dass auch die politische Macht Europas in der Welt sinkt. »Daraus ergibt sich«, so Helmut Schmidts Konklusion, »das langfristige strategische Interesse der europäischen Nationalstaaten an ihrem integrierenden Zusammenschluss.«

Aber erkennen die Regierungen Europas rechtzeitig, was nach seiner Meinung vernünftig und geboten ist? Der Altkanzler zweifelt an einem Sieg der Vernunft über die Affekte. Eine »selbstverursachte Marginalisierung der einzelnen europäischen Staaten und der europäischen Zivilisation« ist nicht auszuschließen. Konkurrenz- und Prestigekämpfe zwischen den Staaten Europas können neu ausbrechen. »In solchem Falle könnte die Einbindung Deutschlands kaum noch funktionieren.« Der jahrhundertealte Konflikt zwischen Zentrum und Peripherie bräche aufs Neue aus.

Helmut Schmidt, der studierte Volkswirtschaftler, kommt auf die Weltwirtschaft zu sprechen. Keine seiner Reden lässt dieses Thema aus, schon in den Siebzigern sprach man von Helmut Schmidts »Weltwirtschaftsoper«. Wie in seiner politischen Analyse versucht er, Deutschlands ökonomische Bedeutung durch die Brille der Nachbarn zu sehen. Er hält es für eine schwerwiegende Fehlentwicklung, dass die deutsche Leistungsbilanz enorme Überschüsse erzielt. »Alle unsere Überschüsse sind in Wirklichkeit die Defizite der anderen. Die Forderungen, die wir an andere haben, sind deren Schulden.«

Wieder so ein Klartext-Satz. Wieder brandet Beifall auf.

Es folgt eine »ernste, sorgfältig abgewogene Mahnung an die deutschen Politiker, an die Medien und an unsere öffentliche Meinung«. Keine deutsche Regierung darf sich, so Helmut Schmidts Credo, noch einmal dazu verführen lassen, eine politische Führungsrolle in Europa anzustreben, sie darf nicht einmal den Primus inter Pares spielen, sonst würde sich Deutschland erneut isolieren, zum eigenen Schaden und zum Schaden des Kontinents. »Unsere Hilfsbereitschaft ist unerlässlich!« Hilfsbereitschaft für was? Helmut Schmidt sagt es noch nicht. Er geht noch einmal zurück in die Geschichte des vergangenen Jahrhunderts, die auch seine persönliche ist: »Wir Deutschen haben doch unsere große Wiederaufbau-Leistung der letzten sechs Jahrzehnte auch nicht allein und nur aus eigener Kraft zustande gebracht.« Die Deutschen hätten Grund zur Dankbarkeit. »Und zugleich haben wir die Pflicht, uns der empfangenen Solidarität würdig zu erweisen durch unsere eigene Solidarität mit unseren Nachbarn!« Das Ausrufezeichen ist auch in dem auf der Internetseite der SPD veröffentlichten redigierten Redemanuskript gesetzt.[4]

Noch immer sagt Helmut Schmidt nicht den Satz, auf den es ihm besonders ankommt, und auf den er die Zuhörer mal mit rationaler Analyse, mal mit treffsicherer Polemik einstimmt. Denn wenn er den Populisten gibt, macht er die Zuhörer auch im Herzen für diesen Satz empfänglich. Helmut Schmidt wählt sich Außenminister Guido Westerwelle, dessen Auftreten von vielen Deutschen als peinlich empfunden wird, zum Opfer. »Wenn ein deutscher Außenminister meint, fernsehgeeignete Auftritte in Tripolis, in Kairo oder in Kabul seien wichtiger als politische Kontakte mit Lissabon, mit Madrid, mit Warschau oder Prag, mit Dublin, Den Haag, Kopenhagen oder Helsinki (…) – dann ist das alles bloß schädliche, deutschnationale Kraftmeierei.«

Das sitzt. Stürmischer Beifall und Johlen im Saal. Helmut Schmidt war noch einmal »Schmidt-Schnauze«, und er war es mit Lust. Für das Manöver wählte er seine schärfste rhetorische Waffe, das Wörtchen »deutschnational«. Helmut Schmidt sagt gern »deutschnational«, wenn er besonders heftig austeilen will. Schon in seiner berühmten Bundestagsrede vom 22. März 1958 zur atomaren Bewaffnung der Bundeswehr sorgte er für Aufregung, als er den Unions-Kollegen zurief, sie sollten endlich ihren »deutschen Größenwahn«, ihren »deutschnationalen Größenwahn« ablegen.[5]

Heute kritisiert Helmut Schmidt Guido Westerwelles »schädliche, deutschnationale Kraftmeierei«. Im später veröffentlichen Manuskript steht nur »schädliche Kraftmeierei«. Hat er das Wort »deutschnational« spontan gebraucht? Oder hat er es für die Veröffentlichung im Internet gestrichen?

Anschließend legt der Altkanzler die Pose des Populisten wieder ab und gibt den Dozenten. Deutschland hat schon immer mehr in die EU-Kassen eingezahlt, als es zurückbekommen hat, trotzdem ist es damit gut gefahren! Weshalb sollte das plötzlich anders sein? Jetzt endlich kommt der Satz, der für sich genommen harmlos klingt und der erst durch eine nachgeschobene Bemerkung politischen Sprengstoff erhält.

Dieser Satz, aber noch mehr dessen Appendix, soll bei den Zuhörern hängenbleiben und von den Journalisten später zitiert werden: »Wir brauchen aber Vernunft nicht allein, sondern ebenso ein mitfühlendes Herz gegenüber unseren Nachbarn und Partnern. Und das gilt ganz besonders für Griechenland.«

Für einen kurzen Augenblick herrscht Stille im Saal. Die Zuhörer wirken getroffen. Dann brandet Beifall auf, heftiger Beifall. Eine Spannung, die der Redner über lange Minuten hinweg aufgebaut und immer weiter gesteigert hat, darf sich entladen. Der Beifall schlägt um in stürmischen Applaus. Die Delegierten und die Gäste im Saal haben erfahren, auf was Helmut Schmidt schon die ganze Zeit hinaus will. So sorgfältig, wie er die Argumente vorgetragen hat, und in der Art und Weise, wie er es tat, erscheint seine Forderung zwingend. Den Griechen muss geholfen werden! Schmidts Zuhörer sind die ersten, die ein mitfühlendes Herz zeigen, so wie es der kühle Hanseat und Vernunftmensch Helmut Schmidt von allen Deutschen fordert.

Übrigens ist auch hier die Textüberlieferung widersprüchlich. Der wichtige, politisch brisante Satz »Und das gilt ganz besonders für Griechenland« findet sich im veröffentlichten Manuskript nicht – hat Helmut Schmidt diesen Satz spontan gesagt, und wurde versäumt, das vorbereitete Manuskript zu ergänzen? Oder hat er ihn vor der Veröffentlichung des Manuskripts herausgestrichen? An diesem Dezembertag 2011 bleibt das ohne Bedeutung. Helmut Schmidt macht nach seiner Rede Schlagzeilen als Apologet der Griechen. Sie werden es ihm danken – im Oktober 2014 wird ihm die Ehrendoktorwürde der Universität Athen verliehen.

Als das Land 2015 wieder Schlagzeilen macht, weil sich eine neue Regierung als selbstbewusster Schuldner präsentiert, ist die Mission von Helmut Schmidt bereits erfolgreich abgeschlossen, die enorme Finanzhilfe auch und gerade der Deutschen bewilligt.

Schmidts Gedanken verlassen Griechenland und widmen sich dem politischen Zustand Europas. Es steht schlecht um den Kontinent. »Tatsächlich haben einige zigtausend Finanzhändler in USA und in Europa, dazu einige Ratingagenturen, die politisch verantwortlichen Regierungen in Europa zu Geiseln genommen.« Schmidt brandmarkt diese »Herde von hochintelligenten, zugleich psychoseanfälligen Finanzmanagern«, weil sie den Politikern das Geschäft erschweren. Helmut Schmidt kämpfte schon immer für das Primat der Politik gegenüber der Industrie. Als Verteidigungsminister Anfang der siebziger Jahre des letzten Jahrhunderts hat er den Einfluss des militärisch-technischen Komplexes einzudämmen versucht, als »Superminister« für Finanzen und Wirtschaft und als Bundeskanzler bewegte er alle denkbaren Hebel zur Mäßigung der launenhaften Konjunktur.

Weil es um Europa schlecht steht, ist »Tatkraft« nötig, ein von Helmut Schmidt häufig gebrauchtes Wort. Was bedeutet das genau? Nach seiner Forderung, mit den Griechen solidarisch zu sein, mutet der Altkanzler seinen Zuhörern, mutet er den Deutschen eine weitere unbequeme Wahrheit zu. »Zwangsläufig wird auch eine gemeinsame Verschuldung unvermeidbar werden. Wir Deutschen dürfen uns dem nicht national-egoistisch verweigern.«

Auch wenn wir, so Helmut Schmidts Gedankengang, weiterhin mehr geben als nehmen, wenn wir sogar noch mehr geben als bisher, wenn wir neue Schulden machen, um Staatshaushalte wie den griechischen oder den portugiesischen zu retten, geht es uns immer noch viel besser, als wir es uns je haben erträumen können! »Wenn ich zurückschaue auf das Jahr 1945 oder zurückschauen kann auf das Jahr 1933 – damals war ich gerade vierzehn Jahre alt geworden –, so will mir der Fortschritt, den wir bis heute erreicht haben, als fast unglaublich erscheinen.«

Wieder argumentiert er als »sehr alter« Mann, der aus eigener Lebenserfahrung weiß, welch fatalen Verlauf die deutsche Geschichte im vergangenen Jahrhundert genommen hat und wie fatal es nach 1945 hätte weitergehen können. Diese Geschichte ist aber anders, ist erfolgreich verlaufen, und das mithilfe von Freunden.

Helmut Schmidt wirbt für ein Denken in historischen Zeitläufen. Wer darüber klagt, wie viel eigener Wohlstand durch die europäische Krise verloren geht, denkt kurzsichtig, denn dieser Wohlstand ist nur gemeinsam mit anderen zu haben – oder überhaupt nicht. In solidarischem Handeln, so Helmut Schmidts Schlusswort, soll die EU aus der aktuellen Krise »standfest und selbstbewusst« hervorgehen.

Der Redner blickt vom Manuskript auf. Die Delegierten im Saal beginnen zu klatschen und stehen auf. Es folgt minutenlanger stürmischer Beifall. Aus Helmut Schmidts Gesicht weicht allmählich die Strenge, es zeigt jetzt Milde und Güte. Er bleibt noch einen Augenblick am Rednerpult sitzen und schaut in die applaudierende Menschenmenge, dann lässt er sich an seinen Platz auf dem Podium rollen. Dort wirkt er plötzlich erschöpft. Der fast 93-Jährige hat über eine Stunde lang gesprochen. Die Ovationen nimmt er mit gesenktem Kopf entgegen.

Er zieht eine Zigarette aus der Jackettasche und steckt sie an. Ein Johlen bricht aus. Auf diesen Augenblick scheinen viele der Zuhörer im Saal gewartet zu haben. Natürlich ist auch in der Berliner »Station« das Rauchen verboten – nur nicht für einen, für Helmut Schmidt. Er ist der letzte Raucher auf dem Podium eines Parteitags, in einem Restaurant oder im Fernsehstudio.

Der Altkanzler drang bei seiner Rede tief ein in die deutsche Geschichte, bis zum Dreißigjährigen Krieg. Auch auf die Geschichte seines eigenen Lebens warf er ein Licht, schaute zurück auf das Jahr 1945. Dabei reicht der Zeitabschnitt, für den Helmut Schmidt steht, noch viel weiter in die Vergangenheit. Kein Politiker der Nachkriegszeit kann auf eine solch lange und dabei wechselvolle biografische Zeitspanne, die immerhin drei Jahrhunderte tangiert, zurückblicken. Helmut Schmidt, Jahrgang 1918, hat nicht weniger als sechs Geschichtsepochen auf deutschem Boden erlebt. Das macht ihn selbst zu einer singulären, historischen Figur.

Helmut Schmidt ist Jahrgang 1918. Sein Vater Gustav Ludwig Schmidt wurde 1888 geboren. Sein leiblicher Großvater Ludwig Gumbel war Jahrgang 1860; der Mann, der den Vater wenige Monate nach dessen Geburt adoptiert hat, Johann Gustav Adolph Schmidt, knapp vier Jahre älter.

Der nichtleibliche Großvater Helmut Schmidts ist gerade vierzehn geworden, als Bismarck die deutschen Länder zusammenschweißt. Der Vater von Helmut Schmidt kommt siebzehn Jahre nach der Proklamation von Versailles auf die Welt, im selben Jahr tritt der letzte deutsche Kaiser, Wilhelm II., seine Regentschaft an. In dieser Zeit ist Deutschland stark mit sich selbst beschäftigt, ein neuer Krieg nicht in Sicht. Die Industrialisierung zwingt das Reich in die Moderne, es gibt soziale und kulturelle Verwerfungen. Bei der äußeren Ruhe in Europa bleibt es nicht, Bismarcks Reich im Herzen des Kontinents ist von ungeheurer politischer und wirtschaftlicher Macht und dabei umgeben von mehr Nachbarn als fast alle Staaten der Welt. Auf dem Kontinent schwelen jene Konflikte zwischen Zentrum und Peripherie, vor denen Gustav Ludwig Schmidts Sohn Helmut noch im ersten Drittel des 21. Jahrhunderts warnen wird.

In den Familien des Bismarck-Reiches herrschen strenge Ordnungs- und Erziehungsvorstellungen. In jedem Haushalt liegt ein Rohrstock parat. Im Schulunterricht müssen die Mädchen und Jungen gerade sitzen und die Hände auf dem Tisch halten. Wer nicht spurt, bekommt Ohrfeigen oder wird gezüchtigt.

Das »Oben« und »Unten« ist klar geregelt: Nicht wer die Regeln bricht, kann es zu etwas bringen, sondern wer sich genau an sie hält. Deutschland ist eine Klassengesellschaft. Jede Familie bildet eine Klassengesellschaft en miniature. Die Ordnungsvorstellungen im damaligen Deutschland werden noch bis weit ins 20. Jahrhundert hinein überliefert, auch in den Familien von Helmut Schmidts Eltern, Ludovica Koch und Gustav Ludwig Schmidt. Sohn Helmut hat Angst vor dem strengen Vater. Bis er sechzehn ist, fürchtet er sich vor dessen Schlägen, wenn er abends zu spät nach Hause kommt.

Helmut Schmidt wird noch in den Geist des ausgehenden 19. Jahrhunderts hineingeboren.

Als das Kind zur Weihnachtszeit 1918 in den Windeln liegt, ist das deutsche Kaiserreich gerade untergegangen, zerstoben in einem verlorenen Krieg. Dieser Krieg hat schlimmste Verheerungen über die europäischen Länder und ihre Menschen gebracht. Auch in Deutschland wirken die Verheerungen lange fort. Die erste deutsche Demokratie – Helmut Schmidt wächst in ihr behütet, aber ohne besondere Verwöhnung auf – kommt nie wirklich auf die Beine. Ihr Ende im Januar 1933 erlebt der vierzehnjährige Helmut Schmidt bewusst mit. In den nächsten zwölf Jahren bringen Adolf Hitler und die Nationalsozialisten Krieg über Deutschland, Europa und die Welt. Helmut Schmidt muss in den Krieg ziehen.

Hitlers »Drittes Reich« wird in diesem Krieg versinken. Seine Brutalität und Menschenverluste übertreffen die des »großen Krieges«, wie der Erste Weltkrieg bisher genannt wurde, bei Weitem. Helmut Schmidt ist im Mai 1945, als die Waffen ruhen, ein erwachsener Mann. Während der Besatzungszeit klaut er – wie so viele Deutsche – Kohlen und fällt zur Beschaffung von Heizmaterial bei Dunkelheit Bäume, und er holt seine Berufsausbildung nach. In der neu gegründeten Bundesrepublik entscheidet er sich für die Politik. Darin muss er sich mit einer historischen Folge des Zweiten Weltkriegs auseinandersetzen, mit der deutschen Teilung, die über fünf Jahrzehnte währt. Als Politiker kommt Helmut Schmidt in das wichtigste Amt, das die westdeutsche Demokratie zu vergeben hat, in das Amt des Bundeskanzlers.

Zum Ende der »Bonner Republik«, als der eiserne Vorhang fällt, befindet sich Helmut Schmidt im politischen Unruhestand. Er wird zum wichtigsten Analytiker der neuen, vereinten, nun Berliner Republik, zum angesehensten Mahner und einflussreichsten aller bisherigen Altkanzler. Kein Politiker schreibt so viele Bücher und erreicht so hohe Auflagen wie er. Kein Politiker, wenn er als Gast in Gesprächssendungen kommt, erreicht so viele Zuschauer wie er.

Mit den Terroranschlägen vom 11. September 2001 in den USA steigt auch unter den Deutschen das Bedürfnis nach Orientierung, nach Einordung der fürchterlichen, unbegreiflichen Ereignisse. Helmut Schmidt gehört in dieser Zeit zu den wichtigsten politischen Analytikern im Land.

In seiner Rede auf dem SPD-Parteitag 2011 spricht der Mann, dessen Prägung in der Tradition des 19. Jahrhunderts steht, über das Deutschland des Jahres 2050. Er inthronisiert mit Peer Steinbrück den SPD-Kanzlerkandidaten für das Jahr 2013. Kurz nach diesem Wahltermin feiert er seinen 95. Geburtstag.

Ein Jahrhundertleben!

Helmut Schmidt ist ein Politiker aus der Vergangenheit. Er hat sein letztes politisches Amt, das Abgeordnetenmandat im Deutschen Bundestag, vor einem Vierteljahrhundert abgegeben. Die Bonner Republik, deren Regierung er zwischen 1974 und 1982 führte, gibt es nicht mehr. Die Partei, mit der er ein Regierungsbündnis geschlossen hatte, gehört nicht mehr dem Bundestag an. Helmut Schmidts politische Weichenstellungen als Bundeskanzler liegen über dreißig Jahre zurück.

Helmut Schmidt ist ein Politiker aus der Vergangenheit in der Gegenwart. Er arbeitet unermüdlich weiter und bleibt mit Reden wie mit jener in Berlin politisch im Gespräch. Seine Einwürfe in die Tagespolitik (die er gern und häufig macht entgegen der stereotypen Beteuerung, sich nicht mehr einmischen zu wollen) werden mal missbilligt, mal geschätzt, aber immer genau registriert. Denn der Publizist Helmut Schmidt, der Wladimir Putins Ukraine-Politik in der »Zeit« oder im Fernsehgespräch verteidigt, ist auch der Politiker, den Wladimir Putin im Kreml empfängt. Helmut Schmidts Wort hat Gewicht.

Darüber hinaus – die Berliner Rede ist ein Beispiel dafür – gelten seine Analysen nicht nur der deutschen Geschichte oder seiner eigenen Kanzlerzeit, sondern auch den politischen Verhältnissen in fünfzig oder hundert Jahren. Der Mann, der eigentlich Städtebauer werden wollte, zeichnet gern große Linien. Sein Denken ist dem seiner Zeitgenossen ganz buchstäblich weit voraus. Der Fluchtpunkt dieses Denkens liegt irgendwo in einer fernen Zukunft.

Die historische Figur, der Politiker im Unruhestand, und der Zukunftsdenker fügen sich in der Person Helmut Schmidt zu einer singulären Stimme. Aus dem Spannungsbogen von Vergangenheit, Gegenwart und Zukunft, den Helmut Schmidt in seinem Reden und Schreiben entfaltet, und den er mit seiner langen, wechselvollen Biografie verkörpert, erwächst seine Bedeutung und Wirkung. Er dient der Berliner Republik als Lotse, sprich: er steht nicht selbst am Steuerrad, gibt aber in wichtigen Fragen die Richtung vor. Als Lotse wird er auch wahrgenommen und gefragt.

Und doch kann es nicht an Helmut Schmidt allein liegen, dass er in diese historisch einmalige Rolle geraten ist, eine Rolle, die das politische System der Bundesrepublik Deutschland gar nicht vorsieht. Das Grundgesetz kennt keine Institution des Elder Statesman, und auch die politische Kultur hat diese Position nicht im Nachhinein geschaffen. Der Mahner und Moralist Helmut Schmidt, der SPD-Kanzlerkandidaten macht, ist im politischen Berlin nicht vorgesehen. Gäbe es dort einen Areopag, einen Rat der Weisen wie im antiken Griechenland, Helmut Schmidt wäre zweifellos Mitglied darin – und wahrscheinlich sein Vorsitzender.

Es braucht für eine solche Lotsenrolle nicht nur eine geeignete Persönlichkeit, sondern auch einen Resonanzboden für diese Persönlichkeit, es braucht eine bedürftige Öffentlichkeit. Und es braucht Nachsicht mit dem Lotsen, wenn er mit seinen Fingerzeigen irritiert – im konkreten Fall: wenn Helmut Schmidt das chinesische Regime nach dem Massaker auf dem Platz des Himmlischen Friedens in Peking in Schutz nimmt.

Dieser Resonanzboden konnte nicht allein dadurch entstehen, dass Helmut Schmidt so alt geworden und dabei politisch so vital geblieben ist. Andere Politiker der alten Bundesrepublik arbeiten ebenfalls weiter, halten Reden, schreiben Bücher, doch erfahren sie nur einen Bruchteil des öffentlichen Interesses, das Helmut Schmidt für sich verbuchen kann. Zwar verfügt der Altkanzler mit der Wochenzeitung »Die Zeit« über eine prominente Plattform, doch die »Zeit« ist kein Austragsstüberl für Politrentner. »Zeit«-Verleger Gerd Bucerius wusste, als er Helmut Schmidt an das Haus band, dass nur ein Autor, der auch ohne Amt über Ansehen und Autorität verfügt, den Ruhm seines Blattes mehrt.

Die Basis für das Echo, das Helmut Schmidts Wirken bis heute findet, bilden – in dieser zeitlichen Reihenfolge – die Wertschätzung, der Respekt, die Verehrung und sogar Liebe, die ihm die Deutschen seit den sechziger Jahren entgegenbringen. Diese Anerkennung ist eine wichtige Konstante in seinem nicht nur von Triumphen gekennzeichneten Politikerleben.

Konrad Adenauer, Willy Brandt, Helmut Kohl und Angela Merkel machten ihren Weg über die Partei; Franz Josef Strauß, Helmut Schmidt und Gerhard Schröder verkörpern moderne Volkstribune. Es war zu keiner Zeit möglich, auf einen wie Helmut Schmidt zu verzichten, weil er bei den Deutschen hohes Ansehen genießt. Wie kommt das? Helmut Schmidt hat nie um die Deutschen gebuhlt, sondern über Jahrzehnte hin zu ihnen ein wechselvolles, spannungsreiches, erst heute glückliches Verhältnis gepflegt. Es gibt von ihm kein schmeichelndes Wort über das eigene Volk. Vielmehr sind die Deutschen für ihn »Weltmeister der Angst«, wie er oft sagte, sie haben Angst vor moderner Technik, vor Atomwaffen, vor einer Klimakatastrophe. Ihre politischen Sehnsüchte, so Helmut Schmidts Überzeugung, sind stärker als ihre Vernunft, sie neigen zum Romantisieren, sie bleiben verführbar für politische Irrwege.

Der Politiker Helmut Schmidt machte nie einen Hehl daraus, wie wenig Vernunft er den Frauen und Männern, die ihn wählen sollten, zutraut, im Gegenteil: Er redet seit seinen politischen Anfängen Klartext, um die Deutschen ja nicht in Träumen zu wiegen. Der forsche, schneidige Auftritt hat seiner wachsenden Popularität keinen Abbruch getan, sondern sie im Gegenteil befördert.

Was macht die starke Bindekraft zwischen Helmut Schmidt und den Deutschen über so viele Jahrzehnte hinweg aus? Was gefällt den Deutschen von heute an der Vorstellung, ein alter, weiser Mann wache über den Gang der Politik und rufe die handelnden Personen gelegentlich zur Ordnung? Wie konnte ein Mann, der sich vorzugsweise schnoddrig gibt, zu ihrem liebsten Politiker werden? Was brachte sie dazu, ihn für den besten aller deutschen Bundeskanzler zu halten – einen Kanzler, der 1982 vor einem politischen Scherbenhaufen stand und der danach auf Jahre politisch »abgemeldet« war?

Vom spannungsreichen, wechselvollen, nicht immer harmonischen, aber beständigen Verhältnis zwischen Helmut Schmidt und den Deutschen ist zu erzählen. Und davon, welche politischen Folgen dieses Verhältnis bis heute hat.

Der Schlüssel zum Verständnis dieser eigenartigen und historisch einzigartigen Beziehung liegt in der Bedeutung von Helmut Schmidts Generation. Helmut Schmidt ist mit den Worten von Jochen Thies die »Galionsfigur« einer Generation,[6] die länger und wirkungsvoller die Geschicke der Bundesrepublik Deutschland bestimmt hat als jede andere Generation davor und danach. Ihr Einfluss ist auch nach dem Abtritt von der politischen Bühne deutlich spürbar. Früher saßen ihre Vertreter über viele Jahre an der Macht, heute dient diese Generation als Vorbild für alle, die nach ihr kommen, und als Projektionsfläche für Idealisierungen und Verklärungen.

Helmut Schmidts Lebensgeschichte ist eine deutsche Generationengeschichte. Auch um diese enge Verknüpfung zwischen einem und vielen Leben soll es hier gehen.

Generation Helmut Schmidt

Im Jahr 2000 erscheint das Buch »Generation Golf« von Florian Illies, ein Porträt der westdeutschen Jahrgänge 1965 bis 1975. Florian Illies erfindet mit dem Titel ein neues Genre, die humorige und zugleich hintergründige Beschreibung von Menschen, die sich miteinander verbunden fühlen, weil sie als Kinder oder Jugendliche dieselben Spielzeugmarken geliebt, dieselben ersten großen Fernsehereignisse erlebt oder Musik derselben Bands gehört haben. Hast du noch »Lego« gespielt oder schon »Playmobil«? Welche Olympischen Spiele, welche Fußballweltmeisterschaft waren dein erstes Fernsehereignis? Hast du Smokie gehört oder Modern Talking? In einer Zeit, die zum Glück keine Diktatur, keinen Krieg, keine materielle Not mehr kennt, setzen Konsumerlebnisse und popkulturelle Prägungen Anker in der eigenen Biografie.

Nach der »Generation Golf« haben eine ganze Reihe von Autoren (auch ich, über die »Babyboomer«, die westdeutschen Jahrgänge 1959 bis 1964) Porträts von Erlebnisgenerationen vorgelegt. »Generation X«, »Generation Z«, »Generation Ally« (nach der Fernsehfigur Ally McBeal), »Generation Doof« oder »Generation Umhängetasche«[7] sind Beispiele dafür. Der Geist der Generationen ist aus der Flasche – mit einer gewissen Regelmäßigkeit kommen neue Titel über west- und ostdeutsche Jahrgänge, die vermeintlich eine Identität ausgebildet haben, auf den Markt.

Dieses neue Genre hat den Generationenbegriff in Verruf gebracht. Klaus Weinhauer bat schon im Jahr 2003 darum, »die Flut der Generationen-Einteilungen nicht noch weiter ausufern und das anregende Konzept dabei zu einem zwar medienwirksamen, in analytischer Hinsicht jedoch unbefriedigenden Allgemeinplatz werden zu lassen«.[8] Peter Glotz fragt in seiner Autobiografie: »Was ist eine Generation?« und schiebt seinen Ärger über den inflationären Gebrauch des Begriffes gleich nach: »Ich bin nicht scharf auf diesen Begriff, mit dem sich Soziologen immer wieder einmal ein paar Euro verdienen.«[9] Dabei erfasst die Kategorie Glotz' Lebensthema, denn er fühlt sich generational zwischen die Stühle geraten – jünger als ein Brandt oder Schmidt, aber älter als ein Schröder oder Lafontaine.

Der häufige Gebrauch täuscht darüber hinweg, dass es sich beim Generationenbegriff um ein in der Wissenschaft gängiges Konzept handelt, das gesellschaftliche Wirklichkeit beschreibt und erklärt. Generationenforschung ist ein anerkanntes Forschungsfeld der Soziologie; aber auch Historiker, Psychoanalytiker, Kultur-, Erziehungs- und Literaturwissenschaftler greifen den Begriff gern auf.

Die Arbeit mit dem Generationenbegriff ist auch keine neumodische Angelegenheit. Ohad Parnes, Ulrike Vedder und Stefan Willer zeichnen in ihrer Wissenschafts- und Kulturgeschichte des Generationenkonzepts die »Erfolgsgeschichte der Generation seit dem späten 18. Jahrhundert« nach. Der Erfolg des Konzepts liegt darin, dass es einen »zentralen Mechanismus der Sinnstiftung und Evidenzproduktion« liefert.[10]

Seine Popularität verdankt der Generationenbegriff unter anderem seiner Vieldeutigkeit. Er ist, um wieder Ohad Parnes und seine Mitautoren zu zitieren, »zyklisches Zeitmodell und Berechnungsgröße des Menschenalters«, aber auch »psychoanalytische Instanz, familiale Kategorie und erbrechtlicher Begriff«.[11] Er spielt bei Vererbungslehren und Zeugungstheorien ebenso eine Rolle wie bei der Gestaltung wissenschaftlicher Experimente.

Eine weitere, für dieses Buch zentrale Bedeutungsfacette ist die Generation als Kategorie der »(Selbst-)Beschreibung synchron organisierter Altersgemeinschaften und gesellschaftlicher Gruppierungen mit identitätsstiftender Abgrenzung gegenüber anderen Jahrgangsgruppen«.[12] Die Formulierung dieses Aspekts geht auf den schon kanonisch zu nennenden Text »Das Problem der Generationen« des Soziologen Karl Mannheim aus dem Jahr 1928 zurück. Im Werk von Karl Mannheim stellt dieser Aufsatz eine »Gelegenheitsschrift« dar, doch kann er heute als soziologisch-theoretische Grundlegung des Generationenbegriffs gelten. Im deutschen Sprachraum gibt es aus dieser prägenden Epoche der Soziologie nichts Vergleichbares. Karl Mannheims Theorie kommt seither in so ziemlich jedem Generationenaufsatz vor; sie wurde zweifellos weiterentwickelt, aber kein Wissenschaftler, der sich mit dem Generationenthema beschäftigt, kommt an ihr vorbei.

Parnes, Vedder und Willer akzeptieren – wie viele weitere Kolleginnen und Kollegen – die Vieldeutigkeit des Begriffs »Generation«, die sich aus ihrer Sicht nicht reduzieren lässt. Sie geben deshalb keine exakte Definition, sondern beschreiben den Gehalt des Begriffs in einem Spannungsfeld mehrerer Bedeutungen, wie etwa dem Wechselverhältnis zwischen »generatio« (Entstehung, Zeugung) und »genus« (Gattung, Geschlecht).

Weiter beruht die Attraktivität des Begriffs auf seiner Anschaulichkeit und Fassbarkeit. »Jeder scheint zu wissen, was eine ›Generation‹ ist, und kann mithilfe dieser Bezeichnung seine eigene Stellung als Individuum in sozialen Zusammenhängen angeben, ohne dass etwa die semantische Dopplung von Generationen familialer Abstammung einerseits und Generationen gesellschaftlicher Gleichzeitigkeit andererseits dabei stören müsste.«[13] Und schließlich hat das Denken in Geburtsjahrgängen und ihren Gruppen einen ganz praktischen Zweck – der Geburtsjahrgang dient als Zähleinheit, etwa als »Registratur zur Einberufung von Wehrpflichtigen«.[14]

Schon lange vor 1914 wird die Bevölkerung nach Jahrgängen erfasst und die Geltung von Gesetzen und Vorschriften an Jahrgänge geknüpft, doch geht es dabei um Regeln für das Alltagsleben, nie um existenzielle Fragen von Leben und Tod. Mit den beiden Weltkriegen erhält diese Praxis eine neue Dramatik. In einen Weltkrieg kommt man hinein, weil man einem bestimmten Jahrgang angehört. Aus einem Weltkrieg kommt man vielleicht nicht mehr heraus! Jeder Krieg – und ein Weltkrieg ganz besonders – steigert die »synchrone Organisation von Altersgemeinschaften« aufs Tragischste. Plötzlich kann das willkürlich ausgewählte Geburtsjahr den frühen Tod bringen, Geburtsjahrgänge werden zu Sterbejahrgängen. Das Gefühl existenzieller Bedrohung schweißt Angehörige einer Generation zusammen. Gemeinsam entsteht das Bewusstsein, einer »verlorenen« oder »betrogenen« Generation anzugehören, die um ein normales Leben, ja um das Leben überhaupt, betrogen wird.

Ein Krieg holt zuerst die Jungen – ausgerechnet die Jahrgänge, die gerade ihr Generationenbewusstsein bilden. Ein solches Bewusstsein entsteht, wenn jemand biologisch ausgereift ist, aber durch Familie, Schule und soziales Milieu geprägt werden will. Die Wissenschaft nimmt an, dass sich das Zugehörigkeitsgefühl zu einer Generation zwischen dem 17. und

25. Lebensjahr konstituiert. In dieser Phase ist die Persönlichkeit besonders empfänglich für soziale und intellektuelle Formung.

Zeithistorische Ereignisse, und besonders so existenzielle wie eine Diktaturerfahrung und ein Weltkrieg, sind »Kristallisationspunkte von Generationen«, meint Horst-Alfred Heinrich, sie schaffen geradezu das Bewusstsein, schicksalhaft einer Generation anzugehören.[15] Die »Kriegsgeneration« von Helmut Schmidt (eine geläufige Bezeichnung, die auch Helmut Schmidt selbst verwendet) hätte es selbstredend ohne Krieg nicht gegeben. Der Weltkrieg, der zuerst individuelle Lebensentwürfe und danach geistige Weltbilder zertrümmert, der fortwährend in existenzielle Grenzsituationen zwingt, schafft einen Kitt weit über das Ereignis hinaus. Wer im Krieg war, wird später sagen: Wir sind dabei gewesen. Und wir sind noch einmal davongekommen.

Karl Mannheim hat in dem oben genannten Aufsatz den Entstehungsprozess von Generationen und die Art und Weise, wie eine Generationenzugehörigkeit prägen kann, im Detail untersucht. Für ihn sind die Bande innerhalb einer Generation zunächst biologische – ihre Angehörigen werden ungefähr zur selben Zeit geboren und finden ungefähr zur selben Zeit den Tod.

Wenn Menschen ungefähr im selben Alter sind und an ein und demselben Ort leben, erfahren sie jenseits von Klassen- oder Schichtzugehörigkeiten dieselben Handlungsmöglichkeiten und -begrenzungen. Diese Möglichkeiten und Begrenzungen setzen die Älteren, die aktuellen Leitgenerationen einer Gesellschaft. Jede Gesellschaft hat eine bestimmte Kultur und Verfasstheit, sie bildet sozusagen ein Gefäß, in dem die nachkommende Generation zu einer Gestalt findet wie Teig in einer Plätzchenform. Aus dieser Formung kann (muss aber nicht) »eine spezifische Art des Erlebens und Denkens, eine spezifische Art des Eingreifens in den historischen Prozess« (Karl Mannheim) folgen. Ob das passiert, ob zum Beispiel eine Generation politische Bedeutung erlangt, hängt immer von konkreten gesellschaftlichen Strukturen und Ereignissen ab. So können (müssen aber nicht) aus Gleichaltrigen Gleichgesinnte mit einem gemeinsamen Ziel werden.

Eine Generation verbindet gleichaltrige Individuen, die »an jenen sozialen und geistigen Strömungen teilhaben, die eben den betreffenden historischen Augenblick konstituieren, und, insofern sie an denjenigen Wechselwirkungen aktiv und passiv beteiligt sind, die neue Situation formen«. Sie bilden einen »Generationszusammenhang«. Innerhalb eines Generationszusammenhangs wiederum bilden sich jeweils unterschiedliche »Generationseinheiten«, in denen die Zeitströmung von den Individuen auf ähnliche Weise verarbeitet und in ähnlichen Handlungs- und Orientierungsmustern ausgeprägt wird. So gehört jemand auch dann zur Generation der 68er, wenn er, dasselbe Alter vorausgesetzt, nicht gegen den »Muff von tausend Jahren« protestiert hat. Als Angehöriger derselben Generation formt er die »neue Situation« mit, indem er einfach da ist und in der Gemeinschaft handelt.

Nach Karl Mannheim kann sich ein Generationenzusammenhang auch radikal vom »historischen Augenblick« mit seiner Kultur und Vorgeschichte distanzieren, kann auf das Erlebte durch spätere Erfahrungen »Bestätigung und Sättigung dieser ersten Erfahrungsschicht« oder aber dessen »Negation und Antithese« folgen. Die Kriegsgeneration eines Helmut Schmidt reagierte auf die Erfahrung von Nationalsozialismus und Krieg mit dem Vorsatz, eine weitere Diktatur in Deutschland zu verhindern. Nie wieder soll von deutschem Boden Krieg ausgehen!

Je dramatischer, schicksalhafter, biografisch einschneidender ein Ereignis ist, desto schärfer, weil kleinteiliger trennt es Geburtsjahrgänge voneinander. Diese Ereignisse setzen auch scharfe Schnitte im Bewusstsein. Helmut Schmidt, Jahrgang 1918, bringt es im Krieg zum Offizier und führt eine Flakeinheit. Er verfügt über militärische Kommandogewalt. Erhard Eppler, Jahrgang 1926, nimmt von 1943 an am Krieg teil. Er tritt zwar mit sechzehn Jahren und neun Monaten in die NSDAP ein, doch als »Kindersoldat« muss er keine Menschen führen. Ihm bleiben viele Entscheidungssituationen, die im Krieg häufig Grenzsituationen bedeuten, erspart.

Nach dem Krieg machen Helmut Schmidt und Erhard Eppler über Jahrzehnte hin gemeinsam Politik. Doch vom ersten bis zum letzten gemeinsamen Tag im »Raumschiff Bonn« wird der Schnitt zwischen ihrem Generationenbewusstsein, den der Krieg gesetzt hat, nicht überwunden. Viele ihrer Konflikte, die politisch höchst relevant sind, haben – das Buch wird es zeigen – darin ihren Ursprung. An den kleinen, aber feinen Brüchen zwischen den Alterskohorten dieser Zeit entstehen Reibungen und Konflikte mit teilweise schweren Folgen.

Schmidt und Eppler teilen die Erfahrung der deutschen Katastrophe, das Trauma von Nazideutschland und Krieg, und zugleich teilen sie es nicht. Die Schnittmenge ihres Generationenbewusstseins ist gering. Ein Helmut Schmidt findet, dass ein Erhard Eppler nicht dieselbe »Scheiße des Krieges« erlebt hat. Ein Erhard Eppler musste nicht so tapfer sein (und manchmal auch nicht so brutal?) wie er selbst. Mit welchem Recht, denkt ein Helmut Schmidt, kann ein Erhard Eppler den politischen Besserwisser machen?

Bezeichnungen für Generationen können nie exakt sein. Ein Jahr beginnt formal mit dem 1. Januar, eine Arbeitswoche am Montag. Wann beginnt, wann endet eine Generation und hier eine Kriegsgeneration? Der Begriff sagt zunächst nur, dass Menschen dieser Generation »im Krieg« waren. Er zeigt nicht, dass Soldaten wegen ihrer unterschiedlichen Jahrgänge unterschiedliche Erfahrungen machten und von diesen Erfahrungen unterschiedlich geprägt wurden. Einige Autoren zählen einen Helmut Schmidt zu den älteren Jahrgängen der Kriegsgeneration, einen Erhard Eppler zu den jüngeren. Genau genommen gehört Eppler zur »Nachkriegsgeneration«, weil er vor 1945 zu jung war, um sozial eigenständig zu handeln.

Manche Soziologen haben Generationen mit Eigenschaften, die sie für charakteristisch halten, bezeichnet; so nennt Helmut Schelsky die Generation von Günter Grass und Helmut Kohl die »skeptische Generation«.[16] Häufiger ist die Benennung durch Jahreszahlen – die Jahrgänge der »68er« sind von 1967/68 an historisch hervorgetreten.

Besonders die Kriegsjahrgänge – die Kriegsgeneration und die skeptische Generation – müssen möglichst genau voneinander geschieden werden, will man wichtige Entwicklungen der Bonner Republik verstehen. Um die feinen, aber bedeutsamen Unterschiede zwischen den Generationen deutlich zu machen, ist künftig von einer »Generation Helmut Schmidt« oder einer »Generation Helmut Kohl« die Rede. Wo Generationenbezeichnungen eindeutig und geläufig sind, bleiben sie erhalten, etwa im Fall der 68er.

Die Bezeichnung von Generationen mit ihren Protagonisten macht die Generationenbezeichnungen anschaulich. Das ändert aber nichts an der grundsätzlichen Unschärfe des Generationenbegriffs, der mehr Charme als Präzision, mehr Dynamik als Substanz besitzt. Ulrike Jureit und Michael Wildt beklagen im generationenspezifischen Ansatz eine »begriffliche Unübersichtlichkeit, die nur noch durch die Heterogenität der bearbeiteten Themen übertroffen wird«.[17] Wie lange währt eine Generation? Gibt es überhaupt die stereotype Biografie von ungefähr gleich alten Menschen? Solche Fragen lassen sich nicht wissenschaftlich exakt beantworten wie die Frage nach dem Entstehen der Gezeiten oder der Honigproduktion von Bienen. Kein Wunder, dass manche Wissenschaftler den Wert der Generationenforschung ganz infrage stellen. Und Forscher, die mit dem Begriff arbeiten, beginnen ihre Aufsätze gern mit dem Bekenntnis ihrer persönlichen Skrupel.

Der Generationenbegriff erklärt nicht den historischen Lauf der Welt. Aber punktuell eingesetzt, bezogen auf einen politischen Raum und eine politische Epoche, leistet er wertvolle Dienste. Er kann Geschichtsverläufe und Handlungsmotive von Menschen verständlich machen. »Das Generationsphänomen ist eines der grundlegenden Faktoren beim Zustandekommen der historischen Dynamik«, schreibt Karl Mannheim.[18]

Das gilt wie erwähnt besonders rund um tief einschneidende und damit generationenbildende Großereignisse wie Kriege, Revolutionen, Naturkatastrophen oder wirtschaftliche Zusammenbrüche. »Historische Zäsuren«, so Ulrike Jureit und Michael Wildt, »scheiden die Geister ebenso wie die Erfahrungen und politischen Folgerungen, die jeweils aus der unterschiedlichen Verarbeitung der Ereignisse gezogen werden.«

Den Ausschlag, hier eine politische Generationengeschichte zu erzählen, gibt letztlich keine wissenschaftliche Theorie, sondern die enorme Macht, die von einem Generationenbewusstsein ausgeht. Von Ulrike Jureit und Michael Wildt kommt der wichtige Hinweis, dass sich »in der Regel eine Gruppe, die Anspruch auf politische und kulturelle Führung der Gesellschaft erhebt, selbst als ›Generation‹ [beschreibt], um damit auf dieselbe biografische Lage, die gemeinsamen Erfahrungen und den berechtigten Anspruch, die Alten abzulösen, aufmerksam zu machen«.[19] Die Autoren gehen sogar so weit zu behaupten, »dass weniger das historische Ereignis« eine Generation stiftet »als vielmehr die kollektive (Selbst-)Verständigung über seine Bedeutung«.[20]

Auch Christine von Hodenberg hält die Selbstwahrnehmung von Angehörigen einer Generation für wichtiger als die Fremdwahrnehmung durch Dritte. Der Kern einer politischen Generation sei nicht die Alterskohorte an sich, »sondern die allmählich zur Hegemonie aufgestiegene Deutung einer tiefgreifenden historisch-kulturellen Erfahrung, die von einer größeren Gruppe während deren Lebenszeit als Jugendliche oder junge Erwachsene geteilt wurde«.[21] Gemeinsame Erfahrung macht noch keine Generation, es müssen ein Austausch über diese Erfahrung und daraus folgend gemeinsame Überzeugungen hinzukommen.

Beides trifft, das Buch wird es zeigen, auf die Generation Helmut Schmidt zu, und auf ihre »Galionsfigur« ganz besonders. Die Führungspolitiker dieser Generation bezogen eine starke Identität aus dem gemeinsam Erlebten, und sie leiteten aus dieser Identität den Anspruch ab, die Bundesrepublik Deutschland so lange wie möglich zu führen – ungeachtet der natürlichen Generationenfolge, die es in einem politischen Gemeinwesen so selbstverständlich gibt wie in einer Familie. Dieser generationelle Führungsanspruch hat die Entwicklung des Landes stark geprägt, und er prägt es bis heute.

»Ihr psychologisiert!«

»Buddelt nicht in unserer Seele«, bittet der langjährige »Welt am Sonntag«-Kolumnist Peter Bachér in einem Beitrag vom März 2005.[22] Um diese Zeit beginnt die politische Deutungshoheit der Generationen Helmut Schmidt und Helmut Kohl zu bröckeln. Deren Verhalten während Nazidiktatur und Krieg wird von einer neuen Generation von Autoren, darunter Psychoanalytiker und Psychologen, in den Blick genommen. Plötzlich muss sich auch ein Helmut Schmidt fragen lassen, weshalb er vom Genozid durch die Nazis und von Verbrechen der Wehrmacht nichts gewusst haben will. Peter Bachér, Jahrgang 1927, gehört zur Generation Helmut Kohl. In seiner Erinnerung an den Krieg sieht er sich »als Schulkind im Luftschutzbunker in Berlin, als Flakhelfer bei den Leuna-Werken in Merseburg, als ›Schütze Arsch‹, nur mit einer Panzerfaust bewaffnet, im Feuerhagel der Amerikaner in einem Wald bei Rinteln an der Weser«. Es ist die Kurzbiografie eines »Kindersoldaten«, eines Jungen aus Hitlers letztem Aufgebot.

Peter Bachér deutet an, was sich ihm unauslöschlich im Gedächtnis eingeprägt hat und was ihn in Albträumen bis heute heimsucht: Fliegeralarm, das Motorengeräusch des todbringenden Bombengeschwaders, Todesangst im kalten, feuchten Luftschutzkeller. Weil ihn diese Erinnerungen bis heute verfolgen und quälen, wünscht er »keine Gefechte an der Seelenfront« mehr.

Er ist erstaunt darüber, was Psychologen plötzlich zu entdecken glauben. Die Angehörigen seiner Generation seien »traumatisiert«, würden von geheimen Ängsten »überflutet«, hätten ihre Gefühle »eingekapselt«.

Sie seien mit einer »emotionalen Hornhaut« ausgestattet und hätten wegen dieser seelischen Verletzungen ihr »wahres Selbst« nicht verwirklichen können. Die Traumatisierung seiner Generation suche sogar noch spätere Generationen heim! Bachér zitiert den Begriff der »transgenerationalen Transmission«, der Übertragung eines Generationentraumas auf folgende Generationen.

Peter Bachér diskutiert diese Befunde nicht, er will ja nicht auf die Couch. Er hat nach eigenem Bekunden nie in solchen Kategorien gedacht, zur Kriegszeit nicht und später nicht. »Wir hatten damals keine Zeit, um uns selbst zu analysieren. Wir mussten die Toten beweinen und dann die Trümmer beseitigen. Seelenstriptease war uns fremd. ›Selbstverwirklichung‹? Fehlanzeige.«

Seine Generation, gibt sich Bachér überzeugt, ist mit dem Blick nach vorn gut gefahren. Und ihr ist nichts entgangen! Zu was hat denn der Wunsch der jungen Leute nach Selbstverwirklichung geführt? Sie sind doch nicht glücklich! »Ich sehe (...), wie jede zweite Ehe in die Binsen geht. Wie der Mut zum Kind fehlt (...). Und wie die Ich-bin-ich-Generation voller Probleme steckt, wahrlich ein weites Feld für Psychologen und Psychiater.« In seiner Generation, so kann gefolgert werden, haben Ehen noch gehalten, kamen Kinder auf die Welt, wurden psychische Probleme nicht erfunden, um sie kurieren zu lassen.

Helmut Schmidt – neun Jahre älter als Peter Bachér und sogar Offizier im Krieg – würde wohl dem Statement des Jüngeren zustimmen. Er hat selbst einmal sein Befremden über den Wunsch nach Selbstverwirklichung ausgedrückt: Hätte ein Heutiger, so der ehemalige Bundeskanzler in einer Rede zum 300. Geburtstag von Johann Sebastian Bach gesagt, in Wahrheit strebe er doch nach Selbstverwirklichung, »dann hätte Bach nicht nur sowohl das Wort nicht verstanden, sondern er hätte auch dessen inneren Sinn kaum akzeptiert«.[23]

Der Altkanzler teilt auch Bachérs Abneigung gegen eine Analyse von Vergangenem. In seinem persönlichsten Text, einem »Politischen Rückblick auf eine unpolitische Jugend« (da ist er schon 73), bekennt Helmut Schmidt, er habe nie ganz verstanden, was die oft benutzten Worte »Aufarbeitung« und »Bewältigung« der Vergangenheit eigentlich sagen wollten.[24]

Bei aller Verschiedenheit der Prägungen verbindet die Generationen Helmut Schmidt und Helmut Kohl, dass sie ihr seelisches Befinden nicht durchleuchten; sie wollen auch nicht, dass Dritte ein Licht darauf werfen. Nach den Gefechten an der realen Front, mit denen sie physisch und psychisch fertigwerden mussten, haben sie keinen Bedarf mehr nach »Gefechten an der Seelenfront«.

Diese Abneigung – Psychologen würden von Abwehr sprechen – ist, wenn es um das Führungspersonal der Bonner Republik geht, politisch hoch relevant. Die Generationen Schmidt und Kohl haben über Jahrzehnte hinweg – und länger, als es in einer »alten« Demokratie wie der britischen oder amerikanischen der Fall gewesen wäre – die politische Elite in Westdeutschland gestellt. Zu ihrem täglichen Geschäft gehörte unter anderem das Reden. Über das, was sie ganz persönlich bewegt, haben sie, so gut sie es konnten, geschwiegen. Sie haben aktiv darüber hinweg geschwiegen.

Die Journalistin Marion Gräfin Dönhoff kennt und schätzt Helmut Schmidt seit den sechziger Jahren, später arbeiten sie eng bei der »Zeit« zusammen. 1976 erscheint ihr noch immer lesenswertes, weil psychologisch sensibles Porträt von Schmidt. »Im tiefsten Inneren«, heißt es darin, »nagt der Zweifel, steckt ein Melancholiker, der in dem Unbekannten, was heraufzieht, die dunklen Katastrophen viel deutlicher spürt als die lichten hoffnungsvollen Momente der Geschichte.«[25] Hat Gräfin Dönhoff also mehr von Helmut Schmidts »Innenleben« erfahren als andere? Kam sie dem, was diesen Spitzenpolitiker ganz persönlich bewegt, auf die Spur?

Ich frage Helmut Schmidt in einem Gespräch, das wir im Mai 1995 führen, von welchen Biografen er sich bislang am besten verstanden fühle. Die einzigen Menschen, gibt er zur Antwort, die ihn verstanden hätten, seien Marion Gräfin Dönhoff und Klaus Bölling (sein früherer, 2014 verstorbener Regierungssprecher). Dabei gehörten weder Marion Gräfin Dönhoff noch Klaus Bölling zu seinen Biografen.

Mit der Annahme, dass ihn Marion Gräfin Dönhoff besser als andere verstanden hat, liegt Helmut Schmidt offenbar falsch. Denn sie bekennt kurz vor ihrem Tod, »was ihn tief in seinem Inneren bewegt, habe ich nie erfahren«.[26]

Der leidenschaftliche Politiker Helmut Schmidt ist persönlich ein verschlossener Mensch. Er selbst führt seine Verschlossenheit auf die hanseatische Herkunft zurück. »Es liegt mir nicht«, sagt er einmal zu seiner Biografin Sibylle Krause-Burger, »auch wenn ich nicht Politiker wäre, mein Seelenleben auf dem Marktplatz zur Schau zu tragen. Es hängt vielleicht mit dem norddeutschen Charakter zusammen.«[27]

Auf dem Brahmsee.

Noch mit seinen persönlichen Empfindungen geht Helmut Schmidt – wenigstens gegenüber der Öffentlichkeit – politisch um. So versichert er gern, dass für ihn Kategorien wie Furcht oder Hoffnung nicht existierten. Er will auch nicht Pessimist oder Optimist sein, sondern Realist. Seine Rationalität, sucht er deutlich zu machen, ist stärker als seine Emotionen. Mit solchen Sätzen wirkt Helmut Schmidt wie der Regierungssprecher seiner eigenen Seele.

Aber das sei hier nicht als persönliches Defizit kritisiert, sondern als charakteristisch für Angehörige der Generationen Helmut Schmidt und Helmut Kohl benannt. Ein Helmut Schmidt und ein Hans-Jochen Vogel kennen keine derartige Introspektion. Als Hans-Jochen Vogel, einst Mitglied im Kabinett von Helmut Schmidt und später SPD-Parteivorsitzender, vielseitig gebildet und intellektuell brillant, auf die »German Angst« angesprochen wird, gibt er sich hilflos. »Um Gottes willen, ich will Ihnen ja gar nicht widersprechen, nur dass meine Fähigkeiten zu einem eigenen Urteil sehr eingeschränkt sind. Das würde psychoanalytische Kenntnisse voraussetzen, die ich einfach nicht habe.«[28]

Der Journalist Michael Jürgs trifft Rainer Barzel, den politischen Weggefährten von Helmut Schmidt, Jahrgang 1924, ein Jahr vor dessen Tod. »Er scheint«, reflektiert Jürgs später diese Begegnung, »ähnlich verschlossen wie sein fast gleichaltriger Freund Helmut Schmidt, der alles, was nicht definierbar zwischen Himmel und Erde schwebt, politische Visionen zum Beispiel, für besondere Fälle hält, die man den zuständigen Ärzten anvertrauen sollte und ganz bestimmt nicht selbst ernannten Seelenärzten, den Journalisten.«[29]

Michael Jürgs spielt auf das bekannteste aller Helmut Schmidt-Worte an, »Wer Visionen hat, soll zum Arzt gehen«, gerichtet an die Jungsozialisten, die Anfang der siebziger Jahre, als die SPD den Bundeskanzler stellte, auf eine andere Republik hofften. Und darauf, dass die Angehörigen der Kriegsgeneration – Rainer Barzel, Helmut Schmidt – gern um Seelenärzte und Journalisten einen Bogen machten.

Ein Seelenarzt hätte Rainer Barzel und Helmut Schmidt auf die Kategorie des Ich gestoßen. Diese Kategorie kommt im Reden der Kriegsgeneration nicht vor. Konnte Peter Bachér von den jungen Leuten als »Ich bin ich«-Generation sprechen, sind seine Generation und die von Helmut Schmidt »Wir sind wir«-Generationen. Helmut Schmidt verwendet, wenn es um seine persönlichen und politischen Motive geht, gern das Wörtchen »wir«. Persönliche und generationale Identität gehen bei ihm – wenigstens in der Selbstauskunft – untrennbar ineinander über. Auch das ist keine private Marotte, sondern prototypisch für seine Generation. Die Erinnerungsbände eines Helmut Schmidt, eines Rainer Barzel oder anderer wirken selten authentisch, das Persönliche ist mehr oder minder herausgefiltert.

In seinem erwähnten »Politischen Rückblick auf eine unpolitische Jugend« schreibt Helmut Schmidt über seine, über die »Kriegsgeneration«. Unzählige Male spricht er im Deutschen Bundestag, in Vorträgen und Wahlkampfreden über Erfahrungen »meiner Generation«. Noch in seiner politisch dunkelsten Stunde, seiner Erklärung als Bundeskanzler nach dem Auseinanderbrechen der sozialliberalen Koalition, bei der er für jedermann sichtbar betroffen wirkt, tut er »meine eigenen Empfindungen« ausdrücklich als »nicht so wichtig« ab.[30]

Kein Politiker der Nachkriegszeit hat mehr Bücher geschrieben als Helmut Schmidt, keiner konnte und kann so regelmäßig publizieren wie er, kein ehemaliger Spitzenpolitiker erhält so viele Podien der öffentlichen Rede. Die Zahl der Schriften die seinen Namen tragen, geht in die Tausende. Sein kolossales Publizieren hat gleichwohl nur zwei autobiografische Texte hervorgebracht – neben dem »Politischen Rückblick auf eine unpolitische Jugend« seine Erinnerungen »Weggefährten« –, und selbst diese Texte wollen nicht Persönliches bekennen, sondern Politisches vermitteln.

Über was hat Helmut Schmidt angesichts der Fülle seiner Bücher nicht geschrieben? Über was schwieg und schweigt er sich aus? Weshalb blieb er eine Autobiografie schuldig und protokollierte lieber seine Begegnungen mit den Prominenten (»Weggefährten«) der Welt?

Kein Politiker der Nachkriegszeit hat mehr Bücher verkauft als Helmut Schmidt. Zum Erfolg eines Buches gehört stets eine Interaktion, gehört eine starke Resonanz bei Leserinnen und Lesern. Weshalb spricht Helmut Schmidt mit seiner einerseits offenherzigen, andererseits verschlossenen Selbstdarstellung so viele Deutsche an? Was imponiert den Deutschen an dem Bild, das Helmut Schmidt von sich zeichnet?

Um Missverständnissen vorzubeugen: In diesem Buch geht es nicht um eine späte Entwertung oder gar Abrechnung mit der Generation Helmut Schmidt. Es geht darum, zu verstehen, weshalb die Generation von Helmut Schmidt, als deren Prototyp er sich bis heute sieht, zur wirkungsmächtigsten, zur Referenzgeneration der Bonner und jetzt Berliner Republik geworden ist. Die Karriere der Kriegsgeneration ist die Voraussetzung für die fortgesetzte politische Bedeutung und Popularität ihres Protagonisten Helmut Schmidt. Die Deutschen im neuen Jahrtausend haben diese Generation und ihre »Galionsfigur« zum Mythos gemacht. Das hat mit ihnen selbst mindestens ebenso viel zu tun wie mit Helmut Schmidt.

Ein solches Verstehen ist nicht möglich ohne den Rückgriff auf psychoanalytische und psychologische Kategorien. Die Psychoanalyse hat in den letzten Jahren wertvolle Hinweise zum Bewusstsein politischer Generationen geliefert. Der Psychotherapeut Hartmut Radebold zum Beispiel benennt belastende und beschädigende bis traumatisierende zeitgeschichtliche Erfahrungen einer Generation, etwa den Verlust von Heimat, Sicherheit, Geborgenheit und Gewalterfahrungen wie aktive und passive Kriegsteilnahme, Tieffliegerangriffe und Ausbombungen.[31] Diese Erfahrungen sind die Erfahrungen der Generation Helmut Schmidt.

Die Psychotherapeutin Gabriele Baring ist überzeugt, die politische Geschichte der Bundesrepublik sei von Anfang an geprägt durch das Leid und die Verunsicherung der Kriegsgeneration, »die ihre Wunden nicht zeigte und nur im Verborgenen litt«. Sie macht diese ausgebliebene Trauerarbeit für einen »deutschen Trauerstau« verantwortlich, für eine von Generation zu Generation weitergegebene unausgelebte Trauer, die viele Deutsche bis heute belaste oder sogar krank mache.[32]

Auch über die psychische Interaktion zwischen Generationen ist heute viel mehr bekannt als noch im alten Jahrtausend. So ist es nicht mehr strittig, dass Traumata weitergegeben werden von Generation zu Generation – ob Peter Bachér nun davon wissen will oder nicht. Die Paranoia, mit der ein Helmut Schmidt die Protestreden der 68er bekämpft, drückt weniger eine Kluft als eine Verbindung zwischen diesen Generationen aus. Und die dem greisen Helmut Schmidt zuteilwerdende Verehrung hat nicht wenig damit zu tun, dass diese Verehrung von der zahlenmäßig großen Gruppe der Babyboomer ausgeht, der letzten Generation, für die der Zweite Weltkrieg noch biografisch relevant ist.

Psychoanalyse und Psychologie stellen Kategorien bereit, die einem Helmut Schmidt und einem Hans-Jochen Vogel zutiefst fremd geblieben sind. Helmut Schmidt gerät leicht in Rage, wenn ihm jemand mit solchen Kategorien kommt. »Ihr psychologisiert!«, ruft er in der »Zeit«-Redaktionskonferenz aus, wenn jemand auf dieser Ebene argumentiert.[33] Nach Überzeugung eines Helmut Schmidt haben Begriffe aus der Psychoanalyse und Psychologie in der politischen Analyse nichts zu suchen.

Gleichwohl muss von ihnen, muss von Traumata und Paranoia in den folgenden Kapiteln die Rede sein. Traumata sind psychische Störungen durch Schockerlebnisse der Seele. Paranoia bezeichnet Wahnvorstellungen von Menschen mit schweren Persönlichkeitsstörungen. Die Angehörigen der Generation Helmut Schmidt wurden durch die Erfahrung von NS-Diktatur und Krieg traumatisiert. Ihre politische Elite, zu der ein Franz Josef Strauß und ein Helmut Schmidt zählen, offenbarte mit den Jahren paranoide Züge, die politisch hoch bedeutsam wurden. Traumata und Paranoia haben die Entwicklung der Bundesrepublik Deutschland stark beeinflusst und beeinflussen sie bis heute.

Mit der Schilderung von Traumata und Paranoia werden zwangsläufig Tabus berührt. Einen solchen Tabubruch beging der ehemalige »Spiegel«-Redakteur Jürgen Leinemann mit seinem Buch »Höhenrausch«, das 2004 erschien. Schonungslos porträtiert der Autor, Jahrgang 1937, die »wirklichkeitsleere Welt der Politiker«. Er schreibt von ihren menschlichen Schwächen und von der Politik als Sucht. Überhaupt, ruft Leinemann ins Bewusstsein, liegen Politik und Sucht nah beieinander. Er hat diese Verbindung als Beobachter der Politik selbst erlebt und nimmt die eigene Person in der Darstellung nicht aus.

Das Buch wird dank der authentischen Haltung des Autors und seinem Bemühen, den Politikern mit Empathie zu begegnen, ein Bestseller. Zu seinen prominenten Lesern gehört der spätere SPD-Kanzlerkandidat Peer Steinbrück, der sich nach eigenem Bekunden bei der Lektüre fragt, ob auch er süchtig nach Politik sei (was er verneint).[34]

Der persönliche Charakter des Buches und die Diagnosen an der »Seelenfront« tragen Leinemann auch Kritik ein. Vor allem Kollegen seiner Zunft finden den »psychologisierenden« Ansatz unangemessen, zumal für einen »Spiegel«-Autor, der die deutsche Politik über viele Jahre hinweg investigativ und mit analytisch spitzer Feder seziert hat.

Die geteilte Resonanz auf Jürgen Leinemanns Buch zeigt, dass das Handwerkszeug aus Psychoanalyse und Psychologie im Metier der Zeithistoriker und politischen Analytiker noch immer umstritten ist. Dabei gibt es auch in Deutschland prominente Beispiele einer Synthese politischer und psychologischer Analyse, wie das Buch »Die Unfähigkeit zu trauern« von Alexander und Margarete Mitscherlich. Diese Studie über Verdrängungsmechanismen des Nationalsozialismus nach 1945 traf die Deutschen ins Mark. Sie berührte die seelischen Schmerzpunkte der Frauen und Männer, die das »Wirtschaftswunder« schufen und dabei die deutsche Schuld verdrängten. Alexander Mitscherlich wurde zur intellektuellen Leitfigur einer Gesellschaftskritik aus psychoanalytischer Sicht. Kurz nach den Mitscherlichs fragt der Publizist Wilhelm Backhaus: »Sind die Deutschen verrückt?« und liefert als Antwort »ein Psychogramm der Nation und ihrer Katastrophen«. Darin findet sich ein frühes Porträt des SPD-Spitzenpolitikers Helmut Schmidt.

Die siebziger Jahre sind das Jahrzehnt des Stuhlkreises, die »Psycho-Welle« ergießt sich über das Land. Der Psychoanalytiker Horst-Eberhard Richter analysiert für den »Spiegel« und später in seinem Buch »Die Gruppe« die Querelen im Kabinett von Bundeskanzler Willy Brandt, an denen, so Richters Überzeugung, der temperamentvolle Verteidigungsminister Helmut Schmidt, der immer neues Geld für die Bundeswehr fordert, keinen geringen Anteil hat. Jahre später (davon ist noch die Rede) wird Horst-Eberhard Richter den Politiker, der inzwischen selbst Bundeskanzler ist, durch die Brille seiner Wissenschaft studieren und im Kanzleramt das Gespräch mit ihm suchen.

Die Psychoanalyse, so lautet Richters Credo, ist ein wertvolles Instrument zur Aufklärung und zur kritischen Deutung von Politik. Das Tabu, psychologischen Faktoren in der Politik Beachtung zu schenken, muss gebrochen werden! Die Psychoanalyse ist nicht nur ein Verfahren, das in der individuellen Therapie Anwendung findet, sondern eine gesellschaftskritische Kraft. In diesem Sinn erklärt Richter die Psychoanalyse zu einer politischen Wissenschaft.

Mit dieser Haltung gerät er zwischen die Stühle: »Psychoanalytiker verstehen nichts von Politik, Politiker nichts von Psychoanalyse. Das ist eine weitverbreitete Meinung.« Bei Begegnungen mit Politikern macht Richter die Erfahrung, »dass die Grenzüberschreitung zwischen Psychoanalyse und Politiker zugleich faszinierend und ängstigend ist«. Die Berührungsscheu hat wohl damit zu tun, glaubt die Psychoanalytikerin Thea Bauriedl, »dass jede Gruppe die andere als übermächtig und unbeeinflussbar erlebt und gleichzeitig auch in gewissem Sinne als minderwertig beurteilt«.[35]

Bei dieser Scheu bleibt es lange, wie Horst-Eberhard Richter 79-jährig in einem Vortrag mit Bedauern feststellt, selbst in der eigenen Zunft. Er spricht von einer »eher bescheidenen Zahl von Psychoanalytikern, die sich auch ungebeten zu kritischer Kommentierung gesellschaftlicher und politischer Entwicklungen zu Wort melden«.[36]

Erst in der Berliner Republik, die mit der Teilung ein nationales Trauma überwunden hat, finden sich immer mehr Beispiele für den Versuch, Politik und Politiker mithilfe der Psychoanalyse und Psychologie zu verstehen. Die Psychoanalytikerin Gabriele Baring sagt 2011 in ihrem Buch »Die geheimen Ängste der Deutschen« (einem Beispiel für den neuen Zugang der Psychoanalyse zur Politik) das politische Scheitern von Christian Wulff voraus. Der Ausnahmepolitiker Oskar Lafontaine, der von heute auf morgen alle Spitzenämter abgibt, und die zeitweilige Zukunftshoffnung der deutschen Politik, Karl-Theodor zu Guttenberg, laden ebenfalls zu psychoanalytischen Deutungen ein.

Der »psychologisierende« Ansatz, den Helmut Schmidt in einer »Zeit«-Redaktionskonferenz beanstandet, ist heute schon viel selbstverständlicher geworden, etwa wenn sich eine Dokumentationsreihe im Ersten »Rivalen« wie Helmut Kohl und Wolfgang Schäuble widmet oder eine andere Produktion Politiker wie Erwin Huber interviewt, die quasi über Nacht alle politische Macht verloren haben. Journalisten gehen gleichwohl sparsam mit Begriffen aus Psychoanalyse und Politik um, denn nicht nur Politiker können auf diesen Ansatz ambivalent reagieren, fasziniert und verängstigt zugleich.

Der Vorwurf, zu psychologisieren, kann ein sachlich richtiger sein – man kann dieses wissenschaftliche Werkzeug falsch gebrauchen, wie man jedes Werkzeug falsch anwenden kann. Zugleich enthält Helmut Schmidts Ausruf »Ihr psychologisiert!« eine Selbstauskunft: Ich will nicht, dass die Analyse diesen Weg nimmt! Der Ausruf ist ein Abwehrreflex, der etwas über die Person, von der er ausgeht, preisgibt, aber nicht die Sache diskutiert.

Horst-Eberhard Richter, der politischste Psychoanalytiker der alten Bundesrepublik, nannte sich noch einen »Wanderer zwischen den Fronten«. Doch mit der Berliner Republik kommt auch Bewegung in die »Front« der Politiker. Der Nachfolger von Helmut Schmidt und Helmut

Kohl im Kanzleramt, Gerhard Schröder, wusste sein Privatleben medial zu inszenieren, etwa bei Fernsehauftritten mit seiner damaligen Frau Hillu, gab aber von sich selbst wenig preis. Der Politiker Gerhard Schröder sagte über den Familienvater Gerhard Schröder – 2007 in einem Fernsehgespräch mit Peter Voß – Sätze wie: »Selbst die wenige Zeit, die man zu Hause hatte, war man angespannt.« Als Peter Voß ihn auf seine vaterlose Kindheit anspricht (Schröders Vater war im Krieg gefallen), verneint er, »dass ich etwas vermisst hätte«. Später im Gespräch räumt er ein, es könne sein, »dass vaterlos aufzuwachsen einen prägt, ohne dass man es gemerkt hat, es mich auch geprägt hat. Ich wüsste nicht zu sagen, ob mein Leben mit einem Vater anders verlaufen wäre.« Er habe über diese Frage relativ wenig nachgedacht. »Im Nachhinein würde ich sagen, ich hätte gern einen gehabt, aber es ging auch so.«[37]

Gerhard Schröder sucht hier noch, wie der deutlich ältere Helmut Schmidt in seinem »Politischen Rückblick auf eine unpolitische Jugend«, eine persönliche Frage politisch zu beantworten. Doch er macht eine Veränderung durch. Im Jahr 2014 spricht Schröder so offen wie selten über seine »Unterwelt der Gefühle«[38], wie es Peter Glotz einmal genannt hat. »Meine Seele hat im politischen Leben Schaden genommen«, bekennt er auf der Kanzel einer Kirche. Er spricht über eine Entscheidung aus seiner Kanzlerzeit, die »mit dem Tod und dem Leben von Menschen« zu tun hatte, über die Beteiligung der Bundeswehr an den Kampfeinsätzen im Kosovo. An einer solchen Entscheidung kann eine Seele Schaden nehmen, »sie muss sogar Schaden nehmen«.[39]

Das Thema ist in der deutschen Politik nicht neu. Bereits Helmut Schmidt hatte von einer schuldhaften Verstrickung im Amt gesprochen (im Zusammenhang mit seiner Entscheidung, nach der Entführung von Arbeitgeberpräsident Hanns Martin Schleyer keine Terroristen freizulassen) und in Reden Begriffe wie »Trauma« und »Trauerarbeit« gebraucht (in seiner Abschiedsrede vor dem Deutschen Bundestag 1986). Das diente aber stets der Begründung politischer Entscheidungen. Gerhard Schröder legt sein Bekenntnis auf einer Kirchenkanzel ohne einen politischen Anlass ab. Er gibt Persönliches preis, weil er dem öffentlichen Bild vom späten Großverdiener und Putin-Freund Gerhard Schröder eine persönliche, authentische Nuance hinzufügen will.

Die Rede auf der Kirchenkanzel wurde – eben weil sie von Gerhard Schröder stammte – medial mit Zurückhaltung aufgenommen. Dabei enthält sie das mutigste, weil das persönlich mutigste Bekenntnis, das es bislang von einer deutschen Bundeskanzlerin oder einem deutschen Bundeskanzler gibt.

TRAUMA

Die Schicksal einer Generation

»Meine Generation wird die Narben mit ins Grab nehmen.«

Helmut Schmidt

Verführung

Deutschland ist – mit einem Wort des Soziologen Heinz Bude – ein »Land der Generationen«. Das unterscheide es von Großbritannien, das bis heute ein Land der Klassen sei, und von Frankreich, »dessen Selbstverständnis auf der Idee der Republik gründet«. In Deutschland, stellt Heinz Bude weiter fest, wurde der Generationenbegriff zum »herrschenden Orientierungsbegriff« für die politische Kultur. Gesamtgesellschaftliche Zäsuren würden mit dem Wechsel von Generationen in Verbindung gebracht (»1914«, »1968«), Reformstaus mit der überlangen Dominanz einer Generation, etwa der 16-jährigen Kanzlerschaft von Helmut Kohl, erklärt.[1] Der Generationenforscher Helmut Fogt geht sogar noch weiter und behauptet, dass jede Generation ihre eigene politische Kultur hervorbringt.[2]

Es war schon davon die Rede, dass historische Ereignisse scharfe Einschnitte zwischen Generationen setzen. Fällt die »Machtergreifung« der Nationalsozialisten in die Kindheit und Jugendzeit, oder bedeutet sie ein »Späterlebnis«, wie es Karl Mannheim nennt? Wer erwachsen ist, erlebt das Ereignis völlig anders als Kinder oder Jugendliche zur selben Zeit. Die Kinder und Jugendlichen werden in ihrer sozialen Prägezeit eine eigene Generation bilden.

Analog dazu macht es einen großen Unterschied, ob jemand wie Helmut Schmidt zwischen dem knapp 21. und dem 26. Lebensjahr den Krieg erlebt oder während des Kindheits- und Jugendalters.

Die Kriegsgeneration ist in der Definition von Gabriele Baring »jene Generation, die den Zweiten Weltkrieg im Erwachsenenalter erlebte – etwa als Soldaten oder auch als Widerstandskämpfer –, deren aktive Zeit in diese Phase fiel«. Der Krieg tritt als Späterlebnis in ihre Biografie. Wegen der Unschärfe des Begriffes »Kriegsgeneration« – viele Angehörige der folgenden »Flakhelfer-Generation« waren auch noch im Krieg – wird sie als »Generation Helmut Schmidt« exakter bezeichnet.

Die Geburtsjahrgänge 1918, 1919 und 1920 seien »entscheidend vom Nationalsozialismus geprägt« worden, stellt der Politikwissenschaftler Franz Walter fest. Helmut Schmidt ist Jahrgang 1918. »Wir waren vierzehn Jahre alt und waren Schulbuben«, sagt er im März 1958 in einer Bundestagsrede, auf das Ermächtigungsgesetz Bezug nehmend, das Adolf Hitler im März 1933 diktatorische Vollmachten erteilte.[3] Die Generation Helmut Schmidt wächst in einen Staat hinein, der das gesamte private und öffentliche Leben mit seiner Ideologie durchdringt.

Dieser Staat wirbt um seine Jugend, denn die junge Generation stellt die künftige Machtbasis des Regimes. Die Organisation der Hitlerjugend gestaltet, nachdem sie die vielen Jugendverbände zwangsintegriert hat, die Freizeit der Mädchen und Jungen. Ein Helmut Schmidt kann dort die Sportart seiner Wahl treiben, Anschluss in einer Gruppe und im Verein finden. Auch er schluckt den Köder, den die Nationalsozialisten auswerfen; an ihrem »Haken« soll er zum regimetreuen Untertan werden.

Die Frauen und Männer der Generation Helmut Schmidt lernen in ihrer sozialen Prägezeit das Führerprinzip im Kleinen kennen, sie werden mit völkischem Bewusstsein geimpft, mit Werten wie Vaterland und Volkstum, Kameradschaft und Stärke. Sie nehmen an quasireligiösen Zeremonien teil, nationalsozialistische Parteisymbolik durchzieht ihren

Alltag. Sie erleben die massenhafte Zustimmung der Erwachsenen für den »Führer« und den Fanatismus, der viele von ihnen erfasst.

Wer Glück hat wie Helmut Schmidt, darf mit der Hamburger Lichtwarkschule eine freigeistige Schule besuchen. Helmut Schmidt wird nach 1933 in eine private Lesegesellschaft eingeladen – eine seiner Lehrerinnen bietet diesen geschützten Diskussionskreis in ihrer Wohnung an. Dass Helmut Schmidt diesem Kreis irgendwann nicht mehr angehören will und dass auch die einstige Reformschule nach und nach gleichgeschaltet wird, wie die Historikerin Sabine Pamperrien in ihrer 2014 erschienenen Schmidt-Biografie bis 1945 nachweist, steht auf einem anderen Blatt.[4]

Die Sogkraft der nationalsozialistischen Ideologie ist so groß, dass sich ihr nicht einmal ein Helmut Schmidt, der in einem apolitischen Elternhaus groß wird und eine zunächst noch reformpädagogisch orientierte Schule besucht, entziehen kann. Sabine Pamperrien gibt auch hier neue Einblicke in Schmidts ambivalentes Verhalten: Einerseits stößt ihn das Rohe am braunen Habitus ab, andererseits fasziniert ihn, der sich in Gruppen selbst rasch zum Führer macht, das Führerprinzip. Er ist in einem Alter, in dem man politisch unmündig und zugleich empfänglich für Gemeinschaftserlebnisse ist. »Es setzte sehr glückliche persönliche Umstände voraus, dass damals ein Vierzehnjähriger oder auch ein Sechzehnjähriger nicht zunächst auf den Nationalsozialismus ansprach«, wird er später sein Verhalten und das vieler Gleichaltriger rechtfertigen.[5] Mit anderen Worten: Man konnte den Nazis leicht auf den Leim gehen. Auch Helmut Schmidt geht ihnen, wie Sabine Pamperrien detailreich beschreibt, auf den Leim. Die »funktionale Erziehung zu Kameradschaft und Gemeinschaft« akzeptiert er mit Eifer, und er schämt sich dafür, dass er es nicht zu einem Tapferkeitsorden bringt. Kurzum, er ist wie seine ganze Generation dem »raffinierten psychologischen System des ›Dritten Reichs‹ ausgeliefert«, wie er in der bereits zitierten Bundestagsrede vom 22. März 1958 sagt, und er fügt hinzu: »und wir haben einige Zeit gebraucht, um uns aus dieser geistigen Umklammerung unserer jungen Unmündigkeit zu befreien«.[6]

Was heißt »einige Zeit«? Helmut Schmidts Antwort lautet: »Ich selbst habe seit Ende 1935 zunehmend negative Seiten des NS-Systems entdeckt« – also fast drei Jahre, nachdem Adolf Hitler Reichskanzler geworden ist. Ein Besuch der Ausstellung »Entartete Kunst« öffnet ihm, dem musisch Gebildeten, vollends die Augen – die Nazis müssen Verrückte sein, wenn sie Kunstschätze so schändlich präsentieren! Wobei – auch dies zeigt Sabine Pamperriens Buch – Schmidts Zeitangaben über seine Abwendung von den Nazis variieren.

Helmut Schmidt hat sich angesteckt, aber nach eigener Aussage die Ansteckung so rechtzeitig erkannt, dass er sich nicht schuldig machen konnte. »Die gleichzeitige Beeinflussung durch die Hitlerjugend konnte letztlich unser Empfinden, unsere Aufnahmebereitschaft nicht entscheidend auf den geistlos-primitiv-grobschlächtigen Blut-und-Boden-Mythos einengen«, versichert er Jahrzehnte später in einer Rede.[7]

Gleichwohl macht Helmut Schmidt die einschneidende Erfahrung, verführt worden zu sein. Sehr viele Angehörige seiner Generation machen diese Erfahrung. Sie sind mal kürzer, mal länger kleine Nazis, und einige bleiben es bis zum Ende. Die Verführbarkeit durch eine verbrecherische Ideologie wird zur Grunderfahrung einer ganzen Generation. Jede und jeder Angehörige dieser Generation muss sich später zu dieser Verführung irgendwie verhalten, muss mit ihr fertigwerden und sie im besten Fall bewältigen. Helmut Schmidt wird sich die frühe Verführung nie verzeihen. Der Wunsch, am Selbstbild, an der eigenen Biografie etwas wiedergutzumachen, wird ein wichtiges Movens des späteren Politikers.

Auf Schule und Hitlerjugend haben die Nazis direkten Zugriff. Wie steht es während der Prägezeit des jungen Helmut Schmidt um die letzte Bastion des Privaten, die Familie? Manche Familien schaffen ein Ventil für die Pressionen des Systems. Sie bieten Zuflucht und Schutz. Dort ist es möglich, offen zu sprechen. Doch in vielen Familien – besonders in solchen, die etwas verbergen müssen wie die Familie von Helmut Schmidt – gibt es kein offenes Wort, kein Korrektiv zum braunen Programm. Politik wird von den Kindern ferngehalten. »Kinder lesen keine Zeitung!«, sagt Helmut Schmidts Vater zu ihm und seinem Bruder Wolfgang.[8] Der Vater muss verbergen, dass sein Erzeuger Jude ist. Er ist nach den »Nürnberger Gesetzen« Halbjude. Das kann, einmal bekanntgeworden, sein Todesurteil sein. Die Kinder sind immerhin noch Vierteljuden. Sie dürfen sich nirgendwo verplappern. Es herrscht ein klammes, bedrückendes Erziehungsklima. Die Mutter schenkt den Kindern irgendwann dann doch reinen Wein ein. Der Vater darf es nur nicht erfahren!

Helmut Schmidts Eltern sind zwar keine Nationalsozialisten, sie zeigen aber auch innerhalb der Familie, jedenfalls den Kindern gegenüber, nicht ihre Ablehnung gegen das System. »Vermutlich aus Angst hat mein Vater Wolfgang und mich keineswegs in demokratischem Geist erzogen«, lautet Helmut Schmidts Deutung in späteren Jahren.[9]

Für die meisten Mädchen und Jungen kam es anders als für die jungen Schmidts. In anderen Familien, stellt der Psychologe Walter Jaide fest, »gab es Gleichschaltung oder Divergenzen wegen der NS-Ideologie bis zu Denunziationen. Mit Sippenhaftung wurden Widerständler bedroht bzw. dezimiert.«

Die Jugendlichen der Generation Helmut Schmidt werden auf Sauberkeit, Ruhe und Ordnung gedrillt, aber sie wissen auch um die hohe Kriminalität um sie herum. Solche Widersprüche gibt es im NS-Staat auf allen Ebenen und in allen Bereichen, sie sind systemimmanent. Sie schaffen – so Walter Jaide – »eine Ambiguität, die fixierte, lähmte, dumpf machte oder verzweifeln ließ zwischen Gutwilligen und Mitschuldigen, Verängstigten und Fanatikern, ein Zwiespalt, der auch die jungen Soldaten in den Krieg begleitete«.[10]

Was weiß die junge Generation Helmut Schmidt von der nationalsozialistischen Gewalt? Sie erlebt diese Gewalt an den Orten ihres alltäglichen Lebens. Die Angehörigen dieser Generation müssen mit ansehen, wie Geschäfte und Synagogen zerstört, Menschen mit dem Judenstern stigmatisiert oder vor aller Augen geschlagen werden. Ein Helmut Schmidt nimmt bewusst wahr, dass manche seiner jüdischen Mitschülerinnen und Mitschüler plötzlich nicht mehr im Unterricht erscheinen. In der Verwandtschaft und im Bekanntenkreis verschwinden ebenfalls Menschen, von heute auf morgen. Auch behinderte Menschen sind darunter.

Loki Schmidt berichtet, dass es in dem Haus, in dem ihre Familie lebte, immer wieder Hausdurchsuchungen gab. »Wir selber blieben davon zum Glück immer verschont; trotzdem hörte ich noch, als ich bereits erwachsen war, im Traum gelegentlich die schweren Schritte, die eine Durchsuchung ankündigten.« Loki Schmidt erinnert sich weiter, dass ihre Eltern schon im Sommer 1933 ihre zahlreichen Bücher durchgesehen, »von einigen die Umschläge abgerissen und sie hinter andere Bücher gestellt« haben.[11] Aus ihren Erinnerungen geht nicht hervor, ob ihr seinerzeit der Grund dafür bewusst war.

Neben den politischen und familiären Verhältnissen, in denen ein Helmut Schmidt groß wird, spielen die wirtschaftlichen Verhältnisse eine wichtige Rolle. Die Eltern von Helmut Schmidt haben die Notzeiten nach dem Ersten Weltkrieg, die Wirtschaftskrisen um 1923 und 1930, in lebhafter Erinnerung. Der deutschen Wirtschaft geht es zwar seit Anfang der dreißiger Jahre stetig besser, doch noch immer leben viele Familien am Existenzminimum, so auch die Familie von Hannelore Glaser, der Klassenkameradin und späteren Ehefrau von Helmut Schmidt. Hannelore Glasers Vater möchte arbeiten, findet aber jahrelang keine Stelle. Die sechsköpfige Familie lebt auf engstem Raum. Sie hat gerade einmal 45 Mark pro Woche. Das geht sieben Jahre lang so. Helmut Schmidt bekommt dieses Leben an der Armutsgrenze bewusst mit.

Ihm selbst bleibt eine solch bedrückende Erfahrung erspart, weil der Vater eine Lehrerstelle hat, gleichwohl geht es in der Familie nicht üppig zu. Der junge Helmut Schmidt legt weite Fußwege zurück, um billige Margarine zu kaufen. Einmal in der Woche gibt es bei den Schmidts Fleisch, sonst Kartoffeln und Gemüse. Sohn Helmut wird, was das Essen angeht, sein Leben lang bescheiden und anspruchslos bleiben. Der fünfte

Bundeskanzler ernährt sich, wenn er nicht zu einem Dinner muss, von Coca-Cola und Suppen.

Jede Jugend hat das Bedürfnis und das Privileg des Sturm und Drangs, der Reibung an den Eltern und des Aufbegehrens gegen die Verhältnisse. Auf diese Weise bildet sie ihre Identität aus und macht sich bereit, in der natürlichen Generationenfolge die Erwachsenen von morgen zu sein.

Eine solche aktive und fruchtbare Auseinandersetzung mit den Älteren bleibt den Angehörigen der Generation Helmut Schmidt verwehrt. Sie dürfen nirgendwo aufmüpfig sein. Sie erleben ein von Sorge und Angst geprägtes Erziehungsklima in einem politischen System, das auf Unterordnung und Uniformität drillt. Die notwendige, fruchtbare Aufmüpfigkeit der Generation Helmut Schmidt fällt bei den Mutlosen wegen vorauseilendem Gehorsam und bei den Mutigen wegen Lebensgefahr aus.

Krieg

Im Frühjahr 1937 macht Helmut Schmidt Abitur. Zwischen April und September leistet er seinen Reichsarbeitsdienst und tritt dann seinen Wehrdienst an. Der Wehrdienst soll Ende September 1939 zu Ende sein. Kurz davor kauft der Vater seinem Sohn einen Anzug, für dessen Rückkehr ins zivile Leben. Doch daraus wird nichts. Am 1. September 1939 beginnt der Zweite Weltkrieg. Helmut Schmidt bleibt Soldat – und der Anzug im Schrank.

Im Wehrdienst, schreibt die Biografin Sibylle Krause-Burger, widerfahre ihm nichts, »was ihn umdreht oder aufkrempelt, nichts Außergewöhnliches, es sei denn, man nähme die Folgen des streng geordneten militärischen Lebens und der militärischen Ausbildung dafür; gemeint sind die Verfestigungen der vom Vater geförderten Tugenden: des Leistungswillens, des Pflichtbewusstseins und der Selbstkontrolle«.[12]

Auf die Erfahrung der nationalsozialistischen Diktatur folgt für Helmut Schmidt und die Angehörigen seiner Generation das Kriegserlebnis. Es sind die Männer der Jahrgänge von 1915 bis 1925, insgesamt über 17 Millionen. Mehr als ein Drittel von ihnen kommt in diesem Krieg um, die meisten während der zweiten Hälfte. Diese Toten lassen 1,7 Millionen Witwen und 2,5 Millionen Waisen und Halbwaisen zurück.

Helmut Schmidt ist wenige Monate, bevor im Mai 1945 die Waffen ruhen, 26 geworden. Im Frühjahr 1945 gerät er in Kriegsgefangenschaft wie so viele seiner Generation. Wieder führt das Schicksal Regie: Amerikaner und Briten, denen Helmut Schmidt in die Hände fällt, behandeln ihre Gefangenen milder als Franzosen und Russen. Sie entlassen die Gefangenen auch früher. Für Helmut Schmidt dauert die Internierung nur wenige Monate (bei anderen bis zu mehreren Jahren).

Reichsarbeitsdienst, Wehrdienst, Kriegsdienst, Kriegsgefangenschaft – es ist das letzte Glied in einer Kette männerbündischer Soldatengemeinschaften, die Helmut Schmidt und seine Altersgenossen um eine komplette Lebensphase bringt. In dieser Lebensphase werden normalerweise Partnerschaften und Ehen geschlossen, wird eine Familie gegründet, eine Berufsausbildung absolviert. Junge Paare wünschen sich Zeit für ihre »Flittermonate«. Wenn das erste Kind kommt, ist das Leben nicht mehr, wie es war. Auch die Berufsausbildung braucht Zeit, braucht geistige oder handwerkliche Ausflüge, soll sie eine gründliche sein. Es sind die besten Jahre des Lebens.

Für die Generation Helmut Schmidt stehen diese besten Jahre im Schatten des Krieges. Der Krieg absorbiert alle Kräfte, macht Hoffnungen zunichte, zerstört Lebenspläne. Wenn dennoch Weichen gestellt werden, eine Ehe eingegangen und eine Familie gegründet wird, geschieht dies unter bedrückenden Bedingungen, ohne Muße und in der Sorge, dass der Ehemann und Kindsvater aus diesem Krieg nicht mehr heimkommt. Helmut Schmidt heiratet Hannelore Glaser während seines Fronturlaubs. Auf dem Hochzeitsfoto trägt er Uniform. Seine Ehefrau bringt einen

Sohn zur Welt. Dass er nur Monate nach seiner Geburt stirbt, erfährt Helmut Schmidt über die Feldpost.

Der Krieg prägt nicht nur die Lebensumstände der Männer, die im Feld stehen, er schafft auch ein gemeinsames Generationenbewusstsein dieser Männer. Er steigert, so Bernhard Giesen in seinem Aufsatz »Generation und Trauma«, die »Leiblichkeitserfahrung einer Generation durch die Anwesenheit eines Gegners, der die eigene körperliche Unversehrtheit und die der Generationsgenossen mit Gewaltmitteln bedroht«. Die Anwesenheit des Feindes erzeuge hier die Gemeinsamkeit einer Generation. »Diese Erfahrung der Bedrohung von Leib und (manchmal auch) von Leben vermittelt eine Authentizität des Außerordentlichen, die schwer zu überbieten ist (...).« Dies gelte in besonderer Weise für die Selbsterfahrung einer Generation.

Die Tage und Jahre an der Front erzeugen im Soldaten das Gefühl einer geradezu existenziellen Verlassenheit. »In der Außerordentlichkeit der Gewalterfahrung«, schreibt Bernhard Giesen, »im Erlebnis der äußersten Bedrohung schwindet das Vertrauen in den Schutz durch die Eltern und die Überlegenheit der Älteren – ein Naturzustand öffnet sich, in dem die überkommenen Regeln nicht mehr gelten (...). Man tritt aus dem Schatten und dem Schutz durch die Eltern heraus und ist auf sich selbst gestellt (...).«[13]

Im Krieg erleben Helmut Schmidt und die Angehörigen seiner Generation – häufig zum ersten Mal – die Möglichkeit des eigenen Todes. Bisher konnten sie sich, weil sie jung sind, den Tod nur als Tod der anderen vorstellen, von älteren Verwandten und älteren Freunden. Jetzt wird der Tod, so Giesen, zur »unabweisbaren Begrenzung« auch des eigenen Lebens.

Die Einsicht in die eigene Todesmöglichkeit versetzt der Seele einen Schock. Ihre Erschütterung kann zunächst nicht erzählt, nur beschwiegen werden. »In dieser Hinsicht zeigt die gemeinsam erfahrene Bedrohung des Lebens Züge eines kollektiven Traumas, das erst aus einigem Abstand erinnert und ausgesprochen werden kann. Die traumatische Grundstruktur der Erinnerung, das Erlebnis der außerordentlichen Bedrohung, in dem der Schutz der Älteren versagte, stellt den äußersten Horizont, vor dem sich die kollektive Identität einer Generation bildet.«[14]

Es kann aber auch passieren, das sei hier mit Blick auf die Generation Helmut Schmidt angemerkt, dass dieses Trauma zwar später erinnert, von ihm aber überhaupt nie erzählt wird. Die Betroffenen verdrängen das Trauma, so gut sie können, und machen den Umgang mit ihm allein mit sich selbst aus.

Doch der Krieg traumatisiert nicht nur, er macht auch stärker. Neben das Erlebnis der völligen Schutzlosigkeit und die erstmalige Erfahrung, dem Tod näher als dem Leben zu sein, tritt das Erlebnis eines »unerwartbaren Sieges über die Widrigkeiten der Welt«.[15] Nicht nur die Erfahrung, durch die »Scheiße des Krieges« (Helmut Schmidt) gegangen zu sein, schweißt Männer einer Generation zusammen, sondern auch das gemeinsame Erlebnis, die Hölle überlebt zu haben. Das Gefühl der Verzweiflung kehrt sich innerpsychisch in ein Gefühl des Triumphes um.

Helmut Schmidt und seine Altersgenossen haben den realen Krieg erlebt. Sie sind ihm entkommen, doch die Bilder aus diesem Krieg werden sie nicht los. Es sind brutale und schmerzhafte Bilder, die im Gedächtnis bleiben werden bis zum letzten Tag. Welche Bilder sind es genau, was haben Helmut Schmidt und seine Kameraden erlebt, was haben sie in dieser existenziellen Ausnahmesituation selbst getan? Die meisten Wehrmachtssoldaten schweigen darüber, sie »verstummen« (Gabriele Baring). Die Erinnerungen werden von der Seele, die damit weiterleben muss, mit einem Betonmantel überzogen wie der havarierte Atomreaktor von Tschernobyl.

Nur gelegentlich kann durch kleine Risse »Strahlung« entweichen. Die Angehörigen der Generation Helmut Schmidt werden Zeit ihres Lebens von Albträumen heimgesucht (auch Helmut Schmidt, wie er 1986, mit fast siebzig, andeutet: »Die Welt ist nicht heil. Der Krieg und die bizarren Albträume, die er uns hinterlassen hat, lasten auf uns.«[16]). Nur gelegentlich, und dann eruptiv, lassen sie das Erlebte erahnen und das, was es mit ihnen gemacht hat. Helmut Schmidt kann nicht an sich halten, als der sowjetische Staats- und Parteichef Leonid Breschnew auf seinem ersten Deutschlandbesuch – Bundeskanzler Willy Brandt hatte ihn eingeladen – im kleinen Kreis von den Leiden seines Volkes im Zweiten Weltkrieg erzählt. Auch die Deutschen haben, so Helmut Schmidts spontanes Statement, unter diesem Krieg gelitten, auch deutsche Soldaten wie er, die mit der Nazidiktatur nichts zu schaffen hatten!

Auch ein Helmut Schmidt hat Leichen gesehen, das Fleisch der Tiere in brennenden Ställen gerochen, von Vergewaltigungen erfahren. Viel geben er und seine Altersgenossen von diesen Erinnerungen nicht preis. Hat er Tabletten geschluckt, um über die Tage zu kommen? Die moderne Kriegführung ist ohne Doping nicht denkbar. Ende des 19. Jahrhunderts wird der stimulierende Wirkstoff Methamphetamin synthetisiert, er kommt als »Pervitin« in deutsche Apotheken. Pervitin erzeugt eine euphorische Stimmung, man wird leistungsfähiger, muss weniger essen und trinken, braucht weniger Schlaf. Eine Tablette wirkt etwa 36 Stunden, danach stellen sich quälende Schlaflosigkeit, Lethargie und depressive Verstimmungen ein. Im Zweiten Weltkrieg wird das Mittel zur zeitweiligen Stärkung der Kampfmoral massenhaft an die Soldaten verteilt – allein zwischen April und Juni 1940 ordern Wehrmacht und Luftwaffe über 35 Millionen Pervitin-Tabletten!

Hat Helmut Schmidt Pervitin genommen? Hat er an seine Soldaten »Hermann-Göring-Pillen«, »Stuka-Tabletten« oder »Panzerschokolade« ausgegeben? Diese Fragen seien hier nicht gestellt, um dem Offizier der Wehrmacht späte Vorhaltungen zu machen, sondern um am Beispiel zu zeigen: Man weiß aus den Biografien dieser Generation sehr viel und zugleich sehr wenig. Politisch Verwertbares wird vielfach erzählt, Persönliches bleibt einbetoniert.

Die Angehörigen der Generation Helmut Schmidt fahren beruflich und gesellschaftlich gut mit dieser Doppelstrategie. Sie gehen in die Wirtschaft, in die Verwaltung, in die Medien oder in die Wissenschaften, machen Karriere und werden mit dem früheren Leben nicht konfrontiert, jedenfalls nicht von Gleichaltrigen. Fragen kommen erst von den erwachsenen Kindern oder wenn, meistens erst nach vielen Jahrzehnten, belastende Akten auftauchen.

Anders bei einem Franz Josef Strauß, Jahrgang 1915, oder Helmut Schmidt, Jahrgang 1918, oder Rainer Barzel, Jahrgang 1924, die sich für die Politik entscheiden und bald zur Elite der Bonner Republik gehören. Der Zweite Weltkrieg mit seinen Folgen, der Zerstörung und Teilung des Vaterlandes, ist ihr ständiges Thema. Sie können das Grauen des Krieges nicht verdrängen; sie müssen auch, das verlangt die öffentliche Verantwortung in ihren Ämtern, über ihr eigenes Verhalten im Krieg Auskunft geben. Wie geht das, ohne zugleich dem eigenen Trauma zu nahe zu kommen? Ohne an jener seelischen Isolierschicht zu kratzen?

Die Selbstauskunft eines Strauß oder Schmidt oder Barzel fällt, ihrem Zweck folgend, nicht autobiografisch, sondern politisch aus. Sie sprechen nicht emotional über eigene Erlebnisse, sondern geben Erlebtes so reflektiert wie möglich wieder, ordnen es historisch ein. Helmut Schmidt will nichts bekennen, will kein Mitgefühl erheischen für das erlittene Trauma, sondern eine Wirkung erzielen; er will mit wenigen Episoden deutlich machen, dass er kein Nazi war und dass er nichts vom Genozid der Nazis oder von Verbrechen der Wehrmacht gewusst hat.

Solche Berichte liefern weniger Erinnerungen als Sprachregelungen, weniger autobiografische als politische Texte. Einmal in die eigene Politikerbiografie eingestanzt, werden sie in den folgenden Jahrzehnten vielfach repliziert. Helmut Schmidts kurzer, sorgfältig abgewogener Aufsatz »Die Kriegsgeneration« findet noch Jahre später Eingang in einen Redenband des Bundeskanzlers.[17]

Wenn es um die Verfolgung politischer Ziele geht, thematisieren ein Franz Josef Strauß, ein Helmut Schmidt oder ein Rainer Barzel den Krieg ziemlich oft – siehe die Rede von Helmut Schmidt auf dem Berliner Parteitag 2011. Sie verbinden damit einen pädagogischen Impetus – das darf sich nie mehr wiederholen! Wenn es um das eigene Kriegserlebnis geht, um Prägungen und seelische Verletzungen, bleiben sie – wie die meisten Angehörigen dieser Generation – so kryptisch wie möglich.

Haltegriffe

Helmut Schmidt quält in Kampfpausen ein Konflikt, den er, wie er überzeugt ist, mit der »eigentlichen Kriegsgeneration des Zweiten Weltkrieges« (also nicht mit der Generation Helmut Kohl) gemeinsam hat. Er schreibt darüber, wie auch sonst bei persönlichen Themen, in der »Wir«-Form, gebraucht selten das Wörtchen »ich«.

Im Krieg erlebt Helmut Schmidt die »schreckliche Spannung, tagsüber zu kämpfen und nachts, wenn man nicht einschlafen kann, zu wissen: Dies ist alles Unfug und führt ins Elend.«[18] Er kämpft, weil er Soldat ist, aber er kämpft auch im Dienst eines verbrecherischen Regimes. Helmut Schmidt verteidigt sein Land, aber er verteidigt auch den nationalsozialistischen Staat, den er lieber heute als morgen untergehen sehen will.

»Manche meiner Alterskameraden, wie ich selber auch, haben unter diesem Zwiespalt gelitten; manche haben den Ausweg in ein robustes Landsertum genommen, (…) andere haben das Retten der eigenen Haut zum überragenden Leitmotiv gemacht, einige wenige umgekehrt den Ehrgeiz nach Orden und Beförderung«, schreibt Helmut Schmidt 1968 in seinem Aufsatz »Die Kriegsgeneration«.[19]

Er hält sich in der Rückschau zugute, im Krieg »nicht dem Zeitgeist erlegen« zu sein, doch auch er fühlt sich »verstrickt in den Weg ins Verhängnis«.[20] Soll er weiterkämpfen, wie es seine soldatische Pflicht verlangt, oder soll er desertieren, wofür er gehängt werden kann?

Jeder Soldat der Wehrmacht muss, wenn er kein glühender Nazi oder überzeugter Widerstandskämpfer ist, diese »schreckliche Spannung« aushalten und sich irgendwie zu ihr verhalten. Die Entscheidung von Helmut Schmidt und seinen Alterskameraden ist bekannt: Die meisten bleiben in Uniform, nur wenige entschließen sich zur Fahnenflucht. Widerstand bleibt eine Sache weniger, wie immer, wenn es um persönliche Tapferkeit geht.

Auch Helmut Schmidt geht nicht von der Fahne. Welche mentalen »Haltegriffe«[21], wie es der Historiker Thomas Kühne nennt, stehen ihm und seiner Generation in dieser Zeit zur Verfügung? Zunächst die Erziehung im Geist des ausgehenden 19. Jahrhunderts – man muss die Zähne zusammenbeißen, durchhalten, man muss seine Pflicht tun. »Wenn mein Land im Krieg ist, dann muss ich als Soldat meine Pflicht erfüllen«, schildert der fast Neunzigjährige die Haltung von einst. »Das hatte ja mein Vater 1914 genauso getan.«[22] Die sogenannten Sekundärtugenden – Tapferkeit, Disziplin, Selbstkontrolle – sind bestimmende Werte in der familiären und schulischen Erziehung dieser Generation. Sie werden – freilich in pervertierter Form – auch in der Hitlerjugend und durch die tägliche NS-Propaganda vermittelt; Pflichterfüllung ist jeder der Volksgemeinschaft schuldig. »Möglicherweise«, gibt Helmut Schmidt eine weitere, angesichts seiner sonstigen Verschlossenheit bemerkenswerte Erklärung, »war unser Pflichtbewusstsein auch ein psychologisch notwendiges Korrelat zu dem Übermaß von Angst, mit dem wir die ganze Zeit zu leben hatten – physische Angst und metaphysische Angst.«[23]

Noch ein weiterer Wert, den die Nationalsozialisten pervertieren, die Kameradschaft, wird für Helmut Schmidt zum mentalen »Haltegriff«. Im Krieg geht ihm auf, was Kameradschaft bedeutet, »dass sich«, um mit Sibylle Krause-Burger zu reden, »einer am anderen festhalten muss, wo sonst nichts mehr hält, dass einer dem anderen helfen muss, nachdem jede Hilfe versagt, erst recht die des Staates, der die Einsamkeit und das Elend des einzelnen verursacht hat«.[24] Nie vorher und nie mehr danach erlebt Helmut Schmidt eine so starke Verbundenheit unter Menschen wie im Krieg. Der Zusammenhalt unter Soldaten auch oder gerade in höchster Gefahr gehört zu den tiefsten emotionalen Erfahrungen seines Lebens. Ob sie einen konkreten Anlass hatte – verdankt er etwa einem Kameraden sein Leben oder ein Kamerad ihm? –, ist nicht bekannt, auch hier bleibt Helmut Schmidts Selbstauskunft vage. Die Wirkung dieser emotionalen Erfahrung ist dagegen eindeutig: Der sonst so rationale Denker Helmut Schmidt wird dieses Kameradschaftserlebnis Zeit seines Lebens idealisieren und gegen Zweifler vehement in Schutz nehmen. Die Wehrmacht bleibt für ihn der »einzig anständige Verein«, anständiger als zum Beispiel die Kirchen, die sich, wie Helmut Schmidt überzeugt ist, dem NS-Staat nicht versagt haben.

»Seine unauslöschlichen Erinnerungen an den Krieg«, kommentiert Terence Prittie einmal diese Idealisierung, »waren nicht die Schneefelder Russlands oder die winterlichen Ardennen oder seine Wohnung in Hamburg, die von britischen Bombern zerstört wurde, sondern die Kameradschaft der Männer, mit denen er zusammen im Einsatz stand.«[25] Pritties Feststellung ist nicht mehr ganz aktuell, denn der alte Helmut Schmidt hat denn doch weitere Erinnerungen an die Kriegszeit preisgegeben, doch macht sie deutlich, welchen Fokus der aktive Politiker Helmut Schmidt wählt.

Neben das Gefühl, die Pflicht zu tun, und das Kameradschaftserlebnis tritt ein Bibelwort, das Helmut Schmidt Halt gibt. Er ist kein gläubiger Mensch – sein Elternhaus prägt ihn nicht in diesem Sinn, und auch die Lichtwarkschule nicht; als er zur Konfirmation eine Bibel geschenkt bekommt, liest er ohne innere Bewegung darin. Doch jetzt im Krieg will er wissen, ob ihm die Bibel aus dem inneren Zwiespalt, in dem er sich befindet, heraushelfen kann. Mit einem Theologen diskutiert er eine Stelle im Römerbrief über das Verhältnis des Christen zur staatlichen Gewalt. In der Einheitsübersetzung lautet das Pauluswort an die Römer (13,1): »Jeder leiste den Trägern der staatlichen Gewalt den schuldigen Gehorsam. Denn es gibt keine staatliche Gewalt, die nicht von Gott stammt; jede ist von Gott eingesetzt.«

Wenn sogar in der Bibel steht, dass der Christ »untertan der Obrigkeit sein soll«, wie die viel bekanntere, aber nicht mehr zeitgemäße Übersetzung lautet, kann der Soldat seine Pflicht tun, ohne dass er gegen christliche Gebote verstößt. Die Bibel verlangt nicht um jeden Preis eine Abkehr von einer schlechten »Obrigkeit«. Der Soldat Helmut Schmidt kann die Hierarchie seiner Werte – Pflichtgefühl und Solidarität mit Kameraden stehen über dem Widerstandsgebot gegen einen Teufel auf Erden – in Einklang mit christlichen Prinzipien bringen.

Der innere Zwiespalt des Soldaten Helmut Schmidt, den viele seiner Alterskameraden teilen, schwindet mit der Gefangennahme durch die Briten. Für ihn ist der Krieg zu Ende. Doch die Frage, ob er nach »Stalingrad«, als er von der militärischen Niederlage Deutschlands überzeugt ist, bis zu seiner Gefangennahme richtig gehandelt hat, lässt Helmut Schmidt nicht mehr los. Der innerpsychische Konflikt, den die Generation Helmut Schmidt besonders in den letzten Kriegsjahren austragen muss, wirkt als dynamischer Konflikt fort. Als jemand, der seine Pflicht erfüllte, konnte Helmut Schmidt vor sich bestehen, doch es bleiben Zweifel, ob die einmal getroffene Wertehierarchie richtig war, und diese Zweifel nehmen mit den Jahren zu. »Heute«, sagt Helmut Schmidt, fast neunzigjährig, bei einem öffentlichen Rekrutengelöbnis am 20. Juli 2008, »muss kein Deutscher sich in der eigenen Seele mit seinem gespaltenen Bewusstsein quälen, des Nachts Hitler zum Teufel zu wünschen, aber am nächsten Tage abermals seine Befehle zu befolgen.«[26] Will sagen: Ich musste es und es beschäftigt mich bis heute.

GELERNTE DEMOKRATEN

Aus der Wehrmacht in die Politik

> *»Sie kämpfen nach dem Waffenstillstand um den Aufbau des Friedens, wie sie im Krieg um den Sieg gekämpft haben.«*
>
> Wolfgang Schmidbauer

Späte Schulstunde

Viel später als in einer Biografie üblich und viel schneller, als es sonst geschieht, plant die Generation Helmut Schmidt ihr mittleres Leben. Die Bedingungen dafür sind schlecht. »Wir haben gehungert; morgens nach dem Aufstehen bin ich vor Schwäche erst einmal umgefallen. Bei manchen der Offiziere blätterte jetzt die Erziehung ab wie brüchig gewordene Farbe.«[1] Helmut Schmidt greift beim Schreiben selten zu bildhaften Vergleichen, in diesem Fall macht er eine Ausnahme. Er erinnert sich an seine Kriegsgefangenschaft, die Bilder aus dieser Zeit stehen ihm deutlich vor Augen.

Helmut Schmidt fällt wie erwähnt den Briten in die Hände, die auf eine derart große Zahl von Kriegsgefangenen nicht vorbereitet sind. Die Versorgungslage ist katastrophal. Nur Klopapier gibt es in Massen, wie sich Schmidt erinnert.

Im Gefangenenlager beginnt ein schmerzhafter Prozess der Bewusstwerdung, die Erkenntnis über die NS-Verbrechen vor und im Krieg lässt sich immer weniger verdrängen. Die Soldaten erfahren täglich mehr darüber, wie irrsinnig Hitler den Krieg führen ließ, auch dann noch, als sich das bittere Ende längst ankündigte. »Wir, die meisten, waren für diesen Krieg missbraucht, viele verantwortungslos geopfert worden«, schreibt

Rainer Barzel rückblickend.[2] Und es wird ihnen bewusst, dass sie Jahre ihres eigenen Lebens verloren haben. Der Krieg kostete wertvolle Lern- und Lesezeit, kostete die Beschäftigung mit der Philosophie oder den Naturwissenschaften.

Es gilt ein politisches, ein demokratisches Bewusstsein zu entwickeln. »Nun Besatzungsmächte, Demokratie? Was ist das? Wie geht das?«, so wieder Rainer Barzel.[3] »Wir kannten weder die Vorzüge noch die Fehler einer demokratischen Staatsverfassung«, erinnert sich auch Helmut Schmidt.[4] Es ist ein Crashkurs in Demokratie. Daraus werden, wie es Klaus Stephan nennt, »gelernte Demokraten«.[5] Das Leben bleibt auch im Frieden bedrückend. Man muss um Familienangehörige und Freunde trauern oder mindestens um sie bangen. Man steht vor dem materiellen Nichts und muss sich überlegen, wie man zu Geld kommt. Man muss ein Szenario für die persönliche Zukunft entwerfen. Zunächst braucht es eine Berufsausbildung. Aber welche? Und mit welchem Ziel? »Meine Lebenserfahrung beschränkte sich aufs Elternhaus, auf Schule und Krieg, bot also wenig für die neue, ungewisse Zukunft. Nun auf eigenen Füßen? Und wie? Wo war ich zu Hause?«[6]

Helmut Schmidts Heimat ist Hamburg, doch dort hat er kein Zuhause mehr. Die Wohnung von Loki und Helmut Schmidt in Hamburg wurde schon 1943 ausgebombt. »Wir alle waren plötzlich völlig verarmt, alles war verloren: die Bücher, die wir gelesen, die Bilder, welche wir gemalt, die Noten, nach denen wir musiziert hatten.«[7] Loki Schmidt verdient Geld als Lehrerin und mit Schneiderarbeiten. Helmut Schmidt geht an die Universität, studiert Staatswissenschaften und besonders Volkswirtschaft. Er trägt mit Steuererklärungen und Buchhaltungsarbeiten zum Einkommen bei.

Die innerpsychischen Kriegsfolgen, die er und seine Altersgenossen davontragen, sind nicht so plastisch sichtbar wie ein verlorener Arm. Vor dem Krieg zeigt Helmut Schmidts Persönlichkeit durchaus ambivalente Züge – er ist einerseits der überdurchschnittlich intelligente Kopf, der sich schwer unterordnen kann und viel zu oft eine freche Lippe riskiert, andererseits neigt er zum Absentismus, zur Weltflucht – vor 1939 liebäugelt er mit dem Gedanken, in die USA zu gehen. Als Soldat flieht er, seiner musischen Anlage folgend, in die Malerkolonie von Fischerhude bei Bremen.

Für das Ausbalancieren von Ambivalenzen ist jetzt keine Zeit und keine Muße mehr. Es gilt die Zukunft anzupacken! Das macht Helmut Schmidt und seine Altersgenossen einerseits tatendurstig, denn so viel Selbstbestimmung in ihrem Leben war nie, andererseits bitter, denn sie müssen erkennen, dass für sie schon viele Züge abgefahren sind. »Wer bloß fünf Jahre jünger ist, der stand erst bei Kriegsende an der Schwelle des Erwachsenseins und erlebte gleichzeitig mit der Überschreitung dieser Schwelle den Eintritt in die große geistige Freiheit, die sich nach 1945 in Deutschland auftat«,[8] schildert Helmut Schmidt das deprimierende Gefühl, wieder einmal zur falschen Zeit an der falschen Stelle zu sein – »fast schon zu alt, um mit dem unverbrauchten Mut der Jugend neu anzufangen und zu lernen, aber auch wieder zu jung und zu unerfahren, um mit den Älteren erfolgreich konkurrieren zu können«.[9] Helmut Schmidt selbst sagt einmal kurz und knapp: »Um vier, fünf Jahre war ich einfach zu jung.«[10]

Der Schmerz, zwischen die Generationen geraten zu sein, ja, eine Zwischengeneration zu bilden, führt bei den Betroffenen – auch bei Helmut Schmidt – zu einem Grundgefühl der unverdienten Zurücksetzung gegenüber wenig Jüngeren, die vom Schicksal vermeintlich begünstigt wurden, und den Älteren, die wie selbstverständlich die Schaltstellen in Staat und Wirtschaft besetzen. Das Gefühl, zu kurz gekommen zu sein, ist für Helmut Schmidt die Quelle für wiederkehrende Phasen des Selbstmitleids und für Neid, dagegen steht der Stolz, aus Schlimmerem anders als andere heil herausgekommen zu sein.

Der Krieg hat Helmut Schmidt und seinen Altersgenossen viele Chancen genommen; zugleich hat er Ambivalenzen ihrer Persönlichkeit getilgt, ihnen klare, oft messerscharfe Konturen verliehen. Es hätte glaubwürdige Vorbilder gebraucht, um die sensiblen psychischen Strukturen der Vorkriegszeit zu bewahren, und ständige Begleitung durch sie. Solche Vorbilder gab es nicht. Das »Stahlgewitter« konnte ungehindert auf diese Generation niedergehen. Helmut Schmidt wird sich zeit seines Lebens solche Vorbilder suchen – in der Kriegsgefangenschaft ist es der Oberstleutnant Hans Bohnenkamp, auf den er zufällig trifft und der ihm die Demokratie erklärt, in der Politik sucht er das Gespräch mit Menschen, »die älter waren als ich und deshalb weiser«,[11] mit Golda Meir, Oswald von Nell-Breuning, Franz Hengsbach, Henry Moore, Herbert von Karajan und anderen.

Die meisten Angehörigen dieser Generation wollen nach 1945 mit öffentlichen Dingen, mit Politik, nichts mehr zu tun haben; sie suchen berufliche Anerkennung auf anderen Feldern und persönliches Glück im Privaten. Einige wenige entwickeln eine Disposition für das Politische erst durch ihre verschiedenen »Verwendungen« im Krieg. Der Soldat Franz Josef Strauß fällt wegen seiner Intellektualität auf, nicht durch militärisch-strategisches Denken; am Ende eines Offiziersanwärterlehrgangs bekommt er bescheinigt, »mehr zum Gelehrten als zum Offizier geeignet« zu sein.[12] Helmut Schmidt, der frühere Musterschüler, verbringt keinen kleinen Teil der Kriegszeit am Schreibtisch; von dort aus zieht es ihn nach eigenem Bekunden weg zur kämpfenden Truppe. »Damals«, deutet schon Helmut Schmidts erster Biograf Helmut Wolfgang Kahn diese Tilgung von Ambivalenzen, »muss Schmidt sich ans Befehlen gewöhnt haben, damals muss sich der autoritäre Schmidt entwickelt haben, der den musischen überwuchert.«[13] Auch Strauß will mit seiner stupenden Intelligenz keine universitäre Laufbahn einschlagen (die zweifellos glänzend verlaufen wäre), sondern politisch gestalten.

Überwucherung bedeutet nicht Vernichtung. Der musische Helmut Schmidt zeigt sich weiterhin, allerdings weniger durch Zeichnen und Orgelspiel im Privaten als durch melancholische Phasen, in denen der autoritäre Helmut Schmidt mit der Welt hadert. Dann wirkt seine Tatkraft wie ausgelöscht. Noch als Bundeskanzler wird er unter depressiven Verstimmungen leiden, etwa nach der Ermordung des ägyptischen Staatspräsidenten Anwar as-Sadat, der ihm während einer Fahrt auf dem Nil die Gemeinsamkeiten der Weltreligionen nahegebracht hat. Häufig wird Helmut Schmidt in einer solchen Verstimmung ernstlich krank.

Solche Persönlichkeitsanteile wissen Helmut Schmidt und die Angehörigen seiner Generation zumeist zu bändigen. Nach der Rückkehr aus dem Krieg und der Kriegsgefangenschaft verdrängen sie die inneren Verluste, die ihren Biografien zugefügt wurden, und machen sich an die Behebung der äußeren – sie bauen Städte wieder auf, bringen die Industrie in Gang, arbeiten am Wirtschaftswunder. »Große Gefühle«, konstatiert der Psychoanalytiker Wolfgang Schmidbauer, »kulturelle Ideale, Aufbruchsstimmungen hatten darin keinen Platz.«[14]

Die Art und Weise, wie die Generation Helmut Schmidt die Erfahrung von Diktatur und Krieg verarbeitet, liefert den Schlüssel zum Verständnis dieser Generation, hilft ihre Leistungen und ihr Versagen, auch auf dem Feld der Politik, besser zu verstehen. Die kollektive Verarbeitung erfolgt innerhalb kurzer Zeit, bei Helmut Schmidt sind es wenige Jahre zwischen seiner Rückkehr nach Hamburg und, mit dreißig Jahren, dem Eintritt in den Staatsdienst.

Die Verdrängung der inneren Verluste und das Wettmachen der äußeren erscheint als das Gebot der Stunde – es fehlt die Zeit zu Reflexion und Introspektion. Diese Reflexion wäre nicht schmerzfrei. Helmut Schmidt und die Seinen müssten ihrem Trauma näherkommen mit der Gefahr, abzustürzen. Sie müssten sich eingestehen, durch den Krieg den Glauben an sich selbst und an tragfähige Bindungen verloren zu haben. Sie waren der Gewalt des Krieges hilflos ausgeliefert. Sie haben sich schuldig gemacht, wie sie es in Friedenszeiten nie getan hätten. Sie haben – ein Wort von Ralph Giordano – den »Verlust der humanen Orientierung«[15] erlebt. Weshalb jetzt über Vergangenes sinnieren und sich psychisch selbst zerlegen, wo so viele Aufgaben, auch Pflichten auf sie warten? Es gibt auch keine therapeutische Industrie, die intervenieren könnte, kein therapeutisches Konzept, keine Therapeuten, kein Netzwerk von Gesprächskreisen. Sogar für die schwer Traumatisierten dieser Generation, wie die von Konrad Adenauer aus der Sowjetunion zurückgeholten Kriegsgefangenen, tut man nichts, man empfängt sie am Bahnhof mit Blumen und Fresspaketen und schickt sie nach Hause.

Die Angehörigen dieser Generation sind auf sich gestellt. Die ehemaligen Soldaten wählen den Rückzug ins Private. »Die Kriegsgeneration erlebte Geborgenheit als die Möglichkeit, eine Tür zu schließen, Kälte und Feinde draußen zu lassen«, beschreibt Wolfgang Schmidbauer diesen Reflex. »Es ging darum, genügend materielle Güter und die Zuversicht zu haben, durch Leistung und Anpassung nicht mehr in Not zu geraten.«[16] Die Generation Helmut Schmidt konzentriert sich auf persönliche Ziele: nie wieder hungern müssen, nie wieder das Ersparte verlieren, nie wieder politischen Führern trauen. Mit dieser Neubestimmung kommt sie wieder zu Kräften. Dafür zahlt sie einen doppelten Preis: Das Trauma wird nicht bearbeitet oder gar bewältigt und wirkt fort; und das Pathos ihres Lebens ist Nüchternheit, bis hin zur Härte. Nüchtern und pragmatisch, antiideologisch und geradezu antileidenschaftlich – oft verbunden mit einer deutlichen Antipathie gegen alles Weiche, Weichliche, Sensible – schaut diese Generation auf die Welt. Das wird spätere Generationen gegen sie aufbringen.

Wer aus dieser politikmüden Generation geht in die Politik? Ausnahmepersönlichkeiten wie Franz Josef Strauß und Helmut Schmidt, die der Radius öffentlicher Gestaltungsmöglichkeit lockt. Helmut Schmidt behauptet zwar, unversehens in die Politik geraten zu sein, seine erste Kandidatur für den Bundestag ging angeblich auf politische Neugier zurück, und seine Entscheidung zum Berufspolitiker will er erst nach Jahren getroffen haben. Eigentlich, wird Helmut Schmidt nicht müde zu betonen, wollte er Städtebauer werden, allerdings hätte er für das Studium Hamburg (und seine Frau, die dort Arbeit hat) verlassen müssen. Das nahm er nicht auf sich. Aber das ist nicht die ganze Wahrheit.

»Es waren Minderheiten an den Universitäten jener Jahre, die sich für Parteien interessierten«, schreibt der Journalist Friedrich Karl Fromme nach der parlamentarischen Abwahl von Bundeskanzler Helmut Schmidt, wobei er offenbar eigene Erinnerungen aufruft, »es ging einfach darum, dass ›Führernaturen‹ sich den neuen Weg suchten, also Lust daran hatten, als Vorsitzende von Versammlungen zu kommandieren: ›Wer ist dafür, dagegen, Enthaltung?‹«[17]

Keine dieser »Führernaturen« würde je Frommes Darstellung beipflichten, keiner würde von persönlichem Ehrgeiz sprechen, öffentliche Ämter und öffentlichen Einfluss angestrebt, sich um Macht bemüht zu haben. »Mich treiben der Ehrgeiz, dem öffentlichen Wohl zu dienen, und ein ziemlich ausgeprägtes Pflichtgefühl«, gibt Helmut Schmidt einmal zu Protokoll.[18] Dass die Ausübung von Macht nicht nur Last, sondern auch Lust bedeutet, käme Helmut Schmidt und den Seinen nie über die Lippen; das muss man in Äußerungen eines Helmut Schmidt hineindeuten – etwa in seinen oft zitierten Vergleich der Politik mit einem Kampfsport.

Friedrich Karl Fromme ist in seinem Artikel so fair einzuräumen, dass die politische Karriere eines Franz Josef Strauß oder eines Helmut Schmidt zu dieser Zeit »durchaus nicht sicher vorausberechenbar war«. Denn zunächst haben sie politisch nichts zu melden, besetzen doch erst einmal die »Alt-Weimarer« die Schaltstellen der jungen Demokratie.

Franz Josef Strauß, Helmut Schmidt oder Rainer Barzel übersetzen die persönlichen Ziele ihrer Altersgenossen – nie wieder hungern müssen, nie wieder das Ersparte verlieren, nie wieder politischen Führern trauen – in den politischen Raum: nie wieder Diktatur auf deutschem Boden und Krieg, der von deutschem Boden ausgeht, nie wieder wirtschaftliche Not, nie wieder den Staat in falsche Hände geben!

Die neue Demokratie muss funktionieren, lautet ungefähr das Credo dieser wenigen. Sie muss Jahr um Jahr an Stabilität gewinnen. Die Frauen und Männer in diesem Staat nehmen sie an, wenn es ihnen materiell immer besser geht. Wir, die politische Elite, müssen für das Funktionieren des Systems sorgen und für wachsenden Wohlstand. Dieses Gemeinwesen ist bei uns in besten Händen! Denn wir haben das andere, das verbrecherische Deutschland erlebt. Wir sind immun gegen neue Verführungen. Wir müssen die Demokratie festigen, bis uns die Kräfte weichen!

Kämpfer und Mahner

Diktatur und Krieg machten Helmut Schmidt und die Seinen hart. Zugleich machten sie Helmut Schmidt und die Seinen empfindlich. Es ist nicht einfach der Trauerwalzer, der die Lebensmelodie dieser Generation bestimmt, und es ist nicht nur Marschmusik. Neben unterschwelliger Melancholie – die Mitscherlichs nennen sie »erfolgreich abgewehrte Trauerarbeit« – steht die unbändige Tatkraft, mit der das Land in kollektiver Anstrengung wieder aufgebaut wird.[19] Neben Phasen der Anfechtung steht der Drang, verlorene Jahre nachzuholen. Helmut Schmidt und die Seinen führen von jetzt an ein hastiges Leben, sie wollen sich nicht viel besinnen, die Geister der Vergangenheit sollen gebannt bleiben, doch zugleich führen sie ein tatendurstiges, kraftvolles Leben.

In der doppelten Melodie dieser Biografien drückt sich die doppelte Wirkung des erlittenen Traumas aus, das Verzweiflung und Euphorie zugleich erzeugte. Die »Scheiße des Krieges« war schlimm, aber sie ist überstanden, jetzt kann mir das Leben nichts mehr anhaben! Das Stahlbad des Krieges hat mich stark gemacht – stärker, als es jemand ohne diese Erfahrung je sein könnte.

Die Generation Helmut Schmidt strebt in die Wirtschaft, in die Verwaltung, in die Medien und in die Politik, mit einem Elitebewusstsein, das von höchster Wirkkraft sein wird. Die »Wer ist dafür, dagegen, Enthaltung?«-Mentalität, von der Friedrich Karl Fromme spricht, bahnt sich ihren Weg. Woher kommt die immense Energie? Der Soldat musste kämpfen, um zu überleben. Der Soldat streift die Uniform ab und wird zum Zivilisten, doch er behält soldatische Eigenschaften, die Fähigkeit, sich in einer ernsten Situation anzupassen; er kann anpacken, die Zähne zusammenbeißen, durchhalten, Tränen wegdrücken, sich für etwas engagieren.

Der »innere Soldat« hat, wie Heinz Bude schreibt, das starke Bedürfnis nach Ordnung – Ordnung im eigenen Leben, aber auch ganz buchstäblich Ordnung um sich herum.[20] Aus ihrer Not machen die Angehörigen der Generation Helmut Schmidt eine Tugend, sie werden Soldatenmanager, Soldaten-Behördenleiter, Soldatenjournalisten oder Soldatenpolitiker. Innerpsychisch sorgt das Korsett vom »inneren Soldaten« für neues Selbstbewusstsein. »Die Lebensphilosophie der Grundsätzlichkeit bannt die Lebensgefahr der Grundlosigkeit.«[21] Ihr Aktivismus wird zum Motor des Wirtschaftswunders. »Sie kämpfen nach dem Waffenstillstand um den Aufbau des Friedens, wie sie im Krieg um den Sieg gekämpft haben«, so Wolfgang Schmidbauer.[22] Das verschafft ihnen auf dem Feld der jungen Bundesrepublik einen »Platzvorteil«. Kein Wunder, dass viele von ihnen rasch ihren Weg machen, und dann ihre Position für sehr lange, überlange Zeit besetzt halten.

Das Leben formt die Führungspersönlichkeiten dieser Generation zu Charakteren, deren aggressives Potenzial, deren Angriffslust jederzeit hervorbrechen kann. »Führernaturen« (Fromme)[23] wie Franz Josef Strauß oder Helmut Schmidt – um Beispiele aus der Politik zu nehmen – können, wie es im Deutsch des neuen Jahrtausends heißt, eine Wahlversammlung, einen Parteitag »rocken«. Sie können Menschenmengen führen. Das Leben in einer Diktatur gab ihnen unfreiwilligen Anschauungsunterricht.

Auch die Kollegen von Schmidt und Strauß, die rhetorisch weniger versiert sind, verkörpern die singuläre Kontur und Färbung ihrer Generation. Sie treten vor Publikum roh, impulsiv und gallig auf. Manchmal rasten sie aus. Der wohlüberlegte, beherrschte Auftritt ist ihre Sache nicht.

Das macht ihre Performance, macht etwa die Bundestagsdebatten dieser Epoche so lebendig.

Doch die politischen Köpfe der Generation Helmut Schmidt haben auch die Schulbank gedrückt in Sachen Demokratie. Ihre Geschichte nach 1945 ist die Geschichte ihrer Umschulung und Selbstzähmung. In einer Demokratie wird vor einer Entscheidung lange diskutiert, es reden viele mit, und am Ende steht nicht selten ein wenig befriedigender Kompromiss. Ein Helmut Schmidt oder ein Walter Scheel oder ein Friedrich Zimmermann lassen sich auf das mühsame Geschäft ein – der Schock ihrer Diktaturerfahrung sitzt tief. Zur Demokratie, mit deren Regeln sie sich jetzt bekannt machen, gibt es keine Alternative.

Was auf dem zweiten Bildungsweg erlernt wird, trifft auf einen schon gefestigten Geist. Dass Helmut Schmidt und die Seinen Demokratie lernen müssen (er selbst lernt viel aus Karl Dietrich Brachers Studie über die Auflösung der Weimarer Republik[24]), weil sie ihnen nicht in der Wiege liegt, wird ihr Rollenverständnis prägen – sie, die selbst spät zur Demokratie finden, wollen Lehrer und Erzieher sein. Nachdem sie selbst »gepaukt« haben, halten sie Standpauken. Das gibt dem Sprechen und Reden »gelernter Demokraten« wie Helmut Schmidt oder Richard von Weizsäcker etwas Mechanisches, auch Oberlehrerhaftes, weil im Sprechen stets die Beschwörung enthalten ist.

Wenn Helmut Schmidt über die Demokratie spricht, wirkt das immer wie doziert. »Demokratie ist ein Prozess und nicht ein Zustand«, ruft er in einer Bundestagsdebatte zur Zeit der Studentenunruhen, »so haben also auch jugendliche Demokraten die Pflicht, das auszusprechen, was sie an Kritik und an alternativem Vorschlag in ihrem Kopf haben (…)«.[25] Gern zitiert er Winston Churchills Wort, die Demokratie sei die schlechteste aller Staatsformen, ausgenommen alle anderen.

Sehr grundsätzlich wirbt er für sie mit dem Hinweis, Demokratie sei niemals stringent. »Sie ist immer angewiesen auf den Kompromiss. Demokratie bedeutet Kompromiss, und Kompromiss bedeutet einen Verlust an Stringenz.«[26] Noch der Helmut Schmidt auf dem Berliner Parteitag 2011 redet wie ein Lehrer zu seinen Schülern; als er mit dem Geschichtsunterricht fertig ist, dürfen die Schüler in die Pause.

Helmut Schmidt und die Seinen gehen einen weiten Weg von Soldaten der Wehrmacht, die im Befehlsprinzip geschult sind, zu Kämpfern und Mahnern der Demokratie. Im Zusammenspiel von persönlicher Lebenskrise und geistigem Neuanfang, den Deutschland nimmt, entwickeln sie politische Grundanschauungen, bilden politische und moralische Maßstäbe für ihr Handeln aus. Ein Helmut Schmidt muss sich demokratische Grundsätze geben, weil diese Demokratie in ihren Anfängen steht. Und er muss für sie werben, damit sie, wenn einmal die nächste Politikergeneration »übernimmt«, selbstverständlich und unumkehrbar sind.

Ein Helmut Schmidt kann zum Kämpfer werden, aber mit derselben Energie auch zum Mahner. Die Nazis beschworen die Treue zum »Führer« und den Kampfeswillen im Krieg. Die Führungselite eines Helmut Schmidt, die jetzt heranreift, beschwört die Vorzüge der Demokratie und die Mühen der Ebene im demokratischen Prozess – es ist auch eine Selbstbeschwörung. Noch in ihrem ethischen Anspruch denken und handeln die »gelernten Demokraten« als autoritäre Demokraten, überlebt der »innere Soldat«.

Nicht was die Bildung, aber was die Reflexion seiner geistigen Grundlagen angeht, nimmt Helmut Schmidt in seiner Generation eine Sonderstellung ein. »Er hat viel darüber nachgedacht, was eigentlich den Führer in der Demokratie kennzeichnet (…)«, bescheinigt ihm Marion Gräfin Dönhoff in ihrem Porträt von 1976.[27] Bundespräsident Richard von Weizsäcker würdigt ihn zum 75. Geburtstag als den »Gradlinigsten« in seiner Politikergeneration, was die Reflexion über ethische Fragen und über verantwortliches Handeln angeht.[28] Doch Helmut Schmidt besetzt diese Themen nicht alleine, viele Politiker seiner Generation bemühen sich – wie keine Politikergeneration nach ihnen – um die Klärung von Begriffen wie Macht, Pflicht, Führung und Verantwortung. Weiter beschäftigt sie die Frage, wie ein politisches Amt in der Demokratie zu führen sei. Damit legen die Angehörigen dieser Generation ihre Grundsätze und ihre politische Substanz offen, nicht weniger, aber auch nicht mehr – ihre Ideale, Wünsche oder gar Träume, falls sie welche haben, behalten sie für sich.

Der »Markt« dieser Kämpfer und Mahner ist das Parlament. Bis Ende der achtziger Jahre, auch in der ersten politischen »Halbzeit« der Generation Helmut Kohl, bleibt es das Wohnzimmer der Demokratie. Dann tritt das Fernsehen mit seiner Vielzahl politischer Gesprächssendungen die Nachfolge an. Die Angehörigen der Generation Helmut Schmidt sind für den politischen Schlagabtausch im direkten Wortgefecht, mit den Abgeordneten der eigenen Partei und denen der anderen, besonders prädestiniert. Früher waren sie Kämpfer in Uniform, jetzt, bei Parlamentsdebatten, gebärden sie sich als Raufbolde im Anzug. In diesen Persönlichkeiten stehen starke irrationale und starke rationale Anteile unverbunden nebeneinander, die Erfahrung einer schlimmen Zeit und die auf der »zweiten Schulbank« erworbene Ausbildung zum Demokraten. Das sorgt für ein extrem polarisiertes Innenleben, dessen Spannung sich immer wieder durch ein Gewitter entladen muss. Hierzu eignet sich eine Rede im Deutschen Bundestag vorzüglich.

Herbert Wehner gehört zwar nicht zur Generation Helmut Schmidt, ist aber das eindrucksvollste Beispiel für einen Politiker, der seine inneren Spannungen ausagiert, wenn der politische Gegner vor ihm sitzt. Er beherrscht – wie die jüngeren Franz Josef Strauß oder Helmut Schmidt – alle Register. Bei solch brillanten Rednern ist die Grenze zwischen Polemik und Demagogie fließend.

Ob einer die Kunst der Rhetorik beherrscht, ist zu dieser Zeit von politischem Gewicht. Ein starker Parlamentsredner wie Helmut Schmidt macht auch auf diese Weise seinen Weg. Umgekehrt bleibt ein Redner, der nicht an sich arbeitet, der wie Rainer Barzel als »ölig« gilt, stets unter seinen Möglichkeiten. »Perfektion weckt Aggression!«, heißt es schon in den ersten Stunden eines Rhetorikkurses. Rainer Barzel scheitert auch wegen seiner mangelhaften rednerischen Qualitäten in seinen Ambitionen auf das Amt des Bundeskanzlers.[29] Und selbst die noch langweiligeren Reden eines Wolfgang Mischnick, auf den der »Mischnick-Effekt« zurückgeht – wenn er kurz vor der Mittagspause das Wort ergreift, sichern sich die Abgeordneten einen Platz in der Kantine –, wirken authentisch und ehrlich, nicht abgelesen und aufgesetzt.

Der Abbau innerer Spannungen findet auch andere Ventile. Ein »Suchtbeauftragter«, der zu dieser Zeit noch nicht erfunden ist, hätte alle Hände voll zu tun. Das gilt nicht nur für den einfachen Abgeordneten, das gilt auch für das Spitzenpersonal. Der Journalist Hermann Schreiber reflektiert einmal im »Spiegel« über die Krisenfestigkeit deutscher Bundeskanzler, und er deutet an, dass einzelne für ihre »Festigkeit« harte Drinks brauchten.[30] Verteidigungsminister Franz Josef Strauß hat sich auf dem Höhepunkt der Kubakrise während eines Empfangs auf Schloss Brühl selbst außer Gefecht gesetzt.[31] Jürgen Leinemann schreibt später, »immer hat Franz Josef Strauß zu viel getrunken«. Er habe in manches Mikrofon gelallt oder trunken durch Bierzelte geröhrt.[32]

Die Bonner Politik hat, solange die Generation Helmut Schmidt ihren Weg macht und die Schaltstellen besetzt, ein Suchtproblem, sei es mit Alkohol, Rauchen oder Arbeitssucht. Das bliebe unerwähnt, würde es sich um ein Randphänomen handeln, um »die paar Prozent« Betroffener, die es zu dieser Zeit auch in jeder Behörde und in jedem großen Unternehmen gibt. Man muss zudem konzedieren, dass Rauchen und Trinken akzeptierte, ja populäre soziale Handlungen dieser Zeit sind. Wer nicht raucht und nicht mittrinkt, stellt sich abseits. Sogar die Fernsehkommissare wie »Kommissar Trippel« (»Tatort«) oder »Kommissar Keller« (»Der Kommissar«) nehmen dankend an, wenn ihnen ein Cognac angeboten wird. Das Leben ist hart, da kann ein Drink nur guttun!

Und doch ist das Suchtverhalten dieser Generation möglicherweise mit dem Stil der Zeit oder dem Stress, der von politischen Ämtern aus-

Das Temperament des Politikers Helmut Schmidt vermittelt sich auch in der Fotostrecke.

KODAK SAFETY FILM 5063
KODAK SAFETY FILM 5063
4A
5
5A
6
6A
7
AK SAFETY FILM 5063
KODAK SAFETY FILM 5063
KODA
10A
11
11A
12
12A
13
KODAK SAFETY FILM 5063
KODAK SAFETY FILM 5063
15A
16
16A
17
17A
18
KODAK SAFETY FILM 5063
KODAK SAFETY FILM 5063
20
20A
1 9 8
21A
22
KODAK SAFETY FILM 5063
KODAK SAFETY FILM
24A
25
25A
26
26A

geht, nicht ausreichend erklärt. Wolfgang Schmidbauer hält es für charakteristisch für einen Ludwig Erhard, der nicht zur Generation Helmut Schmidt gehört, aber eben auch für einen Helmut Schmidt. Beide sind unmäßige Raucher. Wolfgang Schmidbauer stellt einen Konnex her zwischen ihrer Persönlichkeitsstruktur und ihrer Sucht.[33] Auch Jürgen Leinemann geht bei Protagonisten jener Generation, die in ihren Ämtern hohe Verantwortung für sehr viele Menschen tragen, nicht einfach darüber hinweg. »Natürlich habe ich sowohl Schmidt als auch Strauß als süchtig erlebt«, erinnert er sich, »Helmut Schmidt hat ja öffentlich Zigaretten, Schnupftabak und Arbeit als seine Drogen benannt. (...) Franz Josef Strauß drohte süchtig zu entgleisen bei allem, was er betrieb.«[34] Als Hans-Jürgen Wischnewski nach einer Auszeit seine Aufgabe als Staatsminister im Kanzleramt wieder aufnahm, habe Helmut Schmidt, so erinnert sich Jürgen Leinemann, zu Wischnewski gesagt: »Willkommen im Klub derjenigen, die, statt sich mit Alkohol zu betrinken, sich mit Arbeit besoffen machen.«[35]

Helmut Schmidt macht sich mit Arbeit nicht nur besoffen, er stilisiert die Arbeitssucht auch zum Dienst am Volk. Als Bundeskanzler gibt er bei vielen Gelegenheiten kund, dass sein Arbeitstag zwischen zwölf und sechzehn Stunden dauere, sprich: er engagiere sich bis zur Erschöpfung für die öffentlichen Dinge und setze dabei seine Gesundheit aufs Spiel. Dieser immense Einsatz trotzt seinen Politikerkollegen Respekt und den Deutschen, um deren Wohl es an diesem langen Arbeitstag geht, Bewunderung ab. Arbeit genießt ein hohes Renommee. Viel zu arbeiten gilt als Gradmesser für hohe Leistung und als Voraussetzung für Erfolg. Ein Politiker mit dem Nimbus des Erfolgs darf auf eine hohe Popularität hoffen. Erst Ende der achtziger Jahre ist das Ideal, dass Bienenfleiß zu guter Politik führt, dahin. Der Journalist Klaus Stephan nennt Helmut Schmidts Arbeitspensum »gefährlich für jene, über deren Angelegenheiten, deren Wohl oder Wehe zwischen der zwölften und der sechzehnten Arbeitsstunde entschieden wird«.[36]

Sucht kann viele Ursachen haben – Ursachen, die auf den individuellen Lebensweg zurückgehen oder auf ein plötzliches, schmerzliches Ereignis. Sucht kann aber auch ein gemeinsames Thema von Angehörigen einer Generation sein, die durch gemeinsame Erlebnisse traumatisiert wurden. Ein Helmut Schmidt strebt nach Macht, weil er einen Machthunger hat, wie ihn auch Angehörige früherer oder späterer Generationen empfinden. Aber vielleicht arbeitet er auch so viel (mit der Folge, dass er eines Tages tatsächlich umfällt und einen Herzschrittmacher braucht), weil er sich – sein eigenes Wort – »besoffen machen« will mit Arbeit, weil ihm sein spannungsreiches Innenleben, das so charakteristisch für seine Generation ist, existenziell quält. Die Arbeit verschafft Ablenkung davon. »Wenn ich nicht arbeiten würde, wäre ich tot!«, sagt er als alter Mann in einem Interview.[37] Sein Lebenslauf hat ihm nicht die Zeit gelassen, neben der Arbeit ein weiteres Feld zu bestellen.

Für Helmut Schmidt und viele seiner Altersgenossen kann gelten, was der jüngere Hans Apel, Jahrgang 1932, dessen Lebenslauf gleichwohl durch den Krieg geprägt ist, einmal in sein Tagebuch schreibt: »Ich muss (...) fürchten, dass ich nicht mehr aufhören kann, Arbeit als den eigentlichen Sinn meines Lebens anzusehen.«[38]

Mehrheitsdeutscher

Immer wieder in seinem Leben trifft Helmut Schmidt auf Frauen und Männer, die ihm den »Sozi« nicht abnehmen. Schon in Kriegsgefangenschaft, in der er zur Sozialdemokratie findet, bringt er gemeinsam mit seinem Mentor Hans Bohnenkamp, einem Oberstleutnant und religiösen Sozialisten, jüngere Offiziere gegen sich auf. Weil Schmidt und Bohnenkamp eine Vortragsreihe mit dem Titel »Verführtes Volk« organisieren, hält man sie, so berichtet Schmidt Jahrzehnte später, für Nestbeschmutzer. Die Engländer werden Hans Bohnenkamp und Helmut Schmidt alsbald entlassen, ihre Kritiker müssen zusammen mit den anderen Kriegsgefangenen »noch zwei Jahre in französischen Bergwerken arbeiten«.[39]

Günter Gaus fragt Helmut Schmidt 1966 in einer Ausgabe seiner Fernseh-Gesprächssendung »Zur Person«, ob er gelegentlich das bittere Gefühl habe, »ich habe falsch optiert, als ich 1946 in die SPD eingetreten bin?«[40] Schon Helmut Schmidts erster Biograf Helmut Wolfgang Kahn rekonstruiert 1973 das mögliche Kalkül seines Protagonisten – es sei objektiv nicht zu übersehen, »dass Schmidt sich zur Stunde null des Jahres 1945 in englischer Gefangenschaft befand, dass England sich im Sommer jenes Jahres eine sozialistische Regierung gab, dass seine Vaterstadt Hamburg, in die er zurück will, in der englischen Besatzungszone liegt und dass in Hamburg die Sozialdemokraten dominierten«. Helmut Schmidt sucht, so Helmut Wolfgang Kahns These, den raschen Aufstieg in der »vaterstädtischen SPD«.[41]

Der Schmidt-Biograf Jonathan Carr geht 1985 ebenfalls wenig schmeichelhaft mit dessen Entscheidung um. »Bei Kriegsende«, so Carr, »begann die Sozialdemokratie schon eine ganze Menge für Helmut Schmidt zu bedeuten, aber für die SPD bedeutete er praktisch gar nichts.«[42] Dass Helmut Schmidt mit dem Beitritt zur SPD ein Kalkül verbunden habe, das nicht aufging, glaubt 1989 auch der Journalist Volker Zastrow. Schmidts Eintritt in die SPD gleich nach Kriegsende habe auf dem Irrtum beruht, dieser Partei werde alsbald die Macht in Deutschland zufallen. »Über dieses Motiv hat Schmidt sich bislang ausgeschwiegen.«[43]

Für Helmut Schmidt selbst war der Gang in die SPD »eine selbstverständliche Entwicklung. Ich habe nie überlegt, ob eine andere Partei in Frage kam.«[44] Den Geist der Kameradschaft im Krieg, das Zusammenstehen und Zusammenhalten der Männer aller Dienstgrade in der Not, glaubt er in der SPD lebendig – jedenfalls mehr als in einer anderen Partei.

So häufig Helmut Schmidts Entscheidung hinterfragt wurde, so häufig betont er bis heute seine Zugehörigkeit zu den Genossen, auch in dunklen Stunden wie beim Parteitag 1983, der seine Initiative zur Nachrüstung von Mittelstreckenraketen in Europa spektakulär verwirft. Noch 2011, am Ende seiner Berliner Parteitagsrede, legt er ein Treuebekenntnis zu seiner Partei ab. Das wirkt wie eine Versicherung für die Geschichtsbücher, denn dass Helmut Schmidt als »sehr alter Mann« erwägt, sein Parteibuch zurückzugeben, glaubt kein Mensch.

Weshalb konnte sich der Zweifel an Helmut Schmidts Motiv, seinen »Sozialismus als eine Art Fortsetzung der militärischen Kameradschaft mit anderen Mitteln«[45], so hartnäckig halten? Weshalb wurde er den Verdacht, in den ersten Friedenstagen opportunistisch gehandelt zu haben, nicht los? Seine soziale Herkunft und sein Werdegang legten nicht den Weg in die Sozialdemokratie nahe. Er kommt aus keiner Arbeiterfamilie, sein Vater musste nicht in einer Fabrik »malochen«, er war auch kein Sozialdemokrat und schon gar kein Marxist. Helmut Schmidt selbst besucht ein freigeistiges Gymnasium und schlägt danach die Offizierslaufbahn ein. Mit der Arbeiterbewegung kommt er nicht in Berührung. Ihm geht völlig ab, was Sozialdemokraten gern den »Stallgeruch« nennen. Mit seinem Profil und seinem elitären Habitus passt er besser in die bürgerliche Union oder in die Standespartei FDP, die er, davon ist gleich die Rede, besonders leidenschaftlich bekämpft. Die ihm in Herkunft und Werdegang vergleichbaren Landsleute bilden den Sockel der langjährigen CDU-Herrschaft in der Bundesrepublik. Helmut Schmidt kommt nicht aus Tradition, sondern aus Vernunft zur Sozialdemokratie.

Er selbst räumt eine gewisse parteipolitische Indifferenz nach Ende des Krieges ein. Er habe gegenüber der CDU, an der er »sehr viel Positives« sehe, »keine allzu großen Vorbehalte gehabt, die haben sich dann erst später herausgestellt«. Ihn befremden aber »der bisweilen allzu legere Umgang mit der Wahrhaftigkeit, der bisweilen nicht bis ins äußerste penible Umgang mit dem Prinzip der Gerechtigkeit«.[46]

Unabhängig von der Frage, welche Motive seinem SPD-Beitritt zugrunde lagen – bereits die Entscheidung für diese und keine andere Partei ist der Keim für die vielen Konflikte, die er mit »seiner« Partei austragen wird; zugleich ist sie der Keim für eine politische Karriere, deren Basis nur zu einem geringen Teil die eigene Partei sein wird. Nicht »Seit' an Seit'« mit den Genossen also, sondern in bewusster Abgrenzung von ihnen macht Helmut Schmidt seinen Weg. Er versucht gar nicht erst, seine Herkunft und seine Offizierslaufbahn vergessen zu machen, im Gegenteil: Er ist »bereit, mit der SPD auszukommen«.[47] Seine Beitrittsentscheidung bedeutet formal eine Hinwendung zur Partei, de facto wendet er sich aber von Jahr zu Jahr mehr von ihr ab.

Weshalb macht Helmut Schmidt trotzdem Karriere? Der Journalist Ulrich Blank bemerkt bereits 1974, »die Kanzlerschaft dieses Mannes, der unablässig der repräsentativen Demokratie das Wort geredet hat, bekommt schon im Anfangsstadium einen unverkennbar plebiszitären Zug. Die Woge der öffentlichen Zustimmung hebt ihn, ob er es nun will oder nicht, über die Parteien und lässt auch seine parlamentarische Verantwortung in einen ungewissen Schwebezustand geraten.« Blank folgert aus dieser Macht, die in der Popularität bei einer Mehrheit der Bevölkerung ihre Wurzeln hat, »dass in der Bundesrepublik auf absehbare Zeit gegen Helmut Schmidt nichts mehr geht«.[48]

Der »plebiszitäre Zug«, den Blank registriert, wird nicht erst für den Bundeskanzler Helmut Schmidt charakteristisch, er begleitet seine politische Arbeit von Anfang an und macht seinen politischen Aufstieg erst möglich. Schmidt merkt bald, dass er in seiner Partei ein Außenseiter ist – seine Herkunft und seine Biografie wecken Ressentiments, die Herbert Wehner in den vielzitierten Satz fasst, Helmut Schmidt habe seinen Sozialismus im Offizierskasino gelernt.[48] Auch der Primustyp, den Helmut Schmidt verkörpert, der Mann mit der überlegenen, auch hochfahrenden Intelligenz, der Mann, der zur elitären Pose neigt, kommt bei den Sozis schlecht an.

Helmut Schmidt kann und will nicht aus seiner Haut, schon in jungen Jahren nicht und später ohnehin nicht mehr. Er bleibt immer er selbst, fest in seinen Grundsätzen und unverändert im Habitus. Seine schärfsten politischen Gegner – Karl Schiller, Erhard Eppler, Oskar Lafontaine – kommen aus der eigenen Partei.

Wie löst Helmut Schmidt, der einmal zu den Spitzenpolitikern der jungen Republik gehören will, sein sozialdemokratisches Dilemma? Der »plebiszitäre Zug« seines politischen Handelns und seines Erfolgs besteht darin, dass er die Bevölkerung zur Adressatin seiner Arbeit macht, nicht allein die SPD-Wähler und schon gar nicht die »Parteifreunde«. Er sucht nicht den »Parteiwillen« zu gewinnen, sondern die Zustimmung der Frauen und Männer, die ihren Willen indirekt, über Wahlen, kundtun. Einer wie Helmut Schmidt, dem keine sozialdemokratische Liebe zufliegt und der auch selbst keine zu entwickeln weiß, muss »über Bande« spielen, wenn er in der Partei, die politische Führungskräfte von morgen rekrutiert, etwas gelten will. Seine »Bande« ist das Wahlvolk – sind die Deutschen.

Dieselben Eigenschaften, die Helmut Schmidt in der eigenen Partei zum Außenseiter machen, heben ihn bei den Deutschen politisch aufs Schild. Denn er ist biografisch einer der ihren: Er kommt aus einer Aufsteigerfamilie, er hat für das Vaterland gekämpft. Und er blickt – wie die meisten Deutschen – nach vorn.

»Indem Politiker wie Helmut Schmidt ihr Selbstverständnis aus der Kriegskameradschaft ableiteten«, konstatiert der Historiker Thomas Kühne, »optierten sie für jenen konsensdemokratischen Weg, den die Bundesrepublik in Abkehr von der soziokulturellen Fragmentierung des Weimarer Parteienstaats beschritten hat«.[50] Helmut Schmidt gehört zu den Architekten des »Modells Deutschland«, das mit der wirtschaftlichen Anstrengung seiner Landsleute seinen Anfang nimmt. Er verkörpert dieses Modell auch persönlich, weil er aufsteigen, hochkommen will. Er ist fleißig wie seine Landsleute. Er ist ehrgeizig in einer Zeit, in der Ehrgeiz keinen negativen Beigeschmack hat.

Das Beispielhafte von Helmut Schmidts Persönlichkeit, seine äußere Vita, aber auch seine innerpsychische Verarbeitung von Diktaturerfahrung und Krieg, erheischt den Respekt der Deutschen, findet Anerkennung. Eine große Zahl von Menschen jenseits der Parteibindung kann sich mit diesem neuen Typus eines Sozialdemokraten identifizieren. Helmut Schmidt fördert die Identifikation, indem er mehr als jeder andere Politiker von »meiner Generation« spricht statt von der eigenen Person. Mit seiner Herkunft und seinem Werdegang versteht er sich als ein deutscher Prototyp und wird auch als solcher, als »Mehrheitsdeutscher«[51], verstanden.

Ein anderes Mitglied der SPD-Troika, Willy Brandt, wird mit seiner Herkunft und seiner Vita als der »andere Deutsche« gelten und Anerkennung erlangen. Als dieser »andere Deutsche« kann er den Landsleuten Wahrheiten zumuten wie kein Bundeskanzler vor ihm. Er sorgt für die Konsolidierung der Bonner Republik nach außen. Helmut Schmidt ist von Anfang an der »gemeine Deutsche«, in dessen Biografie, so Gunter Hofmann 1981 in der »Zeit«, »sich viele Deutsche wiedererkennen – mehr wohl als in der Brandts«.[52]

Gerade als ein Exponent des Mehrheitsdeutschen ist auch Helmut Schmidt der Überzeugung, dass sich die SPD ständig modernisieren, auf die Höhe der Zeit kommen muss. Damit legt er den Finger in eine Wunde, die in der deutschen und europäischen Sozialdemokratie stärker blutet als in den konservativen Parteien, denn die Sozialdemokratie trägt eine Vergangenheit mit sich, die – mit den Worten Klaus von Dohnanyis – »in viel größerem Gegensatz zur heutigen Wirklichkeit steht als etwa die Vergangenheit der konservativen Parteien«. Das liberale, individualistische und zugleich wertorientierte konservative Gesellschaftsbild sei, gemessen an der neuen Wirklichkeit, »moderner« als das kollektive (und solidarische!) Weltbild der »Linken«.[53]

Als erster führender Sozialdemokrat nimmt Helmut Schmidt zum Beispiel an einer Übung der Bundeswehr teil. Viele seiner Genossen, auch der für seine Karriere wichtige Herbert Wehner, reagieren entsetzt (»Zum Kotzen«[54]), denn Geschichte und Tradition der SPD sind antimilitaristisch geprägt. Im Gegensatz dazu steht Helmut Schmidts Überzeugung, dass die Bonner Republik eine Wehrpflichtigenarmee braucht und dass sich die Sozialdemokratie mit ihr anfreunden muss. Seine Teilnahme an der Wehrübung drückt diese Überzeugung aus. Zugleich will sich Helmut Schmidt mit dieser öffentlichkeitswirksamen Aktion persönlich profilieren. Sie zielt auf eine Mehrheit der Deutschen, die gegen eine Wiederbewaffnung nichts einzuwenden hat, auch weil sie das Geschichtsbild von der »sauberen« Wehrmacht pflegt.

Helmut Schmidts Ansatz lautet nicht: Was ist der Sozialdemokratie politisch gemäß?, sondern: Was halte ich für richtig, was kann ich politisch durchsetzen, und wie bringe ich die Partei dazu, dass sie mir keine Steine in den Weg legt? Im konkreten Fall hält er es für richtig, Bundeswehr und Sozialdemokratie einander anzunähern. Die Bundestagsfraktion straft ihn für seinen Alleingang mit der Abwahl aus dem Vorstand ab, doch Helmut Schmidt weiß, dass seine Plattform auf anderen, festeren Pfeilern steht und dass auch die Partei auf einen Gescheiten wie ihn nicht verzichten kann.

Der gereifte Politiker Helmut Schmidt, der seit den sechziger Jahren zu den Bonner Führungspolitikern gehört, wird noch an eine weitere, tiefer liegende Ambivalenz der Sozialdemokratie rühren, eine Ambivalenz, die mit der genannten eng zusammenhängt. Sibylle Krause-Burger nennt sie lakonisch die »alte sozialdemokratische Geschichte, dass die einen in der Zeit und ihren Gegebenheiten vorankommen wollen und entsprechend wirklichkeitsnah handeln, und dass die anderen vor allem das im Auge haben, was jenseits des Tellerrandes der Gegenwart an Verheißungen harrt.«[55]

Während der Studentenunruhen gehört Helmut Schmidt zu den Sozialdemokraten, die am wenigsten Verständnis für die jugendlichen Proteste aufbringen. Horst Ehmke, nicht zufällig ein Angehöriger der nächsten, der Generation Helmut Kohl, fordert ihn öffentlich zu einer milderen Tonart auf. Doch Helmut Schmidt hat nicht die jungen Leute im Blick, die einmal SPD wählen sollen, auch nicht die SPD selbst, die ihm politisches Rückgrat ist, sondern, wie er einmal sagt, »die ganz breite deutsche

Öffentlichkeit und niemand sonst«. Ihn sorgt »die gegenwärtige Verunsicherung der deutschen Kleinbürger«[56], und sie werden ihm diese Fürsorge danken.

»Eine der größten Versuchungen des politischen Führers ist die Profilierung durch Kontrast zu der Bewegung, aus der man kommt«, notiert einmal Peter Glotz in sein Tagebuch.[57] Helmut Schmidt hat diese Strategie nicht erfunden, doch er wendet sie konsequenter an als jede andere Politikerin und jeder andere Politiker der Nachkriegszeit. Er bricht Tabus. Er redet Klartext. Er vertritt konträre Überzeugungen. Er schreibt sich selbst Tapferkeit zu als den »Mut, das, was man begriffen hat, auch zu sagen und danach zu handeln«.[58]

Und so gefällt er sich auch in der Rolle, den Genossen reinen Wein einzuschenken. In seiner Rede auf dem Dortmunder Parteitag 1966 – die neue Ostpolitik der SPD steckt erst in den Anfängen – schreckt er die Delegierten mit dem Hinweis, es gebe außerhalb Deutschlands kein anderes Volk in Europa, das die Wiedervereinigung Deutschlands als eine vordringliche internationale Aufgabe ansehe und sie für angebracht halte. »Es gibt erst recht rund um uns Deutsche herum kein Volk in Europa – auch dieser Tatsache muss man ins Gesicht sehen –, das eine Beseitigung der Oder-Neiße-Linie wünschen würde.«[59]

An dieser Stelle vermerkt das Parteitagsprotokoll – natürlich – keinen Beifall. Helmut Schmidt verabreicht bittere Medizin. Er kann das Tabu brechen, weil die überwiegende Mehrheit der Deutschen schon nicht mehr die Wiedervereinigung und die Ostgebiete im Fokus hat, sondern vollauf mit dem privaten Glück beschäftigt ist.

Die Strategie der SPD-fremden Profilierung reizt Helmut Schmidt bis zur Schmerzgrenze aus. Er müht sich selbst in schmerzhafter Loyalität, indem er ihm nicht genehme Positionen mitträgt, doch er mutet sie auch anderen zu. »Du solltest der Partei manchmal noch stärker den Eindruck vermitteln, dass Du um sie wirbst und Dich mit dem identifizierst, was sie in ihrer großen Mehrheit darstellt«, bekniet der Parteivorsitzende Willy

Brandt den Bundeskanzler in einem Brief vom 13. Juni 1976.[60] Er muss solche Bitten häufig wiederholen. Manchmal sucht Brandt zu Helmut Schmidts Disziplinierung auch die Öffentlichkeit. »Solidarität ist nicht dasselbe wie Kameraderie«, sagt er zum Beispiel in einem »Spiegel«-Gespräch. »Manche glauben, es sei dasselbe.«[61]

Helmut Schmidt ist, so der Journalist Klaus Stephan, der »Antityp eines Parteifunktionärs«[62]; Parteiprogramme und Parteitage sind seine Sache nicht. Zwischen seiner Partei und ihm herrscht immer Spannung. Er nährt diese Spannung selbst, denn sie macht ihn für bürgerliche Wählerschichten attraktiv.

Auf dem SPD-Parteitag 1973 in Hannover, als die theoriefreudigen Nach-68er im Zenit ihres Einflusses stehen, bekommt der stellvertretende Parteivorsitzende Helmut Schmidt nur 286 Stimmen, 145 Genossen votieren mit Nein. Der Vorsitzende Willy Brandt dagegen erhält 404 von 428 Stimmen. Nur zwölf Monate später ist es an Helmut Schmidt, die Niederlagenserie der SPD in den Ländern zu beenden und die Partei bis zur Bundestagswahl 1976 wieder attraktiv zu machen.

Helmut Schmidt findet seine Rolle in der Partei – als zwar Ungeliebter, aber Unverzichtbarer. Über den Hamburger Ersten Bürgermeister Max Brauer sagt er einmal, »häufig genug haben wir uns über ihn geärgert – trotzdem haben wir ihm dann jedes Mal wieder unsere Stimme gegeben, weil wir ihn insgesamt eben doch hoch über alle anderen schätzten und weil wir ihn einfach nicht entbehren konnten«.[63] Als Hamburg 1962 von der größten Sturmflut seit dem Mittelalter heimgesucht wird, heißt der Innensenator und Leiter des Krisenstabes Helmut Schmidt.

Die Geschichte dieser dramatischen Stunden und des beherzten, effektiven Krisenmanagements, das der Hamburger Innensenator leistet, ist oft erzählt worden – etwa wie Helmut Schmidt zum Ersten Bürgermeister Paul Nevermann gesagt haben soll: »Paul, du störst!«; wie er Soldaten und Hubschrauber der Bundeswehr und der Alliierten anfordert; wie er das Lagezentrum in einen militärischen Befehlsstand verwandelt.

Während der Fluttage stellt Helmut Schmidt seine administrativen Fähigkeiten unter Beweis. Zugleich ist er wieder Soldat, Offizier, Befehlshaber »mit dem Instinkt für möglichst wirkungsvolle Befehle zur Stabilisierung der Front« (Harald Steffahn).[64] Sein Handwerkszeug hat er aus dem Krieg mitgebracht. Persönliche Fähigkeiten und biografische Prägungen, die er mit seiner Generation gemein hat, machen ihn zum Mann der Stunde.

Er fühlt sich wohl als militärisch agierender Politiker. Er, der wie die Angehörigen seiner Generation keine »Ochsentour« durch die Parteiinstanzen absolviert und das Befehlen früher als das Überzeugen gelernt hat, bekennt später in seltener Offenheit gegenüber dem Journalisten Ben Witter: »Meine glücklichste Zeit hatte ich während der Flutkatastrophe in Hamburg. Ich musste nach vielen Richtungen schnell und entschlossen vorgehen.«[65]

Im Krieg gelten die Gesetze aus Friedenszeiten nicht. Helmut Schmidt bricht in diesen Tagen unzählige Gesetze. Er nimmt sich die Helfer, die er braucht, ihr Gerät bringen sie gleich mit. Er geht über seine Befugnisse als Landesminister weit hinaus. Er lässt jedem Betroffenen sofort fünfzig Mark auszahlen, was ein Millionenloch in die Haushaltskasse reißt. Sein eigenmächtiges Verhalten habe ihm »nicht nur Freunde eingebracht«, sagt Helmut Schmidt später vor allem mit Blick auf eigene Parteifreunde.[66] Doch es wird ihm nachgesehen, denn die von ihm geleitete Aktion rettet Hunderte, ja Tausende Menschenleben. Der gute Zweck heiligt im Nachhinein die bedenklichen Mittel.

Die Flutkatastrophe beschert Helmut Schmidt unverhofft eine Zuschreibung, die seine besondere Position, seinen Nischenplatz in der deutschen Politik festigt – so weit wie möglich weg von der Partei, so nahe wie möglich am Volk: Helmut Schmidt ist fortan der »Krisenmanager«, der »Katastrophenspezialist« (Peter Glotz)[67], der Retter in einer tatsächlichen oder politischen Not. Sebastian Haffner notiert einmal, »Schmidt ist immer kühl, und in Krisen wird er kalt«.[68]

»Das Gesetz, nach dem Helmut Schmidt angetreten zu sein scheint, ist der Notfall, die äußerste Bewährungsprobe. Seine Karriere bewegt sich schubweise von einer Krisensituation zur anderen«[69], resümiert Ulrich Blank 1974, zu einer Zeit, als der Protagonist die höchstmögliche Stufe einer politischen Karriere erreicht hat; die schlimmste Krise, das Terrorjahr 1977, steht ihm da noch bevor.

Die Hamburger Fluttage machen Helmut Schmidt für die Bonner SPD unentbehrlich, wie es Max Brauer für Hamburg gewesen war. Die SPD kann auf ein solches Talent, auch wenn es Helmut Schmidt heißt, nicht verzichten. Schmidts Strategie des begrenzten Konflikts mit der Partei geht in der Folgezeit immer besser auf, seine Arbeit erfährt Anerkennung über alle Lager hinweg. Bereits von 1966 an gehört Helmut Schmidt zu den beliebtesten deutschen Politikern. Von 1969 an gelangt er in Umfragen immer wieder auf Platz eins, womit er den amtierenden Bundeskanzler Willy Brandt überflügelt. Helmut Schmidt kommt zugute, dass er das immer wichtigere Medium Fernsehen so virtuos zu nutzen weiß wie kein anderer Politiker seiner Zeit. »Wie er es auch anstellt, und mag die politische Kost noch so trocken sein – er kommt über den Bildschirm«, konstatiert Ulrich Blank.[70]

In der eigenen Partei mehr hingenommen als gewollt, von den Deutschen als einer der Ihren geschätzt – Helmut Schmidt macht seinen Weg unter erstaunlichen Bedingungen: Er wird nie auf einem SPD-Parteitag zum Kanzlerkandidaten gewählt. Er wird auch nie von den Deutschen als Bundeskanzler abgewählt. Helmut Schmidt bleibt von allen bisherigen SPD-Kanzlern am längsten im Amt.

Er ist der zweite Volkskanzler nach Konrad Adenauer und vor der Volkskanzlerin Angela Merkel.

MANTRA

Das politische Weltbild einer Generation

> *»1970 war (...) ein Jahr wirtschaftlicher Höchstleistungen, übrigens auch kräftiger Steigerungen der Realeinkommen (...). Die Zukunft sichern heißt: für die Freiheit derer zu sorgen, die nach uns kommen, ihnen müssen wir gute Lebensbedingungen, gleiche Entwicklungschancen und ein Höchstmaß an innerer und äußerer Sicherheit schaffen. (...) Und nun wünsche ich Ihnen allen ein gutes neues Jahr – ein Jahr des Friedens und der Geborgenheit im gesicherten Fortschritt.«*
>
> Willy Brandt

Wachstum macht gute Demokraten

Erst einmal sind die anderen dran, die »Alt-Weimarer« wie Konrad Adenauer, Kurt Schumacher, Theodor Heuss, Thomas Dehler, Ernst Reuter oder Carlo Schmid und die wenig Älteren wie Herbert Wehner, Karl Schiller, Fritz Erler oder Willy Brandt. Die Generation Helmut Schmidt kommt spät in die Politik und spät in die ganz hohen Positionen (mit Ausnahme von Franz Josef Strauß, der sich nach frühem Höhenflug mit der »Spiegel«-Affäre für lange Zeit ins Aus befördert). Doch als mittlere Funktionsträger im politischen Betrieb der jungen Republik üben sie Macht aus; sie bekommen ein Gespür für deren Mechanismen und dafür, was beim Wähler ankommt und was nicht.

So wenig wie die Politiker der Generation Helmut Schmidt werden die Deutschen über Nacht zu Demokraten. In den meisten Fällen werden sie nicht einmal »angelernte Demokraten«, wie sich Erhard Eppler einmal nennt, sondern Demokraten aus Gewohnheit und Bequemlichkeit: Man ist froh, dass der Nazispuk vorbei ist, aber man ist auch froh, dass man im neuen Staat ein zunehmend besseres Leben hat. Ansonsten gilt wieder: »Politisch Lied ist garstig Lied.«

Geschichts- und Politikwissenschaftler sind sich schon lange darüber einig, dass die Westdeutschen nicht über Bußübungen oder über Demokratiebildung, sondern über das Wirtschaftswunder in den neuen Staat gefunden haben. »Der wirtschaftliche Erfolg ging der politischen Selbstanerkennung der Bundesrepublik voraus«, konstatiert zum Beispiel Claus Leggewie.[1] Mit »Brot und Spielen« lässt sich indessen keine Demokratie aufbauen, es bedarf, wie der Politikwissenschaftler Iring Fetscher 1982 schreibt, eines gesellschaftlichen Grundkonsenses.[2] Von welcher Art ist der Konsens in der damaligen Bundesrepublik? Es gibt einen »antitotalitären Grundkonsens«, wie es ihn generell im Westen gibt – die Überzeugung, nicht in einer unfreien sozialistischen oder kommunistischen Gesellschaft leben zu wollen; »weniger explizit ausgesprochen und dennoch weit wirksamer« sei aber der Konsens, »dass Wirtschaftswachstum die Voraussetzung des Fortschritts und ein damit verbundener ständig wachsender Wohlstand Sinn des Daseins ist«. Regierungen werden dafür gelobt und anerkannt, dass sie schnelles Wirtschaftswachstum sicherstellen, und sie werden gestürzt, wenn es ihnen nicht rasch genug gelingt. »Wachstum und die damit – zu Recht oder Unrecht – verbundene Erwartung eigener Wohlstandsmehrung«, des Aufrückens in die höhere Gehaltsklasse, »ist noch immer der wichtigste ›soziale Tranquilizer‹ der Industriegesellschaften.«[3]

Die politischen Lehrjahre der Generation Helmut Schmidt fallen in die Zeit, als die Deutschen für eine Waschmaschine, einen Fernseher, einen Italienurlaub, ein Auto oder ein Häuschen arbeiten und sparen. Sie wollen sich im ganz buchstäblichen Sinn etwas aufbauen. Sie wollen sehen, für was sie leben und arbeiten – aber eigentlich macht die Arbeit ihr Leben aus –, und sie wollen ihren Kindern einmal etwas übergeben.

Diese Mentalität ist einerseits zweifellos durch die schlichte Tatsache motiviert, dass die zerstörten Städte der neuen Bundesrepublik wieder aufgebaut, Verluste kompensiert werden müssen, zugleich hat sie einen psychologischen Effekt: Sie hilft, mit der Vergangenheit zu leben. Schließlich liegt sie im Trend der Zeit, denn die Nachkriegszeit ist eine Phase der kontinuierlichen spätindustriellen Expansion. Nicht nur die vom Westen mit Geld versorgte Bundesrepublik, der ganze Westen erlebt den »großen Boom«, es geht, von ein paar Konjunkturdellen abgesehen, bis Anfang der siebziger Jahre nur aufwärts. Die Vision des Wohlstands, mit rauchenden Fabrikschloten als Symbolen für die Verwandlung von Maschinen und Arbeit in harte Güter, ist noch nicht tot. Wie sehr dieses Szenario die Umwelt zerstört, kommt erst in den Siebzigern ins allgemeine Bewusstsein.

Jetzt, nach der Weltwirtschaftskrise in den zwanziger Jahren, der Diktatur in den Dreißigern und der Kriegswirtschaft in den Vierzigern, steigen die Westdeutschen auf einen Zug, der in den USA schon um 1930 abgefahren ist: Sie konsumieren, weil sie entsprechend viele Güter produzieren. Auch in Westdeutschland gibt es jetzt Obst und Gemüse das ganze Jahr über, gibt es Bekleidung als modische Massenkonfektion, Wohnungen mit den erwähnten Waschmaschinen und Fernsehgeräten und eine neue Mobilität durch das eigene Auto. Der Konsument wird, nachdem die Grundbedürfnisse des Lebens wie Essen und Wohnen gestillt sind, zur gesellschaftlichen Leitfigur. Er macht etwas aus sich, und er bezieht seinen Selbstwert aus dem Vergleich mit anderen Konsumenten. Fröhliches Konsumieren gilt als Bürgertugend, Konsumzurückhaltung wird als Fehlverhalten gebrandmarkt. Im Wahlkampf 1965 streiten sich die Spitzenkandidaten der großen Parteien darum, wer von beiden den Wohlstand rascher und sicherer verdoppeln kann.

In den ersten Nachkriegsjahrzehnten, als die Generation Helmut Schmidt bereits Politik macht, fallen wirtschaftliches Wachstum, hoher Beschäftigungsstand und wachsender Wohlstand zusammen. Auch die Politiker in Deutschland sind Keynesianer und setzen auf eine nachfrageorientierte Politik. In der »sozialen Marktwirtschaft« sichert der Staat jedoch nicht nur die Freiheit des Wirtschaftens, sondern er greift in gesellschaftliche und ökonomische Räderwerke um sozialer Ziele willen ein. Er kümmert sich um die Gesundheit und Sicherheit der Bürger und um Gerechtigkeit in der Verteilung der Chancen und Güter des Lebens. Über die Leistungen des Sozialstaates profitieren auch die Arbeitnehmer von der wirtschaftlichen Prosperität. Der Sozialstaat nimmt den wirtschaftlichen Verteilungskämpfen die Schärfe. Er macht die Risiken eines freien Marktes erträglich – so jedenfalls lautet sein Anspruch.

Der Konnex von wirtschaftlichem Wohlstand und Loyalität zum politischen System steht Helmut Schmidt und seinen Kollegen deutlich vor Augen. Sie müssen für Wohlstand sorgen, damit die Loyalität als gewünschte Nebenwirkung hinzukommt. Doch die Politiker jener Generation beherzigen diesen Zusammenhang nicht nur, er wird zur zentralen Leitlinie, zum Ethos ihres politischen Handelns. Ideelle Aspekte oder Ziele eines demokratischen Gemeinwesens blenden sie weitgehend aus. »Wie viel« Sozialstaat die Politik zu leisten hat, ist zwischen den Parteien umstritten und bei jeder Bundestagswahl ein Abgrenzungskriterium zwischen den Lagern. Helmut Schmidt ist Zeit seines Lebens ein Fürsprecher des Sozialstaats als einem egalitär ausgeformten Wohlfahrtsstaat; noch in seinem späten Buch »Außer Dienst« legt er ein Bekenntnis zu ihm ab.

Die Dominanz des Ökonomischen wird nirgendwo so konsequent betrieben wie in der Bundesrepublik der Generation Helmut Schmidt. Das verrät manches über die Deutschen, aber noch mehr über die Prägung der Generation Helmut Schmidt.

Sie hat die Geldentwertung von 1923 und von 1929 erlebt. In der wirtschaftlichen Not fanden radikale Parteien jeweils massiv Zulauf.

Hungrige Demokraten erwiesen sich als schlechte Demokraten. Die Weimarer Republik verlor ihre Verteidiger. »Wenn Hitler 1936 erschossen worden wäre, würde er heute als Held der Wirtschaftsgeschichte dastehen«, sagt der greise Helmut Schmidt zu dem Historiker Fritz Stern.[4] Weshalb soll es, lautet ungefähr das Kalkül, in der Bundesrepublik anders sein? Den Deutschen ist weiter nicht zu trauen, bis heute nicht. Sie mögen demokratisches Engagement entwickeln, doch wer auf dieses Engagement setzt, baut auf Sand!

Das Volk hat keinen Platz im politischen Räderwerk dieser Generation. Wie gut, dass die Mütter und Väter des Grundgesetzes de facto keine plebiszitären Elemente, keine Volksentscheide, vorgesehen haben. Sie wussten, warum!

Auch die Institutionen, die für die Menschen Bedeutung haben – die Kirchen, die Schulen – kommen im politischen Weltbild der Generation Helmut Schmidt nicht vor. Die Kirchen sollen sich um die »letzten« Fragen kümmern, während die Politik die »vorletzten« behandelt. Die Kirchen sollen Sinn stiften und sich aus der Politik heraushalten. Denn mit den Kirchen ist buchstäblich kein (demokratischer) Staat zu machen, sie würden in einer Republikkrise versagen, wie sie im Hitlerdeutschland versagt haben. Schon ihre Struktur ist wenig demokratisch. Und die andere wichtige Instanz, die Schulen, können von einem Regime missbraucht werden; die Generation Helmut Schmidt musste es selbst erfahren.

Umgekehrt darf die Politik, darf der Staat keinen Sinn stiften. Politik darf keine Weltanschauung und schon gar keine verbindliche Wahrheit verkünden. Sie hätte bald gefährlich viel Macht, die sie missbrauchen könnte. Das führt ins Verderben, siehe wieder Hitlerdeutschland! Wer Politik in einem Gemeinwesen zum Religionsersatz machen will, zerstört dessen Substanz.

Die Substanz des Gemeinwesens, das im Mai 1949 »Bundesrepublik Deutschland« genannt wird, liegt im Grundrechtekatalog des Grundgesetzes. Die Grundrechte formulieren das ethische Maß, das westliche Gesellschaften bislang erreicht haben und das fürderhin auch für die Deutschen gilt. Mit diesem Ethos der Freiheit ist die Basis für den neuen Staat geschaffen. Diese Werte soll er zum Leben bringen und keine anderen.

»Eines erwartet jeder Bürger von einer Regierung«, so Helmut Schmidts Überzeugung, »dass sie die klassischen Grundfunktionen des Staats anständig aufrechterhält, zum Beispiel wirtschaftliche und soziale Sicherheit«. Die Politiker sind Angestellte im Dienst dieser Ziele, sie sind »Funktionäre der Wohlfahrt«, um ein Wort des Schriftstellers Peter Härtling aus einem Schmidt-Porträt zu wählen.[5] Wohlfahrt, nicht Moral oder Recht! Politik ist in ihrem Kern Distribution, Verteilung von staatlichen Leistungen, von Dienst- und Sachleistungen. Der Bundeskanzler ist der »leitende Angestellte der Bundesrepublik Deutschland«[6], wie Helmut Schmidts oft zitierte Selbstbeschreibung lautet.

Wer die Nazizeit in lebendiger Erinnerung hat, kann die Reduzierung von Politik auf eine Dienstleistung nachvollziehen. »Diese Haltung kam vor allem bei der älteren Generation an«, schreibt Horst Ehmke, ein Angehöriger der Generation Helmut Kohl, in seinen Erinnerungen, »den Jüngeren erschienen Schmidts Auftritte als altmodisch, wenn nicht gar autoritär.«[7] Hielten die einen diese Haltung für klar und ehrlich, war sie anderen zu einseitig und zu schlicht – impliziert sie ja doch ein klares, ungeschminktes Menschenbild: Der Mensch wünscht nur das Brot allein. Man muss ihn arbeiten und seine persönlichen Ziele verfolgen lassen, Politik kann nur von Wenigen gemacht werden, von Angehörigen einer Elite, die sich um nichts anderes kümmern, ihr Leben lang.

Mit dem Ludwig Erhardschen Axiom »Wohlstand für alle«, das an der Wiege der neuen Demokratie steht, ist zwangsläufig auch eine Hoffnung und Erwartung an die Person des Bundeskanzlers geknüpft. Die Frage, ob ein Amtsinhaber oder ein Herausforderer über mehr ökonomischen Sachverstand verfügt, gehört fortan zu den Schlüsselfragen vor einer Bundestagswahl (nur Willy Brandt machte diesen Nachteil gegenüber Kurt Georg Kiesinger wett, weil er den Wirtschaftsprofessor Karl Schiller für sein

Schattenkabinett gewann). Die überraschend deutlichen Wahlsiege von Helmut Kohl, der 1983 den »Aufschwung« und 1990 den Ostdeutschen »blühende Landschaften« verspricht, finden hier ihre Erklärung. Noch einmal, zum letzten Mal, funktioniert die Gleichsetzung von Demokratie und Wirtschaftswunder.

Die Angst der Politiker vor steigenden Arbeitslosenzahlen und Inflationsraten sitzt tief, eine solche Entwicklung kann zum Machtverlust führen. In dieser Angst unterscheiden sich die Politiker der alten Bundesrepublik nicht von ihren Kollegen im demokratischen Ausland. Doch in der Bundesrepublik ist es immer auch die Angst um das Land. »In Deutschland misstraut der Staat dem Bürger«, stellt der Politikwissenschaftler Martin Greiffenhagen noch im Übergang von der alten zur neuen Bundesrepublik fest. »Die traditionelle Sicherheitsneurose schließt eine tiefsitzende Angst vor politischer Bewegung ein. Partizipationswünsche geraten auf diese Weise als solche in den Verdacht der Staatsgefährdung und des Umsturzes.«[8]

Die doppelte Angst vor einem Machtverlust und vor einer »Staatsgefährdung« drückt sich beispielhaft in einem Brief aus, den Bundeskanzler Helmut Schmidt mit Datum vom 7. Januar 1975 an den SPD-Vorsitzenden Willy Brandt schreibt. Zehn Monate zuvor war er dessen Nachfolger im Kanzleramt geworden. Jetzt, in der Ruhe um den Jahreswechsel herum, zieht er eine persönliche Zwischenbilanz. Die Vermittlung seiner politischen Ziele scheint »in Richtung Ausland gelungen, Richtung Inland und insbesondere Richtung Partei nur sehr begrenzt. Unsere Sache steht vielmehr auf Messers Schneide – mit der potentiellen Gefahr einer Desorientierung der zweiten deutschen Demokratie (…).«[9]

Vielleicht trägt Helmut Schmidt bewusst dick auf, um den Parteivorsitzenden zu einer persönlichen Intervention zu bewegen, doch der Zusammenhang, den er herstellt, ist offenkundig. Kein Regierungschef in Frankreich, Großbritannien oder den USA würde die eigene Wahlniederlage mit einer »Desorientierung« der Demokratie assoziieren – in Deutschland kann ein Bundeskanzler diese Sorge äußern, denn der Staat, den er regiert, existiert gerade einmal ein Vierteljahrhundert.

Vom Segen der Technik

Am 10. Juni 1975 hält Bundeskanzler Helmut Schmidt eine Rede vor dem Deutschen Ingenieurtag in Augsburg. Es ist nicht irgendeine Rede, denn das Presse- und Informationsamt der Bundesregierung wird sie später unter dem Titel »Das Humane und die Technik«[10] als Broschüre verbreiten – sei es, weil ein Mitarbeiter des Amtes ihre Publikation vorschlug, sei es, weil Helmut Schmidt selbst daran lag, seine Auffassung über die Technik der Öffentlichkeit bekannt zu machen.

Zu Beginn der Rede macht Helmut Schmidt deutlich, dass er die in der deutschen Bevölkerung aufkommenden Bedenken gegen moderne Technik zur Kenntnis genommen hat. Zugleich mit der Faszination für das technisch Mögliche und Erreichte, so gesteht er zu, müssten auch Zweifel am Sinn dessen aufkommen, »was unseren Wirtschaftsaufschwung ermöglicht, was unseren Lebensstandard auf ein nie dagewesenes Niveau erhöht hat«. Konkreter wird der Kanzler allerdings nicht und spricht schon wenige Sätze später von der Notwendigkeit für die deutsche Volkswirtschaft, technologische Lücken aufzuspüren und auszufüllen oder technisches Neuland zu erschließen. Denn die deutsche Volkswirtschaft weise gegenüber vergleichbaren Industriegesellschaften zwei sehr ausgeprägte Merkmale auf, den größten Industrieanteil am Bruttosozialprodukt und die hohe Exportquote – ein Viertel der Güter geht ins Ausland!

Bei aller Kritik an der Technik – an der grundsätzlichen Einstellung von Gesellschaft und Wirtschaft, »an unserem Selbstverständnis von Technik und Leistung« dürfe nichts substanziell verändert werden. »Die Bundesrepublik muss technisch an der Spitze bleiben, damit sie beim Wohlstand nicht ans Ende gerät.«

Weiter hat Helmut Schmidt zur Kenntnis genommen, dass um die Risiken der Kernenergie eine »hochentflammte öffentliche Diskussion« begonnen hat. Daraus zieht er die Konsequenz, »dass technische Entwicklungen sowohl in den Entscheidungsgremien als auch in der Öffentlichkeit intensiver und überzeugender behandelt und dargestellt werden müssen«.

Auch auf die Kritik, dass moderne Technik die Umwelt gefährdet, geht der Bundeskanzler ein. »Der ganzen Gesellschaft«, mahnt er, »wäre besser gedient, wenn wir beim Umweltschutz etwas schärfer zwischen vorgefassten Meinungen – um nicht Ideologie zu sagen – und der Notwendigkeit zu unterscheiden lernten.« Mit Blick auf diese Ideologen sagt er: »Wir brauchen keine Angstmacherei.« Er fordert die Techniker und Wissenschaftler auf, rechtzeitig auf mögliche künftige Risiken hinzuweisen. »Wie soll der Politiker erkennen, ob da irgendwo ein technisches Risiko besteht?«

Es sei schwer zu verstehen, weshalb die Bürger von Biblis und Gundremmingen die Kernenergie akzeptierten, anders als die Bürger von Wyhl, wo Demonstranten seit Februar des Jahres das Baugelände des geplanten Kernkraftwerks besetzt halten und so der Anti-Atomkraft-Bewegung in Deutschland zum Durchbruch verhelfen. Wir könnten, so Schmidt, ohne die Kernenergie nicht weiterexistieren! Zudem sei die Kernenergie »im Grunde die umweltfreundlichste Energie«. Der Bundeskanzler hofft, es möge gelingen, das »hier und da verzerrte Bild von der angeblich unmenschlichen Technik abzuschwächen, wenn nicht gar zu widerlegen«. Denn Technik ist ein niemals ausgeschöpftes Potenzial zur Lösung von Problemen und zur Verbesserung der Lebensbedingungen. »Wenn ich das richtig sehe, gibt es keine kritische Grenze der Technik.« Deshalb gebe es auch kein »Ende des Wachstums«, fügt Helmut Schmidt an, »wie uns der Club of Rome glauben machen« wolle. »Ein Ende des Wachstums gäbe es nur dann, wenn die Technik aufhörte, sich fortzuentwickeln.«

Zivilisationsschäden und Gesundheitsstörungen durch moderne Technik sind, davon ist der Redner überzeugt, vermeidbar. »Es kommt darauf an, das Humanum und die Technik zur Gemeinsamkeit, zur Synthese zu führen.«

Helmut Schmidts Rede formuliert in seltener Deutlichkeit das Paradigma einer Generation, die der technische Fortschritt ebenso stark geprägt hat wie die Erfahrung, dass die Volkswirtschaften des Westens Jahr um Jahr wachsen. Die Politiker der Generation Helmut Schmidt sind technikgläubig, technikbegeistert, technikeuphorisch. Sie haben die Chancen der Technik im Fokus und halten ihre Risiken für beherrschbar.

Die ersten zehn Jahre der neuen Republik gehören der Aufbaugeneration, die den Schutt wegräumt und Provisorien errichtet. Konrad Adenauer sagt zum jungen Richard von Weizsäcker: »Nun macht mal eure Ausbildung, erwerbt euch erst mal Berufserfahrung, für die Politik sorgen wir, da brauchen wir euch noch gar nicht.«[11] Mit der nachfolgenden Generation Helmut Schmidt manifestieren sich Modernisierung und Fortschritt auf allen wichtigen Feldern. Politik, Recht und Kultur geraten in einen Modernisierungs- und Planungsrausch, der in der Reformarbeit der Großen Koalition 1966 bis 1969 kulminiert. Franz Josef Strauß und Helmut Schmidt sind oder werden zu dieser Zeit Minister, sozusagen Wachstumsminister.

Der Modernisierungsschub ist nötig, weil technologischer Nachholbedarf besteht, und er wird möglich, weil viel Geld fließt. Die Regierung Erhard ist 1966 unter anderem über eine kurze, aus heutiger Sicht lächerliche Rezession gestürzt (die Zahl der Arbeitslosen stieg zeitweise auf etwa 700 000), mit der Großen Koalition, die kräftig staatliches Geld in den Wirtschaftskreislauf pumpt, kommt wieder alles ins Lot; Planungseuphorie und Ressourcenreichtum gehen ein historisch einmaliges Bündnis ein. Es werden Wohnungen, Universitäten, Krankenhäuser, Schulen, öffentliche Einrichtungen und Verkehrswege gebaut. Der rasante technische Fortschritt macht die Bewältigung dieser Aufgaben möglich; mehr noch, er macht sie in ganz neuen Dimensionen möglich! Aus industriell vorgefertigten Betonteilen entstehen in kurzer Zeit Trabantenstädte für viele

Tausend Menschen. Beton, dieses kalte, tote, aber unendlich formbare Material, ist der Baustoff der Stunde. Die Gegenstände in der Wohnung oder überhaupt zum Leben stammen aus Material mit vergleichbaren Eigenschaften, aus Plastik. Aus Kunststoff werden Stühle, Schreibtische und Elektrogeräte hergestellt. Das Material zeichnet sich durch Leichtigkeit, Farbenreichtum, Biegsamkeit und Stabilität aus – und es ist praktisch, weil schnell zu reinigen. Allerdings ist es auch rasch verkratzt und leicht brüchig, sprich: kein Stoff für die Ewigkeit. Aber darauf kommt es nicht an. Das Wort »Nachhaltigkeit« kennt noch kein Mensch.

Die totale Formbarkeit der Materialien spiegelt die vermeintlich totale Formbarkeit der Lebensverhältnisse – alles scheint möglich, alles scheint machbar. Von der modernen Technik geht Lebensfreude und Zuversicht aus. Der Zeitgeist ist optimistisch, experimentierfreudig, fortschrittsselig.

Die Politik nutzt moderne Technik als Instrument, mit dem sie wichtige Ziele erreichen kann, etwa die Wohnungsnot lindern oder bezahlbare Wohnungen für sozial Schwache bauen. Die Politik ist auf dieses Instrument angewiesen, um ihren selbstgesetzten Anspruch einzulösen.

Darüber hinaus gewinnt moderne Technik für die Politik eine weitere Funktion, sie schafft Symbole der Modernisierung. Symbolische Politik, etwa die Errichtung von Prestigebauten, ist für den Politiker in einer modernen Demokratie genauso wichtig wie für einen Fürsten im Mittelalter oder den Kaiser im antiken Rom. Die junge Bundesrepublik will aller Welt ihr modernes, demokratisches Gesicht zeigen und bekommt mit dem Zuschlag für die Olympischen Sommerspiele 1972 Gelegenheit dazu. Sie erreicht dieses Ziel, wenngleich unter immensen, in dieser Höhe nicht vorausgesehenen Kosten.

Symbole der Modernisierung halten in dieser Zeit auch in jeder westdeutschen Kleinstadt Einzug. Bürgermeister und Gemeinderat beschließen den Bau eines Hochhauses nahe dem alten, gewachsenen Stadtkern oder mitten darin. Der Neubau ist völlig fehl am Platz, er verlässt »das rechte Maß« (Helmut Schelsky), doch indem er sein Maß selbst setzt, wirkt er wie eine überdimensionale Skulptur. Viele Kleinstädte leisten sich darüber hinaus Hochhaussiedlungen auf der grünen Wiese; sie sehen die historische Chance zu wachsen. Eine solche Siedlung bedeutet »Fortschritt« in punkto »Wohneinheiten« und Einwohner, bedeutet Wirtschaftswachstum im Kleinen.

Überhaupt stehen Wachstumsversprechen und Technikgläubigkeit in einem engen Zusammenhang. Stetiges Wirtschaftswachstum in einer Industriegesellschaft braucht Großtechnik. Atomkraftwerke zu Beispiel stellen die notwendige Energiemenge für eine immer durstigere Volkswirtschaft bereit.

Es gibt eine lange Tradition der Technikkritik, Namen wie Martin Heidegger, Helmut Schelsky, Arnold Gehlen, Günther Anders oder Ulrich Beck stehen dafür. Diese Kritik wird mit jedem technischen Meilenstein lauter, etwa mit dem Abwurf der Atombombe oder dem Raumfahrtprogramm der Supermächte. Sie zielt in zwei Richtungen: Einmal gegen die gewaltigen Kräfte der Technik selbst, die das Potenzial zur Vernichtung allen Lebens hat; zum anderen gegen die Politik, die den Geist einer Technik, wenn er einmal aus der Flasche ist, nicht mehr einfangen kann. Die moderne Industriegesellschaft bringt immer neue Technologien hervor, die irgendwann die Politik beschäftigen, etwa die Gentechnik zur Herstellung von Lebensmitteln oder die Stammzellenforschung als Eingriff ins menschliche Erbgut. Die Politik hat auf die Entscheidung, ob in solche Technologien investiert wird, keinen Einfluss, denn Wissenschaftler und Techniker entwickeln grundsätzlich alles, was möglich ist, schon damit es keine andere Forschungsgruppe oder kein anderer Konzern vor ihnen tut. Politiker sind in punkto Technik Getriebene, sie folgen Sachzwängen, statt selbst Ziele zu formulieren und zu verfolgen. Politiker werden zu Handlangern der Auto- oder Rüstungs- oder Atomindustrie. Gemacht wird, was technisch machbar ist! Die Autonomie der Politik stirbt ab.

Es gibt aber auch eine Tradition der Technikbegeisterung – ihr Protagonist ist Ernst Bloch, der in seinem Hauptwerk »Das Prinzip Hoffnung« von einem besseren Leben durch technischen Fortschritt schwärmt. Dank der Technik wird alles möglich. Technik macht die Welt heil!

Die beiden Bundeskanzler der siebziger Jahre, Willy Brandt und Helmut Schmidt, teilen diese kühne These nicht, doch auch sie begreifen – wie die meisten Politiker ihrer Zeit – moderne Technik als Werkzeug ihrer Zunft. Auch sie sind technikgläubig und auf technischen Fortschritt aus. Willy Brandt spricht einmal von der »Geborgenheit im gesicherten Fortschritt«.[12]

Sozialdemokraten sind traditionell technikaffiner als Bürgerliche, das liegt an der Geschichte ihrer ursprünglichen Klientel – immer bessere Technik hat auch die Lebensbedingungen der Arbeiter immer besser gemacht. Dank moderner Technik musste der Arbeiter nicht, wie Karl Marx es wollte, die Produktionsmittel übernehmen, er musste nicht Kommunist werden, er konnte in einem kapitalistischen System Sozialdemokrat bleiben.

1956 verabschiedet die SPD einen »Atomplan« mit einem vorbehaltlosen, ja euphorischen Bekenntnis zur Kernenergie. Die Großtechnik ist ein Geschenk findiger Ingenieure, die dem Menschen noch einmal das Feuer bringen. Eine moralische Wertung wird nicht vorgenommen, moderne Technik gilt als wertneutral; ihre Entwickler stehen in der Verantwortung, die Risiken zu minimieren; moderne Technik darf erst in die Herstellung gehen, wenn nur noch ein »Restrisiko« besteht, wie das neue Wort dafür heißt.

In dieser Tradition steht das vierte Atomprogramm, das die Bundesregierung von SPD-Kanzler Willy Brandt im Dezember 1973 verabschiedet, und das nicht weniger als 40 neue Atomkraftwerke im Bundesgebiet vorsieht. Sein Nachfolger Helmut Schmidt wird die Zahl auf 25 senken, das sind immer noch viele für ein kleines Land wie die Bundesrepublik. Schon im Bau bedeuten sie einen beschäftigungspolitischen Erfolg. »Mit der

Herstellung von Kraftwerken aller Art«, rechnet Helmut Schmidt den Mitgliedern der SPD-Bundestagsfraktion am 22. März 1977 vor, »Kohlekraftwerke, Kernkraftwerke etc., soweit sie bisher im Bau befindlich oder bisher bestellt sind – ich rede gar nicht von denen, die bisher bloß geplant sind – sind von heute bis 1985 durchgehend insgesamt, direkt und indirekt, rund 100 000 bis 150 000 Menschen beschäftigt, und zwar erstklassig ausgebildete Facharbeiter, Techniker, HTL-Ingenieure, Hochschulingenieure und Physiker.«[13]

Doch nicht nur Sozialdemokraten, sondern Politiker jeder Couleur zeigen sich in diesen Jahren überzeugt, dass die Bundesrepublik Deutschland, eine der führenden Industrienationen, Großtechnik braucht. Um bei der Atomkraft zu bleiben: Sie konstatieren, dass die Bundesrepublik arm an Bodenschätzen ist und die Kohlevorkommen nicht ewig reichen. Immer wieder werden Zechen geschlossen, weil sich ihr Betrieb nicht mehr rechnet. Jedes Mal werden Tausende Kumpel arbeitslos.

Im Herbst 1973 drehen die Scheichs den Ölhahn zu. Die westlichen Staaten ohne eigenes Öl werden sich der Verwundbarkeit ihres Wohlstands bewusst. Als wieder Öl fließt, ist es um ein Vielfaches teurer. Unter dem Eindruck dieses Preisschocks gewinnt die Atomkraft als einheimische, unabhängige und im Preis berechenbare Energiequelle an Attraktivität. Die Demütigung »autofreier Sonntage« (eine Initiative des damaligen »Superministers« für Wirtschaft und Finanzen Helmut Schmidt) darf sich nicht wiederholen! Nicht zu vergessen die Abhängigkeit des Landes vom Erdgas, das importiert werden muss. Auch der Gashahn lässt sich jeden Tag zudrehen. Als die Politik merkt, dass sie auch mit dem Rohstoff Uran für die Atomkraftwerke politisch erpressbar ist, will sie in Kalkar einen »Schnellen Brüter« bauen. »Ich kann nicht verantworten«, begründet Bundeskanzler Helmut Schmidt sein Festhalten an dem umstrittenen Projekt, »dass unsere Energieversorgung der 80er- und 90er-Jahre in eine Zange zwischen zwei Monopole gerät, das der Ölproduzenten und das der Uranbesitzer.«[14] Das Projekt wird dann doch zum Milliardengrab.

Der Technikoptimismus der Generation Helmut Schmidt hält sich hartnäckig. 1981 – die Anti-Atomkraft- und Umweltbewegung hat sich mit den Bunten und Grünen Listen bereits einen politischen Arm geschaffen – erscheint eine Broschüre des Presse- und Informationsamtes der Bundesregierung mit dem bezeichnenden Titel »Die Jugend anerkennen«. Die Verfasserangabe lautet »Bundeskanzler Helmut Schmidt«. In der Schrift wird versichert, die Sicherheitsvorkehrungen für Kernkraftwerke seien umfangreich. »Sie sind international anerkannt.« Und das Forschungsprogramm der Bundesregierung zur Reaktorsicherheit werde noch einmal drastisch erweitert, bis 1982 solle eine Milliarde Mark in das Projekt fließen.[15]

Die Technikgläubigkeit, wie sie Helmut Schmidt stellvertretend für seine Generation verkörpert, hat zu dieser Zeit schon die Sphäre des politischen Handelns erfasst; Kritiker bezeichnen die potenzierte Technikgläubigkeit auf diesem Feld gern als technokratisches Denken und ihre vermeintlichen Vertreter als Technokraten. Der Technokrat plant nicht nur gern mit moderner Technik, er will schon den Planungsprozess selbst nach Gesetzen der Technik gestalten. Der Entwurf des Olympischen Dorfes in München zum Beispiel ist eine kreative Leistung von Architekten, doch die Planung unterlag exakten, vorher definierten Regeln. Die Planer nannten das die »systemtechnologische Vorgehensweise«. Technik steckt schon in der Planung von Technik. Planungsmethodik und Planungsergebnis sind untrennbar miteinander verschmolzen. Weil die gewählte Methode allen offenliegt, können auch alle das Ergebnis rational nachvollziehen. Diese Vorgehensweise wollte Fehler im Planungsprozess ausschließen (»Haben wir an alles gedacht?«) und gegen Kritik immun machen (»Wir mussten zwingend zu dieser Lösung kommen.«). Die Planer des Olympischen Dorfes haben beide Ziele erreicht – und nebenbei eine hässliche, aber faszinierend-geometrische Betonburg in die Landschaft gesetzt.

Auch die Bonner Regierungstechnologie soll, so will es der neue Chef des Kanzleramtes und Willy Brandts Vertrauter, Horst Ehmke, systematisiert und rationalisiert werden. Auch ihm geht es um das rechtzeitige Ausmerzen von Fehlern, um die Hilfe von Systemen für das fehlbare Gehirn. Auch er hegt das Ideal von der zwingenden, gegen Kritik immunen Entscheidung. Und last but not least geht es ihm um Macht, denn wenn die »Kinderdampfmaschine« (Helmut Schmidt über Horst Ehmkes Strukturreform) einmal funktioniert, laufen alle Fäden der Regierungsarbeit im Kanzleramt zusammen.

Der Politikwissenschaftler Wilhelm Hennis nimmt denn auch Horst Ehmke persönlich ins Visier und kritisiert als Erster dessen Ambitionen. Schon vor Ehmkes Amtsantritt hat er immer wieder an den traditionellen Inhalt allen Planens erinnert, an »die Sorgepflicht für die conditio humana, für die Lebensmöglichkeit des Menschen«. Das in den letzten Jahren sich so euphorisch äußernde Verlangen nach mehr Planung lasse oft übersehen, »dass dafür um so weniger vorgesorgt wird«.[16]

Ganz so philosophisch würde sich Helmut Schmidt nicht ausdrücken. Horst Ehmke und ihn verbindet schon längere Zeit eine herzliche Abneigung – Ehmke hatte bei einem Parteitag Schmidts Unverständnis für die 68er öffentlich kritisiert. Helmut Schmidt stellt in den Koalitionsverhandlungen 1972 – der Kanzler liegt operiert im Krankenhaus – die »Kinderdampfmaschine« wieder ab. Gemeinsam mit Herbert Wehner erreicht er, dass Horst Ehmke nicht ins Kanzleramt zurückkehrt.

Sicherheit im Schoß des Kalten Krieges

Das Land ist geschlagen. Viele Menschen, Soldaten und Zivilisten, sind umgekommen, befinden sich auf der Flucht oder werden vermisst. Die Städte, die Fabriken, die Krankenhäuser und Schulen liegen in Trümmern. Immer neue Gräueltaten der Nazis werden bekannt – ein Völkermord, wie er mitten im Europa des 20. Jahrhunderts nicht mehr möglich schien. Dabei währte der nationalsozialistische Spuk, der so viel Unheil über die Welt brachte, lächerlich kurz, gerade einmal zwölf Jahre!

In ein paar Sätzen ist das Szenario skizziert, das die Deutschen im Mai 1945 in den Frieden entlässt. Dieser Frieden bedeutet zunächst nur die Abwesenheit von Krieg, bedeutet nur, dass die Waffen ruhen. Deutschland steht vor einer ungewissen Zukunft. Noch für lange Zeit wird es in Acht und Bann liegen, und der Genozid wird überhaupt nie vergessen werden. Das Land ist in jeder Hinsicht abgemeldet, und es ist politisch entmündigt. Es wird zwar nicht landwirtschaftlich eingefriedet, wie es der Morgenthau-Plan allen Ernstes vorsieht, doch es steht unter Beobachtung und Aufsicht der Sieger. In der Rückschau wird die Anwesenheit der Russen, Amerikaner, Briten und Franzosen gern als kulturelle Bereicherung verklärt; der Mythos vom freundlichen Soldaten, der Zigaretten oder Wodka oder Jazzplatten oder Kaugummi verteilt, täuscht über den Ernst der Lage hinweg – darüber, dass es sich um Besatzer handelt (ein Wort, das nicht gern gehört wird; man spricht lieber von »der Zone« als von der »Besatzungszone«), um Bestimmer des weiteren Wegs. Von ihrem Gutdünken hängt alles ab.

Diese Situation verunsichert die Deutschen zutiefst. Im Krieg haben sie Verwandte und Freunde, ihre Habe und ihre Arbeit verloren, im Frieden sind sie plötzlich Bürger politischer Provisorien. Hinzu kommt, dass die Bezirksgrenze zur sowjetischen Besatzungszone bald zum eisernen Vorhang wird, der nicht nur Menschen, sondern auch Ideologien voneinander trennt. Von 1949 an teilt eine Grenze zwei deutsche Staaten. Das gibt es auch anderswo in der Welt, zwischen dem kommunistischen Nord- und dem demokratischen Südkorea. Doch Korea liegt an der Peripherie des Ost-West-Konflikts, Deutschland in seinem Zentrum. Der westdeutsche, demokratisch organisierte Teilstaat steht nicht nur einem ostdeutschen, sozialistisch gestalteten gegenüber, sondern dem Sowjetblock schlechthin. »Wir sitzen auf dem Präsentierteller«, beschreibt Helmut Schmidt diese wenig komfortable Situation in seiner Abschiedsrede am 10. September 1986 vor dem Deutschen Bundestag.

Konrad Adenauer sucht und findet, kaum dass die Rumpfrepublik gegründet ist, Verbündete, gewinnt die Amerikaner, Briten und Franzosen. Doch »Sowjetrussland«, wie er zu sagen pflegt, bleibt nah, sehr nah. Die Deutschen haben Angst vor den Russen. Konrad Adenauer weiß um diese Angst, er schürt sie und bietet sich zugleich als Beschützer an.

Sebastian Haffner deutet die Russenangst der Deutschen als den unterbewussten Ersatz für verweigerte Reue. »Nicht die Russen haben die Deutschen, die Deutschen haben die Russen überfallen. Weil sie dafür nicht mit Reue bezahlen wollen, bezahlen sie mit Angst …«. Die Deutschen seien dazu verurteilt, »von den Russen ständig das zu erwarten, was sie selbst den Russen angetan haben«.[17] Im Kalten Krieg, der 1945 einsetzt, wird der »Präsentierteller« Deutschland zum zentralen Schauplatz. Es ist ein Krieg, der zwar die Deutschen nicht mehr physisch bedroht, der aber – siehe die Blockade von Westberlin – die Bundesrepublik in ihrer neuen Freiheit gefährdet.

Jedes Volk sehnt sich danach, in Sicherheit zu leben, in äußerer und innerer Sicherheit – im Frieden mit den Nachbarn und ohne Angst vor politischer Gewalt. »Ist es nicht traurig«, sagt Bundeskanzler Konrad Adenauer in seiner Weihnachtsansprache 1958, »ist es nicht furchtbar zu denken, dass die Mehrzahl der jetzt Lebenden Ruhe, Frieden und Sicherheit, ein Leben frei von Angst, niemals gekannt haben?«[18]

Der Historiker Eckart Conze sieht in dem Wort »Sicherheit« einen Leitbegriff, »ja vielleicht sogar den Schlüsselbegriff« von Konrad Adenauers Politik. Möglicherweise könne man mit dem Begriff »Licht auf die gesamte Geschichte der Bundesrepublik werfen«, und das sogar »über die im allerengsten Sinne politikhistorischen Zäsuren von Regierungs- oder Kanzlerwechseln und erst recht über jene Dekadengrenzen hinweg, die immer wieder den Rahmen zeithistorischer Studien bilden«.[19] Conze zieht eine gedankliche Linie von Konrad Adenauers Sicherheitsstreben in den fünfziger Jahren über den Glauben, dass Wachstum und Fortschritt Sicherheit schaffen, in den Sechzigern bis zur Ölkrise 1973, zum Konzept der »Inneren Sicherheit« gegen den Terrorismus in den Siebzigern, weiter zur NATO-»Nachrüstung« in den achtziger Jahren bis hin zur deutschen Vereinigung, die den Schlussstein für ein friedliches Zusammenleben mit den Nachbarn und der Welt setzt.

Sicherheit, so Eckart Conzes These, ist mehr als ein Paradigma, Sicherheit ist in der Bundesrepublik »Kultur«. Die Regierenden wie die Regierten (hier besonders die sogenannte Friedensbewegung) haben mehr um dieses Grundbedürfnis des Menschen gerungen als die Regierenden und Regierten in anderen, älteren, gefestigten Demokratien. Nicht zufällig setzt die technikgläubige Politik lange auf die Atomkraft. Sie gilt als vollkommen beherrschbar, als vollkommen sicher. Sie schafft »Zukunfts-Sicherheit«.[20] Dass in Deutschland auch der Widerstand gegen diese Technologie stärker als ist in jeder anderen westlichen Demokratie, beschreibt nur die andere Seite derselben Medaille.

Nicht zufällig spricht sich ein deutscher Bundeskanzler 1977 öffentlich für die Stationierung von Mittelstreckenwaffen in Europa aus und ruft damit den Widerstand gegen die »Nachrüstung« hervor, der mehr Menschen auf die Straße bringt als jedes andere Thema in der westdeutschen Geschichte.

Und ebenfalls nicht zufällig reagiert die westdeutsche Politik auf den RAF-Terrorismus geradezu mit Kriegsangst, erzeugt das Sicherheitsdenken von Helmut Schmidt und den Seinen einen Gegenreflex, der das gesellschaftliche Klima liberaler und die Politik offener macht, als es ohne die Anti-Terror-Gesetze – de facto Notstandsgesetze – gekommen wäre; Joschka Fischer verdankt dieser Öffnung seinen erstaunlichen Werdegang vom Sponti zum Bundesaußenminister; er verdankt sie dem Sicherheitskomplex der Generation Helmut Schmidt.

Diese Generation erfindet das Paradigma der Sicherheit nicht, doch sie nimmt es bereitwillig auf. Mit ihm findet der gesellschaftliche Aufbruch zwischen Mitte der sechziger und Anfang der siebziger Jahre ein abruptes Ende. Sicherheit – zunächst die innere, dann auch die äußere –

rückt wieder ins Zentrum politischen Handelns. Dafür gibt es triftige Anlässe – der RAF-Terrorismus stellt die innere Sicherheit des Staates auf eine schwere Probe, die Sowjetunion bedroht mit ihrer Aufrüstung im Mittelstreckenbereich die äußere Sicherheit der Bundesrepublik.

Doch ist jene Generation gleichzeitig in ihrer politischen Zielsetzung auf Sicherheit fokussiert wie keine andere. Eckart Conze weist darauf hin, dass Konrad Adenauer »auch als Typ das Sicherheits- und Normalitätsideal der Westdeutschen glaubwürdig verkörpert« habe.[21] Helmut Schmidt kommt ihm hierin gleich, jedenfalls mehr als die Vorgänger und Nachfolger im Amt. (Erst Angela Merkel verkörpert wieder diesen Typ, wie ihre Verklärung zur »Mutter« zeigt.)

Helmut Schmidt beschäftigt sich, als Autor und als Akteur in Bonn, besonders intensiv mit dem Bereich der Sicherheitspolitik. Paradigmen wie Sicherheit und Stabilität haben zwar ihre politische Heimat im bürgerlichen, nicht im sozialdemokratischen Lager, doch Helmut Schmidt steht auch für dieses Paradigma stellvertretend für viele Deutsche ungeachtet der politischen Lager. Der Koalitionspartner der Sozialdemokraten, die FDP, schreibt auf ihre Wahlplakate 1980 den Satz: »… damit Schmidt Kanzler bleibt«. Sie kann dies tun, weil Helmut Schmidt als Sicherheitskanzler gilt, als Mann der inneren und äußeren Sicherheit.

Die Strategie geht auf und macht die FDP zum einzigen Sieger dieser Wahl.

Wie aber schafft ein Helmut Schmidt Sicherheit? Welchen Begriff von Sicherheit teilt er mit den Angehörigen seiner Generation? Konrad Adenauer hat für das Land Verbündete gesucht und gefunden. Er schafft immer dichtere Verflechtungen zwischen der Bundesrepublik und den westeuropäischen Ländern. Deutschland darf sich nicht mehr isolieren und auch nicht mehr isoliert werden!

Doch der wichtigste Partner, die USA, sind weit weg. Gut möglich, dass von ihnen im »Bündnisfall« keine Hilfe kommt. Im Fall des Mauerbaus 1961 kamen sie auch nicht – für Berlin wollten sie keinen Weltkrieg riskieren. Aus US-Sicht hat die Grenzschließung sogar die Situation am neuralgischen Punkt Berlin entschärft.

Helmut Schmidt und die Politiker seiner Generation haben das damalige Verhalten der Amerikaner nicht vergessen. Westdeutschland braucht ein Sicherheitskonzept, das nicht auf die Drohgebärde ferner US-Waffen setzt, sondern den Regierenden in Moskau ganz buchstäblich etwas entgegenzusetzen hat. »Wenn zwei Kontrahenten gleich stark sind«, erklärt Helmut Schmidt einmal Giovanni di Lorenzo die Strategie, die er von den sechziger Jahren an mitentwickelt, »ist die Wahrscheinlichkeit, dass einer den anderen angreift, geringer, als wenn einer sehr viel stärker ist.« Eines der sicherheitspolitischen Bücher Helmut Schmidts, bereits 1969 erschienen, trägt den Titel »Strategie des Gleichgewichts«. Sicherheit kommt durch Gleichgewicht zustande, und zwar nicht durch ein Gleichgewicht im weltweiten Saldo, sondern bei den in Mitteleuropa aufeinander gerichteten Waffen. »Grundlage jeglicher Sicherheitspolitik ist die Aufrechterhaltung des europäischen militärischen Gleichgewichtes.«[22]

Diese Strategie ist defensiv und offensiv zugleich: Sie ist defensiv im Vergleich zur bisherigen Strategie, die auf Einschüchterung durch ein martialisches, überlegenes Waffenarsenal setzte; sie ist offensiv, weil sie auf psychologische Kriegführung baut, denn mit der Zerstörungskraft atomarer Waffensysteme ist ein Krieg praktisch unmöglich geworden (oder nur zum Preis der gegenseitigen Auslöschung). Das Gleichgewichtsprinzip setzt an der politischen Erpressbarkeit der jeweils anderen Seite an: Wer militärisches Übergewicht erstrebe und erreiche, sagt Helmut Schmidt in einer Regierungserklärung am 3. Dezember 1981, »der braucht nicht zu verhandeln, der kann diktieren. Und wer sich umgekehrt mit militärischem Untergewicht abfindet, der kann in die Lage kommen, vergebens um Verhandlung und Gespräch zu bitten.«[23]

Die geografisch prekäre Lage der Bundesrepublik – die Grenze der Bundesrepublik zur DDR und ČSSR bildet die längste gemeinsame Landesgrenze zwischen Staaten der NATO und denen des Warschauer

Pakts – führt zu einer Grundangst ihrer Politiker, das Land könnte, um der Verhinderung schlimmerer Konflikte willen, von den USA und von Westeuropa alleingelassen, ja politisch aufgegeben werden. Westdeutsche Politiker suchen mit dem Gleichgewichtsprinzip aus der geografischen Not des Landes, für das sie Verantwortung tragen, eine Tugend zu machen: Indem nicht nur jenseits der Elbe atomare Waffen angehäuft werden, sondern auch diesseits von ihr, legt sich Westdeutschland – legen sich de facto beide deutsche Staaten – in den vermeintlich sicheren Schoß des Kalten Krieges.

Auf der einen Seite ist das Sicherheitskonzept des Gleichgewichts realistischer und damit fortschrittlicher als das Konzept der Vergeltung, auf der anderen Seite führt es zur Stationierung von Waffen aus einem abstrakten Motiv heraus, der Abschreckung. Denn zusätzliche Waffen, die ein Gleichgewicht schaffen sollen, sind für sich genommen nicht mehr nötig. Es gibt auf dem europäischen Kontinent schon genug Waffen zur effizienten, sprich apokalyptischen Kriegführung. An das Sicherheitskonzept des Gleichgewichts kann also nur glauben, wer an sein höheres Motiv glaubt, sprich wer der Logik folgt (und die ist bekanntlich kein Naturgesetz), dass Abschreckung weniger und nicht mehr Waffen zur Folge hat.

Als das militärische Gleichgewicht Ende der siebziger Jahre auf dem Feld der Mittelstreckenwaffen kippt, weil die Sowjetunion seit 1975 aufrüstet, ist es Helmut Schmidt, der Alarm schlägt. In einer Rede in London im Oktober 1977[24] weist er auf das militärische Problem hin, das er für eine politische Gefahr hält. Der Bundeskanzler will diese Rede nicht als Warnung an Moskau, sondern als Mahnung an die USA verstanden wissen. US-Präsident Jimmy Carter soll darauf drängen, dass die sowjetischen SS-20-Mittelstreckenraketen in die amerikanisch-sowjetischen Abrüstungsgespräche (SALT II) einbezogen werden! Zuvor hatte er vergeblich versucht, die US-Administration in vertraulichen Gesprächen dafür zu gewinnen, jetzt tut er es öffentlich. Helmut Schmidt spricht wieder – Klaus Wiegrefe hat darauf hingewiesen – als Sicherheitspolitiker, der er war, bevor er Außenpolitiker wurde.[25] Der analytisch argumentierende Sicherheitspolitiker äußert in London eine tiefe Sorge, der Außenpolitiker mit seiner Diplomatensprache hat an diesem Abend frei. Er tritt erst später wieder auf, als ihm die Entwicklung entgleitet und die »Nachrüstung« auf Widerstand stößt. Jetzt plädiert Helmut Schmidt für Gespräche über eine »Sicherheitspartnerschaft« zwischen Ost und West.

Helmut Schmidt verlangt die »Nachrüstung« auf einem Feld, mit dem er sich schon Jahre vorher beschäftigt hat, dem Mittelstreckenpotenzial der Sowjets. Im Buch »Strategie des Gleichgewichts« sind Vorläufer des Waffensystems SS-20 genannt, das ihm jetzt Sorgen macht. Und schon in diesem Buch schreibt Helmut Schmidt mit Blick auf die amerikanischen Mittelstreckenraketen, ihre Installierung habe das Motiv, »deutlich zu machen, dass die NATO in der Lage ist, sich auch gegen eine ausschließlich und ausdrücklich auf Europa beschränkte nukleare Erpressung zur Wehr zu setzen«.[26] Ihm wurde mit anderen Worten das Thema nicht von politikfernen Sicherheitsberatern »eingebrockt«, es steht in der Kontinuität seines eigenen sicherheitspolitischen Weltbilds. Eckart Conze konstatiert im Hinblick auf Helmut Schmidts Londoner Rede, sie sei weit mehr als eine rüstungspolitische Stellungnahme gewesen, »denn sie dokumentiert die sicherheitspolitischen Grundpositionen des Bundeskanzlers und sein weites Verständnis von Sicherheit, für das die militärische Sicherheit nur ein Aspekt war«.[27]

Der Vorschlag Schmidts folgt einem sicherheitspolitischen Konzept, an dessen Entstehung er nicht nur selbst beteiligt war, sondern das die meisten seiner Kollegen in Bonn gutheißen – wiederum sind es die Kollegen aus dem bürgerlichen Lager, für die das in stärkerem Maße zutrifft als für Sozialdemokraten. Die deutsche Sozialdemokratie mit ihrer antimilitaristischen Tradition reagiert auf Vorschläge von Rüstung und Abrüstung stets empfindlich und mit Vorbehalten. Doch diese pazifistische Tradition und Intention bricht sich noch nicht Bahn; Stimmen wie die des SPD-Bundestagsabgeordneten und Bundeswehroffiziers Alfons Pawelczyk, der im Juni 1973 schreibt: »Die Strategie des Gleichgewichts hat uns in der Welt einen Rüstungswettlauf beschert, der in immer kürzeren Intervallen zu immer teureren und schrecklicheren Einsatzmitteln führt«,[28] bleiben – vorerst – Einzelstimmen.

Das Gros der westdeutschen Bevölkerung stellt das Bonner Sicherheitskonzept ohnehin nicht infrage, Sicherheitspolitik gilt noch als Fachwissenschaft; die Deutschen erwarten von der Politik, dass sie den Frieden bewahrt und Bedingungen für das Wirtschaftswachstum schafft.

Die »Nachrüstung« wird von einer Koalition aus Union und FDP zu einer Zeit beschlossen, als ihr Initiator als Bundeskanzler bereits parlamentarisch abgewählt ist. Der historisch seltene Fall, dass der Amtsnachfolger einer anderen Partei vollzieht, was der Vorgänger persönlich angestoßen hat, zeigt das »weite Verständnis von Sicherheit« in der alten Bundesrepublik. Die Leitmotive ihres Führungspersonals sind – mit Ausnahme der mutigen, ja kühnen Bundesregierung zwischen 1969 und 1972 – von defensiver Art. Politik machen heißt für die Regierenden jener Jahre ausbalancieren, eindämmen, mäßigen, das Gleichgewicht halten oder wiederherstellen. Stets geht es – mehr als in anderen, erwachsenen Demokratien des Westens – um einen politisch sicheren Stand, um einen Hinzugewinn an Sicherheit und Festigkeit. Es geht um so viel Kontrolle wie möglich, Fremdkontrolle und Selbstkontrolle. Es geht um die Unumkehrbarkeit einer fragilen demokratischen Entwicklung. Es geht um Stabilität in jedem Bereich des Lebens.

Um dieser Ziele willen gehen die Politiker der Generation Helmut Schmidt nicht zimperlich vor. Der Zweck soll die Mittel heiligen.

PARANOIA

Die Generation Helmut Schmidt an der Macht

> *»Als ich krank wurde, hat Helmut Schmidt mir barsch befohlen, wieder gesund zu werden.«*
>
> Rainer Barzel

Soldatenpolitiker

Von einer Zeitschrift »Sonde« haben die allermeisten Fernsehzuschauer – und es sind viele Millionen an diesem Abend – noch nie gehört. Der Bundeskanzler nennt ihren Namen mit feierlichem Ernst, als sei ihre Lektüre in seinem Leben so selbstverständlich wie Zigaretten und Cola. Natürlich weiß er, dass er aus einem ziemlich unbekannten Periodikum zitiert, der Zeitschrift des CDU-Studentenverbandes, aber das gehört heute Abend zum politischen Spiel. Er will die »Betriebstemperatur« seines Herausforderers bei der Bundestagswahl am Sonntag, Helmut Kohl, steigern. Schmidt zitiert als Eingangsstatement zur Fernsehdiskussion »Drei Tage vor der Wahl«[1], an der auch Hans-Dietrich Genscher und Franz Josef Strauß teilnehmen, aus einem »Sonde«-Beitrag von Helmut Kohl, doch lässt er die Zuschauer in dem Glauben, dies sei sein eigener Text. Er verschweigt sowohl die Quelle als auch den Namen des Autors. Man muss glauben, dass Helmut Schmidt in dem Statement seinen persönlichen Stolz darüber ausdrückt, wie gut sich die Bundesrepublik seit 1949 politisch, wirtschaftlich und sozial entwickelt hat.

Spitzenpolitiker haben keine Zeit, um für eine abseitige Zeitschrift wie die »Sonde« Artikel zu schreiben. Solche Texte kommen von Ghostwritern, die vom Generalsekretär einer Partei oder vom Büroleiter eines Politikers unter dem Namen des Chefs publiziert werden. Ihre vermeintlichen Autoren kennen die Texte meistens nicht. Das ist auch nicht nötig, denn sie enthalten nichts politisch Brisantes.

Helmut Schmidts Taktik geht auf. Nachdem er mit der Lobeshymne auf die Bundesrepublik fertig ist, bleibt Helmut Kohl stumm. Als Helmut Schmidt die Quelle und den Namen des Autors nennt – verbunden mit dem Hinweis: Wer die Bundesrepublik des Jahres 1976 so toll findet, kann die Arbeit der gegenwärtigen Bundesregierung nicht für so schlecht halten! –, fragt sich der Zuschauer: Hat Kohl seinen eigenen Text nicht gekannt? Oder nicht wiedererkannt? Helmut Schmidt hat Helmut Kohl eine Falle gestellt, und Kohl ist gleich zu Anfang dieser wichtigen Fernsehdiskussion hineingetappt. Konsterniert und beleidigt sitzt der Kandidat jetzt da, wie ein Schuljunge, den man im Unterricht beim Abschreiben erwischt hat. Er kann über die kleine Gemeinheit des Bundeskanzlers nicht schmunzeln, was ihn seine Souveränität wahren und Sympathiepunkte beim Zuschauer einbringen würde, stattdessen reagiert er dünnhäutig und wird persönlich. »Ich muss Sie wirklich fragen, was in Ihrem Kopf vor sich geht«, herrscht er den Kontrahenten an, »die Zuschauer erkennen Ihre kaum überbietbare Arroganz.« Insgesamt drei Mal an diesem Abend wird Kohl Schmidt fragen, was in seinem Kopf vorgeht. Helmut Schmidt hat Helmut Kohl dort, wo er ihn haben will, in der Rolle der beleidigten Leberwurst.

Kohl ist mehr als beleidigt. »Seit Bestehen dieser Bundesrepublik«, lässt er seinem Ärger freien Lauf, »gab es keinen Regierungschef, der mit der Ehre und dem selbstverständlichen Respekt und der Achtung und mit der menschlichen Substanz seiner Mitbewerber, Mitbürger so umgegangen ist wie Sie.« Müsste Kohl nicht – so soll der Zuschauer nach Helmut Schmidts Kalkül denken – als ein Mann, der Bundeskanzler werden will, gelassener reagieren? Wird so jemand, wenn es um Lebensfragen der Nation geht, nicht nur um Gelegenheitsartikel für die »Sonde«, eigene Empfindlichkeiten zurückstellen?

Nach der Diskussionssendung »Drei Tage vor der Wahl« in ARD und ZDF mit Hans-Dietrich Genscher, Helmut Kohl, Helmut Schmidt und Franz Josef Strauß am 30. September 1976.

Viele Fernsehzuschauer an diesem Abend freuen sich über den Bluff des Bundeskanzlers, mit dem er wieder einmal seine rhetorische Überlegenheit gegenüber dem Herausforderer demonstriert. Zugleich ärgern sich andere Fernsehzuschauer mit Helmut Kohl über den – wie sie es sehen – hochmütigen Hanseaten, der eine schlechte Politik mit einer guten Show vertuscht. Gemeinsam freuen sich alle Fernsehzuschauer über die ordentliche Rauferei, zu der die Diskussion zeitweilig gerät. »Sie mit Ihren Rundumhieben hier!«, schimpft Franz Josef Strauß in Richtung Helmut Schmidt, »mit denen Sie allmählich einen Kahlschlag erzielen! Manchmal habe ich ja wirklich ernste Sorge über Ihren Zustand. So kann sich doch ein Bundeskanzler nicht verhalten, wie Sie sich hier aufführen!«

Es sind Fernsehereignisse wie diese, die eine Generation von Politikern zum Mythos werden lassen. Diese Politiker sind nicht intelligenter und eloquenter als ihre Kollegen später, aber sie geben sich authentisch und mutig, sie suchen die Auseinandersetzung im direkten, wenig reglementierten Schlagabtausch.

Die politischen Theaterformen der Gegenwart wirken demgegenüber so spannend wie die Eisenbahnfilme »Die schönsten Bahnstrecken Deutschlands«, mit denen die ARD viele Jahre das Nachtprogramm bestritten hat: Eine Kamera war vor den Führerstand einer Lokomotive montiert und lieferte Panoramabilder der gemächlichen Zugfahrt. Offene Diskussionsformen, in denen jeder nach Kräften seine Fehler zeigt, gibt es nicht mehr.

Die Politiker der Generation Helmut Schmidt waren Soldaten und machen jetzt Politik. Auch wenn es bei diesen Persönlichkeiten Abstufungen in Charakter und Temperament gibt, teilen sie einen soldatischen Habitus und – noch wichtiger – im Denken einen autoritären Zug.

Der soldatische Umgangston unter den Herren – sie lassen in der Politik erst wenige Frauen zu – wird öffentlich nicht hinterfragt, denn die Deutschen sind generational ähnlich geprägt; der Ton wirkt vertraut, er gilt als Ausweis von Energie und Leidenschaft. Von dem neuen Verteidigungsminister Helmut Schmidt zum Beispiel wird kolportiert, er sei auf der Hardthöhe mit der Trillerpfeife im Mund durch die Flure gelaufen, um die Mitarbeiter zu »wecken«. Solche Anekdoten sollen Helmut Schmidts Kasernenton diskreditieren, doch sie bewirken das Gegenteil, sie sorgen für sein »Das ist ein Kerl!«-Image. Anstoß erregt der generationenspezifische Ton allenfalls im Ausland, eine französische Zeitung tauft Helmut Schmidt »Le Feldwebel«.[2] In den Parteien selbst beschweren sich gelegentlich Abgeordnete der SPD (sie gehen bei Herbert Wehner ohnehin durch eine harte Schule) wie der Abgeordnete Hugo Brandt, der im »Spiegel«-Gespräch versichert, »wir sind nicht die Kompanie des Kanzlers«.[3]

Es wäre zu kurz gegriffen, in einem Strauß, einem Schmidt, einem Barzel oder Zimmermann einfach nur frühere Soldaten zu sehen. Diese Generation hat auch das Talent zur Pose, zum großen Auftritt, zur Stilisierung der eigenen Person. Die Selbststilisierung zum muskelstarken Demokraten soll das emotionale Bedürfnis der Wählerinnen und Wähler erreichen und bedienen, das Pathos der Nüchternheit, das für diese Politikergeneration so kennzeichnend ist, schafft ein Vakuum, das gefüllt werden will.

Das Ergebnis sind Politiker, die mit ihrer Rhetorik Eindruck machen wollen wie John F. Kennedy – Willy Brandt imitiert, Helmut Schmidt bewundert ihn. Aber sie haben, vielleicht mit Ausnahme von Willy Brandt, nicht dessen Ambition, die Nation geistig zu führen. Den weitesten Spagat zwischen anspruchsarmer Programmatik und glühender Rede schafft Franz Josef Strauß, wenn er ein Bierzelt, einen Saal zum Erzittern bringt, ohne substanziell etwas anderes zu sagen als seine Kollegen. Männlichkeitsgehabe soll Ohnmacht vergessen machen und selbstgesetzte, personale Autorität die normative Schwäche von Politik.

Franz Josef Strauß und Helmut Schmidt werden sich zeitlebens gut verstehen, denn neben dem kammschwellenden Auftritt verbindet die Prägung als Soldatenpolitiker. Die gemeinsame Identifikation über eine vergleichbare Biografie kittet diese Politikergeneration fest zusammen: Ihre Angehörigen teilen das Gefühl, einer Verlierergeneration anzugehören, der die Geschichte übel mitgespielt hat. Im Weltbild eines Strauß, Schmidt, Scheel, auch noch Barzel und Zimmermann gibt es für die Beurteilung von Kollegen zwei Kategorien: Hat er »die Scheiße des Krieges« erlebt? Und wenn nicht: Wo war er während der Jahre von Diktatur und Krieg?

Die Fraktionsvorsitzenden von CDU und SPD, Rainer Barzel und Helmut Schmidt, werden unter der Regierung Kiesinger zu »coalition brothers«, wie der Spitzname lautet, zu Brüdern im Geiste. Barzel ist zwar jünger als Schmidt, doch beide waren im Krieg, der sie an einer Biografie ihrer Wahl gehindert hat. Heute halten sie sich für die Besten in ihrer Partei, doch andere, die das Leben begünstigt hat und die über weniger Fähigkeiten verfügen, sitzen in den höchsten Ämtern!

Die Generation Helmut Schmidt nimmt bei anderen Maß am Jahrgang und am Dienst für das Vaterland. Ihr Verhältnis zum politischen Emigrantentum ist gelinde gesagt komplex. Sätze wie »Wir erkennen unsere Vergangenheit besser im Ritterkreuzträger als im deutschen Emigranten« oder »Wer emigriert, um die Freiheit seines Vaterlandes, das in die Hände seines größten Feindes gefallen ist, wiederherzustellen, tut nichts Verwerfliches« von Margarete und Alexander Mitscherlich[4] waren auf die westdeutsche Bevölkerung gemünzt, doch sie treffen auch das Selbstverständnis der Politikergeneration von Helmut Schmidt ins Mark. Das Verhältnis der beiden Wehrmachtsoldaten Helmut Schmidt und Rainer Barzel gestaltet sich weniger schwierig als das zwischen dem Emigranten Willy Brandt und Helmut Schmidt. Der Jüngere nimmt den Vorsprung des Älteren an politisch bewussten Weimarer Jahren zur Kenntnis; doch Helmut Schmidt nimmt auch für sich in Anspruch, auf deutschem Boden viel Schlimmes gesehen und erlebt zu haben – Willy Brandt dagegen »hat es von draußen gesehen«.[5]

Das Unverständnis wird auch erwidert. Ältere oder gleich alte Parteigenossen Willy Brandts saßen während der Nazizeit im Gefängnis oder im Konzentrationslager. »Wir haben darunter gelitten, Sozialdemokraten zu sein«, zitiert Peter Koch einen Angehörigen dieser Alterskohorte, »Schmidt hat das Parteibuch nur Vorteile gebracht.«[6]

Tilman Fichter weist darauf hin, dass eine inhaltliche Diskussion zwischen den verschiedenen Gruppen, die auf Einladung des Vorsitzenden Kurt Schumacher von 1949 an zur SPD stoßen, unterblieben ist. »Der Konflikt zwischen dem heimgekehrten Frontsoldaten und den rückkehrenden Exilanten und KZ-Häftlingen wurde in der Nachkriegs-Sozialdemokratie nie offen ausgetragen.«[7] Der frühere Kommunist Herbert Wehner schimpft über den ehemaligen Wehrmachtssoldaten Helmut Schmidt, er habe seinen Sozialismus im Offizierskasino gelernt, der ehemalige politische Exilant Willy Brandt wird von Helmut Schmidt dafür gescholten, »draußen« gewesen zu sein. Willy Brandt wiederum findet, dass Helmut Schmidt Sozialismus mit Kameraderie verwechselt.

In der Außenwirkung kommt diese Vielheit an Biografien, an politischen Erfahrungen und sozialen Prägungen, die wiederum in unterschiedlichen Persönlichkeiten, Vorstellungen und Stilen münden, der SPD wie den anderen Parteien sehr gelegen. Bürgerliches, sozialdemokratisches und nationalliberales Lager weisen jeweils genug unterschiedliche Identifikationsfiguren auf, um unterschiedliche Wählergruppen zu binden. Die politische Willensbildung bündelt sich sukzessive in drei Parteien, die – im Unterschied zu den Erfahrungen von Weimar – für stabile Regierungsbildungen sorgen.

Am Anfang steht für die Generation Helmut Schmidt die Rückschau und steht die Selbstwahrnehmung, eine betrogene Generation zu sein. Das schmerzt. Doch bei diesem Schmerz bleibt es nicht, er wird transformiert zu einem nach vorn gerichteten Stolz. Keine Generation hat so viel durchgemacht und überstanden wie wir! »Es scheint«, schreibt Helmut Wolfgang Kahn schon 1973 über den Protagonisten dieser Kohorte, »als ob Schmidt (…) in einer schicksalhaften Auszeichnung seiner Kriegsgeneration einen Vorzug sieht, der ihn den Späteren überlegen macht (…). Anders als abgrenzend kann er offenbar Identität nicht finden (…).«[8] Diese Art und Weise der Identitätsbildung, die in ein Gefühl der Überlegenheit mündet, wird sich als politisch bedeutsam erweisen.

Die Soldatenpolitiker der alten Bundesrepublik verbindet ihr autoritärer Habitus und ihre Solidarisierung aus gemeinsamer Kriegserfahrung. Und es verbindet sie die Übung im Befehl-und-Gehorsam-Prinzip. Nur noch diese Generation, keine spätere mehr, kann sich in Krisen über Vorschriften hinwegsetzen und eigenmächtig agieren; nur noch diese Generation kann, wie Helmut Schmidt es in seiner Abschiedsrede vor dem Deutschen Bundestag 1986 tut, Krisenmanagement als Kategorie politischen Handelns empfehlen.

Zum Instrumentarium der deutschen Politik gehöre die permanente Simulation des Ernstfalls, stellt Johannes Gross im Zenit der alten Bundesrepublik fest. Die Krise sei ein Schlüsselwort zur Stabilisierung der politischen Macht.[9]

Im politischen Alltag einer Demokratie ist schnelles und entschlossenes Vorgehen nach vielen Richtungen nicht möglich. Doch auch außerhalb von Krisen lassen sich Prägungen aus der Kriegszeit nicht abstreifen. Die Soldatenpolitiker führen notorisch Klage über lange Entscheidungswege und, wie sie es empfinden, in unnötigen Sitzungen vertane Energie. Sie verfügten gern über den Handlungsspielraum, wie ihn ein Berthold Beitz, ein Max Grundig oder ein Josef Neckermann in ihren Unternehmen haben – nicht aus Lust an der Macht, sondern zum raschen Vollzug dessen, was sie als richtig erkannt und entschieden haben.

Helmut Schmidt beklagt demokratieimmanente und amtsgebundene Begrenzungen. »Man braucht bestimmt weit mehr als die Hälfte seiner Zeit und seiner Arbeitskraft, vielleicht zwei Drittel«, klagt er 1976 gegenüber dem Journalisten Thilo Koch, »um die Zustimmung des Bundestages, die Zustimmung der öffentlichen Meinung zu erreichen für Entscheidungen, die man für sich selbst bereits getroffen hat.«[10] Noch bekannter wird sein Wort vom »sogenannten Regieren« ein Jahr darauf. »Nur fünf Prozent deiner Zeit hast du, um selber nachzudenken und dich zu entscheiden!«, versichert er seinen Kollegen in einer Sitzung der SPD-Bundestagsfraktion.[11]

Als Bundeskanzler ist er zwar der »Steuermann«, doch viel am Rad drehen kann er nicht. Die eigene Partei zeigt sich widerspenstig, der Koalitionspartner muss sich profilieren, die Opposition redet über ihre Mehrheit im Bundesrat kräftig mit, das Bundesverfassungsgericht schmettert wichtige Gesetzesvorhaben ab, der »große Boom« ist vorbei und die Kassen klamm. Die Europäische Wirtschaftsgemeinschaft, wie sie damals noch heißt, überzieht die Mitgliedsstaaten mit immer neuen Verordnungen und Gesetzen. Und die Mediengesellschaft beginnt ihren Tribut zu fordern. Demoskopen, allen voran Elisabeth Noelle-Neumann vom Institut für Demoskopie in Allensbach, prägen die politische Strategie der Parteien. »Die Bundesregierung möchte vieles wollen, aber es gibt manches, was sie nicht können kann«, philosophiert Helmut Schmidt einmal im »Spiegel«-Gespräch.[12]

Die Soldatenpolitiker neigen zu einem autoritären Demokratieverständnis; ihr Umgang mit den demokratischen Institutionen ist autoritär; ihr persönlicher Führungsstil ist autoritär. Ein Helmut Schmidt macht gar keinen Hehl daraus, dass es auch in einer Demokratie politischer Führer bedarf. Die Kultur des Stuhl- und Arbeitskreises, die mit den vielen neuen Soziologen und Psychologen Anfang der siebziger Jahren aufkommt und besonders die SPD heimsucht, bleibt Helmut Schmidt und den Seinen zutiefst fremd. »Kein demokratisch zusammengesetzter Ausschuss hätte das kommunistische Manifest zustande gebracht«, unkt er 1967 in seinen »Beiträgen« gegen die jungen Linken, das Beispiel ihrer politischen Pflichtlektüre bewusst wählend. »Deshalb bedürfen politische Führungsgremien – sei es die Bundesregierung, ein Parteipräsidium oder im Fraktionsvorstand – letztlich doch des Steuermanns, wenn auch manches Mitglied der Führungsmannschaft ›beisteuert‹.«[13]

Ein solches Verständnis von Führung vertreten die Soldatenpolitiker nicht allein. Es gibt eine Traditionslinie von Konrad Adenauers Kanzlerdemokratie über die körperlich gewordene Macht Helmut Kohls zum »Basta!«-Kanzler Gerhard Schröder und zum »Durchregieren« von Angela Merkel. Der Bundeskanzler ist in der Konstruktion des Grundgesetzes eine mäßig starke Figur, schon Konrad Adenauer suchte diese Schwäche kraft seiner persönlichen Autorität wettzumachen. Seinen Nachfolgern gelang dies mit unterschiedlichem Erfolg.

Was die Soldatenpolitiker von früheren und späteren Politikergenerationen unterscheidet, ist ihr selbstherrliches Verhalten gegenüber demokratischen Institutionen und Feldern. In dieser Hinsicht sind sie die schlechtesten Demokraten der deutschen Nachkriegsgeschichte. Franz Josef Strauß offenbart schon früh, mit der »Spiegel«-Affäre, sein gestörtes Verhältnis zur »vierten Gewalt«. Auch Helmut Schmidt springt mit Journalisten nach Gutdünken um. In der Wahlnacht 1976 sagt er unverblümt vor laufenden Kameras, was er gefragt werden will. Helmut Schmidts Statements in der allabendlichen »Tagesschau« sind Verkündigungen. Im Fernsehen würden er und die Seinen am liebsten so widerspruchslos schwadronieren wie der kommunistische Staatschef von Nordkorea.

Die Versuchung zum autokratischen Auftritt gibt es auch bei den Protagonisten der folgenden Generationen, doch zeigt sie immer weniger Wirkung – Gerhard Schröders imposantes, aber allgemein belächeltes Red-Bull-Statement am Abend der Bundestagswahl 2005 ist ihr Abgesang. In der gereiften, der Berliner Republik tritt eine neue Strategie im Umgang mit der »vierten Gewalt« in Kraft: Politiker wählen eine mediale Diplomatensprache, sie reden viel und sagen nichts.

Ein Beispiel für das selbstherrliche Verhalten von Helmut Schmidt und den Seinen gegenüber dem noch jungen demokratischen System ist die parteiübergreifende Initiative Mitte der sechziger Jahre, das Wahlrecht zu ändern, um die FDP aus dem Bundestag zu werfen. Viele Historiker verstehen die Genese und Verabschiedung der Notstandsgesetze als in diesem Jahrzehnt schwerste Operation an der Bonner Demokratie. Dabei war schon die Initiative für ein Mehrheitswahlrecht ein massiver Eingriff – ihr Erfolg hätte die Entwicklung des parlamentarischen Systems stark beeinflusst.

Helmut Schmidts Eintreten für das Mehrheitswahlrecht findet – wieder einmal – keine Mehrheit in der eigenen Partei, aber diesmal hat er auch nicht – seltene Ausnahme – die Mehrheit der Bevölkerung im Rücken. Sie steht dem komplexen Thema, das eine Beschäftigung mit politikwissenschaftlichen Fragen verlangt, gleichgültig gegenüber; aber eigentlich will sie, um mit Konrad Adenauer zu reden, keine Experimente, schon gar nicht, was das eigene Wahlverhalten angeht. Das Projekt »Mehrheitswahlrecht« – tatsächlich ein Diskussionspunkt seit den fünfziger Jahren – nimmt erst Mitte der sechziger Jahre mit dem Wunsch einzelner Abgeordneter von SPD und Union Gestalt an. Dazu zählen Herbert Wehner, Rainer Barzel, Karl Theodor zu Guttenberg und Paul Lücke. Sie setzen das Stichwort auf die Agenda der Großen Koalition. Die Spitzen von Union und SPD verabreden in den Koalitionsverhandlungen, dass in beiden Parteien für eine Wahlrechtsreform geworben werden soll.

Beim Verhältniswahlrecht wird dem Wählerwillen bis zur letzten Stimme Rechnung getragen; die Wahrscheinlichkeit, dass mehrere Parteien in das Parlament einziehen, ist sehr hoch. Ohne dieses Wahlsystem säßen die Grünen und Die Linke heute wahrscheinlich nicht im Bundestag, auf jeden Fall nicht in dieser Stärke.

Das Verhältniswahlrecht führt, weil kaum noch eine Partei die absolute Mehrheit holt, zu Koalitionsregierungen. Das Wahlergebnis zeigt nicht nur, was die Wähler wollen, sondern auch, wer mit wem rechnerisch »kann«, um eine Mehrheit im Parlament zu bilden. Das Verhältniswahlrecht erzieht die Parteien zur Koalitionsfähigkeit.

Die Stärke des Systems liegt in der recht genauen Abbildung des Wählerwillens. Seine Schwäche ist die geringere Stabilität einer Koalitionsregierung gegenüber der Alleinregierung einer Partei.

In einem Land mit Mehrheitswahlrecht gibt es in der Regel zwei große Parteien, die um den Wähler konkurrieren. Die Wähler stehen vor der Entscheidung, ihr Kreuz für den Kandidaten der einen oder der anderen Partei zu machen. Wer im Wahlkreis am meisten Stimmen holt (das muss nicht die rechnerisch absolute Mehrheit der Stimmen sein!), zieht ins Parlament ein. Entscheidend für seine Zusammensetzung ist die Mehrheit der Stimmen.

Das Mehrheitswahlrecht erzieht die Parteien zu einer hohen politischen Wachsamkeit, denn sie können, um an die Regierung zu kommen, in der Regel nicht auf eine Koalition setzen; eine Regierungspartei wird entweder wiedergewählt oder verliert die Macht; analog dazu kann die Oppositionspartei aus eigener Kraft zur Regierungspartei werden.

Das Mehrheitswahlrecht ist weniger gerecht als das Verhältniswahlrecht, weil ein Teil der Wählerstimmen unter den Tisch fällt. Eine Partei, die 35 Prozent der Stimmen erhält, kann schon die Mehrheit im Parlament stellen. Andererseits trägt es den tatsächlichen Gegebenheiten stärker Rechnung, denn in einem Wahlkreis konkurrieren in der Regel zwei Kandidaten um den Sieg. Und es sorgt – wichtigste Eigenschaft – für stabile politische Verhältnisse, weil Alleinregierungen weniger häufig zerbrechen als Koalitionsregierungen.

Mehr Stabilität ist auch ein Motiv von Helmut Schmidt und seinen Mitstreitern, die sich Mitte der sechziger Jahre für ein relatives, ein abgeschwächtes Mehrheitswahlrecht – aber eben ein Mehrheitswahlrecht – einsetzen. In der Koalitionsvereinbarung von Union und SPD heißt es, nach Auffassung der Bundesregierung solle ein neues Wahlrecht geschaffen werden, »das für künftige Wahlen zum Deutschen Bundestag nach 1969 klare Mehrheiten ermöglicht«.

Diese Gruppe gelernter Demokraten eint die Vorstellung einer idealen parlamentarischen Demokratie. »Ich verstehe«, schreibt Helmut Schmidt 1967, »unter einer eindeutigen Mehrheit – das ist mein Ideal einer parlamentarischen Demokratie –, dass eine Partei ausreicht, um ungebrochen in der Regierung ihre Vorstellung zu verwirklichen (…), und dass eine andere Partei ungebrochen in der Opposition ihre Auffassung alternativ dagegensetzen kann, auf dass der Wähler nach vier Jahren die Chance hat, die beiden gegeneinander auszuwechseln.«[14]

Es geht auch – selbst wenn Helmut Schmidt dieses Motiv in einem »Spiegel«-Gespräch im Frühjahr 1967[15] ausdrücklich ausschließt – um einen »Mord« an der FDP, die als einzige Partei dem Sog, der seit 1949 von den Volksparteien CDU/CSU und SPD ausgeht, widerstanden hat. Mit einem Mehrheitswahlrecht würde die FDP nur noch bedeutungslos wenige Abgeordnete nach Bonn schicken oder ganz von der Bonner Bühne verschwinden. Es würde nicht mehr passieren, was Helmut Schmidt in dem Gespräch beklagt: »Bisher hat eine ganz kleine Minderheit mit gegenwärtig fünfzig Sitzen im Parlament praktisch entschieden, wer regiert, welche Koalition gebildet wird.«[16]

In dem »Spiegel«-Gespräch mag Helmut Schmidt noch hoffen, dass eine Reform des Wahlrechts das »Problem« einer dritten Partei löst; doch dann entdeckt der SPD-Parteivorsitzende Willy Brandt die FDP als möglichen Partner für eine Regierungsbildung, und die FDP selbst erfindet sich unter Walter Scheel, der 1968 Parteivorsitzender wird, neu. Die Anhänger des Mehrheitswahlrechts müssen ihre Hoffnungen begraben. Als die FDP 1969 zunächst dem SPD-Kandidaten Gustav Heinemann ins Amt des Bundespräsidenten hilft und später die sozialliberale Koalition unter Bundeskanzler Brandt bildet, ist eine Einführung des Mehrheitswahlrechts vollends vom Tisch.

Nie findet Helmut Schmidt sich endgültig damit ab, in dieser Frage unterlegen zu sein. Er entwickelt eine regelrechte Paranoia gegen eine Partei, die als »Zünglein an der Waage« mit relativ wenigen Wählern ziemlich viel Mitsprache hat, und die, weil sie so klein ist, vermeintlich nur schwaches Personal rekrutieren kann.

Diese Paranoia, Ergebnis eines für die Generation Helmut Schmidt charakteristischen Freund-Feind-Denkens, wird politisch hoch relevant. Anders als der Sozialdemokrat Willy Brandt und der Freidemokrat Walter Scheel, die als notorisch Unterschätzte und politisch schon Totgeglaubte zueinanderfinden, bleiben Helmut Schmidt und Hans-Dietrich Genscher einander fremd. Es handelt sich, um das diplomatische Wort von Hans-Dietrich Genscher zu wählen, um eine »Spätbegegnung«, also eine Nicht-Begegnung während der Zeit ihrer Zusammenarbeit. Die beiden Persönlichkeiten sind sehr verschieden, sie hätten einander nie für die Bildung einer Koalition entdeckt – aber Helmut Schmidt findet auch, dass er mit einer Alleinregierung, die ihm wegen eines falschen

Wahlrechts entgangen ist, viel mehr bewirken könnte. Mit der FDP redet ihm nicht nur ein eigenständiger Partner in die Geschäfte hinein, dessen Existenz widerstrebt überhaupt seiner Wunschvorstellung von einer Demokratie. »Koalitionen sind etwas Mieses«, wird der gelernte Demokrat Helmut Schmidt einmal im Fernsehgespräch mit Klaus Bresser zu Protokoll geben,[17] und darin ist er sich mit Kollegen seiner Generation einig.

Helmut Schmidt wird niemals anerkennen, dass sich die FDP mit dem Eintritt in eine sozialliberale Koalition Verdienste um das Land erwirbt, weil sie ihm mit der Regierung Brandt eine demokratische »Frischzellenkur« verpasst. Zugleich sind mit dieser Koalition endlich alle Parteien offen für Bündnisse nach allen Seiten. Helmut Schmidt bleibt bei seiner Meinung, dass diese Partei mit ihren taktierenden Protagonisten schädlich für die politische Kultur sei. Auf Giovanni di Lorenzos Frage: »Gibt es einen bestimmten Politikertypus, der Ihnen im Fernsehen besonders auf die Nerven fällt?« antwortet der Altkanzler: »Bangemann, Haussmann, Möllemann, Westerwelle; die ganze Reihe führender FDP-Politiker der letzten Jahrzehnte«.[18]

Jenseits der Machtfrage und der Sorge um stabile Regierungen gibt es eine weitere, aber eher unterschwellig mitschwingende Dimension, die einen Helmut Schmidt gegen ein Vielparteiensystem wettern lässt. Es war schon davon die Rede, dass Helmut Schmidt die Deutschen keineswegs für politisch geläutert hält, sondern dass sie nach seiner Überzeugung auch in einer Demokratie empfänglich bleiben für falsche Heilsbringer.

Das Verhältniswahlrecht hat den Volkswillen im Blick. Das Volk entscheidet, wer regieren soll. Das – häufig bunt besetzte – Parlament spiegelt den Volkswillen wider. Das Mehrheitswahlrecht dagegen hat das System im Blick. Das politische System muss den Volkswillen umsetzen, denn die Idee von der unmittelbaren Herrschaft des Volkes durch Wahlen ist eine Chimäre; de facto herrscht nicht das Volk, sondern herrschen die Regierung und der »Staatsapparat« mit seinen Beamten. In einem Mehrparteiensystem, zu dem das Verhältniswahlrecht zwangsläufig führt, wird ein Volk seine Regierung nicht mehr leicht los (und die Beamten schon gar nicht). Das Verhältniswahlrecht, so der Tenor seiner Kritiker, erreicht genau das Gegenteil von dem, was es erreichen will.

Umgekehrt kann eine kleine Partei auch ohne eine Neuwahl, sprich einen Wählerauftrag, für eine neue Regierung sorgen – was der Idee des Verhältniswahlrechts, dass der Einfluss einer Partei der Zahl ihrer Wähler entspricht, völlig entgegensteht. Der Bundeskanzler und FDP-Kritiker, dem genau das mit dem konstruktiven Misstrauensvotum von 1982 im Deutschen Bundestag passiert, heißt – Helmut Schmidt.

Der Gedanke, dass ein Volk unmittelbar politisch mitredet, die Idee seiner Partizipation am Gesamtprozess, macht Helmut Schmidt Angst. Die Kultur der »Urwahl«, bei der die SPD-Mitglieder einen Kanzlerkandidaten bestimmen, ist für die Politiker dieser Generation nicht denkbar. Genauso wenig denkbar sind sogenannte plebiszitäre Elemente wie Volksbegehren oder Volksentscheide, wenigstens auf Bundesebene. »Politisch Lied ist garstig Lied«, haben die Angehörigen dieser Elite in ihrer Jugend gelernt. Diesen Grundsatz praktizieren sie jetzt selbst. Nie mehr die Politik in falsche Hände geben!

Entsetzen über die Jungen

Gegen die aufbegehrenden Studenten führt Helmut Schmidt seine erste Schlacht – stellvertretend für seine Generation.

Die Republik ist wiederaufgebaut – hässlich zwar, aber es stehen wieder Häuser, wo Ruinen waren. Die Welt staunt über die Wirtschaftskraft und das Wirtschaftswunder der Westdeutschen, deren Industrieanlagen im Krieg weniger zerstört worden sind, als von den Siegermächten erhofft. Die Ostdeutschen trifft das Schicksal gleich doppelt, denn sie bekommen eine Planwirtschaft verordnet, und die Industrieanlagen, in denen sie Arbeit haben könnten, gingen als Reparationsleistungen ostwärts.

Westdeutschland hat den Krieg der Systeme gewonnen. Es erlebt ein beispielloses Wirtschaftswachstum. Die moderne Technik ist voller Verheißungen. Die Amerikaner haben in der Kubakrise stellvertretend für den Westen Stärke gezeigt. Westeuropa ist sicher! Die Westdeutschen bringen dank des Wohlstands und der Fortschrittsgläubigkeit mehr Kinder zur Welt als jemals zuvor und jemals danach (die Ostdeutschen auch, aber hier geht die Initiative vom Staat aus). Die ganze Schufterei nach dem Krieg beginnt sich zu lohnen. Die Kinder werden es später einmal besser haben. Der Vater steht mit seinem Sohn vor dem neuen Haus und sagt: »Das gehört später mal dir.«

Und dann kommen junge Leute und machen Krawall – diese Studenten, die im Leben noch kein Fließband und keinen Stahlofen vor Augen hatten, nur Bücher; die verquastes Zeug reden, weil sie zu viel Marx und Marcuse gelesen haben!

Das Unverständnis der Aufbaugeneration könnte nicht größer sein. Gerade hat sich Westdeutschland berappelt, plötzlich gehen nicht mehr nur Bilder von Jubiläums-Käfern aus dem VW-Werk um die Welt, sondern auch von brennenden VW-Bullis der Polizei oder des Axel-Springer-Verlags (mit der »Bild«-Zeitung im Wagen), die demonstrierende Studenten angezündet haben.

Sie sind die ersten, die das Mantra von Wachstum und Fortschritt infrage stellen. Herbert Marcuse hat sie gelehrt, dass auch ein demokratischer Staat ein totalitärer sein kann, der sich keiner politischen, sondern einer ökonomisch-technischen Gleichschaltung bedient. Der Konsum korrumpiert die Menschen und macht sie mundtot. Dabei könnten sie, wenn sie es nur wüssten und wollten, ganz anders, glücklich, im Frieden miteinander und mit der Natur leben.

Auch das Mantra der Sicherheit steht jetzt öffentlich zur Diskussion, denn die Kritik an der US-Regierung ist die Kritik an der westdeutschen

Schutzmacht. Westberlin, die eingemauerte, auch von US-Soldaten beschütze Enklave der Freiheit, wird zum Hauptschauplatz der Studentenunruhen.

Nein, zwischen diesen jungen Leuten und dem Gros der Bevölkerung, das den Krieg bewusst miterlebt oder im Krieg geboren ist, gibt es keine Brücke. Die Auffassungen in Wertefragen, in politischen und kulturellen Fragen sind zu verschieden. Die aufbegehrenden Studenten wünschen diese Brücke gar nicht. Sie beziehen ihre Identität aus dem eigenen Standort auf der anderen Seite des Ufers. Sie suchen den Konflikt um Werte, Politik und Kultur, den Konflikt zwischen einer jüngeren und einer älteren Generation, jetzt, da die erste Nachkriegsgeneration der Bundesrepublik erwachsen wird. Arnulf Baring hat die Vermutung geäußert, der Generationenkonflikt habe sich seit Beginn des zwanzigsten Jahrhunderts zu einer »spezifisch-deutschen Form des Klassenkampfes, zeitweilig zu der fundamentalen innergesellschaftlichen Auseinandersetzung« entwickelt.[19] Die 68er sind ein Beispiel dafür.

Die Generation Helmut Schmidt, nicht nur ihre Politiker, sondern die gesamte Alterskohorte, wird attackiert: Die Vorwürfe sind konkret und universal zugleich. Sie rütteln an den Pfeilern der individuellen Identität und beklagen den Zustand der Welt. Weshalb habt ihr in der Nazizeit geschwiegen? Mit eurem Wirtschaftswunder habt ihr eure Schuld verdrängt und nicht bearbeitet; heute sind Konsum und Technik die modernen Götzen; eure Schutzmacht setzt gegen die Menschen in Vietnam Napalm ein. Ihr praktiziert eine hohl gewordene Lebenskultur. Wir brauchen eine andere, eine gerechte Republik!

Generationenkonflikte sind immer auch Generationenbrüche, doch dieser Konflikt geht besonders tief, denn die beiden Generationen haben ihre Prägung in verschiedenen Staaten erfahren, die eine zudem im Krieg, die andere in Friedenszeiten. Angesichts derart unterschiedlicher Biografien wird eine vielleicht holprige, aber letztlich gelingende Generationenfolge unmöglich.

Der Bruch geht durch alle Lebensbereiche, durch die Familie, die Schule, die Universitäten, das private und das öffentliche Leben. Die Angehörigen der Generation Helmut Schmidt sind entsetzt über das flegelhafte Auftreten der Jungen, und sie sind verletzt von so viel Undank gegenüber ihrer Lebensleistung. Die Jungen wiederum verzweifeln an der Sprachlosigkeit der Älteren und an der blinden Treue, mit der sie an ihren Werten kleben, im Krieg und in der Gegenwart.

Die Angehörigen der Generation Helmut Schmidt haben von politischen Ideologien, von Politik überhaupt mehr als genug. Auch ihr Pensum an Seelenarbeit, um mit ihrem damaligen Verhalten fertigzuwerden – ihrem Mitlaufen, ihrer Pflichterfüllung, ihrem Wegschauen oder gar ihrer persönlichen Schuld und Verstrickung –, halten sie für erledigt. »Die Eltern«, schreibt die Publizistin Gertrud Höhler, »hatten alles das im Übermaß durchlitten, was die Jungen nun an gesuchten Objekten festzumachen begannen: Angst, Mut und Hoffnung, Tapferkeit, Humanität. Die Leistungswelt war Väterantwort auf Zeiten des Gefühlsaufwandes, der Seelenstrapazen. Den Jungen zu vordergründig, war diese Welt des Aufbaus für die erschöpften Seelen der Väter die beste Medizin.«[20] So hätten sich Jung und Alt in ganz verschiedenen Bedürfnislagen befunden.

Helmut Schmidt reagiert auf die Anwürfe der Jungen im Namen seiner Generation. »Keiner unter den heutigen Demonstranten«, sagt Helmut Schmidt auf dem SPD-Parteitag am 18. März 1968 in Nürnberg, »hat bisher jemals vor der Entscheidung gestanden, zwischen seiner Gewissensmeinung oder dem Volksgerichtshof wählen zu müssen. Keiner von ihnen hat – ungleich Millionen der mittleren und älteren Generation – je mitten in einem Kriege (...) im Gewissen entscheiden müssen, ob er seine Pflicht als Soldat erfüllen müsse oder ob er mitten im Kriege die Pflicht habe, zu desertieren.« Und er fügt im Namen dieser Millionen Älterer hinzu: »Viele von uns tragen heute noch an solchen Lasten.«[21] Nie vorher und nie mehr danach argumentiert er dabei so leidenschaftlich mit dem Aspekt der Generation und deren Biografie und damit auch mit der eigenen.

Die jungen Leute haben keinen Krieg, kein Nazideutschland, auch keinen Stalinismus erlebt. Wie können sie sich anmaßen, über die Generation der Älteren moralisch zu urteilen? »Es steckt ein großes Maß arroganter Selbstgerechtigkeit hinter den leichthin geäußerten Verurteilungen der eigenen Eltern für das, was sie bis 1945 geglaubt, getan und gelassen haben (…)«, schreibt Helmut Schmidt in seinem »Politischen Rückblick auf eine unpolitische Jugend«.[22] Wenig später setzt er die Studentenbewegung mit ihrem Motto »Trau keinem über dreißig« mit der Hitlerjugend und der Freien Deutschen Jugend gleich[23] – stets wurde, so sieht er es, die Jugend in ihrem Hang zum Idealismus verführt und in ihrer Tendenz, sich gegen die Elterngeneration aufzulehnen.

Die Jungen achten auch nicht, worauf die Generation Helmut Schmidt so stolz ist, »was wir miteinander gemeinsam zustande gebracht haben«,[24] ein politisches Rumpfdeutschland, das nach der Katastrophe rasch ökonomische Wunder vollbringt.

Das Wort von der »arroganten Selbstgerechtigkeit« greift einen Vorwurf auf, den Helmut Schmidt schon Ende der sechziger Jahre erhoben hat, er zeiht die Studentenbewegung der »elitären Arroganz«.[25] Damit geht er weiter als die meisten Führungspolitiker seiner Zeit – sogar der vierzehn Jahre ältere Bundeskanzler Kurt Georg Kiesinger zeigt, wie Götz Aly offengelegt hat,[26] erstaunlich viel Verständnis für die Studenten; Jüngere wie Horst Ehmke fühlen sich in die Motive der Protestbewegung ohnehin leichter ein.

Helmut Schmidt sagt am 30. April 1968 im Deutschen Bundestag, was ihm »am meisten innerlich Sorge« mache, sei die bei einem Teil der Jugend zu beobachtende »elitäre Arroganz, die genauso gut von Rechtsaußen kommen könnte, (…) dieses Elitebewusstsein, alles, aber auch alles besser zu wissen als die dummen Arbeiter, die dummen Angestellten, die dummen Politiker, die dummen Professoren«.[27] Der Journalist und Publizist Wilhelm Backhaus unterzieht Helmut Schmidts Haltung schon 1968 einer Analyse. Den Vorwurf der elitären Arroganz nennt er »wieder eine jener selbsttäuschenden Projektionen, bei denen die eigenen Fehler und Mängel auf den Gegenspieler übertragen werden«. Prompt habe Helmut Schmidt denn auch die Antwort erhalten, »dass eben diese, völlig unberechtigte und durchaus autoritäre ›elitäre Arroganz‹ bei ihm selbst und so vielen anderen Parlamentariern für die leidenschaftlich anti-autoritäre Jugend unerträglich sei«.[28]

Kein Zweifel, Rudi Dutschke und die Seinen treten mit einem elitären Anspruch auf – schon die virtuose Argumentation mit Karl Marx' Wirtschafts- und Geschichtstheorie macht sie zu einer von wenigen verstandenen Elite. Doch zunächst gilt ganz objektiv, dass sie als junge Generation eine andere Perspektive auf die geschichtliche Gegenwart, Vergangenheit und Zukunft hat. Sie schaut auf die Gegenwart, die westdeutsche Demokratie unter der Regierung Kiesinger, ohne die Last von Erinnerungen; sie kennt die prägenden, belastenden Jahre der Älteren nur vom Hörensagen. Sie entwickelt jugendliche Vitalität. Sie hat persönlich und politisch eine Zukunft vor sich, an die sie einen Glauben, eine Hoffnung knüpft. Ihre Angehörigen haben Ideale und konkrete Vorstellungen von einer besseren Welt.

Weiter gilt ganz objektiv, dass die rebellierenden Studenten schon einmal für den Generationswechsel proben, der zur natürlichen Generationenfolge auch eines demokratischen Gemeinwesens gehört. Die Generation Helmut Schmidt befällt nicht nur die Angst vor einem neuen, diesmal »linken Nazideutschland«, sie reagiert auch empfindlich darauf, dass jemand an ihren Stühlen rüttelt. Diese Generation konnte spät ein selbstbestimmtes Leben beginnen und denkt nicht daran, als gesellschaftliche Leitgeneration abzutreten. Mit ihrer Prägung und ihrer Berufung (nicht nur in der Politik, auf jedem Feld des öffentlichen Lebens) denkt sie überhaupt nie ans Abtreten, sondern arbeitet weiter, bis es nicht mehr geht. Ihr Protagonist ist dafür das erste Beispiel.

Und schließlich stößt den Älteren auf, dass die jungen Leute zur politischen Artikulation auf die Straße gehen. Protest auf der Straße gab es in der Bundesrepublik schon früher, etwa im Widerstand gegen eine atomare Bewaffnung der Bundeswehr, aber jetzt reichen die Forderungen so weit wie noch nie, jetzt werden Barrikaden für die Revolution gebaut! »Alles, was in der Politik außerparlamentarisch geschieht«, bemerkt Klaus Stephan, »hat Helmut Schmidt stets irritiert. Das meiste davon wollte er einfach nicht für möglich halten, weil es ihm unordentlich schien (…).«[29] Politik findet im Parlament statt, haben Helmut Schmidt und die Seinen, diese Demokraten auf dem zweiten Bildungsweg gelernt. Nur so bleibt Demokratie, glaubt Helmut Schmidt, kontrollierbar, berechenbar. Hitler verdankte seinen Aufstieg nicht dem Parlament, sondern der Straße!

Die Generation Helmut Schmidt winkt, wenn die Jungen ihre Ideale formulieren, aus Lebenserfahrung ab. Die Jungen finden, dass die Älteren Lebenserfahrung mit Resignation verwechseln. Die Generation Helmut Schmidt bedient die Zukunftshoffnungen der Jungen nicht, sondern sucht sie zu vertreiben. Die Jungen finden, die Älteren reichen ihnen Steine statt Brot.

Die Perspektive einer offenen, subjektiv unbegrenzten Zukunft drückt sich auch im Lebensstil der rebellierenden Jugend aus. Dieser Lebensstil muss der Generation Helmut Schmidt gegen den Strich gehen – sind doch die 68er die erste Generation der alten Bundesrepublik, die es sich leisten kann, ihre Jugendzeit – definiert als von Arbeit und sozialer Verantwortung freier Lebensabschnitt – massiv auszuweiten. »Sie hatte die Pille«, resümiert der Publizist Götz Aly, »und wusste nichts von Aids. Sie lebte im Überfluss und ahnte noch nicht, dass Deutsche eines Tages als Gastarbeiter in Polen willkommen sein würden.«[30] Die 68er leben der Generation Helmut Schmidt täglich vor, was dieser Generation durch Diktatur und Krieg entgangen ist. Die Älteren würden den Jüngeren das Glück, das auf ihre Plackerei in der Wirtschaftswunderzeit zurückgeht, gönnen, wenn sich die Jüngeren die Werte der Älteren zu eigen machten.

Das wäre sichtbar gelebte Dankbarkeit für das Geleistete und Bestätigung der eigenen, freudlosen, weil materiell orientierten Wertewelt. Doch die Jungen tun ihnen diesen Gefallen nicht. Sie setzen der Kultur der Älteren eine eigene entgegen. Aus Sicht Helmut Schmidts tritt mit dem Lotterleben der Jungen, die das soziale Netz zur Sänfte machen, aber gleichzeitig von »Scheindemokratie«, »autoritärem Zwang« und »Notstandsdiktatur« schwafeln, der größte anzunehmende Unfall ein.

Alle westlichen Industriegesellschaften ernten während des »großen Booms« der Nachkriegszeit eine aufmüpfige Jugend, manche früher, andere später. Die Industriegesellschaft mit ihren fleißigen Trägern erzeugt eine Freizeitgesellschaft, in der nicht Maloche, sondern Selbstverwirklichung der Sinn des Lebens ist. Sie bringt ihre undankbaren Töchter und Söhne selbst hervor. Das ist in den USA nicht anders als in Frankreich, Großbritannien oder eben in der Bundesrepublik.

In der Bundesrepublik ist der Konflikt allerdings stark moralisch aufgeladen, weil ihrer noch nicht lange zurückliegenden Gründung eine Diktatur vorausging. Diese junge Republik ist – anders als die Demokratien in Frankreich oder in den USA – vermeintlich ungefestigt und kann auch wieder untergehen. Die alten Bilder stehen einem Helmut Schmidt sofort wieder vor Augen. »Wir waren am Karfreitag zutiefst deprimiert«, sagt er am 30. April 1968 im Bundestag nach dem Attentat auf Rudi Dutschke vom Gründonnerstag im Namen der Deutschen seiner Generation, »dass das alles in Deutschland nun wieder losgehen sollte, was wir hofften mit dem ›Dritten Reich‹ endgültig hinter uns gelassen zu haben.«[31] Und er fährt fort: »Vielleicht gibt es doch eine ganze Menge junger Leute, die der heutigen Debatte zuhören und meinen, dass das eine oder andere Wort von dem, was wir hier sprechen, nicht umsonst gesprochen sei. Ich würde am allermeisten wünschen, dass sie wenigstens die Bitte hörten, gemeinsam mit uns nach einer gemeinsamen Sprache zu suchen«.[32] Der Ton seiner Statements und Reden bleibt – wieder exemplarisch für seine Generation – zu jeder Zeit paternalistisch, maßregelnd. Was er sagt, klingt nach

Abfertigung, nicht nach Auseinandersetzung; die Auseinandersetzung wird versucht, übersteigt aber die eigenen Möglichkeiten. Das eigene Gerüst der Werte käme ins Wanken. So bleibt Helmut Schmidt, wie verschiedene Autoren vermuten, nur die Projektion jenes emotionsgeladenen Idealismus, von dem er in jungen Jahren selbst befeuert war, auf die Jungen. Ein Idealismus, von dem sich herausstellte, dass er einer verbrecherischen Ideologie galt. Diesen Idealismus, lautet die Deutung weiter, hat sich Helmut Schmidt nicht verziehen und lässt ihn auch bei späteren Generationen nicht gelten – als Erstes trifft seine harsche Ablehnung die Generation der 68er.

Weil Helmut Schmidt seine persönliche Schuldfrage so wenig aufarbeiten konnte wie die Angehörigen seiner Generation, handelt er – wider alle Beteuerungen – auch in punkto Studentenbewegung stark emotional. Doch anders als bei anderen tritt bei ihm stets – auch in diesem Fall – ein politisches Kalkül hinzu. Er weiß: Die Studentenbewegung bleibt eine Angelegenheit von wenigen (die das Land gleichwohl politisch stark verändern). Ihnen steht die überwiegende Mehrheit der Deutschen gegenüber, die Helmut Schmidts Ansichten teilen – auch »die deutschen Kleinbürger« (Helmut Schmidt) finden, die schnöseligen Studenten sollten erst einmal bei Blohm + Voss oder bei Ford arbeiten, bevor sie große Töne spucken. Helmut Schmidt gibt den Populisten, nimmt Partei für die vermeintlich dummen Arbeiter, Angestellten, Politiker und Professoren – sogar die Professoren nimmt er in Schutz, ein ganz seltener Fall! Er macht den Law-and-Order-Mann im Namen seiner Generation (wieder einmal nicht im Namen seiner Partei). Das zahlt sich politisch aus: Helmut Schmidts Popularität bei den Deutschen nimmt vom Ende der sechziger Jahre an stetig zu.

Doch Populismus ist – wenigstens bei diesem Thema – ein Nebengleis. Helmut Schmidt entwickelt eine Paranoia gegen die 68er; er schottet sich geradezu ab gegen die Werte und das Lebenskonzept dieser undankbaren Geister. »Würden Sie im Nachhinein sagen, dass Sie etwas gelassener hätten reagieren müssen, vielleicht?«, fragt Sandra Maischberger den alten Helmut Schmidt mit Blick auf sein Verhalten gegenüber der Studentenbewegung.

»Ich?«

»Ja, Sie, manchmal.«

»Nein.«[33]

Hoch auf dem gelben Wagen

Am 6. Dezember 1973 übt Bundesaußenminister Walter Scheel schon einmal für sein neues Amt als Bundespräsident. In Wim Thoelkes ZDF-Show »Drei mal Neun« singt er das Volkslied »Hoch auf dem gelben Wagen«.

»Hoch auf dem gelben Wagen
sitz' ich beim Schwager vorn.
Vorwärts die Rosse traben,
lustig schmettert das Horn.
Berge, Täler und Auen,
leuchtendes Ährengold –
ich möchte in Ruhe gern schauen;
aber der Wagen, der rollt.«

Walter Scheel hat das Lied auch für eine Schallplatte aufgenommen, ihr Verkaufserlös geht an die »Aktion Sorgenkind«. Die Platte wird immerhin Platz fünf in der deutschen Verkaufshitparade erreichen.

Der designierte Bundespräsident setzt an diesem Nikolausabend das Signal, dass er sein Amt als rheinische Frohnatur bekleiden wird und nicht im protestantisch-asketischen Geist seines Vorgängers. Gustav Heinemann war eine moralische Autorität, aber im Habitus staubtrocken.

Zugleich drückt Walter Scheel mit seinem Auftritt aus, dass der (demnächst) höchste westdeutsche Politiker wieder Grund zur Fröhlichkeit hat, und mit ihm die Westdeutschen, denen er politisch vorsteht. Das Leben ist nach Diktatur und Krieg, nach Besatzungsjahren und Wiederaufbau wieder schön! Die Maloche hört nie auf (soll sie auch nicht!), aber man kann stolz sein auf das bislang Erreichte!

Der freie Teil Deutschlands wurde wieder in die Weltgemeinschaft aufgenommen. Im Jahr zuvor richtete München Olympische Spiele aus, im Jahr darauf ist Deutschland Gastgeber der Fußballweltmeisterschaft. Heinrich Böll – zwar ein »anderer Deutscher«, aber ein Deutscher – bekam den Literaturnobelpreis verliehen, und Willy Brandt, ebenfalls ein »anderer Deutscher«, den Friedensnobelpreis.

Nie ist die deutsche Politik (zum Schrecken von Helmut Schmidt) derart emotional aufgeladen (mit Bundeskanzler Willy Brandt als Kristallisationsfigur), und nie leben die Westdeutschen fröhlicher und unbeschwerter als zwischen Anfang und Mitte der siebziger Jahre. James Last spielt mit seiner Big Band an einem Sonntagmorgen in Westberlin für lau, um den Bürgern in der eingeschlossenen Stadt eine Freude zu machen. Die Funktionäre in der Zone sollen es im Fernsehen verfolgen und sich schwarz darüber ärgern, wie sehr der Klassenfeind das Leben liebt! Der Großzauberer Uri Geller reibt in Thoelkes »Drei mal neun« – es ist die Ausgabe nach der Dezember-Sendung mit Walter Scheel – so lange Löffel, bis sie sich biegen, und bringt kaputte Uhren von Fernsehzuschauern zum Laufen. Alles ist möglich, alles ist machbar, in der Politik wie im Leben, ausgerechnet die Westdeutschen machen es vor. Dieser unbeschwerten Phase kann weder das Olympia-Attentat noch die Ölkrise etwas anhaben, erst das Terrorjahr 1977 macht der deutschen Heiterkeit ein Ende.

Dabei ist es mit dem Frohsinn von Walter Scheel und den Seinen – die Generation Helmut Schmidt besetzt jetzt alle Spitzenämter im politischen Bonn – gar nicht weit her; ihr liegt ein Akt der Verdrängung zugrunde. Bereits Walter Scheels vorweggenommene »Amtshandlung« bei Wim Thoelke kann man als Sinnbild dafür lesen, denn er bringt nur drei der vier Strophen zur Aufführung, die letzte Strophe des Liedes wird unterschlagen. Sie lautet:

»Sitzt einmal ein Gerippe
hoch auf dem Wagen vorn,
hält statt der Peitsche die Hippe,
Stundenglas statt Horn.
Sag ich: Ade, nun, ihr Lieben,
die ihr nicht mitfahren wollt,
ich wär so gern noch geblieben,
aber der Wagen, der rollt.«

Die letzte Strophe wird in einem sehr buchstäblichen Sinn verschwiegen! Dabei handelt es sich keineswegs um einen Text, der sich nach zwei Weltkriegen historisch überholt hat wie Strophen eines anderen Liedes, das Walter Scheel und die Seinen von Berufs wegen singen, die Nationalhymne, sondern um den schlichten, für ein Volkslied charakteristischen Hinweis, dass jedes Menschenleben sein Ende hat. In Walter Scheels Vortrag (und auf Schallplatte) währt, der fröhlichen Stimmung wegen, das Leben immerfort.

Die Politiker der Generation Helmut Schmidt sind in dieser mittleren Phase der Bundesrepublik stolz auf das Erreichte, aber mehr froh als fröhlich. Wie könnte es auch anders sein, haben sie doch mit der mutigen Außenpolitik von Willy Brandt – ein Mut, den nur ein Exilant aufbringen konnte – gerade erst ein Trauma bearbeiten müssen: die deutsche Schuld im Osten. Dieser mutige Schritt ändert nichts an der wichtigsten Kriegsfolge, der deutschen Teilung, die, soll sie nicht von Dauer sein, eine andere Kriegsfolge prolongiert, die De-facto-Besetzung Westdeutschlands durch NATO-Soldaten. Die Bundesrepublik wird von zwar freundlichen, demokratisch verfassten Bündnispartnern kontrolliert, aber auch eine freundliche Kontrolle ist eine Kontrolle. Dabei eint die westlichen und östlichen Nachbarn, die Deutschland geografisch umgeben, der Vorsatz, das eine wie das andere Deutschland nie wieder zur führenden Macht auf dem Kontinent werden zu lassen.

Das Bewusstsein, ständig unter Aufsicht zu stehen, macht unsicher, macht Angst – eine Angst, die der Generation Helmut Schmidt vielleicht nicht als individuelle Empfindung bewusst ist, die sich aber in ihrer kollektiven Sorge um das Land ausdrückt. Sie lebt und handelt in einer Art politischen Habachtstellung. Stolz auf das Erreichte und die Angst, das Erreichte wieder zu verlieren, gehen Hand in Hand. Unabhängig von den tatsächlichen Rahmenbedingungen erlebt die Generation Helmut Schmidt – ihre Politiker wie Millionen Westdeutscher mit derselben biografischen Prägung – das Erreichte als gefährdet, als fragil.

Dieses Gemisch aus Stolz und Angst schlägt sich in einem Positionspapier nieder, das Bundeskanzler Helmut Schmidt während seines Weihnachtsurlaubs 1976 in Marbella schreibt und das er nach Anmerkungen von Willy Brandt und Herbert Wehner im Frühjahr 1977 ergänzt. Der Titel »Erwägungen« soll den Anspruch an das Manuskript niedrig halten, der Autor will vermeintlich nur Bilanz ziehen und Ziele formulieren, doch tatsächlich handelt es sich um eine schonungslose Analyse der deutschen und internationalen Situation in sicherheits- und finanzpolitischer Hinsicht. Im innenpolitischen Teil schreibt Helmut Schmidt über den Koalitionspartner (»Pendlerpartei FDP«) so offenherzig wie nie.

Die Bundesrepublik Deutschland sei, stellt Helmut Schmidt in den »Erwägungen« fest, de facto wirtschaftlich zur zweiten Weltmacht des Westens aufgestiegen. Es handle sich weniger um einen »absoluten Aufstieg«, sondern um ein Zurückbleiben in der wirtschaftlichen Entwicklung von Staaten wie Italien, Frankreich oder Großbritannien.[34] Dass viele ausländische Konkurrenten und Kollegen teils mit Bewunderung, teils mit Neid auf die Lage in Deutschland blickten, macht Helmut Schmidt Sorgen. »In dem Maße, in dem wir unseren Neid erregenden Reichtum an Währungsreserven für Stützungskredite an andere Staaten verwenden müssen, kann die Besorgnis durch Schuldner-Komplexe verstärkt werden.«[35]

Die Bestandsaufnahme eines selbstbewussten Regierungschefs, der einen der reichsten Staaten der Welt führt, sähe anders aus. Der Wachstumspolitiker Helmut Schmidt hätte gern, dass das Wachstum in der Bundesrepublik Deutschland immer so weitergeht, denn es macht die Westdeutschen im Allgemeinen und mit seiner Regierung im Besonderen zufrieden; aber dies setzt voraus, dass die Nachbarn und noch mehr die beiden Weltmächte diese Wirtschaftskraft dulden.

Die alte Bundesrepublik ist ein Kleinwagen mit einem PS-starken Motor. Dieses Missverhältnis zwischen Bauart und Leistung ist ein Ergebnis der historischen Schuld und der prekären geografischen Lage – die Deutschen reden im Konzert der Mächte nicht mehr mit, sie dürfen eifrig und fleißig, wie sie sind, Fabriken betreiben und ihre Produkte in alle Welt verkaufen. Aber dieses Missverhältnis ändert nichts an der politischen Entmündigung, im Gegenteil, die Spannungen mit den Nachbarstaaten und mit den Großmächten – siehe die Analyse von Helmut Schmidt – werden eher verstärkt als gemildert.

Die Generation Helmut Schmidt an der Macht ist eine Generation mit einem Angstkomplex – Angst vor Freund und Feind. Angst vor der eigenen Stärke, Angst vor den Stimmungen des Volkes. Aus diesem Angstkomplex erwächst ein Sicherheitskomplex – neben dem Wirtschaftswachstum, das die Bevölkerung beschäftigt und befriedet, gilt alle Energie der inneren und äußeren Sicherheit. Für andere Politikfelder bleibt keine Zeit und keine Energie.

Wachstum und Sicherheit sind selbstverständliche Politikziele in jedem Staat der Welt, doch handelt die politische Elite in Demokratien wie Frankreich oder Großbritannien mit einer langen Tradition im Rücken. Eine solche Tradition schafft Selbstvertrauen und ein fast unerschütterliches Gefühl von Sicherheit. Ein Terrorakt erschüttert das Land, aber er stellt das System nicht infrage. Für die Generation Helmut Schmidt, die in Bonn regiert, geht es gefühlt immer um alles: Eine Wirtschaftskrise, ein terroristischer Anschlag oder ein »Mauertoter« in Berlin erschüttert – so ihr Empfinden – die Fundamente der westdeutschen Demokratie.

Die Aufbaugeneration von 1949 an war notfixiert. Die nachfolgende Generation Helmut Schmidt bleibt – trotz vieler objektiv sichtbarer Erfolge – krisenfixiert. Helmut Schmidt und die Seinen halten das Gelingen der zweiten deutschen Demokratie noch in den siebziger Jahren keineswegs für ausgemacht, es erscheint ihnen als kleines Wunder, dass bisher alles gut gegangen ist. Dabei haben die Westdeutschen längst einen Modus Vivendi im Rumpfstaat gefunden: Sie wählen den Rückzug ins Private, gehen aber fleißig zur Wahl. Sie entscheiden sich fast vollständig für eine der drei im Bundestag vertretenen Parteien. Sie zahlen ihre Steuern und geben ihr Geld aus.

Die Bundesrepublik der Generation Helmut Schmidt hat alle Träume fahren lassen. Kein Mensch glaubt hier noch an eine Vereinigung der beiden deutschen Staaten, wie immer sie aussehen mag. Die Westdeutschen profitieren davon, dass sie ihren Wohlstand nicht mit den Ostdeutschen teilen müssen. Die Politiker der Generation Helmut Schmidt, aber auch die Journalisten und Wissenschaftler aus dieser Alterskohorte, verwalten das politische Testament des Krieges. »Noch immer trauern wir, noch immer hoffen wir«, sagt der Politikwissenschaftler Dolf Sternberger 1979.[36] Solche Sätze fallen bevorzugt an nationalen Feiertagen, selten dazwischen.

Das Bewusstsein der politischen Elite und das Bewusstsein der Bevölkerung klaffen weit auseinander. Der Ton von Helmut Schmidts großen Regierungserklärungen ist von einer historisch beispiellosen Rigidität. Natürlich, die Ölkrise und andere Faktoren ließen die Konjunktur abstürzen, viele Westdeutsche werden erstmals arbeitslos, doch am Rednerpult im Bundestag steht – als Protagonist seiner Generation – auch ein Mann, der eine Disposition zur Krise hat, der nicht nur aus politischen und pädagogischen Gründen rigide redet, sondern diese Rigidität selbst verkörpert. Helmut Schmidt sagt schneidig und geradeheraus, was er denkt und will, er redet wie ein Truppenführer zu seinen Leuten, die in Reih und Glied vor ihm stehen. Helmut Schmidt zieht wieder in eine Schlacht. In dieser Schlacht geht es um die Rettung des Wohlstands und die der eigenen Regierung.

Von den Eliten aus Journalismus und Wissenschaft wird das Krisenbewusstsein geteilt und verstärkt. »Die Zeitbomben ticken schon«, gibt sich eine der führenden Publizistinnen ihrer Zeit, Marion Gräfin Dönhoff, im Januar 1975 fast hysterisch. »Wirtschafts- und währungspolitische Probleme nie dagewesener Art und nicht für möglich gehaltener Größenordnung türmen sich vor uns auf«, schreibt sie in der »Zeit«. »Wir haben jahrelang vor-konsumiert und müssen jetzt nach-arbeiten; wir müssen weniger verbrauchen und mehr tun.«[37] Auf die Phase des Überflusses folgt eine Phase der Kargheit!

Das klingt, als müssten die Westdeutschen vom nächsten Tag an auf die Marmelade verzichten. So schlimm, wie es um das Land steht, hätte Walter Scheel die letzte, deprimierende Strophe von »Hoch auf dem gelben Wagen« getrost singen können!

In der Politikwissenschaft beginnt eine lebhafte Debatte über die »Regierbarkeit« des modernen Staates. Kann die Komplexität der Aufgaben überhaupt noch von einem demokratisch organisierten Gemeinwesen mit langen Entscheidungswegen bewältigt werden? Die Wissenschaftler artikulieren Zweifel. Das bürgerliche Lager fürchtet eine »Unregierbarkeit«, die Linke sieht eine »Legitimitätskrise« der parlamentarischen Demokratie.

Was macht das Krisenbewusstsein mit der Besatzung des »Raumschiffs Bonn«? Es schweißt sie zusammen. Mögen Franz Josef Strauß und Helmut Schmidt politisch noch so Unterschiedliches wollen – der eine akzeptiert den anderen in seiner Mission, die immer brüchige Demokratie zu sichern. In der Zeit, als die Generation Helmut Schmidt regiert, wirkt das Bonner Personal so geschlossen wie eine Hochzeitsgesellschaft im Nebenraum einer Gaststätte. Über viele Jahre hinweg gibt es keinen wirklichen Wechsel dieses Personals und damit auch keinen Generationswechsel. Strauß verlor im Zuge der »Spiegel«-Affäre sein Ministeramt, wird aber vier Jahre später wieder Minister; Willy Brandt tritt als Bundeskanzler zurück, bleibt aber Parteivorsitzender. Hans-Dietrich Genscher gehört als Minister unterschiedlichen Koalitionen an.

Es wäre zu billig zu behaupten, hier könnten ein paar Herren nicht vom Politikbetrieb lassen, weil er ihnen Macht und Bedeutung gibt. Bestimmt hat Politikmachen viel mit Sucht zu tun (Jürgen Leinemann beschreibt in seinem Buch »Höhenrausch« diesen unmittelbaren Zusammenhang), doch haben diese Herren politische Stürme wie den Mauerbau gemeinsam erlebt und durchlitten, wer immer auch gerade am Steuerrad stand. Da gilt ein burschenschaftlicher Komment: Man verstößt keinen, nur weil er mal Mist gebaut hat! Man ist sich zwar in der Taktik der Bonner Politik nicht einig, aber doch in der Strategie, dem großen politischen Ziel: Männer mit vergleichbaren Biografien, Träger gemeinsamer und kollektiver Traumata, gestalten über Jahre und Jahrzehnte hinweg eine junge, gefährdete Demokratie. Das schafft existenzielle Bande, deren Festigkeit für Außenstehende nicht nachvollziehbar sind, die aber manche Ereignisse erklären, wie sie in einem traditionellen, von kollektiven Traumata freien Politikbetrieb kaum denkbar wären: Bundeskanzler Willy Brandt und der SPD-Fraktionsvorsitzende Herbert Wehner arbeiten nach ihrem Zerwürfnis von 1973 – der Fraktionsvorsitzende hatte über den Bundeskanzler während einer Moskau-Reise in beispielloser Weise gelästert – in ihren bisherigen Rollen zusammen; Franz Josef Strauß und Helmut Kohl pflegen eine kaum verhohlene Hassliebe, die beschönigend »Männerfreundschaft« genannt wird. Herbert Wehner ist schwer krank und darf den SPD-Fraktionsvorsitz im Bundestag trotzdem behalten. Im »Raumschiff Bonn« hält sich niemand für entbehrlich, aber, was noch wichtiger ist, man hält sich auch gegenseitig für unentbehrlich. Das Miteinander fällt schwer, aber das Ohneeinander kommt nicht infrage!

Politiker in einem solchen Betrieb haben keinen Beruf, sondern folgen einer Berufung. Ihre Arbeit ist die Arbeit für den Rest ihres Lebens. Sie leben, ungeachtet aller Intrigen besonders unter »Parteifreunden«, in einer Geborgenheit spendenden Gemeinschaft, wie sie viele von ihnen schon früh in Männerbünden – zuerst in der Hitlerjugend, dann in der Wehrmacht – erlebt haben. Ein Strauß und ein Kohl schlagen und vertragen sich wie überhaupt die Angehörigen des »Raumschiffs Bonn«. Dort herrscht nicht nur eine Gemeinschaft von Männern, weil Frauen selten und nur fürs »Gedöns« zuständig sind, da lebt ein Männerbund von Flegeln zusammen, die sich im Bundestag für die Fernsehkameras und fürs Protokoll keilen, aber hinterher gemeinsam saufen und gemeinsam über ihre Ehebrüche schweigen.

Die Geschlossenheit der Bonner »Hochzeitsgesellschaft« wird durch die Studentenunruhen verstärkt. Dieser Aufruhr der Gefühle, diese Anfechtung des Systems, diese vielstimmige Artikulation auf der Straße darf sich nicht wiederholen! Aber für den Fall der Fälle gibt es jetzt die Notstandsgesetze, die maßgeblich – und nicht zufällig – auf den Protagonisten der Generation Helmut Schmidt zurückgehen.

Obwohl oder gerade weil Willy Brandt 1969 Bundeskanzler wird, kann das Verhältnis zwischen Helmut Schmidt und den Deutschen prächtig gedeihen. Weil Brandt Diktatur und Krieg »von draußen erlebt« hat, teilt er nicht die Prägung und die Erfahrungswelt seiner Politikerkollegen in Bonn. Manche halten das für einen Vorteil, aber das sind selten Politiker, sondern Künstler, Wissenschaftler und Publizisten. Zu ihnen gehören Margarete und Alexander Mitscherlich, Golo Mann und Günter Grass. Wilhelm Backhaus schreibt in seinem Buch über die Deutschen, Brandts besondere Vorzüge hätten keineswegs sozialdemokratische Quellen. »Sie sind dem Umstand zu verdanken, dass er durch seinen langjährigen, von seiner aufrechten Gesinnung erzwungenen Aufenthalt im Ausland (…) über den Grundriss des üblichen und auch des führenden Parteimannes weit hinauswuchs.« Im Exil sei er nicht nur sehr lange der Wirkung der unbewussten allgemeindeutschen autoritären Grundstrukturen entrückt gewesen, sondern eng mit Norwegen, einer zutiefst freiheitlichen, demokratischen, antiautoritären Nation, verwachsen.[38]

Der erste sozialdemokratische Bundeskanzler bleibt Helmut Schmidt und den Seinen als Persönlichkeit und mit seinem Politikverständnis fremd. Für die Angehörigen der Generation Helmut Schmidt ist denn auch die Bildung der sozialliberalen Koalition ein Betriebsunfall; mit ihr wird das Drei-Parteien-System festgeschrieben, und mit ihr kommen Hoffnungen und Erwartungen, sprich: Irrationales, in die Politik. Weder die »Pendlerpartei« FDP noch starke Gefühle haben, ginge es nach Helmut Schmidt, in der deutschen Politik etwas zu suchen!

Mit der FDP muss man sich abfinden, was zähneknirschend geschieht – sie kann auch noch für eigene Ziele nützlich sein. Doch der Gefühlsüberschwang, den Willy Brandt auslöst, bereitet einem Franz Josef Strauß, einem Rainer Barzel oder einem Helmut Schmidt gleichermaßen Sorge. Allesamt halten sie – und mit ihnen die Altersgenossen im Bundestag – Brandts Verständigungskurs mit den großmäuligen Jungen, seinen symbolhaften Politikstil und seine charismatische Wirkung für gefährlich.

Helmut Schmidt und die Seinen setzen im Gegenteil alles daran, Politik zu entemotionalisieren. Es ist ihre Antwort auf eigene Prägungen und die prekäre deutsche Lage. Das bewusst tiefstapelnde Wort von Helmut Schmidt, als Bundeskanzler sei er der »leitende Angestellte der Bundesrepublik Deutschland«, diese Selbstenthebung vom politisch Berufenen zum administrativen Manager des »Modells Deutschland«, bringt das Bemühen um Entemotionalisierung auf den Begriff.

Willy Brandt tritt im Frühjahr 1974 wegen eigener Fehler und aus Erschöpfung vom Amt des Bundeskanzlers zurück, doch dem ging auch, wie Horst-Eberhard Richter in seinem »Spiegel«-Essay zum Brandt-Rücktritt und in seinem Buch »Die Gruppe« zeigt, eine kollektive Illoyalität, ein kollektives Mobbing von Angehörigen der Generation Helmut Schmidt voraus. Zu den heftigsten Mobbern gehört Schmidt selbst. Zuerst beteiligt er sich am Kabinetts-Mobbing gegen den für Willy Brandt wichtigen »Superminister« Karl Schiller, eine Art politischer Vatermord an seinem einstigen Chef und Förderer (während der beruflichen Einstiegsjahre in

Hamburg). Danach, er ist jetzt selbst »Superminister«, kritisiert er den Kanzler über Monate hinweg öffentlich. Als er die Regierungsgeschäfte selbst übernimmt, nennt er Brandts Hinterlassenschaft einen »Saustall«.

Die Regierungskrise von 1974 ist nicht mehr als eine Regierungskrise, wie sie jede Demokratie immer wieder erlebt, doch die Akteure reagieren tief erschrocken und setzen alles daran, die Krise rasch zu beenden, damit das System nicht destabilisiert wird. Die Wahl von Helmut Schmidt zum Bundeskanzler und die Regierungsbildung gelingen im Frühjahr 1974 nicht nur reibungslos, sondern in Rekordgeschwindigkeit. Danach redet der neue Regierungschef so, als habe er gerade eine Staatskrise abgewendet. In seiner Selbstwahrnehmung und Selbstdarstellung ist er nicht einfach der neue Mann nach Willy Brandt, sondern der Retter der Staatsfinanzen und der Retter des »Ladens« überhaupt.

Helmut Schmidt und die Angehörigen seiner Generation verstehen Politikmachen als das Bewältigen von Krisen. Zu diesem Krisenbewusstsein gehört, dass sie gern und häufig zur Krisenrhetorik greifen; dazu gehört auch, dass sie die Rettung aus der Krise unverblümt an die eigene Person knüpfen. Zugespitzt ließe sich sagen: Helmut Schmidt und die Seinen dramatisieren die Probleme, um sie später heroisch zu lösen.

Das ist in der Generation Helmut Schmidt nicht einfach clevere Machttechnik. Die Angehörigen dieser Generation »ticken« so, sie können nicht anders. Als Helmut Schmidt Kanzler ist, lässt er an Willy Brandt kein gutes Haar. Die üble Nachrede verstößt nicht nur gegen die politischen Sitten, sie bringt auch viele Sozialdemokraten gegen ihn auf. Doch Helmut Schmidt glaubt wirklich, er muss einen Augiasstall ausmisten; er glaubt wirklich, mit ihm kommt endlich wieder ein Vernünftiger in das wichtigste Amt.

Mit seiner Biografie ist Brandt eine moralische Autorität und ein Meister der symbolischen Politik; er ist der Mann für die überfälligen Tabubrüche, die mit seiner Wiederwahl 1972 honoriert werden. Doch diese Tabubrüche betreffen das »Draußen«; der politische Alltag der Westdeutschen »drinnen« sieht anders aus, er wird von Themen rund um ihren Wohlstand und ihre Sicherheit bestimmt. Hierzu zählen während der Kanzlerschaft von Willy Brandt ein Streik der Fluglotsen oder der Müllmänner oder eine Preisexplosion beim Öl. In solchen Konflikten greift die Kunst der verbindlichen Geste nicht. Willy Brandt ist kein Schlachtenpferd für Konfrontationen und Krisen.

Helmut Schmidt geht umgekehrt die Kunst der verbindlichen Geste ab, seine Stärke liegt auf den alltäglichen Feldern von Wohlstand und Sicherheit. Die Deutschen schätzen und verehren ihn dafür, dass er die Krisen, die er dramatisch zu schildern weiß, gleich selbst bewältigt. Wäre Helmut Schmidt ein Politiker der Union, könnte er, wie eine Umfrage ermittelt, bei der Bundestagswahl 1976 ein Traumergebnis erzielen, wie es nur Konrad Adenauer geschafft hat. Die führende Demoskopin der Zeit, Elisabeth Noelle-Neumann, berichtet wiederkehrend von Entscheidungsproblemen der Unionswähler, die gern hätten, dass Helmut Schmidt Kanzler bleibt. Wie lautet doch das Bonmot? Helmut Schmidt ist der beste Kanzler, den die CDU je hatte!

Schon im Herbst 1974 sind, so das Jahrbuch des Instituts für Demoskopie in Allensbach, 46 Prozent der Deutschen »einverstanden« mit der Politik des neuen Bundeskanzlers, 32 Prozent »unentschieden« und nur 22 Prozent »nicht einverstanden«. Im Winter 1975 liegt der Wert bei 50 – 24 – 26. Als charakteristische Eigenschaften werden am häufigsten »energisch, fester Wille«, »ehrgeizig« und »glänzender Redner« genannt; die Eigenschaften »verdächtig, bedächtig, abwägend«, »eher konservativ eingestellt« und »christlich, fromm« bilden die Schlusslichter. Im Mai 1976 haben siebzig Prozent der Deutschen eine »gute Meinung«, neun Prozent geben sich unentschieden, ein Prozent kennt ihn nicht und zwanzig Prozent haben »keine gute Meinung«.[39]

Helmut Schmidt erzielt bei der Bundestagswahl 1976 kein Traumergebnis, doch konnte es für ihn nach dem Kanzlerwechsel, dem Einbrechen der Konjunktur und dem geschickten Wahlkampf von Helmut Kohl nur um das Überleben der sozialliberalen Koalition gehen. Die politische Landschaft hat sich seit der Wahl von 1972 stark verändert. Es ist wahrscheinlich, dass ein Bundeskanzler Willy Brandt massiv Stimmen verloren hätte und sogar abgewählt worden wäre, während Helmut Schmidt – übrigens mithilfe des von ihm ungeliebten Verhältniswahlrechts – die Koalition knapp über das Ziel der absoluten Mehrheit bringt. Für den Politikwissenschaftler Rudolf Wildenmann sind die Ergebnisse der Bundestagswahlen von 1976 und 1980 »vor allem ein persönlicher Erfolg Helmut Schmidts«.[40] Das gute Verhältnis zwischen Helmut Schmidt und den Deutschen steht im Zenit seiner politischen Wirkkraft. 1979 schreibt der CDU-Generalsekretär Kurt Biedenkopf in einem internen Papier zur Wahlkampfstrategie für 1980, »jeder Versuch, ihn (Helmut Schmidt) in den Augen der Bevölkerung persönlich zu disqualifizieren, ist zum Scheitern verurteilt«.[41]

Doch liegt es nicht an der Person allein, dass Helmut Schmidt nach der Wahl 1976 weitermachen kann, vielmehr trifft sein nüchternes Verständnis von Politik auf geringe Erwartungen der Deutschen an »Bonn«. In einem Land, das seine Zechen und Textilfabriken, seine Bauernhöfe und Tante-Emma-Läden sterben sieht, in dem die Dienstleistung häufiger wird als die industrielle Produktion und (seit 1978) der Angestellte häufiger ist als der Arbeiter, kommt Helmut Schmidt, der selbsternannte »leitende Angestellte des Unternehmens Bundesrepublik Deutschland«, gut an. Er erklärt das Machbare zur politischen Maxime und den Pragmatismus zum politischen Prinzip. Helmut Schmidt ist zwar kein Pragmatiker reinsten Wassers, er verfügt über ein festes sittliches Fundament – mit ihm redet erstmals ein Bundeskanzler über Immanuel Kant und Karl Raimund Popper –, doch ein Verzicht auf das Fundament würde seiner Popularität keinen Abbruch tun. Helmut Schmidt steht für »Kohle« und Ruhe.

Dass Helmut Schmidt das 1976 fertiggestellte Kanzleramt als Erster bezieht und nicht Willy Brandt, in dessen Kanzlerschaft die Planung fiel, liegt an Brandts Rücktritt, hat aber politische Symbolkraft. Helmut

Schmidt lehnt den dreigeteilten Stelzenbau aus eloxiertem Stahl ab (der Bau würde besser eine Sparkasse beherbergen, findet er), aber Schmidt und die Seinen passen mit ihrer Grundstimmung in dieses kühle, nüchterne, moderne, funktionale Haus. In seinem Habitus kommt Helmut Schmidt einem Sparkassendirektor näher als dem »Firmeninhaber« Helmut Kohl mit seinen monarchischen Zügen. Mit dem Entwurf des neuen Kanzleramts hat die Planungsgruppe Stieldorf der mittleren Bundesrepublik, die von der Generation Helmut Schmidt regiert wird, ein Denkmal gesetzt. Der Protagonist selbst wird es verzieren, innen mit Bildern des deutschen Expressionismus, außen mit einer Großplastik von Henry Moore.

Die Journalistin Doris Schmidt nennt die neue Regierungszentrale der zweitgrößten Wirtschaftsmacht einen »Käfig für große Tiere«. Der Bau habe einen abweisenden Charakter, im Inneren sei »farbig nicht Freundlichkeit und Helle, sondern gewichtige Muffigkeit vorgegeben«. Der Bau präsentiere sich als »optische Ödnis«, ihm fehle, so resümiert die Autorin, die Leichtigkeit, ja, man habe sogar alles getan, sie zu verbergen.[42] Auch der Architekturkritiker Heinrich Klotz findet kein gutes Wort für das Gebäude. Es komme dem Besucher so vor, »als müsse der gesamte stählerne Raumkäfig in schwärzester Seriosität eine anhaltende Schwermut ausbrüten, als zöge ein Begräbnis vorbei: – ein schwarzer Tripelkatafalk«.[43]

In dem Bemühen, eine protzfreie, geradezu unauffällige Regierungszentrale zu bauen, schaffen die Architekten ein Werk von depressiver Gestalt mit deprimierender Wirkung. Unfreiwillig bilden sie damit die Grundstimmung der »großen Tiere« ab, die in diesem Haus arbeiten oder ein und aus gehen werden. Das neue Kanzleramt ist viel charakteristischer für die Generation, die jetzt regiert, als der Frohsinn, mit dem Walter Scheel »Hoch auf dem gelben Wagen« schmettert. Die Glaubwürdigkeit seines Auftritts geht auf seine rheinische Frohnatur zurück, er macht damit eine Ausnahme von der Regel.

Die letzte Schlacht

Bei ihrer ersten Bewährungsprobe im Kampf gegen den Terrorismus versagt die Generation Helmut Schmidt kläglich. Das liegt nicht nur an der Abwesenheit des Bundeskanzlers, der mit hohem Fieber im Bett liegt und für wenige, entscheidende Sitzungen arbeitsfähig gespritzt werden muss, es zeigt sich die tiefe Unsicherheit der vermeintlich kampferprobten Soldatenpolitiker, die das Land in seiner mittleren Phase regieren. Der Ton von Helmut Schmidt und den Seinen gegenüber den Terroristen der Roten Armee Fraktion und der Bewegung 2. Juni ist markig, das Verhalten im »Ernstfall« voller Angst. Als der inhaftierte RAF-Terrorist Holger Meins am 9. November 1974 an den Folgen eines wochenlangen Hungerstreiks stirbt, erinnert der Bundeskanzler in einem Fernseh-Statement daran, »dass der Herr Meins Angehöriger einer gewalttätigen, andere Menschen vom Leben zum Tode befördert habenden Gruppe, nämlich der Baader-Meinhof-Gruppe war«.[44] Und nach alledem, was die Angehörigen dieser Gruppe Bürgern des Landes angetan hätten, sei es allerdings nicht angängig, sie, »solange sie ihren Prozess erwarten, in einem Erholungsheim unterzubringen. Sie müssen schon die Unbequemlichkeiten eines Gefängnisses auf sich nehmen.«

»So zieht man neue Sympathisanten«, kommentiert der Publizist Willi Winkler Helmut Schmidts schneidige Wortwahl in seiner »Geschichte der RAF«.[45]

Von Entschlossenheit, die der Bundeskanzler stellvertretend für das politische Bonn ausdrückt, kann keine Rede sein, als der Berliner CDU-Politiker und Spitzenkandidat für die Bürgermeisterwahl Peter Lorenz am Morgen des 27. Februar 1975 von Linksterroristen entführt wird. Die Politik reagiert geschockt und gelähmt. Dabei ist die Bedrohung durch den Terrorismus nicht neu, es gab Brandanschläge, es gab Festnahmen wichtiger RAF-Mitglieder, und schon das Olympia-Attentat von München 1972 hat die Bundesrepublik mit terroristischer Gewalt konfrontiert. Trotzdem verläuft das Krisenmanagement, das freilich politisch komplexer ist als bei einer Flutkatastrophe oder nach einem Ölpreis-Schock, chaotisch und im Ergebnis folgenschwer.

Die erste Panne passiert, bevor es überhaupt zur Entführung kommt, denn der Personenschutz, den Peter Lorenz zeitweilig erhält, wird wegen einer vermeintlich besseren Sicherheitslage im Januar 1975 für unnötig befunden. Peter Lorenz hat am 27. Februar 1975 keine Polizisten mehr um sich. Für die Terroristen ist sein Kidnapping ein Kinderspiel – für die politisch Verantwortlichen bedeutet sie, wovon der Historiker Matthias Dahlke 2007 in einer Rekonstruktion der Ereignisse überzeugt ist, eine Überforderung: »Den Tag der Entführung verbrachten die staatlichen Instanzen in offensichtlicher Rat- und Ahnungslosigkeit, gefüllt mit Sondersitzungen und der Bildung von politischen und polizeilichen Krisenstäben.«[46] Am 2. März soll in Berlin ein neuer Regierender Bürgermeister gewählt werden, der Wahlkampf wird erst einmal ausgesetzt. Der Amtsinhaber von der SPD, Klaus Schütz, muss natürlich für einen Austausch der Häftlinge gegen Peter Lorenz plädieren – wenn er seinen Gegenkandidaten für vogelfrei erklärt, ist er politisch tot. Die Berliner FDP votiert dafür, hart zu bleiben, der Staat darf vor den Terroristen nicht »einknicken« – allerdings nur, bis Hans-Dietrich Genscher mit den Parteifreunden gesprochen hat; danach knickt die Berliner FDP gegenüber dem Willen der Bundespartei ein.

Am späten Abend tagt erstmals ein großer Krisenstab unter Leitung des (offenbar noch gesunden) Bundeskanzlers. Der Vorgang ist heikel, denn alles, was in Westberlin passiert, unterliegt den Bestimmungen des Viermächtestatus. Helmut Schmidt sammelt zunächst nur Meinungsbilder: Die Union mit ihrem Vorsitzenden Helmut Kohl, einem persönlichen Freund von Peter Lorenz, und der SPD-regierte Senat von Berlin mit Klaus Schütz treten für einen Austausch ein. Die ungewöhnliche Koalition wird durch das Angebot von Kohl, sich als Begleiter der ausreisenden Terroristen zur Verfügung zu stellen, untermauert.

Währenddessen fahndet die Westberliner Polizei nach den Entführern, tappt aber im Dunkeln. Um Licht in dieses Dunkel zu bringen, wird sogar ein Hellseher herangezogen – ohne Erfolg, wie der weitere Gang der Ereignisse zeigt.

Die Entführer von Peter Lorenz fordern die Freilassung ihrer Genossen und für jeden von ihnen Geld, doch selbst wollen sie nicht ausgeflogen werden und verlangen für sich auch kein Geld. Das ist ein deutlicher Hinweis darauf, dass sie in Westberlin oder im Bundesgebiet noch Weiteres vorhaben. Doch die berechtigte Sorge, dass auf die Entführung von Peter Lorenz Wiederholungstaten folgen könnten, wird verdrängt. Die Sache soll rasch zu einem Ende kommen. »Die möglichst reibungslose Abwicklung einer politischen Entscheidung stand im Vordergrund«, schreibt Matthias Dahlke.[47]

Peter Lorenz darf die Wahl zum Regierenden Bürgermeister, für die er als CDU-Politiker kandidiert, in der Geiselhaft am Fernseher verfolgen. Die CDU wird in Westberlin erstmals stärkste Partei, doch Klaus Schütz kann mithilfe der FDP weiterregieren. Unterdessen wird Bundeskanzler Helmut Schmidt krank, er bekommt nach eigenem Bekunden über vierzig Grad Fieber. Helmut Kohl nennt es im Nachhinein eine »zurechtgezimmerte Legende«[48], dass die Erkrankung den Kanzler weich macht und seine Zweifel, ob ein Austausch nicht weitere Straftaten provoziert, zurückstellen lässt. Matthias Dahlke meint in Kenntnis der Quellen, »dass Schmidt sich von vornherein bedeckt gezeigt hatte und vermutlich, wie viele in der SPD, am Sinn eines Austauschs zweifelte«. Eine solche Zurückhaltung ist aber bei Helmut Schmidt nicht zwangsläufig ein Ausdruck von Unentschlossenheit. Es gehört zu seiner Arbeitsweise, dass er in Gesprächsrunden Informationen sammelt und sich erst festlegt, wenn er glaubt, alle wichtigen Informationen beisammenzuhaben. Vielleicht spielten ja beide Motive eine Rolle – Helmut Schmidt hat noch keine Entscheidung getroffen und kann, mit Dahlkes Worten, »als Regierungschef mit der obersten Entscheidungsverantwortung durch seine Abwesenheit allerdings auch einen guten Teil der Verantwortung abgeben«.[49]

An der »Legende«, die Helmut Kohl kritisiert, schreibt Helmut Schmidt selbst mit. Bei vielen Gelegenheiten, auch im Gespräch mit mir, weist er mit Blick auf seine – wie er hinterher überzeugt ist – falsche Entscheidung auf seine eingeschränkte Handlungsfähigkeit hin. Seinerseits kritisiert er das Verhalten von Kohl während der Entführungstage, er hält ihn von jetzt an für eine Memme; Kohl habe um das Leben seines Freundes »gezittert und unmögliche Forderungen gestellt«.[50] Das war nicht tapfer und verdient gemäß dem Maßstab, den Helmut Schmidt an einen Spitzenpolitiker anlegt, die Note »ungenügend«. Es bestärkt ihn auch in seiner Überzeugung, dass bereits die nächste Generation, deren Protagonist Helmut Kohl ist, nicht mehr über dieselbe Härte verfügt wie seine eigene. Helmut Kohl und die Seinen haben im Krieg keine Verantwortung tragen müssen, da nimmt die Legierung auf der Seele nicht denselben Härtegrad an.

Als die Terroristen die Bundesrepublik mit einem Gewährsmann, dem Pastor Heinrich Albertz, verlassen, setzt sich die Pannenserie fort. Die Terroristen wollen nach Aden, der Hauptstadt des Südjemen, ausreisen, doch der Pilot hat keine Karte von der Landebahn des Flugplatzes an Bord. Bei der Landung entgeht die Maschine nur knapp einem Absturz. Heinrich Albertz muss die schwierigen Verhandlungen alleine führen, kein deutscher Politiker, nicht einmal ein Diplomat, ist am Ort. Nach vielen Stunden kann Albertz politisches Asyl für die Terroristen erwirken. Peter Lorenz kommt frei. Die Tage im »Volksgefängnis«, wie seine Entführer das Versteck nennen, fügen ihm ein Trauma zu, von dem er sich nicht mehr erholt.

Die Entführung von Peter Lorenz wird heute im kollektiven Gedächtnis von anderen terroristischen Aktionen, die weniger glimpflich verliefen und bei denen es Tote gab, überdeckt, besonders vom »Deutschen Herbst« 1977, als Arbeitgeberpräsident Hanns Martin Schleyer und Wochen später Passagiere eines Lufthansa-Linienfluges entführt wurden. Eine Fernsehproduktion über den Fall Lorenz von 1999 spricht denn auch im Titel von einer »vergessenen Entführung«.[51] Die historische Bedeutung des Ereignisses liegt im Versagen der Generation Helmut Schmidt während dieser Tage, wobei das Versagen nicht der Entscheidung selbst gilt (es war die erste Politikerentführung in der Bundesrepublik, man hatte naheliegenderweise den entführten Menschen im Fokus), sondern in der nervösen Reaktion, der wenig strukturierten Entscheidungsfindung und den handwerklichen Pannen. Gleichwohl erwies sich die situativ nachvollziehbare Entscheidung im Nachhinein geradezu als das Urversagen der Generation Helmut Schmidt im Umgang mit einer Entführung, denn sie zieht weitere Straftaten nach sich; die Bonner Politik hinterfragt ihr Handeln im Fall Lorenz nicht aus eigener Einsicht, sondern erst, wie Matthias Dahlke feststellt, mit der nächsten terroristischen Aktion, der Besetzung der deutschen Botschaft in Stockholm.

Die harte Haltung im Deutschen Herbst 1977, der »Showdown« zwischen Bundesregierung und Terroristen ist ohne das Urversagen vom Februar 1975 nicht zu verstehen. Wäre Hanns Martin Schleyer das erste Opfer einer Personenentführung in der Bundesrepublik geworden, hätte bei ihm der »Lorenz-Reflex« eingesetzt, im Zweifel für den Menschen zu entscheiden. Während der Geiselhaft von Peter Lorenz ist die Mehrheit der Westdeutschen für einen Austausch, so wäre es auch zwei Jahre später gewesen. Hanns Martin Schleyer war wie Peter Lorenz ein persönlicher Freund von Helmut Kohl, der Oppositionsführer hätte ebenfalls alle Hebel zu dessen Rettung in Bewegung gesetzt. Erst die Erfahrung, dass ein Nachgeben gegenüber Terroristen keinen Frieden bringt, dass also die Entscheidung im Fall Lorenz ein Pyrrhussieg war, lässt Helmut Schmidt und die Seinen das Leben von Hanns Martin Schleyer preisgeben und das der Geiseln in der Lufthansa-Maschine nicht um jeden Preis retten.

Wenn Schmidt tatsächlich unsicher war, wie er im Fall Lorenz entscheiden sollte, sorgen die Terroristen, die wenige Wochen später die

Deutsche Botschaft von Stockholm besetzen, unfreiwillig für Entscheidungshilfe: Sie zeigen aller Welt, dass sie auch und gerade nach dem Einlenken des Staates mit Gewaltaktionen weitermachen. Die Terroristen wollen das politische Bonn mit kurz aufeinanderfolgenden Gewalttaten zermürben, die Emotionalität und Kopflosigkeit, die sich im Entführungsfall Lorenz offenbarte, soll sich mit jedem weiteren Terrorakt potenzieren (auch die Hysterie in der Bevölkerung, die wiederum den Druck auf die Politiker verstärkt). Diese Strategie geht jedoch bei der Politikergeneration mit ihrem einbetonierten Kriegstrauma nicht auf, es tritt genau das Gegenteil ein: Ihr Protagonist wird wieder zum Batteriechef, und die Politiker seiner Generation kennen, in Ableitung des Wortes von Wilhelm II., keine Parteien mehr, nur noch den gemeinsamen Gegner. Auch die überwältigende Mehrheit der Deutschen – durchaus in beiden Staaten diesseits und jenseits der Elbe – steht zusammen. Es herrscht das kollektive Gefühl, sich wieder im Krieg zu befinden.

Ohne Süffisanz oder Häme, im kühlen Protokollstil leitet der »Spiegel« seinen Bericht über die Stürmung der Deutschen Botschaft in Stockholm ein. Bundeskanzler Helmut Schmidt habe den Ausschlag gegeben, heißt es darin. »Auf seine Initiative hin quittierte der große Krisenstab nach dem Überfall auf die deutsche Botschaft in Stockholm das Ultimatum der Terroristen mit einem harten Nein.«[52] Ganz gleich, ob er es schon früher gewusst hat – jetzt weiß er, was er will, und setzt diesen Willen mit der Prägung des Soldatenpolitikers in einer Gruppe von Soldatenpolitikern durch.

In derselben »Spiegel«-Ausgabe ist ein Interview mit dem Bundeskanzler abgedruckt, in dem dieser resümiert: »Denen (diesen intellektuellen Verbrechern, M. R.) musste doch mal gezeigt werden, dass es einen Willen gibt, der stärker ist als ihrer.«[53] Mit dieser Deutung, stellt die Historikerin Gabriele Metzler in einem Essay aus dem Jahr 2014 fest, hebt er »den Konflikt von Stockholm von der Ebene eines notwendigen Polizeieinsatzes auf jene eines Willenskampfes, in dem am Ende der Stärkere obsiegt«. Helmut Schmidt und die Seinen sprechen, wie Gabriele Metzler aufzählt, fortan von »Härte und Entschlossenheit«, »Unnachgiebigkeit«, »Pflicht« und »Pflichtbewusstsein«, aber auch »Opferbereitschaft«.[54] Sie sprechen von jenen männlichen Werten und Tugenden, mit denen sie erwachsen wurden und die sie in Habitus und Lebensform verkörpern. Sie sprechen letztlich wieder als Soldaten!

Die Besinnung auf die prägende Sprache und den prägenden Habitus wäre für sich genommen noch nicht politisch relevant – jede Politikergeneration, wie überhaupt jede Generation, bedient sich einer eigenen Sprache und eines eigenen Habitus'. In Krisenzeiten besinnt sie sich reflexartig ganz besonders darauf. Im Fall der Generation Helmut Schmidt allerdings entfaltet der kriegerische Diskurs enorme politische Wirkkraft; sie redet nicht nur markig wie ihr Protagonist im »Spiegel«-Interview, und sie schließt sich nicht nur zur Selbststilisierung mit soldatischer Bunkermentalität im Kanzleramt ein; sie betrachtet die Terroristen nicht mehr als Verbrecher, sondern als Gegner. Die Generation Helmut Schmidt sieht sich mit anderen Worten nicht in einer Konfrontation mit den Terroristen, die mithilfe polizeilicher Mittel zu ergreifen sind, sie fühlt sich in einem Krieg mit ihnen, der geführt und gewonnen werden muss. Es geht um nichts weniger als um Sieg oder Niederlage, Leben oder Tod.

Helmut Schmidt und die Seinen wählen gemäß ihrer Sicht auf die Ereignisse eine Strategie der Kriegführung. Innerpsychisch ist es die Mobilisierung der Kräfte, die sie in den Gefahrensituationen des Krieges mobilisiert haben – Kräfte, denen sie ihr Überleben verdanken. Friedrich Zimmermann zählt in Heinrich Breloers Dokudrama »Todesspiel« die Dienstränge einiger Akteure, die einmal Wehrmachtssoldaten waren, auf: »Oberleutnant Schmidt, Oberleutnant Strauß, Oberleutnant Wischnewski, Leutnant Zimmermann, Leutnant Herold«.[55]

»In der eigenen Aufopferung«, schreibt Gabriele Metzler, »der eigenen Erfahrung physischer und psychischer Grenzen, spiegelte sich ein nachgerade soldatisches Pflichtethos, das die Sache des Staates mit beglaubigen sollte.«[56]

Von jetzt an darf in diesem Männerbund – Frauen spielen keine Rolle, es gibt sie nicht – keiner mehr »zittern«. Wer Ängste ausspricht oder Unsicherheit zeigt, gilt als der Situation nicht gewachsen. Die Angehörigen der Generation Helmut Schmidt geben mit ihrem Habitus den Ton an; die Angehörigen der Generation Helmut Kohl – Justizminister Hans-Jochen Vogel, Oppositionsführer Kohl – lassen sich in die Pflicht nehmen. Den persönlich weitesten Weg legt Helmut Kohl zurück, als er sich im Herbst 1977 auch durch die direkte Ansprache des persönlichen Freundes und Entführungsopfers Hanns Martin Schleyer nicht erweichen lässt.

Zweifellos sind ein Helmut Schmidt, ein Helmut Kohl, ein Friedrich Zimmermann, sogar ein Franz Josef Strauß nach außen hin auf eine rationale Auseinandersetzung mit der neuen Bedrohungslage aus; sie wollen eine Gegenkraft zum »gesunden Volksempfinden« bilden, das zur Hysterie und zur Panik neigt. Nicht wenige Westdeutsche wünschen immerhin die standrechtliche Erschießung von Terroristen oder wenigstens die Rückkehr zur Todesstrafe. Dass Helmut Schmidt jedoch nach der Entführung von Hanns Martin Schleyer im großen Krisenstab alle nur vorstellbaren Szenarien gedanklich durchspielen lässt, auch die sukzessive Erschießung von Terroristen, die für den Arbeitgeberpräsidenten freigepresst werden sollen, zeigt, dass die Kriegslogik längst auch die vermeintlich rationalen Problemlösungsstrategien durchdringt. Zwar geht es darum, keine der denkbaren Handlungsmöglichkeiten übersehen, geprüft und verworfen zu haben, doch lassen solche Planspiele auch der Fantasie und den Emotionen von Männern freien Lauf, in deren Biografie das Standrecht schon einmal eine Rolle spielte.

Der autoritäre Reflex von Helmut Schmidt und seinen Kollegen ist, wenn man die Prägung und den Lebensweg dieser Politiker in den Blick nimmt, gut nachvollziehbar; sie fallen in der Not auf Denkmuster zurück, die ihnen vertraut sind, und doch passt ihre markige, ausgesprochen männliche Herangehensweise an die Probleme – diesen Hinweis gibt Gabriele Metzler in ihrem Essay – nicht mehr in die Zeit. Längst hat in den westlichen Industriestaaten, auch in der Bundesrepublik, ein Bewusstseinswandel eingesetzt, die junge Generation übernimmt nicht mehr fraglos die Denkkategorien des Krieges. Für sie gilt die eigene Subjektivität, die die Nazis auszulöschen suchten, als besonderer Wert. In der Bundesrepublik der siebziger Jahre wird das nationalsozialistische Credo »Du bist nichts, dein Volk ist alles«, das die Generation Helmut Schmidt so stark prägte, zum Anachronismus. Helmut Schmidt, der tapfere, durch und durch männliche Soldatenpolitiker, schämt sich im Nachhinein für sein Bekenntnis, dass er nach der Befreiung der entführten Lufthansa-Maschine in Mogadischu geweint hat: »Wenn ich das gesagt habe, dann war dies ein Fehler. Der Tatbestand ist zutreffend.«[57] Tränen zu vergießen passt nicht in das Selbstbild eines Mannes dieser Generation. Dabei rührt gerade diese zutiefst menschliche Reaktion viele Deutsche an, weil sie – für viele zum ersten Mal – den Menschen im Soldatenpolitiker Helmut Schmidt sichtbar macht. Ludwig Erhard oder Kurt Georg Kiesinger hätten noch kein weiches Herz zeigen dürfen, doch viele Westdeutsche finden es – auch dank dem Beispiel von Willy Brandt – inzwischen ganz gut, wenn ein verantwortlicher Politiker Gefühle offenbart.

Helmut Schmidts Tränen stehen jedoch am vorläufigen Ende, nicht am Anfang einer Gewaltserie, die das Land über Jahre hin in Atem hält und verändert. Um diese Kette von Gewalt zu durchbrechen, rüsten die Bonner Politiker innerpsychisch auf, auch der Regierungschef, der von sich sagt: »Das Wort Verzweiflung kenne ich nicht. Und von Mut halte ich nicht viel. Ich halte mehr von Tapferkeit.«[58] Es wird die letzte Schlacht dieser Generation, in einem doppelten Sinne: Zum letzten Mal wird ein Konflikt militärisch gesehen und mit der Tugend der Tapferkeit beendet; zum letzten Mal kann die Generation Helmut Schmidt im hermetisch abgeriegelten Befehlsstand, zu dem sie das Kanzleramt gemacht hat, ganz allein entscheiden.

Für ihr Handeln erhalten Helmut Schmidt und die Seinen einen moralischen Ablass. Der erste wird ihnen wenige Tage nach den Ereignissen durch einem Intellektuellen, durch den Schriftsteller Max Frisch, zuteil, der als Gastredner auf dem SPD-Parteitag in Hamburg spricht. Frisch bejaht den »Rigorismus der Regierung« ausdrücklich.[59] Von Intellektuellen bekommt der Soldatenpolitiker normalerweise keinen Zuspruch, in diesem Fall schon. Helmut Schmidt erhält persönlich einen Ablass, als ihm im darauffolgenden Jahr der Theodor-Heuss-Preis verliehen wird. Der Physiker Carl Friedrich von Weizsäcker ordnet Schmidts Handeln im Deutschen Herbst als ethisch angemessen ein.[60]

Die mit nachträglicher Absolution versehene Haltung hat einen hohen Preis. Die Wahrnehmung der Terroristen als Kriegsgegner (und nicht als Verbrecher) ist genau das, worauf Andreas Baader und Co. aus waren, sie erhalten Guerilla-Status, werden als Kämpfer mythisiert, die für eine gerechte Sache in Unterzahl gekämpft und verloren haben. Baaders Selbststilisierung zum modernen Guerillakämpfer – die zugleich seine »Selbstentschuldung« als Verbrecher und Mörder ist – ging so weit, dass er nicht im Bett seiner Zelle schlief, sondern, nur die Matratze unter sich, auf dem Boden. Ein bürgerliches Bettlager hätte den Status als strafrechtlich verurteilter Häftling und Insasse einer deutschen Strafanstalt anerkannt. Andreas Baader und die Seinen konnten auch dank der Wahrnehmung durch die Bonner Politik glauben machen, sie hätten einen – aus ihrer Sicht notwendigen – Kampf geführt und nach tapferer Schlacht verloren.

Einen hohen Preis, den die »Kriegführung« von Helmut Schmidt und den Seinen fordert, zahlen auch die Passagiere der entführten Lufthansa-Maschine »Landshut«. Nach gewonnener Schlacht werden die Helden gefeiert und die Opfer vergessen, ihr Leid tabuisiert.[61] Die Männer der Grenzschutzgruppe (GSG) 9, die das entführte Flugzeug in Mogadischu erfolgreich gestürmt hat, erhalten das Bundesverdienstkreuz, auch die Crew der »Landshut« wird geehrt, doch die zwar befreiten, aber traumatisierten Geiseln geraten auf fatale Weise aus dem Blick. Opfer sind im Ausgang dieses Dramas, das nur Helden kennt, nicht vorgesehen. Bei ihrer gemeinsamen Pressekonferenz in Bonn rekapitulieren Bundsinnenminister Werner Maihofer, der Staatsminister im Kanzleramt Hans-Jürgen Wischnewski und Lufthansa-Chef Werner Utter, allesamt ehemalige Offiziere der Wehrmacht (Maihofer und Wischnewski waren Oberleutnant, Utter war Hauptmann), mit sichtlichem Stolz die Vorbereitung und den Ablauf der Befreiungsaktion; über die Passagiere, die dem Tod bereits näher waren als dem Leben, die ein Trauma davontragen, von dem sie sich nicht mehr erholen werden, verlieren die Herren kein Wort. Ihr Schweigen ist symptomatisch für das Versagen des Staates im weiteren Umgang mit den Opfern. Diese müssen sich in einer demütigenden Prozedur finanzielle und therapeutische Hilfe erbetteln; ein von der Bundesregierung bezahltes Hilfsprogramm kommt erst auf Initiative alarmierter Medien und damit viel zu spät zustande. Weder Helmut Schmidt noch ein anderes Mitglied der Bundesregierung drückt jemals sein Mitgefühl für die »Landshut«-Opfer aus, die nicht wegen persönlicher Vergehen, sondern als Bürgerinnen und Bürger der Bundesrepublik Deutschland gekidnappt worden sind. Als ein anonymer Spender einen Geldbetrag für die Opfer bereitstellt, wird den Kindern, die in der »Landshut« saßen, jeweils ein Fahrrad geschickt, versehen mit einem von Bundeskanzler Helmut Schmidt unterschriebenen Brief. Leider war nicht mit den Eltern vorher geklärt worden, ob die Kinder überhaupt ein Fahrrad brauchten und wenn ja, welche Größe es haben sollte.

In der militärisch verstandenen Ausnahmesituation handelt die Generation Helmut Schmidt, die Mitte der siebziger Jahre das Land regiert, effizient und erfolgreich. Als wieder der demokratische Normalfall eintritt, offenbaren sich ihre »blinden Flecken«: Mit dem Betonmantel um ihre Seele mangelt es ihnen an der Fähigkeit zur Empathie. Die Bundesrepublik gehört zu den reichsten Nationen der Welt, und seit einigen Jahren überzieht sie ein Psycho-Boom, der das gesellschaftliche Bewusstsein für seelische Leiden erheblich gesteigert hat. Im »Raumschiff Bonn« mit seinen emotionalen Dickhäutern ist dieses Bewusstsein noch nicht angekommen.

Wenigstens bei einer Gelegenheit bekommt Helmut Schmidt die sehr deutsche Mythisierung von »Mogadischu« vorgehalten. Heinrich Albertz sagt zu ihm während einer gemeinsamen Podiumsdiskussion am 19. Juni 1981 auf dem Evangelischen Kirchentag in Hamburg, der holländische Regierungschef habe nach einem vergleichbaren Einsatz – Molukken hatten in den Niederlanden einen Zug gekapert, die Regierung ordnete eine Befreiungsaktion an – gesagt: »Ich schäme mich, dass ich Gewalt habe einsetzen müssen.« Derartige Töne habe er »bei uns nicht gehört, sondern von Helden von Mogadischu gelesen«. Heinrich Albertz plädiert im Sinne der Bergpredigt dafür, dass der Staat »äußerst zurückhaltend« Gewalt ausübt.[62]

Helmut Schmidt geht in der Podiumsdiskussion auf diesen Hinweis von Heinrich Albertz nicht ein.

GENERATIONENDÄMMERUNG

Machtverfall und Machtverlust der Generation Helmut Schmidt

> *»Für all das, was Millionen junger Menschen verschlingen, emotional erleben, haben wir keine Zeit, geschweige denn Verständnis. Da gibt es viel Schund im Schulranzen. Nähmen wir aber öfter Anteil an der jugendlichen Lust am Quatsch, könnten wir mitreden über John Travolta oder Boney M. (...), hätten wir einen leichteren Gesprächseinstieg auch für ernsthafte Themen. (...) Ich bin mir bewusst, dass ich mich mit diesen Ausführungen des Abweichlertums vom parlamentarischen Redenschema schuldig mache.«*
>
> Hans (»Johnny«) Klein

Das Ende des »Modells Deutschland«

Es wird auf jeden Fall eng. Die sozialliberale Koalition möchte nach der Bundestagswahl am 3. Oktober 1976 weitermachen, doch die Aufbruchstimmung, die das Bündnis lange getragen hat, ist verflogen und der Bundeskanzler, der vier Jahre vorher die meisten der zwei Millionen Jungwähler an sich binden konnte, zurückgetreten. In einem »Aufruf« vom 25. August 1976 zur Bundestagswahl bieten der SPD-Parteivorsitzende Willy Brandt und Bundeskanzler Helmut Schmidt nochmals die Beschwörungsformeln – Wachstum, Fortschritt, Sicherheit – der mittleren Phase der alten Bundesrepublik auf. »Wir Sozialdemokraten stehen für den Vorrang der Vollbeschäftigung«, heißt es darin, der Satz ist sogar unterstrichen. Vollbeschäftigung setzt bekanntlich stetiges Wachstum, das erste Mantra, voraus.

Weiter heißt es: »Wir Sozialdemokraten stehen für den Fortschritt, für die Sicherung des sozialen Netzes«, auch dieser Satz ist unterstrichen. Das klingt ein bisschen schief, denn »Fortschritt« meint in der Regel technischen Fortschritt. Gemeint ist wohl, dass der technische Fortschritt, zweites Mantra, das Industrieland Bundesrepublik Deutschland weiter reich macht und dieser Reichtum allen Gruppen der Gesellschaft zugutekommt.

Zuletzt wird auch das dritte Mantra aufgerufen: »Wir Sozialdemokraten stehen für die Politik der aktiven Friedenssicherung: durch Bündnis und Europäische Gemeinschaft im Westen, durch Verträge mit dem Osten« (wieder unterstrichen). Neben der äußeren Sicherheit verspricht der Aufruf dann auch noch innere und soziale Sicherheit.[1]

Das Wahlkampfpapier könnte auch von der Union stammen. Die Christdemokraten würden nicht so viel Sozialstaat versprechen, das Ideal des »Volksheims«, für das viele Sozialdemokraten eintreten, teilen sie nicht, doch auch sie kommen um ein Bekenntnis zum Fortschritt nicht herum. Die Union steht nicht weniger für das »Modell Deutschland« als die Partei von Helmut Schmidt, sie setzt nur andere Akzente. In den Grundfragen passt zwischen Regierung und Opposition kein Blatt Papier, nicht einmal ein Wahlkampfaufruf. Um sich abzugrenzen, zettelt die Union im Bundestagswahlkampf 1976 eine ideologische Debatte an, die kein Mensch braucht: Sie stellt die Westdeutschen vor die Alternative zwischen Freiheit und Sozialismus, zwischen freier Marktwirtschaft und Planwirtschaft wie in der DDR. Aus Sorge um ihren Wohlstand, der trotz Weltwirtschaftskrise weiter wachsen soll, wählen die Westdeutschen fast den populäreren Kandidaten, der obendrein Ökonom ist, ab – Helmut Schmidt kommt mit der sozialliberalen Koalition knapp über die »Fünfzig«.

Jenseits künstlicher Sozialismus-Debatten registrieren die Bonner Spitzenpolitiker mit Sorge, dass die Kraft der bisher erfolgreichen Beschwörungsformeln auch im eigenen Umfeld schwindet. Vertreter der nächsten Politikergeneration reden plötzlich von den »Grenzen des Wachstums« und von der Not der »Dritten Welt«, wie zu dieser Zeit der Oberbegriff für die wirtschaftlich unterentwickelten Länder lautet. »Das Unbehagen über die Wachstumsgesellschaft kann zunehmen«, stellt Helmut Schmidt in den schon genannten »Erwägungen« wenige Monate nach der Bundestagswahl fest. Im spanischen Urlaubsparadies Marbella, wo er den ersten Entwurf schreibt, denkt er an den schwäbischen Protestanten in Württemberg, den »Parteifreund« Erhard Eppler, der mit dem Wachstumsmantra gebrochen hat. Epplers Buch »Ende oder Wende« lenkt den Blick vom »Modell Deutschland« auf das »Modell Welt«, die Industrienationen haben nicht nur, so der Tenor, eine soziale Verantwortung innerhalb ihrer Gesellschaften, ihre Verantwortung ist global. Diese Auffassung ist nicht neu, aber sie kommt jetzt vom früheren Entwicklungshilfeminister der Kabinette Brandt und Schmidt. »Einige Sozialdemokraten«, schreibt Helmut Schmidt in den »Erwägungen« und spielt auf den pastoralen Habitus von Erhard Eppler an, »werden in solcher Lage dazu neigen, ›asketische‹ Ideale oder Ideologien zu predigen.«[2]

So seismographisch Helmut Schmidt Widerspruch gegen das »Modell Deutschland« registriert, so leidenschaftlich tritt er auf jede noch so kleine Flamme der Kritik. Gegenüber dem Unbehagen über die Wachstumsgesellschaft sei »eisern festzuhalten«, dass »ein Verzicht auf Wachstum in unserem Lande zwangsläufig über längere Jahre millionenhafte Arbeitslosigkeit mit sich bringen (wird)«.[3] Der beschwörende Ton offenbart die Dünnhäutigkeit des Autors. »Millionenhaft« sieht Helmut Schmidt, der Zeitzeuge von Nazideutschland, wieder Arbeitslose durch die Straßen ziehen.

Kein Zweifel, das Vertrauen aller Parteien in das »Modell Deutschland« ist ungebrochen und wird in der Bevölkerung auch genährt. Es übersteht unbeschadet die Ölkrise und die damit einhergehende Rezession von 1973, in der das Wirtschaftswachstum ausbleibt, die Arbeitslosigkeit steigt und der Ölpreis explodiert. Die Arbeitslosigkeit kommt besonders teuer zu stehen – 1975 muss die Bundesanstalt für Arbeit 87,3 Prozent mehr Geld ausgeben als im Jahr zuvor, gleichzeitig steigen die Einnahmen gegenüber 1974 nur um 15,6 Prozent. Die Bundesregierung braucht für das Milliardenloch einen Nachtragshaushalt, sie macht neue Schulden.

Der Nachfolger von Willy Brandt sieht sich doppelt gestraft: Er erbt einen teuren Sozialstaat, der teure Ansprüche geschaffen hat, und steckt mit seiner Regierung im Strudel einer Wirtschaftskrise, wie sie die Welt seit dem Krieg nicht erlebt hat. Helmut Schmidt ist – abgesehen von der kurzen Rezession während der Kanzlerschaft von Ludwig Erhard – der erste Regierungschef, der nicht mehr vom Wirtschaftswunder profitieren kann.

Er bremst das Reformtempo seines Vorgängers ab, allerdings nicht so stark, wie es seine Rhetorik verheißen will. Er, wie später auch Helmut Kohl, sucht einen Mittelweg, versucht einerseits die Selbstheilungskräfte der Wirtschaft zu stärken, andererseits mit frischem Geld neues Feuer zu entfachen. Die Hoffnung stirbt bekanntlich zuletzt, auch in Bonn – Helmut Schmidt und die Seinen denken weiter in Konjunkturzyklen, auch nach der zweiten Ölkrise von 1979/1980; irgendwann, so hoffen sie oder machen es wenigstens den Westdeutschen glauben, wird es wieder aufwärts gehen und fast so sein, wie es einmal war! Die Arbeitslosigkeit sinkt, das Exportgeschäft floriert und die Firmen investieren wieder!

»Zu grundlegenden Reformen der sozialen Sicherungssysteme kam es nicht«, bringt es der Historiker Eckart Conze auf den Punkt. »Dahinter stand die Überzeugung, dass die vielfach konstatierte Krise des Sozialstaats konjunkturell, nicht strukturell begründet sei, die Probleme also nur temporärer Natur seien.« Eckart Conze drückt sich diplomatisch aus: »Einer Überprüfung hielt diese Überzeugung, an die man sich so gerne klammerte, nicht stand.«[4]

Das »glückliche Vierteljahrhundert« der Vollbeschäftigung kommt, als die Generation Schmidt an der Macht ist, zu ihrem Ende. Der Dienstleistungssektor hat die klassischen Arbeitswelten von Industrie und Gewerbe in seiner Bedeutung überholt und erweist sich als brüchig: Moderne Technik, allem voran der Computer, ersetzt den Menschen, das Gespenst der Zeit heißt Rationalisierung. Nicht rückgängig zu machen ist auch die ungünstige demografische Entwicklung – in der Bundesrepublik (wie auch in der DDR) sinken vom Jahrgang 1965 an die Geburtenzahlen, zunächst langsam, dann massiv. Die »Pille« erlaubt eine zuverlässige Familienplanung, und die Frauen dringen in die bisher von Männern dominierte Arbeitswelt vor. Der Generationenvertrag, einer der sozialen Pfeiler der westdeutschen Demokratie, wird wegen der demografischen Entwicklung zum mürben Koloss. Es ist ein symbolisches Vorspiel der weiteren Entwicklung, dass ausgerechnet Helmut Schmidt, der studierte Volkswirtschaftler, Ende 1976 ein von Franz Josef Strauß im Wahlkampf vorausgesagtes »Rentendebakel« erlebt – Schmidt hatte vor der Wahl eine Rentenerhöhung versprochen, die er im Licht neuer Zahlen zurücknehmen will, doch von diesem Zurückrudern muss er auf Druck der eigenen Partei wiederum zurückrudern. Noch einmal siegt der Anspruch an das »Modell Deutschland« über dessen Finanzierbarkeit.

Zweimal in einem Jahrhundert haben die Deutschen alles Ersparte verloren – diese Erfahrung bleibt im kollektiven Gedächtnis haften. Das Wachstumsdogma infrage zu stellen, hieße verdrängte Ängste aufzurufen. Kein deutscher Bundeskanzler, ob von der SPD oder aus der Union, kann sich das leisten. Helmut Kohl wurde für sein Versprechen, die ehemalige DDR in »blühende Landschaften« zu verwandeln, viel gescholten; dabei hat er nur den Wunsch der Ostdeutschen nach raschem Wohlstand bedient und das Wachstumsversprechen, das für die Westdeutschen schon immer galt, auf die neuen Länder ausgeweitet.

Helmut Schmidt und die Seinen klammern sich an ihre Politikziele und beschwören deren Einlösung, doch im »Raumschiff Bonn« beginnt es zu rumoren. Politikerkollegen und Journalisten erklären das ökonomische Krisenmanagement, wie es in den Regierungserklärungen von Helmut Schmidt 1974 und 1976 postuliert wird, zum Auslaufmodell.

Die Union ist von Anfang an der Auffassung, dass Helmut Schmidt zu viel verwaltet und zu wenig gestaltet. Rainer Barzel bringt diesen Vorwurf gegen den Kanzler bereits in seiner Replik auf dessen erste Regierungserklärung von 1974 vor. Allerdings ist Rainer Barzel selbst nicht für die Gabe politischer Gestaltungskraft bekannt. Zum prononcierten, glaubwürdigen Mahner wird Richard von Weizsäcker, der vom Kanzler »geistige Führung« und nicht nur administratives Handeln verlangt. In einer Rede vor dem Deutschen Bundestag am 28. Januar 1981 stellt er die Frage, »ob der Bundeskanzler das Entscheidende, das, was heute vom Regierungschef auszugehen hat, wirklich tut«, und gibt gleich selbst die Antwort darauf: Helmut Schmidt lasse die eigentliche Aufgabe, die ihm die heutige Zeit stelle, liegen, »nämlich die Einwirkung, die verändernde Einwirkung auf das Bewusstsein und die Erwartungen der Menschen und damit die eigentliche Einwirkung auf die Kraft, die Wiederherstellung und Stärkung der Kraft in der eigenen Bevölkerung«.[5]

An dieser Stelle notiert das Sitzungsprotokoll »Lebhafter Beifall bei der CDU/CSU«.

Diese Kritik mag man noch für den Unkenruf der Opposition gegen einen Kanzler halten, über den von Weizsäcker in derselben Rede sagt, »dass er ein mörderisches Geschäft auf den Schultern hat, dass er Tag und Nacht arbeitet« und ihn anschließend für seinen preußischen Pflichtbegriff lobt.[6] Doch die Kritik kommt nicht mehr nur von demonstrierenden Studenten oder rebellischen Jusos, sondern von jüngeren Bonner Kollegen. Peter Glotz, Jahrgang 1939, notiert in sein Tagebuch: »Ich versuche zu verstehen, was ihn zu seinem bewusst abgemagerten Politikbegriff nötigt«.[7] Ihm reicht nicht, was Helmut Schmidt als Aufgaben der Politik gelten lässt. »Politik muss«, so Glotz weiter, »als Zuspitzung verdrängte, unterdrückte Wünsche aufspüren.«[8] Er weiß und bedauert es zugleich, dass Helmut Schmidt und die Seinen jene schon zitierte »Unterwelt der Gefühle« meiden. Es ist, als wollte Glotz einen Elefanten zum Seilhüpfen ermuntern.

»Niemand verlangt von Ihnen, dass Sie uns neue Horizonte eröffnen. Es reicht, wenn Sie uns mit Anstand über die nächsten Hürden bringen«, schrieb der »Zeit«-Journalist Theo Sommer, ein Bewunderer und zeitweiliger Mitarbeiter von Helmut Schmidt im Verteidigungsministerium, zu dessen Amtsantritt im Mai 1974.[9] Ende der siebziger Jahre, da Helmut Schmidt die erste Bundestagswahl nach dem Rücktritt von Willy Brandt gewonnen hat, ist Schmidt kein Übergangskanzler mehr; von ihm wird nun doch die Öffnung neuer Horizonte verlangt.

»In den Mittelschichten wächst die Unzufriedenheit mit dem way of life der Nachkriegsgenerationen, die Fortschritt als die Verkleinerung der Differenz zum Lebensstandard der nächsthöheren Gehaltsgruppe definierten«, schreibt Peter Glotz in sein Tagebuch. »Eine ganze Wahlkampagne lang verkünden wir den Menschen, dass wir die ökonomische Krise besser gemeistert haben als irgendwer. Das stimmt. Aber was weiter? Ökonomie ist wichtig für die Politik. Aber Politik besteht nicht allein aus Ökonomie.«[10]

Noch drastischer drückt sich Schmidts Antipode Erhard Eppler aus. Ein Bundeskanzler muss spüren, so Epplers Diktum, was in einer Gesellschaft vor sich geht, welche Kräfte wirksam sind und welche Aufgaben sich daraus ergeben. Er muss Themen setzen und gesellschaftlichen Debatten eine Richtung geben (oder doch wenigstens wichtige Impulse), er muss Einfluss auf Bewegungen nehmen. Alles das vermisst er bei Helmut Schmidt. Noch nie habe eine Regierungserklärung eine solche geistige Öde verbreitet, sagt er über die erste Ansprache des 1976 wiedergewählten Bundeskanzlers.[11]

Erhard Eppler wird mit dieser Kritik auch von persönlichen Motiven geleitet, er sucht und findet in Abgrenzung von »Parteifreund« Helmut Schmidt eine neue bundespolitische Identität. Trotzdem ist seine Meinung – das weiß Eppler – keine Einzelmeinung.

Der Bundeskanzler hält es dem gegenüber mit einem Denkmodell des Philosophen Karl Raimund Popper, der »Stückwerk-Sozialtechnik«, die kleine, korrigierbare Schritte empfiehlt statt den »großen Wurf«. Der

Politiker soll bewusst »Stückwerk« leisten in dem Sinn, dass er einen Weg Reihe um Reihe pflastert, damit er, sobald er die Richtung ändern muss, die wenigen Steine wieder herausnehmen und neu verlegen kann.

Der Politikwissenschaftler Franz Walter hat darauf hingewiesen, Helmut Schmidt habe als erster sozialdemokratischer Bundeskanzler die Improvisation zum Politikstil gemacht. Diese Feststellung trifft er auch für Gerhard Schröder. »Keiner von ihnen hatte noch einen Plan, ein fest umrissenes Projekt.« Er nennt sie »Situationisten, die auf externe Vorgaben oft atemlos reagieren mussten (…)«.[12]

Doch beschreibt Walter damit nicht ein Phänomen moderner Politik? Was war das »fest umrissene Projekt« von Helmut Kohl? In der Berliner Republik haben Angela Merkel und Peer Steinbrück den Begriff geprägt, ein Politiker von heute müsse »auf Sicht fahren«. Das bedeutet nichts anderes als Krisenmanagement zu leisten, wie es schon Helmut Schmidt zu seinem Politikverständnis gemacht hat. Während der Ära Schmidt allerdings ist politisches Tun noch an weitergehende Ansprüche gebunden, ist moralisch aufgeladen, vielen reicht das Politikziel, Erreichtes zu sichern, nicht.

Helmut Schmidt nimmt sehr wohl wahr, dass seine Regierungserklärung von 1976 als buchhalterischer Rechenschaftsbericht empfunden wird; in den schon genannten »Erwägungen«, die nur wenige Kollegen wie Willy Brandt und Herbert Wehner zu lesen bekommen, findet sich ein Hinweis darauf, verbunden mit einer matten Verteidigung. Er nimmt auch die Einwände eines Peter Glotz oder Erhard Eppler wahr. »Hier müssen wir (auch der BK!) über die Darlegung der konkreten, aktuellen Problem-Lösungen und Lösungskompetenz hinaus, erneut ›Sinngebung‹ erreichen«, schreibt er selbstkritisch. (Die Wörter »auch« und »erneut ›Sinngebung‹ erreichen« sind im Manuskript unterstrichen.)[13] Umso erstaunlicher ist es, wie defensiv – weil tatenlos – er dem Eindruck »geistiger Öde« entgegenwirkt. Offenbar hat er mit seiner biografischen Prägung, die zu einem tiefen Unwillen gegen große Würfe geführt hat, zwar einen Sensor für solche Bedürfnisse, aber kein Werkzeug, um diese Bedürfnisse wie auch immer zu bedienen. Wenn es um Dimensionen von Politik jenseits des Krisenmanagements geht, sind er und die Angehörigen seiner Generation überfordert.

Richard von Weizsäcker, der in seiner Alterskohorte zu den geistvollsten Politikern gehört, räumt dieses Defizit, diese Leerstelle einmal erstaunlich offen ein. Er nennt als Leistung seiner Generation, dass sie den gemeinsamen Wiederaufbau nach dem Krieg mit großem materiellen Erfolg abgeschlossen habe. »Aber weiterführende Aufgaben und Ziele«, ergänzt er, »vor allem für die nachfolgende Generation zu entwickeln, damit sind wir nicht fertig geworden.«[14]

Für neue Antworten fehlt von Weizsäcker und den Seinen die politische Kreativität, dafür entwickeln sie umso mehr Kraft zur Abwehr »des Neuen«, und das im Verbund mit Journalisten und Publizisten. Sogar ein so kluger Geist wie Sebastian Haffner, der für seinen analytischen Scharfsinn und seine luzide Kunst des Erklärens bekannt ist, lässt sich in seinen

SPD-Wahlplakat 1976.

SPD-Wahlplakat 1980.

»Überlegungen eines Wechselwählers« zur Bundestagswahl 1980 von Ängsten übermannen. Die plötzliche »grüne Welle« (Haffner selbst setzt die Anführungszeichen) erinnere ein wenig an die ebenso plötzliche nationalsozialistische und kommunistische Welle von 1930 – mit dem Unterschied, dass damals wirkliche Not geherrscht habe, heute dagegen Wohlstand. Was den Grünen vorschwebe, sei »ein Dreiklang aus Armut, Seele und Chaos«, ein Ideal, das eher an das »Urchristentum« erinnere. Sie seien eine Gefahr nicht nur für die technische Zivilisation und den von ihr geschaffenen hohen Lebensstandard in Deutschland, sondern auch für die Demokratie.[15]

Sebastian Haffner und die Seinen fürchten wieder einmal den Untergang der Demokratie, und sie halten es wieder einmal mit Konrad Adenauer, wonach die westdeutsche Demokratie in die Hände der Alten gehört.

Diese Sichtweise blendet aus, dass die Umweltbewegung nicht die Ursache, sondern das Ergebnis eines neuen Bewusstseins markiert. Auch das zweite Mantra, der Technik- und Fortschrittsglaube, verliert seine Kraft. Außer den Chancen rücken jetzt auch die Risiken in den Blick. Eine Bundesregierung kann kurzfristig ein Atomprogramm auf den Weg bringen, mit den Folgen, etwa dem verstrahlten Abfall eines solchen Meilers, muss sie, müssen spätere Generationen langfristig leben, ganz zu schweigen von den Folgen eines Reaktorunfalls. In einer Podiumsdiskussion in der Evangelischen Akademie Tutzing 1978, an der mit Walter Scheel, Helmut Schmidt, Bundestagspräsident Karl Carstens und Bundesverfassungsgerichtspräsident Ernst Benda die Spitzenpolitiker des Landes teilnehmen, spricht der Münchner Kommunalpolitiker Walter Zöller vom »bedrückenden Widerspruch«, dass Demokratie Macht auf kurze Zeit verleihe, »aber die Politiker eben jetzt unter den neuen Bedingungen der Großtechnologie und einer begrenzten Welt Entscheidungen treffen, die uns alle auf lange Zeit und eben auf Generationen festlegen – und zwar unumkehrbar«.[16] Eine Korrektur der getroffenen Entscheidung nach wenigen Jahren ist nicht mehr möglich, Poppers »Stückwerk-Sozialtechnik« versagt.

Helmut Schmidt hat diese neue Sicht auf die Technik schon im Jahr zuvor, als er seine vertraulichen »Erwägungen« schreibt, bitter kommentiert. »Die (...) stetig betriebene Entfaltung einer großangelegten Zivilen Nuklear-Industrie (z. Zt. direkt und indirekt zusammen rund 100.000 Arbeitsplätze) ist neuerdings politisch so entscheidend gehemmt, dass sie gegenwärtig keineswegs den Aspekt wachstumsträchtiger und beschäftigungsträchtiger allgemeiner volkswirtschaftlicher Innovation als vielmehr den Aspekt der Arbeitsplatz-Vernichtung darbietet.«[17]

Doch geht es nicht mehr nur um die friedliche Nutzung der Kernenergie, es geht um die Technik überhaupt und um den Schaden, den sie Mensch und Umwelt zufügt. Es protestieren Anwohner von geplanten Kernkraftwerken ebenso wie Anwohner von Fabrikschloten, die Menschen also, die in einer Region mit »dicker Luft« leben oder in deren Gewässer der Giftmüll eines Unternehmens fließt. Die neue Kommunikationstechnologie, die Gentechnologie und die Medizintechnik sind keine »unschuldigen«, normativ neutralen Technologien mehr, Nutzen und Schaden liegen eng beieinander oder der Schaden geht mit dem Nutzen einher.

Die von Mitte der siebziger Jahre an entstehenden neuen sozialen Bewegungen, die mit dem Dogma des industriegesellschaftlichen Fortschritts brechen, bringen Helmut Schmidt gleich in doppelter Hinsicht in eine Zwickmühle: als Protagonist seiner Generation und als sozialdemokratischer Bundeskanzler. Als Protagonist seiner Generation kann ihm die »Politik der Straße« nicht geheuer vorkommen, zumal sich in die Bewegungen auch sogenannte »Krawallmacher« mischen. Gleichwohl handelt es sich um eine im Kern friedliche Initiative von zahlenmäßig vielen Menschen, deren Weltsicht er zur Kenntnis nehmen muss. Als Sozialdemokrat steht Helmut Schmidt in der technikfreundlichen Tradition seiner Partei; gerade setzt, vielleicht zufällig, aber symbolträchtig, ein früherer Facharbeiter, der hessische SPD-Ministerpräsident Holger Börner, den Bau einer umstrittenen Startbahn West am Frankfurter Flughafen durch; vor allem Industriearbeiter, die Kerngruppe der SPD-Wähler, und die mächtigen Industriegewerkschaften würden einen Kurswechsel nicht nachvollziehen. Auch die Anhänger des neuen Bewusstseins – Angehörige sozialer und kultureller Berufe, Angestellte aus den neuen Mittelschichten – haben bisher SPD gewählt, sie werden es, wenn Helmut Schmidt der »Atomkanzler« bleibt, nicht mehr tun.

Willy Brandt, generational anders geprägt und von je her aufgeschlossener gegenüber neuen Strömungen, erkennt früh die Gefahr. »Auch würde ich nicht unterschätzen«, schreibt er Helmut Schmidt in einem Brief vom 12. Juli 1977, »dass ein Teil der Bürgerinitiativen bzw. Umweltschützer in Richtung auf eine eigene Partei marschiert.«[18] Sicher unterschätzt auch Helmut Schmidt diese Gefahr nicht, doch aus der Zwickmühle, in der er steckt, kommt er nicht heraus, zumal nicht im politisch mächtigeren Amt des Bundeskanzlers.

Helmut Schmidt kann aufgrund seiner biografischen Prägung und seiner politischen Grundüberzeugungen gar nicht anders, als vor den neuen sozialen Bewegungen zu warnen, denn wer sich ihnen anschließt, ist für seine Generation politisch verloren, im Denken und als Wählerstimme. Diese Bewegungen wollen gerade nicht mit Helmut Schmidt und den Seinen diskutieren, sie verstehen sich als notwendige Alternative zum traditionellen Parteiensystem. Hier haben endlich auch Frauen etwas zu sagen; in den Kabinetten von Helmut Schmidt und auch noch von Helmut Kohl dürfen sie sich wie erwähnt nur um »Gedöns« kümmern, wie Gerhard Schröder, der es endlich anders macht, sagen wird.

Aber auch Willy Brandt, der, was sein Gespür für neue Strömungen angeht, über jeden Zweifel erhaben ist und der früh vor einer neuen Parteigründung gewarnt hat, stellt eine falsche Prognose. Er glaube nicht, »dass es sich um eine Gruppierung handelt, die eine Generation vor sich hat«, sagt er im Fernsehgespräch mit Horst Schättle.[19] Ihm erschließt sich das Fundamentale an der Wachstumskritik und an der Technikangst der neuen Bewegung ebenso wenig wie Helmut Schmidt. Doch Brandt sagt auch, »sie ist da, man muss sie zur Kenntnis nehmen«, womit er meint, dass man sie als Chance für die Politik begreifen muss. Er begrüßt es, dass die jungen Wilden die Politik kräftig aufmischen, zumal er sie, davon ist er überzeugt, in die SPD holen kann, sobald sie in Bonn wieder die Oppositionsbank drückt.

Mit seinem wohlwollenden Blick auf die neue Bewegung steht Willy Brandt, der anders Geprägte, im Bonn der Generation Helmut Schmidt ziemlich allein da. Auch sie sieht, wie Sebastian Haffner, alte Geister aufsteigen. Diese Generation sieht in dem Protest keinen Ausdruck eines neuen Bewusstseins, sondern die Lust am Stören und Zerstören der parlamentarischen Demokratie. Ihr Blick bleibt fixiert auf die militanten Demonstranten vor den Großbaustellen der Republik, doch diese Gruppe ist zahlenmäßig klein gegenüber jener, die sauberes Trinkwasser fordert und mehr Geld für die Menschen in der »Dritten Welt«. Holger Börner sagt angesichts von 150 Startbahngegnern, die eine Straße blockieren: »Schon einmal ist eine Demokratie in Deutschland von der Straße gekippt worden. (...) Früher auf dem Bau hat man solche Dinge mit Dachlatten erledigt.«[20]

Auch Helmut Schmidt denunziert die neuen Gruppierungen, er nennt sie »Umweltidioten«.[21] Helmut Schmidt und die Seinen suchen den Grünen mit rationalen Argumenten zu begegnen, doch sie tun es mit einer Leidenschaft und Härte, die alles andere als rational motiviert ist. Die Grünen sähen alle politischen Fragen nur aus einem einzigen Blickwinkel, schimpft Helmut Schmidt über sie, sie dächten eindimensional und kämen zu naiven und gefährlichen Schlussfolgerungen.

Das Anliegen hinter den häufig naiven Forderungen und dem provozierenden Auftritt einer Petra Kelly, eines Herbert Gruhl oder Baldur Springmann, den frühen Köpfen der bunten Truppe, begreift er nicht – auch deshalb nicht, so glaubt Franz Walter, weil er sich von einem Kreis homogener Persönlichkeiten beraten lässt, die ihm eine effiziente Führung des Kanzleramts erlauben, aber ein Gespür für das, was in der Gesellschaft vorgeht, vermissen lassen. »In Schmidts Kreis war niemand, der das ergänzte oder ausglich, was es beim Kanzler an Defiziten gab.« Schmidts Auffassung, die sozialen Bewegungen seien »eine Modetorheit gelangweilter, verwöhnter Bürgerkinder«, wird im Führungszirkel des Bundeskanzlers nicht energisch widersprochen.[22]

Horst-Eberhard Richter hatte Helmut Schmidt schon 1978 empfohlen, aus dem Sturz seines Vorgängers zu lernen. Willy Brandts Beispiel konnte ihm zeigen, »wie wichtig es ist, um sich herum eine Gruppe zu stabilisieren, die seine, Helmut Schmidts, spezifischen Mängel mit entsprechenden Begabungen wirksam und dauerhaft ausgleicht«.[23] Doch der soldatisch geprägte Politiker ist ein Mann des Entweder-oder, nicht des Sowohl-als-auch. Er trifft keine Entscheidungen mithilfe intellektueller Diskurse.

Die strikte Haltung des Bundeskanzlers gegenüber der grünen »Mode« ist folgenschwer – er zwingt seine Partei so weit in die Mitte, dass sie links Platz für eine neue macht. Wird ein wichtiges Thema – hier das Umweltthema – im Bewusstsein sehr vieler Menschen nicht von den bestehenden Parteien ernst genommen, gründen sie selbst eine Partei, die dieses Thema ins Zentrum stellt. »Wir sind ja praktisch die Kinder seiner Politik, ob er es will oder nicht«, sagt Daniel Cohn-Bendit, ein Grüner der ersten Stunde, bei einer Podiumsdiskussion zu Helmut Schmidts 75. Geburtstag.[24]

Keine neue Partei, aber ein Schisma in der Regierungspartei erzeugt das Ende des dritten Mantras, des Paradigmas von der äußeren Sicherheit durch militärisches Gleichgewicht. Hier gerät nun die politische Arithmetik völlig durcheinander – die Opposition unterstützt die Politik des Bundeskanzlers, ein SPD-Präsidiumsmitglied darf prominent wider die Regierungspolitik reden, Oppositionelle in der DDR schließen sich der Kritik des SED-Regimes an Helmut Schmidts Sicherheitspolitik an.

1981 entschließt sich der Physiker und DDR-Systemkritiker Robert Havemann zu einem offenen Brief an Bundeskanzler Helmut Schmidt.[25] Havemann ist in der damaligen DDR seit Jahren eine wichtige Stimme der

Opposition; Systemkritiker der nächsten Generation wie Wolf Biermann gehen bei ihm, der unter Hausarrest steht, ein und aus. Was Robert Havemann sagt und schreibt, findet in Ost und West Gehör und viele Leser.Havemanns Brief an Helmut Schmidt erreicht Ende Juni 1981 die Medien.

In diesem Brief spricht er zunächst ein paar Wahrheiten aus, die im öffentlichen Diskurs der Bundesrepublik tabuisiert sind und für die man, wenn doch einmal die Rede darauf kommt, freundlichere Begriffe wählt. »Die BRD ist die mit weitem Abstand größte Militärbasis der USA im Ausland. Fast alle nuklearen Sprengköpfe, die sich außerhalb der USA befinden, sind auf ihrem Territorium stationiert.«

Die Politiker im »Raumschiff Bonn« sprechen lieber von stationierten Streitkräften der NATO-Partner. Das Kürzel »BRD« gebrauchen sie überhaupt nicht, weil es ein bisschen nach »DDR« klingt, ein Kürzel, das sie nun wiederum ausschließlich benutzen.

In der BRD, führt Robert Havemann weiter aus, seien weit über 200 000 amerikanische Soldaten als »Besatzungsmacht« (Anführungszeichen von Havemann) im Dienst, ausgerüstet mit dem modernsten Kriegsgerät aller Waffengattungen. Auch die Bundeswehr verfüge über modernste Waffen; als Bestandteil der NATO unterstehe sie nicht deutscher, sondern amerikanischer Befehlsgewalt.

Die beiden deutschen Staaten, prophezeit der Autor, würden bei einem atomaren Schlagabtausch »die unrettbaren ersten Opfer« sein. »So ergibt sich, dass die Waffen, die unsere ›Führungsmächte‹ in unser Land gebracht haben, um unsere Verteidigungskraft zu stärken und unsere Sicherheit zu erhöhen, uns in Wahrheit nicht schützen, sondern aufs Äußerste bedrohen.« Abrüstung sei damit das Gebot der Stunde, die atomaren Waffen müssten sukzessive aus dem Gebiet der beiden deutschen Staaten verschwinden.

Im Folgenden nennt Robert Havemann Gründe, weshalb die Bereitschaft abzurüsten – wie er meint – in der US-Administration geringer sei als im Moskauer Politbüro. So werde zum Beispiel die Wirtschaft in den USA durch den Bau neuer Waffen angekurbelt, die Wirtschaft der Sowjetunion dagegen geschwächt. Der Umstand, dass die »USA-Regierung« ernsthafte Zweifel an ihrer Verhandlungsbereitschaft aufkommen lasse, sei in allen europäischen Ländern die Quelle für die Furcht vor einem Atomkrieg.

Robert Havemann fordert Bundeskanzler Helmut Schmidt auf, die Überlebensfrage Europas nicht den Amerikanern zu überlassen, sondern mit Leonid Breschnew und Erich Honecker direkt zu verhandeln. Solche Verhandlungen hätten, glaubt Havemann, einen wertvollen Nebeneffekt: »Ich sehe als nicht einmal sehr ferne Perspektive dieser Politik eine sehr weitgehende Annäherung der beiden deutschen Staaten.« Helmut Schmidt soll jetzt nicht ein »Kanzler der Amerikaner« sein, sondern ein »Kanzler der Deutschen«.

Havemanns Brief bedeutet einen publizistischen Tiefschlag für die Politik der Bundesregierung und des Bundeskanzlers, der diese Politik persönlich auf den Weg gebracht hat. Helmut Schmidt gerät für den NATO-Doppelbeschluss – genauer gesagt für die mögliche Aufstellung neuer Mittelstreckenraketen in der Bundesrepublik – nicht nur im eigenen Land in die Kritik. Das Thema nimmt jetzt deutsch-deutsche Dimensionen an, wobei die Initiative nicht vom Honecker-Regime kommt, was als Vasallenhandlung gegenüber »Moskau« erschiene, sondern von einem der weltweit angesehensten Kritiker dieses Regimes. Robert Havemann ist über jeden Zweifel erhaben, Erich Honecker einen Dienst erweisen zu wollen.

Der Brief zeigt die politische Naivität eines Physikers, der wie Robert Oppenheimer, der Vater der Atombombe, Gutes tun will, aber von Menschen, die es nicht gut mit ihm meinen, die ihn unter Hausarrest stellen, unfreiwillig instrumentalisiert werden kann. Robert Havemann schreibt differenziert, ausgewogen, aber am Ende steht der Eindruck: Nicht einmal einer der wichtigsten DDR-Oppositionellen goutiert Helmut Schmidts Kurs, denn dieser Kurs erhöht die Gefahr eines Atomkriegs in Europa. Obendrein entfremdet er, selbst wenn ein solcher Krieg unterbleibt, die beiden deutschen Staaten voneinander.

Helmut Schmidt hat alle Welt gegen sich aufgebracht: Der Osten zeiht ihn der Kriegstreiberei, und der größte Bündnispartner erinnert ihn daran, wie klein sein Handlungsspielraum als deutscher Bundeskanzler ist, denn die USA lassen sich mit Abrüstungsgesprächen über Mittelstreckenwaffen in Europa Zeit. In Bonn wächst der Widerstand in der eigenen Partei, während ausnahmsweise die Opposition hinter dem Kanzler steht; den meisten Westdeutschen ist es zwar gleichgültig, ob noch ein paar Waffen mehr auf ihrem Boden stehen, aber die wenigen, die dagegen sind, erheben lautstark Protest. Dieser Protest wird über die Medien weltweit publik. Mit Robert Havemanns Brief belastet das Thema sogar noch die empfindlichen deutsch-deutschen Beziehungen!

Wie konnte das passieren? Die drei Dogmen des »Modells Deutschland« – ungebrochenes Wirtschaftswachstum, Technikgläubigkeit und Sicherheit durch militärisches Gleichgewicht – stehen in Wechselwirkung zueinander. Solange diese drei Paradigmen des Systems gelten, stärken sie einander. Wenn aber ein oder zwei von ihnen zu bröckeln beginnen, sind gleich alle gefährdet. Am Anfang steht das Ende des »großen Booms«, der auch nicht wiederkommt. Es folgt die Kritik an der Umweltzerstörung, die das Dogma des ungebrochenen Wachstums unterminiert. Am Ende überträgt sich die Angst vor den unkalkulierbaren Folgen der Kernenergie auf die unkalkulierbaren Folgen eines Rüstungswettlaufs und vor einem Atomkrieg.

Plötzlich wird die immer noch funktionierende, aber nach Ansicht ihrer Kritiker immer gefährlichere Sicherheitslogik des Rüstungswettlaufs analytisch zerrieben. »Es muss im Abschreckungsfrieden so erbittert und rücksichtslos gerüstet werden, wie sonst im Kriege gekämpft wurde«, stellt der Sozialphilosoph Peter Furth fest. »So hypothetisch das Anhäufen von Vernichtungsmöglichkeiten bleibt, so kategorisch muss es betrieben werden. Die Wirklichkeit des Abschreckungsfriedens ist der Rüstungskrieg.«[26] Ein Helmut Schmidt ist demnach kein Friedensstifter im nuklearen Zeitalter, sondern ein Kriegstreiber!

Ohne den Fall des Wachstums- und des Fortschrittsdogmas hätte diesem sperrigen, nur in Fachkreisen diskutierten Thema das Öl gefehlt, um den Zündholzfunken in ein brennendes Haus zu verwandeln. Helmut Schmidt rennt mit der Löschdecke durch das Haus, aber er wird der Lage nicht mehr Herr. Es ist nicht nur sein persönliches Scheitern, sondern auch das Scheitern seiner Generation, denn für das Politikverständnis, zugleich für das Erfolgsrezept des »Modells Deutschland«, sind die drei Dogmen konstitutiv. Der Umstand, dass die folgende Generation Helmut Kohl wieder auf sie setzt (um den Preis einer noch größeren geistigen Öde als zu Schmidts Zeiten), ändert an diesem Scheitern nichts. So wenig die USA den Doppelbeschluss sicherheitspolitisch gebraucht hätten (sie haben dem Drängen von Helmut Schmidt entsprochen), so wenig war die Bundesregierung an den ersten Abrüstungserfolgen zwischen den Großmächten Ende der achtziger Jahre (»Verständigung von Reykjavik« 1986) beteiligt.

Mit seiner Londoner Rede vom 28. Oktober 1977 zum NATO-Doppelbeschluss hat Helmut Schmidt nur eine kleine Öffentlichkeit erreichen wollen. Doch diese Rede bleibt nicht das, als was sie gedacht war, ein gezielter Nadelstich gegen die vermeintlich verständnislose US-Administration. Vielmehr sorgt sie für den letzten Tropfen Öl, der das Feuer außer Kontrolle geraten lässt. Plötzlich redet ein evangelischer Pfarrer und früherer Landespolitiker, der ehemalige Regierende Bürgermeister von Berlin Heinrich Albertz, vom Wettrüsten; plötzlich redet Erhard Eppler, »Parteifreund« und glückloser Landespolitiker in Baden-Württemberg, vom Wettrüsten; plötzlich schreibt der Komponist und Dirigent Leonard Bernstein seinem Freund Helmut Schmidt einen offenen Brief in diesem Sinn.[27] Plötzlich reden und schreiben alle darüber. In den Schulen der Republik wird der Slogan »Lieber rot als tot« diskutiert. Franz Alt macht mit dem Buch »Frieden ist möglich« den Thilo Sarrazin seiner Zeit, er appelliert an die Ängste seiner Leser, deren Zahl in die Hunderttausende geht. Sogar Bundeswehrsoldaten wenden sich vom sicherheitspolitischen Kurs der Bundesregierung ab, ein früherer General, Gert Bastian, wird zu einer Galionsfigur der »Friedensbewegung«, wie sie sich selbst nicht ohne Anmaßung nennt.

Natürlich, die Friedensbewegung gegen die »Nachrüstung« bekommt, wie sich nach 1989 erweist, kräftig Entwicklungshilfe aus dem Osten – ost- und westdeutsche Kommunisten können sich die Hände reiben. Doch (laut Veranstalter) 240 000 Demonstranten, die am 10. Oktober zum Bonner Hofgarten pilgern, werden nicht per Fernsteuerung mobilisiert – gerade nicht in einem Land, das mit Massenbewegungen historisch belastet ist und sich deshalb davor scheut. Da ging vorher Angst um in der Republik, eine Angst, die der Historiker Karl Dietrich Bracher eine »spezifisch deutsche Gegenfigur des Fortschrittsgedankens« nennt.[28] Auch in anderen europäischen Ländern gibt es jetzt Ökologie-, Anti-Kernkraft- und Anti-Nachrüstungs-Bewegungen, doch nirgends erfassen sie so viele Menschen und erschüttern so sehr den politischen Betrieb wie in der Bundesrepublik.

Der NATO-Doppelbeschluss bedient innerpsychisch die Russenangst von Helmut Schmidt und den Politikern seiner Generation. Ein so anders geprägter Bundeskanzler Willy Brandt, der die Entspannung in den Mittelpunkt seiner Politik rückte, hätte nie neue Waffen auf Leonid Breschnew und sein Volk gerichtet; der Beschluss bedient die Angst der vielen Deutschen, die vom Krieg und seinen Folgen – Flucht, Vertreibung, Armutsjahre – traumatisiert wurden. Doch diese Angst wird nicht artikuliert, weil Helmut Schmidt und die Seinen sie nicht artikulieren (wenn sie ihnen überhaupt bewusst ist). Sie argumentieren diszipliniert auf der rationalen Ebene. »Prüfen Sie sich«, mahnt der Bundeskanzler die Teilnehmer der Bonner Demonstration, »ob Sie bei Ihren Vorschlägen für den Frieden die Ihnen zugänglichen Informationen ernsthaft und ehrlich abgewogen haben.«[29] Das klingt in der Haltung paternalistisch und in der Sprache steif. Helmut Schmidt könnte auch Chinesisch reden, seine Adressaten würden ihn nicht weniger verstehen.

Die Gegner einer »Nachrüstung« artikulieren ihre Angst sehr laut und sehr öffentlich. Zu ihrem Forum wird der Evangelische Kirchentag 1981 in Hamburg, zu dem mehr Menschen kommen als je zuvor auf einen Evangelischen Kirchentag. Nie vorher war unter den Teilnehmern auch so viel Angst. Eine große Uhr, deren Zeiger auf Vier vor Zwölf stehen, greift die Stimmung symbolisch auf. Viele Menschen haben Angst, keine Zeit mehr zu haben, für sich selbst und für die Welt.

Für diesen Kirchentag hatten viele Pfarrer den Wahlspruch »Selig sind die Friedensstifter« vorgeschlagen. Die Kirchentagsleitung entschied sich für die Losung »Fürchte dich nicht«, kombiniert mit dem Zeichen eines Kreuzpollers, um den ein Tau geschlungen ist. Das lässt die Anhänger der Friedensbewegung nicht ruhen. Sie tragen auf dem Kirchentag eine inoffizielle Plakette mit der Aufschrift »Fürchtet Euch – wehrt Euch!« und einem Kreuz aus verschnürten Atomraketen.

So sehr politisch aufgeladen war noch kein Evangelischer Kirchentag in der Geschichte der Bundesrepublik. Dabei vertritt der Protagonist der aktuell führenden Politikergeneration, Bundeskanzler Helmut Schmidt, die Auffassung, die Kirchen sollten sich aus tagespolitischen Fragen heraushalten. Pfarrer Heinrich Albertz weist in einer Rede – stellvertretend für die Akteure der Kirchen in der Friedensbewegung – die Haltung zurück, wonach die Politik sich um die »vorletzten« und die Kirchen um die »letzten Fragen« zu kümmern haben. »Besteht Gottvertrauen darin«, stellt er die rhetorische Frage, »dass ich das, was hier und heute geschieht, nicht mehr in Frage stelle?«[30]

Das ist noch harmlos gegenüber dem, was Helmut Schmidt und die Seinen auf diesem Kirchentag zu hören und zu fühlen bekommen. Auf einer Veranstaltung mit Bundesverteidigungsminister Hans Apel überschüttet sich ein Teilnehmer mit roter Farbe, sprich mit dem »Blut«, das an Apels Händen klebt. Die Reden, die auf diesem Kirchentag gehalten werden, kommen einer Generationendämmerung gleich. Ausgerechnet in einer Veranstaltung mit dem Titel »Generationen als Partner« sagt der Schriftsteller Peter Härtling, Jahrgang 1933, die Nachkriegsdemokratie habe noch immer erstaunlich rhetorische Züge »und ist sich selber nicht sicher«. Die Älteren hätten den Jüngeren Demokratie eher als ein ökonomisches Gemeinwesen vorgeführt, in dem Leistung und Anpassung belohnt würden. Peter Härtling geht so weit zu behaupten, für viele der Älteren sei das Fortschrittsdenken »ein Teil ihrer Existenz geworden«.[31] Er könnte auch sagen: Die haben nichts anderes in ihrem Leben. Mit dem hohen Reflexionsgrad und der sprachlichen Präzision eines Schriftstellers formuliert er die Auffassung vieler »Jüngerer«, dass die Generation Helmut Schmidt politisch ausgedient hat. Er selbst zählt sich zu den »Älteren«, ihr Versagen ist auch sein eigenes: »Wir (...) haben unseren Kindern unsern Egoismus beigebracht (...).«[32]

Solche Worte machen Eindruck auf Helmut Schmidt und die Seinen. Der »Zeit«-Journalist Gunter Hofmann glaubt beim Kanzler zu beobachten, dass er sich ernsthaft mit den Anliegen der Friedensbewegung auseinandersetzt. »Dieser nachdenkliche, behutsame Schmidt hält nach dem Kirchentag im kleinen Kreis in Bonn eine Rede, in der aufscheint, dass er in Hamburg etwas dazugelernt hat.« Das aber – Gunter Hofmann verschweigt es nicht – halte Schmidt nicht davon ab, »die Protestbewegung als blauäugig abzuqualifizieren oder Eppler als inkompetent«.[33] Das alte Sicherheitsdogma wirkt denn doch stärker. Und Zweifel nach außen tragen darf ein Politiker ohnehin nicht, weil das an seiner Entschlossenheit zweifeln ließe und folglich Wählerstimmen kostete.

Mehr Verständnis für die deutschen Ängste zeigt der Kanzler in Gesprächen und Reden außerhalb der Bundesrepublik. Im Sommer 1982 sagt er vor den Vereinten Nationen in New York den für ihn mutigen Satz, in seinem Land protestierten nicht nur idealistisch gestimmte Pazifisten oder weltfremde Utopisten, »sondern hier äußert sich immer dringender

der Zweifel an der Weisheit und an der Fähigkeit der Strategiedenker, ob sie überhaupt fähig sind, aus dem Teufelskreis von Vorrüstung und Nachrüstung endlich auszubrechen«.[34] Das sind Begriffe, die bisher nur ein Heinrich Böll oder ein Erhard Eppler gebraucht haben.

Erst ganz am Ende seiner Kanzlerschaft, vielleicht unter dem Eindruck der Endzeitstimmung in Koalition und Kanzleramt, jetzt, wo es um nichts mehr geht, nicht mehr um Stärkezeigen und um Disziplinieren von »Parteifreunden«, gibt auch der nachdenkliche, behutsame Schmidt etwas von sich preis, wenn auch in der Wir-Form. »Wir haben die Zerstörung, die Verbrechen und das Elend dieses Krieges miterlebt. Wir haben auch erlebt, wie aus dem Kriege Hunger entstanden ist, Vertreibung und seelische Verwüstung.« Viele könnten, sagt Helmut Schmidt kurz darauf, die angebliche Rationalität eines nicht mehr zu begreifenden Overkills nicht mehr akzeptieren, »und ich muss Ihnen sagen: Ich habe auch Angst davor«. Der bedingungslose Pazifismus einer einzelnen Person habe seinen vollen Respekt.[35]

Von dieser differenzierten Sicht rückt Helmut Schmidt später wieder ab. Künftig wird er in einem Atemzug von der »antiamerikanistisch gesinnten Studentenbewegung und der neutralistisch gesinnten Friedensbewegung«[36] sprechen.

Psychogramm eines Kanzlers

Mai 2003. Wir reden über Helmut Schmidt. Horst-Eberhard Richter hat dem Gespräch über einen Mann zugestimmt, den er persönlich kennt und mit dem er sich immer wieder in seinen Büchern kritisch auseinandersetzt. Die Denkweise und die Prinzipien, für die Helmut Schmidt und seine Generation stehen, lassen ihn nicht los.

Horst-Eberhard Richter war auch mit Willy Brandt persönlich bekannt, er engagierte sich in der Wählerinitiative für ihn. Er ist fasziniert von der Persönlichkeit des »anderen Deutschen« und dessen Mut zu einer neuen Ostpolitik. Willy Brandt, sagt er, sei damals die einzige herausragende politische Figur gewesen, vorzeigbar »als Repräsentant einer deutschen Vergangenheit, auf die man stolz sein konnte«. Mit wachsender Sorge verfolgt Richter nach dem Wahltriumph von 1972 die Querelen im zweitem Kabinett Brandt und schreibt später darüber – eine Analyse, die Brandt im Großen und Ganzen für zutreffend halten wird.

Mit dem Rücktritt von Brandt kommt Horst-Eberhard Richter nicht umhin, den Nachfolger zu analysieren. Helmut Schmidt ist, was Biografie und Stil angeht, ein Antityp zu Willy Brandt. Zeitweise begegnet Richter ihm geradezu aggressiv. »Man sollte sich intensiv um die psychosomatische Verfassung des Mannes kümmern«, heißt es in einem Aufruf, den er zusammen mit anderen Nachrüstungsgegnern unterzeichnet.[37] In einer »oft missverstandenen Satire«[38], wie er sein umstrittenes Buch »Alle redeten vom Frieden« von 1981 nennt, überzeichnet er die Politikerprofile von Helmut Schmidt und Ronald Reagan – Schmidt träumt davon, die Gesellschaft wie eine Maschine kontrollieren und steuern zu können.[39] Bei einem Vortrag vor Ärzten empfiehlt er den »abgestumpften Machern«, die eigene psychophysiologische Intaktheit in Zweifel zu ziehen.[40]

Auch im direkten Gespräch mit Schmidt nimmt Richter die Gedanken- und Redefreiheit eines Arztes und Wissenschaftlers in Anspruch. Er sagt ihm auf den Kopf zu, seine wiederholten Ohnmachtsanfälle – Schmidt war immer wieder wegen Herzrhythmusstörungen bewusstlos geworden – hätten Gehirnzellen zerstört.

Dieses Gespräch kommt im Jahr von Schmidts parlamentarischer Abwahl durch Vermittlung von Staatsminister Gunter Huonker zustande. Eine Stunde ist dafür vorgesehen, die beiden Herren reden fast dreieinhalb Stunden miteinander. Das »Streitgespräch«, wie Richter die Unterhaltung später nennt, macht einen tiefen Eindruck auf ihn, denn immer wieder kommt er in Diskussionen, Interviews und Büchern auf diese Begegnung zurück. Dabei zeichnet er das immer genauere Psychogramm einer Persönlichkeit, deren Politikverständnis ihm zutiefst fremd ist und bleibt.

Horst-Eberhard Richter geht von der Annahme aus, dass die Persönlichkeit den Politiker macht, die individuelle psychische Disposition finde stets ihren Niederschlag im politischen Verhalten. »Im Inhalt und im Stil des Handelns jedes verantwortlichen Politikers wirkt sich in hohem Maße aus, was er für ein Mensch ist und in welcher psychischen Verfassung er sich aktuell befindet.«[41] Mit der Machtfülle wachse der Einfluss der psychischen Eigenschaften.

Als Psychotherapeut diagnostiziert Richter bei Helmut Schmidt einen starken Kontrollzwang, Schmidt möchte sich selbst und andere ständig davon überzeugen, dass er »alles in der Hand hat« (dieses und die folgenden Zitate entstammen dem Gespräch Richters mit mir). Er hat Angst, vor sich selbst und vor anderen einzugestehen, dass auch er nicht der starke Mann ist, sondern selbst gelegentlich ratlos und verzweifelt. Als starker Mann sagt er zu Richter: Ich habe in meinem Kabinett niemanden, der über das, was er macht, besser Bescheid weiß als ich! Helmut Schmidt muss, so folgert Richter, »überkompensatorisch, wie wir Psychoanalytiker das nennen, seine Angst abwehren und mir oder sich beweisen, dass er keine Schwäche hat«.

Einer wie Helmut Schmidt will immer der »tolle Hecht« sein, wie der Volksmund sagt, er stellt ständig sich und anderen seine intellektuelle Überlegenheit unter Beweis und seine unzerstörbare Vitalität. Helmut Schmidt und die Seinen treiben mit ihrer Lebensweise Raubbau an ihrer Gesundheit. Zur Erhaltung ihres Selbst- und Fremdbildes müssen sie die Anfälligkeit ihrer eigenen Natur missachten. Nachdem Helmut Schmidt ein Dutzend Mal bezeichnenderweise in Ohnmacht gefallen ist, wird ihm ein Herzschrittmacher eingesetzt, doch wenige Tage nach der Operation lässt das Presse- und Informationsamt der Bundesregierung ein Foto des Bundeskanzlers verbreiten, wie er an einem Tisch vor seinem Krankenbett Akten wälzt.

Missachtung nicht nur der eigenen, sondern der Natur überhaupt! Mit dieser Persönlichkeitsstruktur ist es Helmut Schmidt unmöglich, das Ökologieproblem zu verstehen. Wer Kategorien wie Hilflosigkeit und Ohnmacht für sich und andere nicht zulässt, kann der Natur nicht einfühlend begegnen. »Die Natur ist wie eine große Mutter, die uns beschützt und uns ernährt und in der wir Geborgenheit erleben«, sagt Richter, »wir sind auf sie angewiesen.« Doch zu dem Eingeständnis, dass sie uns nicht gehört und ihre Unterwerfung unseren eigenen Tod bedeutet, gehört psychisch die Bereitschaft, Kategorien wie Hilflosigkeit und Demut anzuerkennen. »Helmut Schmidt ist über den Kopf ein sehr verantwortungsvoller Mensch, aber eigentlich ist er ein Ich-Mensch, der seine Emotionalität sehr stark in Schach hält und entsprechend auch die Welt sieht.« Er muss die Dinge immer im Griff haben, und er »gehört zu denen, die so intelligent und auch so willensstark sind, dass es ihnen glückt«.

Ohnmacht und Schwäche zu empfinden passt nicht in das Selbstbild dieses Protagonisten seiner Generation, und es gehört schon gar nicht in das Bild, das sich andere von einem machen sollen. Horst-Eberhard Richter fordert Helmut Schmidt im Gespräch auf, öffentlich von seiner Angst zu sprechen, was der Bundeskanzler kurz darauf in einer Bundestagsrede tut (Schmidt schildert seine Angst als Soldat an der Front, nicht die Angst vor einem Atomkrieg). Prompt kommt Widerspruch von Franz Josef Strauß, der Helmut Schmidt an den Komment unter früheren Wehrmachtssoldaten erinnert. »Erlauben Sie mir«, antwortet Strauß in der selben Bundestagssitzung, »als etwa gleich altem Kollegen zu sagen, dass Ihre Äußerungen über die Angst in Ihrem Leben, die Angst in unserem Leben (…) doch etwas peinlich wirkt. Ich halte nichts von dieser Exhibition der Angstgefühle.«[42] Schmidts Bekenntnis bleibt denn auch eine Ausnahme.

Woher kommt die Weigerung, die – noch einmal das anschauliche Wort von Peter Glotz – »Unterwelt der Gefühle« zu betreten? Helmut Schmidt und seine Generation haben wie die meisten Deutschen das Trauma von Hitlerdeutschland, Genozid und Krieg nicht angemessen verarbeitet, weil nicht angemessen betrauert (diese These geht auf die Mitscherlichs zurück, Richter wendet sie später auf die politischen Verhältnisse der siebziger und achtziger Jahre an). Die Wirklichkeit des Krieges war so entsetzlich, dass sie diese Wirklichkeit später nur noch bagatellisieren, heroisieren oder als unausweichlich rationalisieren konnten. Trauerarbeit hätte die Chance eröffnet, der Wirklichkeit ins Auge zu sehen, diese Trauerarbeit aber war den Betroffenen nicht möglich.

Noch andere Themen blieben tabu: »Die Bundesrepublik und die DDR stehen auf der unbetrauerten Ermordung der Juden und auf der Schuld wegen des kriegerischen Überfalls auf die europäischen Nachbarn (...). Unverarbeitete Schuldgefühle drohen immer wieder in Form von Angst ins Bewusstsein zurückzukehren.« Von der kollektiven Angst der Deutschen wird noch die Rede sein (Schmidt bezeichnet seine Landsleute wiederholt als »Angsthasen«), hier sei nur Richters Schluss erwähnt, den er mit Blick auf die psychische Disposition der Bonner Politiker und ihres Protagonisten Helmut Schmidt zieht: Ihre Macht stehe auf einer sehr brüchigen Basis, »auf verdrängter Angst und Schuld (...), auf verdrängten Wünschen und Abhängigkeiten«.

Die Angst wird auf kontrollierbare Objekte, etwa den vermeintlich angriffswilligen Russen, verschoben. Richter, jetzt ganz Psychoanalytiker, nennt diesen Vorgang »neurotisch«. Er rückt – das Zitat aus dem öffentlichen Aufruf zeigte es schon – die innere Verfassung der Politikerklasse in die Nähe des Pathologischen. Nicht die Russen sind die Gefahr, sondern das, was die unterdrückten, weil verschobenen Ängste mit Politikern wie Helmut Schmidt machen können. Richter bezieht sich dabei auf eine Theorie von Sigmund Freud, wonach man seine Angst auf ein Objekt (die Russen) verschiebt, weil diese Furcht weniger bedrohlich erscheint als der Blick in eigene seelische Abgründe.

Richter würde, wenn er dürfte, Schmidt und die Seinen zu ihrer »Originalangst« zurückführen, die Tür zu ihrer emotionalen Unterwelt öffnen. Dann würde der Russe als Feind entfallen und die Annahme, das Wettrüsten kontrollieren zu können, müsste sich als frommer Selbstbetrug erweisen. Die vielen Atomwaffen auf deutschem Boden sind plötzlich keine Sicherheitsfaktoren mehr, sondern ein Bedrohungspotenzial für das eigene Land.

Eine solche Intervention ist natürlich nicht möglich. Horst-Eberhard Richter darf hier nicht therapieren; es bleibt ihm nur, auf die unbewussten individuellen Beweggründe hinzuweisen, die Menschen mit Friedensliebe und Friedenswillen zu Stiftern von Unfrieden machen. Ein Helmut Schmidt kann seinen Friedenswillen noch so rational beteuern, mit seiner persönlichen Disposition und seinem Verhalten erreicht er das Gegenteil.

Aus der Sicht des Psychoanalytikers ist es die Spaltung der zwischenmenschlichen Beziehungen in Freund und Feind, die eine Lösung politischer Konflikte so schwer macht. Mit ihrem Freund-Feind-Denken greifen die Politiker der Generation Helmut Schmidt unbewusst ein Muster auf, das ihnen in der Wiege lag: Schon die ersten »Führer« ihrer Kindheit, die Eltern, spalteten die Welt »in Freund und Feind, in wertvoll und minderwertig, in verwertbar und überflüssig, in Nützlinge und Schädlinge«. Ein Franz Josef Strauß verkörpert dieses Freund-Feind-Denken stärker als ein Helmut Schmidt, doch auch in Schmidts »rational verdünntem Krisenmanagement gehen die bewusst oder unbewusst unterdrückten Gefühle des Mitleids und der Sympathie auch dem Feind gegenüber verloren«. Für Richter ist das Politikverständnis von Helmut Schmidt, der alles Unkontrollierbare aussondert, der die nüchterne Regelung von Konflikten sucht, »ein bekümmerndes Eingeständnis einer verhängnisvollen Horizonteinengung«. Friedenspolitik, also Frieden stiftende Politik im eigenen Land wie gegenüber anderen Ländern hält der Psychoanalytiker nur für möglich, wenn in dieser die alternativen Ideen und Motive der neuen sozialen Bewegungen artikuliert, sprich anerkannt und einbezogen werden.

Ein Ausdruck der Angst, die Politiker wie Helmut Schmidt mit viel Energie niederhalten, ist auch die Weigerung, mehr Demokratie zu wagen, um das bekannte Wort von Willy Brandt aufzugreifen. Für Helmut

Schmidt und die Seinen, konstatiert Richter, gibt es nur die Bewahrung ihres politischen Lebenswerks – alle Veränderungsszenarien dieses Lebenswerks stehen im Ruch von Untergangsszenarien: Die Studentenbewegung wollte den gewaltsamen Umsturz, die Irrationalität der Friedensbewegung ist gefährlich! »Demokratie muss nicht an sich Angst machen«, hält Richter dagegen, »sie macht uns nur in dem Maße Angst, wie wir unser persönliches Gleichgewicht durch die andere Meinung unserer Mitmenschen bedroht fühlen.«

Ich frage den Psychotherapeuten, weshalb auch der alte Mann Helmut Schmidt noch nicht mit Willy Brandt fertig ist – so handeln von den etwa 250 Seiten, die sein Gesprächsbuch mit Sandra Maischberger[43] umfasst, 23 Seiten von diesem Weggefährten. »Brandt repräsentiert das«, gibt Horst-Eberhard Richter zur Antwort, »was er in sich stark unterdrückt. Brandt repräsentiert sozusagen seine Verdrängung.« So erklärt er auch den – gerade unter Sozialdemokraten – rüden Umgang mit dem Amtsvorgänger, der ihm, wie Schmidt oft sagt, einen »Saustall« hinterlassen habe: »Man muss das, was man verdrängt oder diejenigen, die das repräsentieren, was man verdrängt, abwerten bis hin zur Verfeindung.«

Richter führt Schmidts Denkmuster nicht nur auf eine persönliche Disposition zurück, er sieht bei ihm einen »intellektuellen Bemächtigungswillen« – eine Formulierung, die Richter Jahre nach unserem Gespräch in einem Vortrag gebraucht[44] –, der aus einem Gefühl der Allwissenheit und Allmacht kommt. Bereits im 17. Jahrhundert hätten Denker wie Descartes und Spinoza festgestellt, dass jede emotionale Regung, von der das Ich passiv ergriffen werde, diesen Bemächtigungswillen störe. Emotionale Regungen – Güte, Liebe, Mitgefühl, Hilfsbereitschaft, Versöhnung – werden ausgegrenzt, weil sie als rückschrittlich gelten, als etwas, das von Verstand und Vernunft erfolgreich überwunden wurde. »Sein Traum war«, so Richter in seinem Buch »Wanderer zwischen den Fronten« über Schmidt, »der von einer total berechenbar gemachten und deshalb perfekt technisch steuerbaren Welt.«[45]

Steuerbarkeit der eigenen Gefühle, der Welt und der Menschen darin: Politiker mit dem Bemächtigungswillen eines Helmut Schmidt beanspruchen das Monopol, die menschlichen Empfindungen für ihre Zwecke auszubeuten. Eine Protestbewegung wie die sogenannte Friedensbewegung, die ihre Angst bekennt und damit eigenständig mit dieser wichtigen Empfindung umgeht, gefährdet dieses Monopol, »denn nun«, so der Psychotherapeut und Jugendforscher Jörg Bopp, »erscheinen Affekte nicht mehr als Objekte der Lenkung von oben, sondern als Ausdruck des Widerspruchs von unten«.[46]

Die Westdeutschen dürfen Angst haben – aber nur die Angst vor Verarmung und vor den Russen! Horst-Eberhard Richter will dies ändern: 1981 formuliert er zehn »Lernschritte«, mit denen die unbestimmte Angst vor einem Atomkrieg in eine fassbare Angst und schließlich in »sinnvolles Handeln« transformiert werden kann.[47] Die Angst, die von den meisten Menschen verdrängt wird, muss von den wenigen Menschen, die sie dumpf empfinden, ausgedrückt und in Handeln übersetzt werden! Massenhaft wichen die Menschen vor der nuklearen Wirklichkeit aus, diese Wirklichkeit muss in ihr Bewusstsein zurückkehren!

So lange das Monopol besteht, liegt die Deutungsmacht von Politik ganz bei den Regierenden, hier bei Helmut Schmidt und seiner Generation. »So dürfen Sie das nicht sehen!«, zitiert Horst-Eberhard Richter einen häufigen Satz von Hans-Dietrich Genscher, den – seltene Gemeinsamkeit zwischen beiden Männern – auch Helmut Schmidt in den Mund zu nehmen pflegt. Es ist die Floskel zur Sicherung der Deutungsmacht.

Die rationale Begründung von Schmidts Handeln, der sich auf die Verantwortungsethik des Soziologen Max Weber beruft (im Unterschied zur, wie Schmidt meint, gefährlichen Gesinnungsethik der Nachrüstungsgegner), wird von Richter verworfen. Die Russen hätten auf die Nachrüstung der NATO ihrerseits mit der Stationierung neuer Kurzstreckenraketen reagieren können, mit dem sich die neuen Startbasen des Gegners ausschalten ließen. »Also stimmte es nicht mit der Voraussicht verantwortbarer Folgen.« Auf der Grundlage seiner Theorie kann Richter die rhetorische Frage stellen: »Erinnert nicht die ewig scheiternde Suche nach einem perfekten numerischen atomaren Gleichgewicht in fataler Weise an diesen zwangsneurotischen Mechanismus?«

Es bleibt der Respekt für die monumentale Energieleistung dieses Mannes, allein mit seinem Intellekt fühlen und handeln zu wollen. Für Richter ist Schmidt eine tragische Figur, dessen Selbstverständnis sei vielleicht das »eines der letzten mit so umfassender Sachkompetenz, den sein Schicksal dazu verfluchte, zu viele Fäden in der Hand halten zu müssen«.

Helmut Schmidt und Christiane F.

Henri Nannen, Chef des Magazins »Stern«, findet nach seinem Urlaub das Manuskript zweier Redakteure vor, die eine junge Berlinerin über ihr bisheriges Leben interviewt haben. »Christiane F.« war heroinabhängig und ging zur Finanzierung des Stoffs auf den Strich. Sie wird wegen ihrer Drogendelikte vor Gericht gestellt, wo sie einer der »Stern«-Kollegen kennenlernt. In vielen Gesprächen, die der Gerichtsverhandlung folgen, versucht er zu verstehen, weshalb ein junges, intelligentes Mädchen einen solchen Weg genommen hat.

Die »Stern«-Redakteure Kai Hermann und Horst Rieck reden auch mit Christianes Mutter und früheren Mitgliedern ihrer Drogenclique. Aus alledem entsteht ein Manuskript, das im »Stern«-Haus durch mehrere Hände geht und dabei so schwer wiegt wie Blei. Keiner der leitenden Redakteure, so lautet die Sage, traut sich so recht an das Thema, keiner erkennt das Potenzial der Geschichte. Will der bürgerliche »Stern«-Leser, der von seiner dunkelgrünen, mit Fransen behangenen Couch aus auf eine Schrankwand in Eiche rustikal blickt, von Junkies und Babystrich lesen? Will er sich mit Christianes Leben zwischen fiesen Dealern, schmierigen Freiern und drogenkranken Freunden auseinandersetzen? »Der Text galt zunächst als nicht druckbar. Bis Henri Nannen eingriff«, so die »Stern«-Selbstdarstellung im Jahr 2013.[48] Der Chef will das Manuskript fasziniert in einer Nacht gelesen und am folgenden Tag zu einer Titelgeschichte erklärt haben. Am 28. September 1978 startet der »Stern« die Serie »Wir Kinder vom Bahnhof Zoo«, anschließend erscheint das Manuskript in der vorsichtig kalkulierten Erstauflage von 20 000 Exemplaren als Buch – das Vorwort stammt von Horst-Eberhard Richter.

Die Publikation erweist sich als Glücksfall für Christiane und auch für Nannens Blatt – das Thema erfährt eine überwältigende, alle Erwartungen sprengende Resonanz. Christianes nie schmalzige, weil nie mitleiderheischende, sondern kühl und selbstkritisch erzählte Lebensbeichte wühlt Millionen von Menschen auf. Die westdeutsche Gesellschaft schaut erstmals auf ihren unappetitlichen Rand.

Christiane tauscht die Anonymität einer Drogensüchtigen und Kleinkriminellen gegen die Rolle einer öffentlichen Person mit einer kontrovers diskutierten Biografie. Der »Stern« landet mit der Serie und noch mehr mit dem Buch einen beispiellosen Verkaufserfolg, es wird für Jahre zum Bestseller (Gesamtauflage in zwanzig Ländern: fast fünf Millionen Exemplare). Mit den Tantiemen hat Christiane, die beruflich nie Fuß fassen kann, ein wirtschaftliches Auskommen.

Als Uli Edel 1981 ihre Jugendjahre am Bahnhof Zoo auch noch verfilmt, erlangt die Protagonistin internationale Bekanntheit – von Ruhm mag man in diesem Zusammenhang nicht sprechen. Der eindringliche Film führt Christianes Schicksal und damit jenes gesellschaftlich randständige Milieu weltweit insgesamt 4,7 Millionen Kinobesuchern buchstäblich vor Augen.

Wie kann Christianes Geschichte zur »meistgelesenen Geschichte seit Schneewittchen und Winnetou« werden, wie der »Spiegel« schreibt?[49] Er hält ihre Wirkung für so epochal wie die von Frank Wedekinds »Frühlings Erwachen«, das die Sexualnot von Jugendlichen an der Wende vom 19. zum 20. Jahrhundert beschreibt, und von Goethes »Werther«, der schon im 18. Jahrhundert vorführt, wie unerfüllbares Liebessehnen in Lebensüberdruss mündet.[50]

Natürlich, Hans-Jürgen Wirth hat recht mit seinem Hinweis, dass nicht wenige Leser aus Voyeurismus zum Buch greifen[51] – schonungslos erzählt Christiane von Mädchen, die noch halbe Kinder sind, als sie auf den Strich gehen, von den Wünschen der Freier und von schmerzhaften Wechselbädern zwischen Heroinkonsum und Heroinentzug. Als Leser begibt man sich voller Neugier in eine fremde Welt, die es auch am Bahnhof der eigenen Heimatstadt gibt. Und man will wissen, was sich Freier für wie viel Mark »holen«.

Zugleich erzählt Christiane, Jahrgang 1962, ihren verkorksten Lebensweg als Protagonistin einer Generation, die in der Bundesrepublik der Generation Helmut Schmidt groß wird, und das heißt in ihrem Fall: an den unerwünschten Nebenwirkungen des »Modells Deutschland« Schaden nimmt. Christiane Felscherinow wächst in der Berliner »Gropiusstadt« auf, einer planerisch verhunzten Wohnfabrik, der nicht einmal ihr Architekt Walter Gropius seinen Namen geben will (der Westberliner Bausenat nennt sie trotzdem so). »Nie«, schreibt der »Spiegel«, »ist die gedankenlose Inhumanität moderner Architektur so bloßgestellt worden wie mit der Treppenhaus-Scheißerei und mit dem Kochlöffel, den die Kleinen immer mit sich führen müssen, weil sie anders die Bedienungsknöpfe in den Fahrstühlen nicht erreichen.«[52] Christiane F. kennt keine Kriegstrümmer mehr, dafür Baugruben und schlechte Bauten, Verwahrlosung und Ignoranz. Ihre Lebenswelt ist aus Asphalt und Beton. Um einen Wald zu sehen und zu riechen, muss sie ziemlich weit fahren.

Hochhaus- und Gesamtschulkindheiten (Christiane besucht eine Gesamtschule) gibt es auch anderswo auf der Welt, in westlichen Industriestaaten so häufig wie in der Machtsphäre des »Ostblocks« – aber eben auch in der reichen, nach ihrem Selbstverständnis sozialen Bundesrepublik. Auch hier, so macht Christianes Bericht plausibel, können viele Mädchen und Jungen ihren Erfahrungshunger und ihre Spannungen in der

Pubertät nicht angemessen ausleben. Ihre Familien sind sozial isoliert und das Schulsystem überfordert. So freiheitlich und fortschrittlich, wie es Helmut Schmidt und die Seinen an Jubeltagen behaupten, geht es im freien Teil Deutschlands offenbar nicht zu. Das führt zu individuellen und sozialen Fehlentwicklungen, zu Drogenkarrieren und Drogenmilieus, vor denen die Gesellschaft nicht länger die Augen verschließen kann.

Dass die Künderin der Gebrechen, an denen das »Modell Deutschland« leidet, in Westberlin lebt, mag ihr manches schwerer gemacht haben als einem Mädchen in Hamburg oder Stuttgart – die Ursache ist es nicht. Peter Glotz weist einmal auf die »Brennspiegel-Funktion« der westdeutschen Enklave hin: »Was sich dort, in den Proportionen verzerrt, tat, entwickelte sich zwei, drei Jahre später auch in anderen westdeutschen Großstädten. Die Studentenrevolte ist nur das spektakulärste Beispiel für diese seismographische Funktion (…).«[53] Im selben Artikel bestätigt der SPD-Spitzenpolitiker – mit Jahrgang 1939 näher an der Generation Gerhard Schröder als an der Generation Helmut Kohl – wichtige Befunde aus dem Buch von »Christiane F.«. Die meisten Familien, so Glotz, fielen als dialogische Gemeinschaft aus; die Frage: »Wo findet also der Jugendliche die Möglichkeit, kooperative Wahrheitssuche einzuüben?«[54] bleibt eine rhetorische Frage, Glotz hat keine Antwort darauf.

»Christiane F.« ist ein Symptom. Vom Ende der siebziger Jahre an hat die Bundesrepublik der Generation Helmut Schmidt ein handfestes Jugendproblem. Weil die Jugend des »Modells Deutschland« ihre Bedürfnisse nicht ausleben darf und diese im öffentlichen Diskurs nicht vorkommen, gehen wenige junge Leute wie Christiane in extreme Lebensformen, in Sekten, in die Sucht, aber sehr viele in die innere Emigration. Dort leben sie mehr schlecht als recht, bis sie doch noch im »Modell Deutschland« Fuß fassen oder ein Feld für ihren Protest entdecken, etwa die »Friedensarbeit« gegen neue Mittelstreckenwaffen in Europa.

Im kollektiven Gedächtnis haben sich als Protagonisten dieses Jugendaufbegehrens Gewalttäter bei Anti-Atomkraft-Demonstrationen,

Störer bei öffentlichen Rekrutengelöbnissen der Bundeswehr und Hausbesetzer in Berlin oder Freiburg eingebrannt. Aber sie stehen nur für die öffentlichen und dabei extremen Ausdrucksformen des Protests. Es gibt auch nicht-öffentliche und dabei nicht weniger extreme: In diesen Jahren ist die Bundesrepublik, was die Selbstmordrate ihrer Jugendlichen angeht, »Weltspitze« (500 im Jahr). Hier gibt es die meisten stellungslosen Akademiker in Europa. Jeder zehnte westdeutsche Student befindet sich in psychologischer Behandlung, Fachleute sagen, viel mehr hätten sie nötig. Noch nie in der Geschichte der Bundesrepublik war die Entfremdung zwischen der etablierten Politik und weiten Teilen der Jugend so groß. Noch nie leistete diese Jugend einen so heftigen, in seinen Formen so facettenreichen Protest. Die Revolte von 1967/68 war medial spektakulärer, aber in ihrer Dimension deutlich kleiner.

Zögernd macht sich die westdeutsche Gesellschaft den aufkommenden *gap of generations,* die Kluft zwischen einer herrschenden und einer nachwachsenden Generation, bewusst. Im Herbst 1980 schreibt eine Podiumsdiskussion im ZDF Fernsehgeschichte. Die Moderatoren Horst Schättle und Ruprecht Eser versuchen mit einem »Hearing«, Bonner Politiker (vertreten durch die Generalsekretäre der im Bundestag vertretenen Parteien) und jugendliche Rebellen (vertreten durch eine Gruppe Berliner Hausbesetzer) in ein Gespräch zu bringen.

Der Dialogversuch scheitert mit einem lauten Krach. Edmund Stoiber stellt klar, dass die aktuelle Wohnungsnot gemessen an der Wohnungsnot nach dem Krieg eine Lappalie ist. Es gibt in diesem Land viel größere Probleme! Die aktuelle Wohnungsnot betrifft Familien mit Kindern, nicht aber junge Leute, die bloß nicht den Anspruch auf eine billige Wohnung für sich allein haben sollen. Und überhaupt ist eine Hausbesetzung ein Rechtsbruch!

Edmund Stoiber hat im Grundsatz recht – aber gehört zu einem Dialog, der gelingen soll, nicht ein wenig Diplomatie? Heiner Geißler, Peter Glotz und Günter Verheugen bemühen sich darum, sie räumen Fehler in der Berliner und in der westdeutschen Wohnbaupolitik ein, doch auch sie können – vor allem mit ihren für Politiker typischen Worthülsen – nicht aus ihrer Haut.

Die Hausbesetzer selbst reden emotional aufgeladen und aus ihrem eigenen Erlebnis heraus. Sie erzählen vom merkwürdigen Geschäftsgebaren großer Immobilienhändler, vom Verkommenlassen gut erhaltener Wohnungen, um aus dem Grundstück mehr Rendite zu ziehen, und von unangemessen harten Polizeieinsätzen gegen Hausbesetzer. Aus ihrer Warte betrachtet haben die jungen Leute ebenfalls recht.

Stunden später, nachdem beide Seiten und ein Kreis von »Experten« (Juristen und wieder einmal der Psychoanalytiker Horst-Eberhard Richter) jeweils ihre Statements abgegeben haben (bis dahin drohte die Sendung schon mehrfach in einem Tumult unterzugehen und zu platzen), sitzen sich Politiker und Rebellen endlich gegenüber, aber Heiner Geißler redet oberlehrerhaft, und die Hausbesetzer zeigen keine Geduld, zuzuhören. Als einer von ihnen, um des Aufruhrs willen, den Sponti gibt und ruft: »Wir brauchen mehr Maschinengewehre!«, bricht Horst Schättle das »Hearing« ab.

Trotz des flegelhaften Verhaltens, mit dem die Hausbesetzer im Fernsehen und auch sonst in der Öffentlichkeit von sich reden machen, ernten sie in den folgenden Monaten viel Sympathie. Eine Umfrage ergibt, dass die Mehrheit der Westdeutschen für die Motive der Hausbesetzer Verständnis hat. Jetzt reagiert auch das politische Bonn und richtet im Bundestag eine Enquetekommission mit dem sperrigen Titel »Jugendprotest im demokratischen Staat« ein; Gutachten werden in Auftrag gegeben, Experten gehört, ein Abschlussbericht entsteht. Im »Fünften Jugendbericht der Bundesregierung« von 1980 findet sich immerhin der Hinweis, Jugend solle in diesem Land zwar partizipieren, »aber sie soll sich dabei weitgehend vertreten lassen; sie soll ihre Ansprüche anmelden, aber in einer Form, die den Erwartungen der Erwachsenen entspricht«.[55]

Was ist passiert? Worin liegen die Ursachen für diesen *gap of generations?* Gesellschaftlicher Wandel vollzieht sich, indem eine Leitgeneration, die für eine bestimmte Geisteshaltung steht, von einer anderen, jüngeren abgelöst wird. In einem Staat, dessen Gründung auf ein Trauma zurückgeht und der von einer Generation regiert wird, die dieses Trauma selbst erlebt hat, funktioniert eine solche Ablösung nicht. Zwar will keine Generation von einer folgenden abgelöst werden, doch die Generation Helmut Schmidt klebt besonders stur an ihren Stühlen, in Politik und Wirtschaft ebenso wie in der Gesellschaft, weil ihr innerer Antrieb nicht nur der Machterhalt ist, sondern die aus dem Trauma abgeleitete Berufung. Hinzu kommt, dass sehr viele Westdeutsche das Trauma des politischen Führungspersonals teilen, sich also nicht nur über politische Ideen, sondern über das gemeinsame Schicksal mit ihr identifizieren. Keine Wählermehrheit macht einem Franz Josef Strauß oder Helmut Schmidt das selbsterteilte Lebensabonnement auf eine politische Spitzenposition streitig. Der Kanzlerkandidat Strauß unterliegt 1980 wegen eines allgemeinen Misstrauens gegen seine Impulsivität, aber nicht, weil jemand das seit Jahrzehnten selbe Gesicht der CSU satt hat. Dieser »Sattheits-Effekt« wird erst achtzehn Jahre später den langjährigen Bundeskanzler Helmut Kohl treffen.

Die Generation Helmut Schmidt sitzt fest im Sattel, doch sie kommt biologisch in die Jahre und mit ihr die Republik, für die sie steht. Die erste Generation von jungen Leuten, die Studentenbewegung, war in ihrer Aggressivität und mit ihrem elitären Anspruch leicht abzuwehren, doch jetzt wird eine zweite Generation erwachsen, die »ihr Ding« macht, wie es in ihrer Sprache landläufig heißt. Das ist eine normale Entwicklung in einem Staat, der mit jedem Jahrzehnt zu mehr demokratischer Normalität findet. Die traumatisierte Generation Helmut Schmidt kann diese Normalität gleichwohl nicht empfinden, das Gefühl, ein wie auch immer normales Leben zu führen, hat sie schon 1933 verloren.

Hinzu kommt, dass innenpolitische Entwicklungen ein allmähliches Aneinandergewöhnen von Älteren und Jüngeren verhindern oder zumindest verzögen – der Bundestagswahlkampf 1976 wird wegen des erwartbar knappen Ausgangs ungewöhnlich scharf geführt, die Union sucht wie erwähnt mit der Parole »Freiheit statt Sozialismus« die Zuspitzung; im Jahr darauf bindet der Kampf gegen den RAF-Terrorismus alle Kräfte und beherrscht noch lange danach den politischen Diskurs. Angesichts solch hitziger Zeiten ist keine Muße für »Jugendkongresse« der großen Parteien, die von 1980 an – mit überwiegend ratlosen Teilnehmern – nachgeholt werden.

Unverdrossen handelt die Generation Helmut Schmidt in der Logik, in der sie seit jeher handelt, und merkt dabei nicht, dass diese Logik von immer mehr Menschen als anachronistisch erlebt wird. Wie sollen auch neue Einflüsse einwirken ohne frisches Personal? Unter den Führungspersonen der Bonner Politik denkt niemand ans Aufhören; es gibt zwar junge, nachdenkliche Sozialdemokraten wie den Forschungsminister Volker Hauff, der 1979 ein lesenswertes, weil selbstkritisches Buch mit dem Titel »Sprachlose Politik« veröffentlicht. Darin finden sich Sätze wie: »Vor allem meine Generation, insbesondere diejenigen, die wie ich in der Politik tätig sind, sollten sich von dem Verdecken und Verstecken lösen – und auch unsere eigenen offenen Wunden nicht schamhaft verbergen.«[56] Doch Hauff, Jahrgang 1940, ist eine Stimme von wenigen und in Bonn ein Mann der zweiten Reihe.

Die in Bonn regierende Generation – wie die meisten Deutschen aus dieser Alterskohorte – sucht nicht den Dialog. Sie will noch lange unter sich bleiben und trifft auch Entscheidungen in diesem Sinn. Eine solche Inner-Circle-Entscheidung ist 1979 die Wahl des 64-jährigen Karl Carstens zum Nachfolger von Walter Scheel als Bundespräsident. Carstens verbindet norddeutsche Kühle mit juristischer Präzision, wodurch sich beide Eigenschaften potenzieren. Er ist – zumal in dieser Umbruchszeit – für das repräsentative Amt des Bundespräsidenten der falsche Mann, aber er bekommt es, weil der CDU-Vorsitzende Helmut Kohl ihn von seinem aktuellen Platz, dem Vorsitz der CDU/CSU-Bundestagsfraktion, entfernen will. Helmut Kohls Machtinstinkt übergeht dabei, dass Karl Carstens im »Dritten Reich« Mitglied von Hitlers Partei war.

»Kandidieren Sie nicht!«, ruft ihm denn auch der 25-jährige »Spiegel«-Redakteur Klaus Pokatzky nach dessen Nominierung zu. »Es geht darum, welche Form der Vergangenheitsbewältigung Sie repräsentieren, was für eine politische Haltung durch Ihre Wahl zum Prinzip erhoben würde und welche Konsequenzen das für weite Teile meiner Generation hat.«[57] Der »Spiegel« verhöhnt den Kandidaten mit einer Umfrage, die er in Auftrag gegeben hat, junge Leute sollten ihre Zustimmung oder Ablehnung zu einem Bundespräsidenten Carstens artikulieren – sie sind natürlich überwiegend dagegen.[58]

Selbst wenn man Karl Carstens – wie vielen anderen Spitzenpolitikern der Nachkriegszeit – die NS-Mitgliedschaft nachsieht, bleibt das Erscheinungsbild eines Präsidenten, der am Ende der siebziger Jahre mehr in die betuliche Adenauer-Ära passt, als dass er glaubwürdig über die Bewusstseinskonflikte seiner Zeit reden könnte. Während die Umweltschutz-, Frauen- und Friedensgruppen einen neuen Begriff von Lebensqualität etablieren, während nichts weniger als die Zukunft der Schöpfung die politische Debatte beherrscht, geht der Bundespräsident wandern. Karl Carstens ist ein begeisterter Wanderer, auf Deutschlands schönen Wegen will er seinen Landsleuten begegnen!

Das zweite Ereignis, das die überlange, überständige Macht der Generation Helmut Schmidt dokumentiert, ist 1979 die Nominierung von Franz Josef Strauß zum Kanzlerkandidaten der Union. Strauß ist zu dieser Zeit schon 63 Jahre alt; dass er mit seinem überragenden Intellekt und seinem aggressiven Habitus sehr vital wirkt, ändert daran nichts. Er repräsentiert mit seiner Biografie das »Modell Deutschland«, das zu dieser Zeit bereits heftige Anfechtungen erlebt, nicht weniger als der Amtsinhaber, er repräsentiert es sogar pointierter, weniger verbindlich. Es gibt bei der Wahlentscheidung 1980 keine wirkliche Alternative zwischen einer bisherigen und einer neuen Politik, die aktuelle Strömungen integrieren könnte. »Was in aller Welt soll man denn tun«, artikuliert Heinrich Albertz dieses Defizit in einem Vortrag auf dem Hamburger Kirchentag 1981, »wenn sich vor einer Wahl zwei Kontrahenten so bös in die Wolle geraten wie im letzten Herbst und nach der Wahl beide sich denselben Zwängen zu beugen scheinen?«[59]

Ganz unabhängig vom Mangel einer echten Alternative würden sich an einem Bundeskanzler Strauß, selbst wenn er plötzlich zum moderaten Staatsmann reifte, dauerhaft die Geister scheiden. Helmut Schmidt hat aller Welt gezeigt, dass er für die Anliegen der neuen sozialen Bewegungen und für die der Jugend, die jetzt erwachsen wird, kein Verständnis hat. Franz Josef Strauß würde dieses Verständnis, selbst wenn er es entwickelte, angesichts seiner Biografie nie und nimmer geglaubt. Er bliebe in den Augen der Bunten und Jungen der falsche Mann am falschen Platz.

Es geht jetzt eine Schere auf zwischen dem politischen Bewusstsein, das die Generation Helmut Schmidt mit einem Bundespräsidenten Carstens und einem Kanzlerkandidaten Strauß verkörpert, und dem Bewusstsein vieler Jungen, die sich von »Bonn« nicht mehr repräsentiert fühlen. Der scheidende Bundespräsident Walter Scheel artikuliert diese Empfindung an dem Tag, an dem der Nachfolger Karl Carstens in sein Amt eingeführt wird, wobei die Rede wohl, wie viele vorzügliche Reden des Bundespräsidenten Walter Scheel, aus der Feder seines Redenschreibers Michael Engelhard stammt. Darin heißt es, »so ziehen wir uns in die Gegenwart wie in eine Festung zurück, die wir gegen die Zukunft verteidigen«. Ob Walter Scheel damit seine Politikerkollegen in Bonn meint oder seine Generation, die Generation Helmut Schmidt, lässt er offen, doch die Analyse trifft für beide Gruppen zu. »Unser Wunsch wird immer mehr: Alles soll so bleiben wie es ist.« Politik und Massenmedien zeichneten ein Zukunftsbild, das »im Grunde nichts anderes als eine Verlängerung, eine Fortschreibung der Gegenwart« sei. Zur Begründung werde alles angeführt, was das Leben heute angenehm und lebenswert mache: ein freiheitlicher Rechtsstaat, ein funktionierendes

Sozialsystem, eine starke Wirtschaft, äußere Sicherheit und Frieden und Wohlstand.

»Aber wie soll sich«, stellt Walter Scheel seinen Zuhörern, den Repräsentanten der Bonner Republik, die Frage, »die Jugend für einen Staat und eine Gesellschaft engagieren, die kein anderes Ziel kennt als eine Verlängerung der Gegenwart?« Sei es nicht auch dieses allzu einfache Zukunftsbild, das große Teile der Jugend dem Staat und der Gesellschaft entfremde?[60]

Tatsächlich versteht die Generation Helmut Schmidt diese Jugend, die sich damit begnügen soll, das Erbe des Status quo anzutreten und zu pflegen, überhaupt nicht. In der bereits oben erwähnten, vom Bundespresseamt herausgegebenen fünfzigseitigen Broschüre »Die Jugend anerkennen«, in der Redeauszüge von Bundeskanzler Helmut Schmidt und gerade einmal ein Brief zweier Schülerinnen abgedruckt sind, ringt ein Mann ums Verstehen und ums Verstandenwerden, ohne dass der Funken überspringt. »Die jungen Menschen sollen aber auch wissen«, heißt es darin, »dass wir Politiker uns aufgefordert fühlen, mit Sorgfalt zu prüfen, welche Haltung uns oder den staatlichen Organen, die wir vertreten, gegenüber den Protestierenden angemessen ist.«[61]

Die Generation Helmut Schmidt, die jetzt in die Jahre kommt, versteht die jungen Leute nicht nur nicht, sie braucht sie auch nicht und wehrt sie nach Kräften ab. Jörg Bopp spricht von einem »Deutungsimperialismus der Älteren«, dem sich die Jugendlichen ausgesetzt fühlten. Hinter dem Kampf der Erwachsenen um die Vorherrschaft ihrer Deutungen und Strategien verberge sich ihr Bedürfnis nach Macht über die Jugendlichen. »Das politische Ideal vieler Bürger und Politiker in der Bundesrepublik ist eine Demokratie ohne Jugendliche, besser: eine demokratisierte Oligarchie der Erwachsenen.«[62]

In der Geschichte der Bundesrepublik ist die Generation Helmut Schmidt die letzte Generation, die eine nachwachsende Jugend von der Teilhabe am politischen und gesellschaftlichen Leben fernzuhalten versucht. Die Generation Helmut Kohl würde, stünde es in ihrer Macht, auch nach diesem Prinzip handeln. Ihre Angehörigen, ob in Bonn oder sonst wo im Land, sind ebenfalls, so Heinz Bude, »gebunden an die Modelle der Reproduktion des Status quo«;[63] doch schon im letzten Drittel von Helmut Schmidts Kanzlerschaft geht etwas zu Ende, ohne dass Neues entsteht: Die politische und gesellschaftliche Leitgeneration kann sich nicht mehr vom Stolz des Erreichten nähren, weil dieses Erreichte brüchig wird, und die nachfolgende Generation, für die man das alles geschaffen haben will, teilt diesen Stolz nicht, sie wertet das Geschaffene sogar ab.

Mit guten Gründen nennt Heinz Bude die 68er-Generation »die eigentliche Profitierungskohorte des westdeutschen Wohlfahrtsstaates, der für sie (...) nicht nur eine Versicherungsagentur, sondern auch noch eine Beschäftigungsmaschine gewesen« sei.[64] Auch die Generation »Christiane F.« ist noch eine Profitierungskohorte, wenngleich das letzte Drittel ihrer Arbeitsbiografie nicht mehr so reibungslos verläuft und die Rente kleiner sein wird. Doch die subjektive Empfindung folgt nicht immer Zahlen und Fakten, jede Generation beurteilt die Welt von einem immer neuen, weil jeweils eigenen Generationenhorizont aus. Helmut Schmidt berichtet selbst einmal von einem Gespräch, das er als Bundeskanzler mit Nachwuchsjournalisten von Jugendzeitschriften und Jugendrundfunkprogrammen geführt hat. »Sagen Sie uns«, wird er darin gefragt, »was macht das Leben in diesem Staate noch lebenswert?« Als Antwort blendet Helmut Schmidt seinen eigenen Generationenhorizont ein: »Glauben Sie, es war in Deutschland eher lebenswert zur Zeit des Flüchtlingselends, des Krieges, der Bomben auf Hamburg oder Dresden, der Nazi-Diktatur oder zur Zeit der sechs Millionen Arbeitslosen, der Weimarer Demokratie, des Ersten Weltkrieges oder Wilhelm II.?«[65]

Im selben Text nennt Helmut Schmidt die skeptische Haltung der Jugend eine »Mode«. »Vieles von dem, was manche Jungen in ihrem eigenen Bewusstsein für ›kritisches Denken‹ halten, ist in Wirklichkeit bloß Konformismus innerhalb der eigenen Schicht oder Gruppe.«[66] Aus diesen

Sätzen spricht eine Kränkung, von den Jungen nicht für das Geleistete wertgeschätzt zu werden. Weshalb kann der Protagonist der Generation Helmut Schmidt seine Kränkung nicht verbergen oder für sein Urteil über die Jungen wenigstens maßvollere Worte finden? Jürgen Leinemann bietet Jahre später, 1993, eine Deutung an: »Er verzeiht den Jungen jenen emotionsgeladenen Idealismus nicht, den er für die Ungereimtheiten in seinem eigenen Leben verantwortlich macht.«[67]

Dass es sich um keinen Konflikt zwischen politischen Parteien handelt, sondern um einen zwischen Älteren und Jüngeren, zeigt die übereinstimmende Analyse des sozialdemokratischen Bundeskanzlers Helmut Schmidt und der konservativen Publizistin Gertrud Höhler. In ihrem Buch »Die Kinder der Freiheit« von 1983 rechnet sie mit den »Sozialstaatsgenerationen« (Heinz Bude) in der Bundesrepublik ab. Diese »Kinder« missbrauchen die ihnen von den Eltern erarbeitete Freiheit, lautet ihre These. Statt das Erbe zu bewahren und zu mehren, schlagen sie es aus kurzsichtigen Motiven aus, sie wollen sich »selbstverwirklichen«.

Gertrud Höhler führt die Unzufriedenheit der jungen Leute und ihr Engagement in der Friedensbewegung auf persönliche Langeweile und innere Leere zurück. »Das hohe Gut des Friedens«, schimpft sie in ihrem Buch, »ist heruntergekommen zur blechernen Anstecktaube, mit der friedlose junge Menschen, in ungeordneten fluktuierenden Partnerschaften, durch eine ungenaue und feige Eltern- und Lehrerschaft bestärkt, von ungeklärten Gefühlsräuschen angetrieben, durch die Straßen ziehen.« Die Jugend weiß nicht zu schätzen, was sie hat, denn »was nicht erjagt werden muss, das lässt sich leicht verachten«.[68] Helmut Schmidt würde bei der Lektüre dieser Zeilen heftig mit dem Kopf nicken.

Die einen sehen im Aufbegehren der Jugend einen Egotrip, den die Welt nicht braucht, die anderen den Ausdruck einer »neuen angstbesetzten Subjektivität«, so der Historiker Frank Biess, die erstmals ein Bewusstsein für die »durchaus reale(n) Gefahren im Zeitalter von Wirtschaftskrise, Umweltzerstörung und Terrorismus« schafft.[69] Frank Biess hält diese

Jugend keinesfalls für unpolitisch und deutet ihren Protest auch nicht als Verweigerung, sondern der Protest nimmt nur einen Umweg über das Ich: Indem die jungen Leute ihre Betroffenheit und Emotionalität persönlich und authentisch artikulieren, drücken sie aus, was die gesellschaftlichen Einflüsse, die sie als pathologisch empfinden, mit ihnen machen. Sie kehren ihre Betroffenheit nach außen, um sie gemeinsam mit anderen auszuleben und zu verarbeiten. Im therapeutisch helfenden Zusammensein schaffen sie »eine sinnliche Alternative zu jener staatlichen Unterdrückung«, gegen die sie demonstrieren, wie Horst-Eberhard Richter einmal die Motive einer Teilnehmerin beschreibt.[70] Dass die eigene Seele im therapeutischen Prozess einer Großgruppe gesundet, ist eine Überzeugung des amerikanischen Psychologen Carl Rogers, dessen Konzept mit dem Psycho-Boom in den siebziger Jahren auch nach Deutschland kommt. Rogers, ein Vertreter der humanistischen Psychologie, hält Therapiesitzungen mit großen Gruppen ab. Hatten die 68er noch einen klaren Adressaten ihres Protestes, die US-Regierung wegen ihres Kriegs in Vietnam, gehen die jungen Leute der Achtziger-Revolte den Weg der radikalen Subjektivität – sie halten dem Bundeskanzler Plakate mit Sätzen wie »Ich habe Angst!« entgegen.

Das eigene Ich als Resonanzboden für politisches Handeln? Angst nicht als lähmende Empfindung, sondern als Ansporn für dieses Handeln? Das können Helmut Schmidt und die Seinen, die mit Parolen wie »Du bist nichts – Dein Volk ist alles« groß wurden, nicht verstehen, geschweige denn akzeptieren.

Das unterschiedliche Verständnis von Angst ist laut Heinz Bude die wichtigste Ursache für den *generation gap.* »Für die Eltern«, schreibt Bude, »lag das Schlimmste in der Vergangenheit, die Kinder dagegen sehen Schlimmes in der Zukunft auf sich zukommen. Die Kinder fühlen sich hilflos und haben Angst, weil der Wiederaufstieg Westdeutschlands zu Ende geht, die Eltern hatten für Hilflosigkeit und Angst keine Zeit, weil der Wiederaufstieg Westdeutschlands begann.«[71] Für das Verhältnis der

Generation Helmut Schmidt zu den »Sozialstaatsgenerationen« gilt das nicht weniger.

Doch nicht nur junge Leute stehen in diesen Jahren für eine neue Angstkultur, auch Teile der Generation Helmut Schmidt erleben plötzlich eine nicht mehr für möglich gehaltene, tiefe emotionale Erschütterung, ausgelöst durch die amerikanische Fernsehserie »Holocaust«, die im Januar 1979 in den Dritten Programmen ausgestrahlt wird. Bis zu fünfzehn Millionen Westdeutsche, ein Viertel der Bevölkerung, verfolgt den Vierteiler und die anschließenden Fernsehdiskussionen. Für viele Zuschauer stößt die sehr amerikanische, sehr emotional inszenierte Geschichte mehrerer Familien, die im »Dritten Reich« sehr unterschiedliche Schicksale erleben, das Tor zu eigenen Erinnerungen auf – ein Tor, das seit 1945 verschlossen, ja verrammelt war. Die Zuschauer drücken Gefühle von Angst, Scham, Trauer und Erschrecken aus. Helmut Schmidt und die Seinen, die jede emotionale Aufwallung der Deutschen als bedrohlich erleben, goutieren den Kauf der Serie durch den Westdeutschen Rundfunk nicht. Franz Josef Strauß äußert sich abfällig über ihre amerikanische Machart. Auch die große Betroffenheit, die der Vierteiler »Holocaust« auslöst, schwächt die Deutungshoheit der Generation Helmut Schmidt, die beim kollektiven Umgang mit der Vergangenheit Emotionen kleinhalten will.

Der Konflikt zwischen Älteren und Jüngeren Ende der siebziger, Anfang der achtziger Jahre geht weniger von den Jüngeren aus, die sich in keine Ordnung einfinden wollen, als von den Älteren, die ungelöste Konflikte und Entwicklungskrisen auf die Jüngeren abwälzen, findet Jörg Bopp. Der Begriff »Jugend« werde, so Bopp, »zur Metapher für verleugnete Schwierigkeiten, die Erwachsene mit ihrem eigenen Leben haben«. Er ist überzeugt, »die jugendlichen Ängste drücken aus, was die Gesellschaft verdrängt«.[72]

Auch auf der persönlichen Ebene liegen die Konflikte weniger bei den jungen Leuten als bei der Generation davor. »Viele Eltern erleben es als eine Kränkung, wenn ihre Kinder einen beträchtlichen Teil der Bewunderung von ihnen abziehen oder gar widersprechende Ideale wählen«, schreibt Jörg Bopp. Die Erschütterung des elterlichen Selbstbewusstseins sei umso größer, je stärker die Eltern eine Übereinstimmung mit den Kindern benötigten, um von der Richtigkeit und Kraft der eigenen Ansichten überzeugt sein zu können.[73]

Der Vorwurf der Wehleidigkeit, der jetzt viele junge Leute aus der Feder und aus dem Mund von Erwachsenen trifft, steht auf einem schwachen Fundament, denn, so Jörg Bopp, die Wertmaßstäbe für Persönlichkeitsstärke und Realitätstüchtigkeit sind immer an eine bestimmte Zeit gebunden. »Man überlege nur, was jene Jugendliche für Ich-Stärke hielten, die jubelnd auf die Schlachtfelder des Ersten Weltkrieges zogen und sich im Zweiten Weltkrieg in Stalingrad verheizen ließen.«[74] Die Ich-Stärke der jungen Leute ist eine andere als die eines Helmut Schmidt, denn seine persönlichen Maximen sind nicht mehr jene, die sich Heranwachsende für ihre Lebensentwürfe wählen. Jugendliche suchen, davon ist Bopp überzeugt, noch immer Vorbilder unter den Erwachsenen; die taugen aber nur noch dazu, wenn sie – Bopp zitiert hier Begriffe von Alexander Mitscherlich – die »Unsicherheiten« und »Ungeborgenheiten« der jungen Leute anerkennen, und das setzt voraus, dass sie anerkennen, solche Ungeborgenheiten in ihrer eigenen Jugend erlebt zu haben.

Einem Franz Josef Strauß oder einem Helmut Schmidt ist ein solches Bekenntnis nicht möglich. So sehr Helmut Schmidt um ein Verständnis für eine Generation ringt, die einen Politiker wie ihn nicht mehr wählen will (in diesen Tagen laufen die Jungwähler der SPD scharenweise davon), er bleibt ein Kind seiner Zeit mit seinen persönlichen Prägungen und Begrenzungen. Ein Bekenntnis zur eigenen Ungeborgenheit bedeutete auch eine Gefahr: Es würde das Fundament erschüttern, auf dem sein Selbstkonzept und sein Selbstbewusstsein stehen.

Der Anteil eines Helmut Schmidt an der politischen Entwicklung, die nun folgt, ist deshalb weniger schuldhaft als tragisch zu nennen – es kommt nicht mehr zusammen, was nicht zusammengehört. Die Generation Helmut Schmidt verliert ihre Deutungsmacht nicht schleichend und widerstreitend, wie es für eine abtretende Generation üblich ist, sondern abrupt und in der Gegenwehr hilflos. Zur Bundestagswahl 1980 gibt es noch einmal ein mehrere Generationen zusammenführendes Thema, die Verhinderung von Franz Josef Strauß als Bundeskanzler. Doch als dieses Ziel erreicht ist, zerfällt die Meinungsmacht von Helmut Schmidt und den Seinen von Monat zu Monat; zerfällt jetzt auch das von Schmidt geführte Regierungsbündnis, das gerade noch eine eindrucksvolle Bestätigung durch den Wähler erfahren hat. Der Protagonist dieser Generation segelt standhaft mit seiner Jolle und muss zusehen, wie von allen Seiten Wasser ins Boot dringt.

Meuchelmord an einer Generation

Es ist Sommer und der Gast ein sympathischer Linker. Der Saarbrücker Oberbürgermeister Oskar Lafontaine bekommt Besuch von »Stern«-Reporter Jürgen Serke, der ihn, nachdem sie eine Reihe von Gesprächen geführt haben, zu »meinem Sozi für die Zukunft« ausruft. Jürgen Serke redet in seinem Artikel, der im Juli 1982 erscheint,[75] nicht lange drum herum, dass er von Oskar Lafontaines Persönlichkeit und seinen politischen Positionen angetan ist. Doch wegen Serkes Bekenntnis würde dieser »Stern«-Artikel nicht Furore machen. Spektakulär ist ein spontanes Zwiegespräch von Lafontaine und seiner damaligen Frau Margret, das Serke während eines Telefonats mit Lafontaine mitverfolgt. Es beginnt mit einer Bemerkung, die Oskar Lafontaine an Jürgen Serke richtet:

»Schauen Sie, was hat sich denn mit der Einigung zwischen SPD und FDP über den Haushalt 1983 in Bonn geändert? Helmut Schmidt spricht weiter von Pflichtgefühl, Berechenbarkeit, Machbarkeit, Standhaftigkeit …«

»Oskar, das sind anale Fixierungen.«

»Das sind Sekundärtugenden. Ganz präzis gesagt: Damit kann man auch ein KZ betreiben. Das sind Sekundärtugenden, auf die man zurückgreift, wenn innerlich nicht bewältigt ist, worum es geht, nämlich um die Bewahrung des Lebens. (Pause) Mir geht es doch nicht darum, dem Schmidt in den Arsch zu treten.«

»Das ist auch so eine anale Fixierung.«

Anders als behauptet tritt Oskar Lafontaine dem amtierenden Bundeskanzler – um seine eigenen Worte zu benutzen – gleich mehrfach »in den Arsch«. Er setzt den bürgerlich-preußischen Tugendkatalog von Helmut Schmidt und seiner Generation mit Motiven der KZ-»Betreiber« gleich, die innerhalb der nationalsozialistischen Vernichtungsmaschine »funktionierten«, weil sie unter Ausblendung ethisch fundierter, zwecksetzender Primärtugenden Eigenschaften wie Gehorsam, Pflichterfüllung, Treue und Disziplin, eben jene Sekundärtugenden, zum Selbstzweck erhoben hatten. Seine damalige Frau Margret liefert dazu das psychoanalytisch grundierte Vokabular, das den politischen Diskurs jener Zeit durchdringt und ihn, je nach Perspektive, differenzierend erweitert oder zersetzt, wenn nicht gar illegitimerweise ersetzt. Sie deutet Helmut Schmidt psychoanalytisch als einen in einer frühkindlichen, der sogenannten »analen« Phase fixierten, also stehengebliebenen Zwangsneurotiker: beherrscht, zwanghaft, lust- und genussfeindlich, penibel, starrsinnig, ordnungsliebend etc.; Eigenschaften, die psychologisch als Symptome der Abwehr gegen angstauslösende Regungen gedeutet werden und die sich scheinbar mit dem bürgerlichen Tugendkatalog problemlos zur Deckung bringen lassen.

Zwar zielt Lafontaine nicht auf die individualpsychologische Verfasstheit, aber sicher auf den (wie immer psychologisch zu analysierenden) Sozialcharakter Helmut Schmidts und seiner Alterskohorte. Er bietet dem Getroffenen auch auf anderen Feldern die Stirn, so in einem Brief an Helmut Schmidt wenige Tage später, den er zum Anlass nimmt, »wichtige

Punkte zu nennen, in denen ich der von Dir vertretenen Politik nicht zustimmen kann.«[76] Waffenexporte in Länder der Dritten Welt, jährliche Erhöhung der NATO-Rüstungsausgaben um real drei Prozent, Stationierung nuklearer Trägerwaffen in der Bundesrepublik. All das steht unter dem Briefkopf des »Oberbürgermeisters von Saarbrücken«, was Schmidt bei der weltpolitischen Bedeutung der Themen, die Oskar Lafontaine behandelt, als zusätzliche Provokation empfinden muss. Der Brief vertieft das Zerwürfnis zwischen den beiden Männern.

Das Wort Lafontaines reiht sich historisch ein in die Folge von Entgleisungen, zu denen sich westdeutsche Politiker immer wieder hinreißen lassen. Der erste SPD-Vorsitzende Kurt Schumacher nennt Konrad Adenauer im Bundestag einen »Kanzler der Alliierten«. Adenauer seinerseits spielt in einer Wahlveranstaltung auf Willy Brandts uneheliche Geburt an (»Brandt alias Frahm«). Ludwig Erhard denunziert Journalisten als »Ratten und Schmeißfliegen«. Herbert Wehner findet, Bundeskanzler Willy Brandt bade gerne lau. Helmut Kohl vergleicht Michail Gorbatschow mit Adolf Hitler. Helmut Schmidt vergleicht Barack Obama, davon ist noch die Rede, ebenfalls mit Hitler.

Oskar Lafontaine trifft Schmidt persönlich, aber er trifft auch seine Generation, deren Identität in einen Zusammenhang mit den nationalsozialistischen Verbrechen gestellt wird. Der Frontsoldat gerät in den Verdacht des Mithelfers und Verteidigers von Hitlers KZ- und Vernichtungslagern. Lafontaine räumt auch mit der Selbstdeutung der Generation Helmut Schmidt auf, sie sei schicksalhaft in die »Scheiße des Krieges« geraten, wie ihr Protagonist zu sagen pflegt. Bei Lafontaine wird der Krieg zu einem von Menschen, genauer: von Menschen aus dieser Generation begangenen Verbrechen. In einen Krieg gerät man nicht einfach hinein, man nimmt aktiv daran teil.

Zum Zeitpunkt dieser Äußerung ist Lafontaine, Jahrgang 1943, 38 Jahre alt, Helmut Schmidt wird ein knappes halbes Jahr später 64. Der eine kommt aus der ersten der zwei »Kriegsgenerationen« des Zweiten

Weltkriegs, der andere entstammt einer der »Sozialstaatsgenerationen«, die im Wirtschaftswunderland Bundesrepublik groß geworden sind.

Auch Oskar Lafontaines Hauptkonkurrent aus seiner eigenen Generation, Gerhard Schröder, Jahrgang 1944, durchtrennt Anfang der Achtziger die politischen Bande mit Helmut Schmidt, dessen Persönlichkeit und Politikstil ihn einst zum Eintritt in die SPD bewogen haben. Auf dem Hamburger Kirchentag im Juni 1981 fasst er einen Entschluss: »Da kann mit Rücktritt drohen, wer will, meine Stimme für die Stationierung der Raketen gebe ich nicht«.[77] Doch ist Schröder ein anderer Typ. Seine Provokationen gehen weniger von krassen Bemerkungen als von einer irritierenden Garderobe aus. So tritt er als erster Abgeordneter in der Geschichte des Bundestages ohne Krawatte ans Rednerpult, unter anderem am 10. April 1981, als die Einrichtung einer Enquetekommission »Jugendprotest im demokratischen Staat« zur Debatte steht. Nach seiner Wahl zum Bundeskanzler siebzehn Jahre später wird er im Kaschmirmantel als Modell posieren.

Gerhard Schröder und Oskar Lafontaine stehen unter Zeitdruck. Sie wollen im großen Stil politisch gestalten, das Land verändern, sprich: sie wollen die Macht. In der Bundesrepublik beginnen zwar politische Karrieren schon immer spät, aber die Sozialisation der beiden erfolgte in längst vergangenen Zeiten, in der Juso-Kultur unter Bundeskanzler Willy Brandt, und das damals geknüpfte Netzwerk, das es für einen Generationswechsel braucht, kann nicht ewig halten. Beiden droht das Schicksal des politischen Berufsjugendlichen, der zwar aus der Jeansjacke herausgewachsen ist, aber auch nicht politisch glaubwürdig Anzug und Schlips tragen kann.

»Vermutlich ist es so, dass jeder Neue in der Politik zur jeweils älteren Generation ein Verhältnis definieren muss«, gibt der Journalist Jost Kaiser einmal in einem Artikel über die »Generation Wulff« zu bedenken. »Selten im Gleichklang mit ihr, meistens im Widerstand gegen sie, wird er sein politisches Thema, sein Generationsthema finden.« Eine Angela Merkel, ein Christian Wulff und ein Roland Koch haben den politischen Vatermord bei der Entscheidung über den Kanzlerkandidaten der Union 1998 versäumt.[78] Oskar Lafontaine will die Geisteshaltung seiner Generation staatsstreichartig an die Macht putschen.

Mit der Bemerkung wird der Betonmantel, den eine ganze Generation um ihre Seele gelegt hat, durchstoßen. Die von Oskar Lafontaine geschmähten Sekundärtugenden waren den Angehörigen dieser Generation zu der schwersten Zeit ihres Lebens »Haltegriffe«. Sie haben die Zähne zusammengebissen, die Tränen unterdrückt, ihre Pflicht getan. Das ist ihnen – siehe die häufige Schilderung von Helmut Schmidt – schwer gefallen, denn schon sie selbst ahnen oder wissen, was Manfred Rommel Jahrzehnte später einmal so formuliert: »Die sekundären Tugenden des Gehorsams, der Tapferkeit, der Disziplin waren aber nur gut, solange sie einem demokratischen Staat dienten.« Mit der Diktatur von 1933 »entstand aus dem Wert ein Unwert; alle sekundären Tugenden wurden fragwürdig (…)«.[79] Nach dem Krieg halfen diese Tugenden bei der nächsten schwierigen Aufgabe, dem Aufbau eines in Trümmern liegenden Landes. Sie halfen auch in der bisher schwersten politischen Krise, dem Deutschen Herbst 1977, in dem der ehemalige Frontsoldat Helmut Schmidt dem ehemaligen Frontsoldaten Franz Josef Strauß ausdrücklich »Tapferkeit« bescheinigt. Und jetzt kommt so ein biografisch verwöhnter Jungspund und vergleicht diese geprellte Generation mit dem schlimmsten Typ von Mensch, den die deutsche Geschichte je hervorgebracht hat!

Schon die 68er-Generation hat den Wertekatalog ihrer realen Väter – sie wählte sich andere, geistige, wie den Philosophen Herbert Marcuse – für obsolet erklärt, etwa mit langen Haaren und schmucklosen bis ramponierten Klamotten gängige Ordnungs- und Kleidernormen verletzt. Aber Rudi Dutschke wollte keinen amtierenden Bundeskanzler vom Sockel stoßen. Er war ein Intellektueller, kein Alphatier der Macht.

Allerdings verläuft das Neben- und Nacheinander von Generationen komplexer: Da sägen die Jüngeren nicht nur an den Stühlen der Älteren, da verteidigen die Älteren – in Politik, Wirtschaft und Gesellschaft – ihre

Plätze mit unfeinen Methoden. Gerade der Protagonist der Generation Helmut Schmidt hat oft und gern über protestierende Studenten und junge SPD-Linke geschimpft, persönliche Angriffe (»Krise des eigenen Hirns«)[80] und politische Rigidität (etwa in der Debatte über die Ursachen des Terrorismus) gingen miteinander einher. Sogar die SPD-Politikerin Elke Leonhard, die sich wünscht, eine jüngere Generation von Genossen möge die politische Erbschaft Helmut Schmidts antreten, räumt in ihrem Buch »Wo sind Schmidts Erben?« ein, Helmut Schmidt habe die »Enkel« Willy Brandts oft verletzt, diffamiert, nicht verstehen wollen und fragt mit Blick auf deren Reaktion rhetorisch: »Musste ihn das verwundern?«[81] Der Publizist Wolfgang Michal, ein Schmidt-Kritiker, geht in seiner Wortwahl noch weiter, »wenn sich«, so Michal, »ein kühl kalkulierender Politiker wie Lafontaine in seiner Wortwahl derart vergreift, dann zeigt dies das Ausmaß des Zorns, der sich angesichts der Führungsneurose des Kanzlers bei vielen jüngeren Sozialdemokraten angesammelt hatte«.[82]

Auch in der Sache kommt Lafontaines Bemerkung nicht überraschend – Gertrud Höhler beklagt in ihrem Buch »Kinder der Freiheit« von 1983, »Mut und Tapferkeit, mit denen Angst bekämpft wurde, gelten heute wenig oder nichts.« Tapferkeit sei schon als Vokabel abhanden gekommen, »gebrandmarkt durch verpönte Soldatentugenden (…)«.[83] Selbst die Tugend der Kameradschaft, die den Krieg für Helmut Schmidt und die Seinen erträglich machte und die nun auch die Erinnerung der ehemaligen Frontsoldaten, darunter Helmut Schmidt, an diesen Krieg erträglich macht, gerät in Misskredit. Es fegt – ausgelöst durch den NATO-Doppelbeschluss mit seinem »Vater« Helmut Schmidt – ein pazifistischer Wind über Mitteleuropa. Raketen stehen in der Kritik, aber noch mehr die Werte und die Lebenshaltung der Generation Helmut Schmidt. Ein Oskar Lafontaine gewinnt der Idee des »Parteisoldaten«, wie sie Hans Apel, Holger Börner oder Hans-Jürgen Wischnewski verkörpern, weil sie jedem »Gestellungsbefehl« aus der Troika folgen, nichts ab. Für einen

Mann seiner Generation sind die Amerikaner auch nicht mehr die Boten der Demokratie und Beschützer Westberlins, sondern eine Weltmacht, die diese Macht mit mal freundlichen, mal weniger freundlichen Mitteln sichert. Das sind und bleiben sie für Helmut Schmidt und die Seinen. Helmut Schmidt bewundert Amerika, er fliegt oft dorthin, auch wenn er dem American Way of Life nichts abgewinnen kann – er und mit ihm seine Generation sind dieser Lebensart zu spät begegnet, da waren sie schon sehr anders und sehr stark geprägt.

Die Attacke des Saarländers entspricht dem Zeitgeist, und doch kommt sie überraschend reflexartig. Wie spontan oder wie kalkuliert ist sie? Wolfgang Schmidbauer teilt nicht die Selbstwahrnehmung vieler 68er, die sich für willensstark und tatendurstig halten, sondern sieht sie als »Opfer eines Vakuums, das sie mit Selbstüberschätzung und Reformoptimismus füllen mussten. Sie wehrten die latente Depression der Eltern durch eine brüchige Manie ab.« Für den Konflikt zwischen der verletzten und der überschätzten Generation (Generation Helmut Schmidt versus Generation Gerhard Schröder) sei die Entwertung der Sekundärtugenden durch Oskar Lafontaine eine »sprechende Szene«.[84]

»Worüber beide nicht sprechen«, so Schmidbauer, »sind die jeweils dominanten Ängste: vor einem Verlust der im Wiederaufbau gewonnenen Sicherheiten auf der einen Seite, vor dem Zusammenbruch der idealisierten Zukunft auf der anderen Seite.«[85] Demnach verharrt Helmut Schmidt in seiner tiefen Kränkung aus Angst, eine Beschäftigung mit dem Thema könnte ihn um seine mentalen »Haltegriffe« bringen. Und Lafontaine will, gemeinsam mit seiner Generation, an die Macht. Vor dem Hintergrund der hier aufgeblätterten Generationengeschichte bleibt Lafontaines Hinweis, dass man mit Schmidts Tugenden auch ein Konzentrationslager betreiben könne, zwar eine schwere rhetorische Entgleisung, doch folgt sie der inneren Logik politischer Generationswechsel, die sich selten reibungsfrei vollziehen. »Neue Generationen«, beschreibt der Soziologe Bernhard Giesen diesen Prozess, »betreten die Bühne und entwerten die

Erfahrung der Älteren, der Erwachsenen, derjenigen, die ihre Sensibilität für das Neue und Außerordentliche verloren haben (...).«[86]

Lafontaines Bemerkung ist Ausdruck einer Generationendämmerung oder, mit Hans Apels Worten, ein »Meilenstein des Abstiegs«[87] – weniger wegen der krassen Wortwahl, sondern wegen der Art und Weise, wie das Wort zwar skandalisiert, aber nicht wirklich diskutiert wird. Helmut Schmidt könnte, wollte er Lafontaines Motive analytisch durchdringen, dessen generationale Zwangslage erkennen und mit ihr umgehen. Er könnte auch Parallelen feststellen. Beide haben ihren Weg mit dem »Erkennen und Aussprechen parteiinterner Defizite« gemacht, wie Elke Leonhard schreibt.[88] Schmidt kletterte dabei in der sichernden Seilschaft einer Troika hoch, gefördert durch den machtvollen Sozialdemokraten Herbert Wehner und die spätere Vaterfigur dieser Partei, Willy Brandt. Oskar Lafontaine muss sich allein und von einem kleinen Bundesland aus nach oben boxen, genauso wie sein Rivale aus derselben Alterskohorte, Gerhard Schröder.

Die beiden Kontrahenten telefonieren, kaum dass Schmidt von der geplanten Veröffentlichung erfahren hat. Lafontaine bedauert seine Äußerungen und entschuldigt sich, doch eine Annäherung bleibt aus. Denn Lafontaine sieht von einer Gegendarstellung, wie sie der Bundeskanzler fordert, ab. Danach diktiert Helmut Schmidt einen Brief an den »Parteifreund« im Saarland. »Ich habe eine derartige Beleidigung in über 36 Jahren der Zugehörigkeit zu meiner Partei bisher weder innerhalb der Partei noch von einem politischen Gegner erlebt (...)«, heißt es darin. »Die Tatsache, dass Du die im ›Stern‹ abgedruckten Zitate nicht für gefälscht erklären konntest, machte es mir unmöglich, die von Dir angedeutete Entschuldigung zu akzeptieren. (...) Willy Brandt erhält Durchdruck dieses Briefes. Ich selbst habe nicht die Absicht, mich zu dieser Beleidigung öffentlich zu äußern.«[89]

Helmut Schmidt reagiert auf Oskar Lafontaines »Stern«-Interview, wie im Brief angekündigt, öffentlich nicht, und es gibt auch keinen weiteren Protagonisten seiner Generation, der darüber eine Debatte entfacht. Die Angehörigen der Generation Helmut Schmidt verfallen in Schweigen, weil sie tief verletzt sind, was man ihnen persönlich nicht verdenken kann, doch ist diese Reaktion auch für sie typisch, wenn es um das eigene Seelenleben geht. Totschweigen des Kritikers, als gäbe es ihn nicht, statt Diskussion, persönliche Verachtung statt politischer Auseinandersetzung – das kennzeichnet die Reaktion einer getroffenen Generation, die sich des erfolgreichen Ausgangs einer Debatte offenbar nicht sicher ist.

Weshalb antwortet Helmut Schmidt seinem »Parteifreund« nicht mit einem ganzseitigen Artikel in der »Zeit«? Marion Gräfin Dönhoff, Jahrgang 1909, und Theo Sommer, Jahrgang 1930, würden ihm den Platz bereitwillig einräumen. Er könnte ins Feld führen, was der Journalist Konrad Adam Jahre später ins Feld führt, »dass sich mit Disziplin, Pflichtgefühl, Berechenbarkeit und so weiter KZs nicht nur betreiben, sondern auch befreien lassen«.[90] Doch Helmut Schmidt schweigt. Wo diese Generation nicht nur verletzt ist, sondern sich auch an einem wunden Punkt getroffen, also entdeckt fühlt, verstummt sie.

Ausdruck einer Generationendämmerung ist auch die Reaktion der »Parteifreunde«, die Oskar Lafontaine zu einer Entschuldigung bewegen oder ihn öffentlich kritisieren könnten. So wenig sich Lafontaine entschuldigt, so wenig kommt es zu einer Rüge oder gar einer Sanktion durch Dritte. Der SPD-Parteivorsitzende Willy Brandt sucht die Wogen nichtöffentlich zu glätten. Brigitte Seebacher-Brandt schreibt in ihrem Buch über ihn, er habe Lafontaine zu einer Entschuldigung gedrängt, die »Sache selbst fand er abwegig, peinlich, nicht zu kommentieren«.[91] Fand er sie nicht peinlich genug, um den »Enkel« mit der Autorität seines Amtes unter Druck zu setzen?

Weshalb findet auch Brandt keine öffentlichen Worte, gerade als Vorsitzender der Partei? Er verkörpert inzwischen selbst den Konflikt, für den Lafontaines Wort steht, er ist ein Vertreter der »Modell Deutschland«-Politik, will aber auch alternative Denkweisen für die Partei, die keine

Jungen mehr bindet, fördern. Der SPD-Fraktionsvorsitzende Herbert Wehner könnte ebenfalls ein klärendes Wort sprechen, doch er ist wegen seiner schlechten Gesundheit dazu nicht mehr in der Lage. Für Oskar Lafontaine bleibt die Angelegenheit ohne negative Folgen, im Gegenteil: er hat sich mit lautem Getöse als führender Sozialdemokrat von morgen positioniert.

Helmut Schmidt bleibt sein weiteres Leben lang unversöhnlich. Noch Jahrzehnte später, in einem Gespräch »auf eine Zigarette« mit Giovanni di Lorenzo, zeiht er »diesen Lafontaine«, Ängste zu schüren.[92] Auch Lafontaine macht keinen Schritt auf den Altkanzler zu, eine spätere Entschuldigung bleibt aus. Dabei könnte ein moderiertes Gespräch, wie es zum Beispiel Ignatz Bubis und Martin Walser nach dessen umstrittener Rede am 11. Oktober 1998 in der Frankfurter Paulskirche führen – oder auch Helmut Schmidt selbst mit dem von ihm lange geringgeschätzten Helmut Kohl –, positive Effekte zeitigen, es könnte für mehr Verständnis zwischen zwei Generationen sorgen, auch ihre Protagonisten, indem sich der Konflikt entkrampft, persönlich entlasten.

Zeitlebens wird Helmut Schmidt die Sekundärtugenden gegen ihren Missbrauch verteidigen. »Diese Tugenden haben wir nach 1945 ja keineswegs neu erfunden; sie waren unter dem Schutt verborgen gewesen, wir haben sie lediglich wieder ausgegraben.«[93] Und doch weiß auch er, dass seine Generation sich diese Tugenden nicht erst nach 1945 zu eigen gemacht hat. In seinem »Politischen Rückblick auf eine unpolitische Jugend« nennt er den Zweiten Weltkrieg eine »Tragödie unseres Pflichtbewusstseins«[94] – eine Formulierung, der Oskar Lafontaine zustimmen würde. Wieder einmal hat sich erwiesen, dass sich jenes »preußische Heiligtum«, die »deutsche Kathedrale der Pflichterfüllung« über »zerstörte(m) Glück« auftürmt.[95] Helmut Schmidt geht sogar noch weiter: »Aus Angst kann auch Feigheit resultieren«, schreibt er, fast überall stelle die Erziehung deshalb der Angst den Mut, die Tapferkeit, zumindest aber die Pflichterfüllung gegenüber. »Und doch haben nicht nur der Mut, sondern vor allem auch das Pflichtgefühl in Deutschland bis 1945 eine zu große, weil pervertierte Rolle gespielt.«[96] Mit einem solchen Satz geht er, ob er will oder nicht, »diesem Lafontaine« einen großen Schritt entgegen.

Jahrzehnte später kommt der Journalist Nils Minkmar auf Oskar Lafontaines Entgleisung gegenüber dem damaligen Bundeskanzler zurück. Sein Urteil fällt negativ für den Politiker Lafontaine, aber milde im Hinblick auf die Entgleisung aus. Lafontaine sei seither immer ein Kandidat der Minderheiten geblieben, »denn die Sekundärtugenden sind ja auch die deutschen Tugenden«. Nicht nur Helmut Schmidt, auch die breite Mehrheit des deutschen Bürgertums hätten ihm diesen Satz nie verziehen. Deshalb muss der Satz trotzdem nicht ganz falsch sein. »Die historische Forschung«, so Minkmars abschließendes Urteil, »würde Lafontaine eher recht geben, die Öffentlichkeit von damals hat ihn dafür ausgegrenzt.«[97]

STELLUNGSWECHSEL

Die Mission wird fortgesetzt

> *»Fritz, wissen Sie, was ich an Helmut Schmidt immer gehasst habe (...)? Dass er die typische Väterreaktion drauf hat, wer nicht im Krieg im Dreck gelegen habe, könne nicht mitreden. Und die Jungen taugen eh nichts. (...) Aber ich muss heute leider zähneknirschend und gramgebeugt gestehen, ja, es gibt ein massives Führungsproblem.«*
>
> Joschka Fischer im Gespräch mit Fritz Stern

In Wahlen unbesiegt

Oskar Lafontaine bläst das Hornsignal zur politischen Jagd, die jetzt auf Helmut Schmidt und seine Generation beginnt, selbst teilnehmen kann er daran nicht. Er ist wie gesagt erst Oberbürgermeister von Saarbrücken. Den Sturz von Helmut Schmidt und den Seinen besorgen Angehörige der Generationen Helmut Schmidt (einzelne) und Helmut Kohl (die meisten). Sie tun dies nicht aus der allgemeinen Einsicht heraus, dass die »Alten« ausgedient hätten, sie sind ja selbst so alt oder nur wenig jünger, sondern weil im politischen Bonn Vertreter späterer Generationen keine Rolle spielen. Björn Engholm, Jahrgang 1939, führt das Bildungs-, Volker Hauff, Jahrgang 1940, das Forschungsministerium.

Die Generation Helmut Schmidt ist schon überlange an der Macht, was die nächste Generation mit ihrem Protagonisten Helmut Kohl überlange im Wartestand hält. Die Bundesrepublik Deutschland hat Anfang der achtziger Jahre noch nicht zu einem normalen Wechsel der politischen Generationen gefunden.

So kommt es zu der eben nur für Westdeutschland erklärlichen Entwicklung, dass Politiker einer überständigen Generation eine überständige Generation stürzen. Was ist ihr Motiv? Der Wunsch, sich an ihre Stelle zu setzen, kann es nicht sein. Ein Egon Bahr, Jahrgang 1922, und ein Erhard Eppler, Jahrgang 1926, hoffen nicht ernsthaft darauf, in politische Spitzenämter zurückzukehren (auch wenn Eppler, wie er im FAZ-Fragebogen bekennt, gelegentlich gern Bundeskanzler wäre[1]), sie müssen im Gegenteil fürchten, dass ihre Partei der nächsten Bundesregierung nicht mehr angehört. Und trotzdem arbeiten Bahr und Eppler im Verbund mit den Jungen wie Lafontaine an einer Ablösung der Regierung Schmidt, festzumachen an ihrem Widerstand gegen den NATO-Doppelbeschluss.

Schaut man sich die politischen Biografien von Egon Bahr, Erhard Eppler und auch von Willy Brandt an, der seine schützende Hand über beide hält, oder die von weiteren Schmidt-Kritikern wie Horst Ehmke und Günter Gaus, liegen nicht generationale, sondern personale Motive als Erklärung nahe. Jetzt werden politische Rechnungen beglichen, die seit dem Rücktritt Brandts 1974 offen waren. Mit dem neuen Bundeskanzler verloren Egon Bahr und Horst Ehmke sowie die Journalisten Günter Gaus und Klaus Harpprecht ihre zentrale Rollen im Kanzleramt und damit für die deutsche Politik; Helmut Schmidt hatte, was seine Geringschätzung der Herren angeht, aus seinem Herzen keine Mördergrube gemacht. Günter Gaus muss später eine weitere Aufgabe an einen »Schmidt-Mann« abgeben, Klaus Bölling wird sein Nachfolger als Ständiger Vertreter der Bundesrepublik in Ost-Berlin. Egon Bahr ärgert sich noch in seinen Memoiren über den Schmidt-Satz: »Brandt und seiner Berliner Mafia ist der Unterschied zwischen einer Million und einer Milliarde unbekannt.«[2] Horst Ehmke wiederum habe seine ganze Arbeitszeit dazu benutzt, »die Hälfte der Fehler wieder zu entwirren, die er selber angerichtet hat«.[3] Ehmke zerlegt Schmidts Politikverständnis in seinen Memoiren mit intellektueller Lässigkeit.[4] Günter Gaus bricht in derselben »Stern«-Ausgabe, in der Oskar Lafontaine die Sekundärtugenden verunglimpft, über Helmut Schmidt politisch den Stab.[5] Klaus Harpprecht schreibt über den Altkanzler bis in die Gegenwart verächtlich. Im Winter 2014, mit 87 Jahren, gibt er in einem Buch preis, dass Helmut Schmidt vor seiner Kanzlerschaft jahrelang eine Geliebte hatte. Da geht es einem wohl kaum um historische Zeitzeugenschaft.

Politisches Blut wird auch beim Abgang von Entwicklungshilfeminister Erhard Eppler vergossen. Tief gekränkt gibt der nach wenigen Wochen sein Amt auf; über das Budget für sein Ressort, das der Kanzler in seiner ersten Regierungserklärung mit keinem Wort erwähnt hatte, war es zum Streit gekommen. Eppler zieht sich in die baden-württembergische Landespolitik zurück (wo er als SPD-Spitzenkandidat kein Glück hat), 1976 gibt er auch sein Bundestagsmandat auf. Danach findet er eine neue Wirkungsmacht als Publizist und Aktivist der Friedensbewegung – »eine heimliche Macht, die keinem Menschen zugerechnet wird, die aber trotzdem wirkt«, wie er es in seinen Lebenserinnerungen auf den Begriff bringt.[6]

Egon Bahr bleibt der Bonner Politik treu, er wird 1975 SPD-Bundesgeschäftsführer. Ihm, dem »östlichsten« Denker der alten Bundesrepublik, hat Helmut Schmidt nie getraut. »Ich kenne doch die Russen«, lautet Bahrs Standardsatz. Helmut Schmidts Politikverständnis setzt nicht auf Vertrauen (schon gar nicht in die Russen), sondern auf Vereinbarungen (gerade mit den Russen). Egon Bahr nimmt Helmut Schmidt übel, dass sein »kurzer Draht« zum Honecker-Regime weiter über Herbert Wehner führt und nicht über ihn. Helmut Schmidt tut sich schwer mit einer sphinxhaften Persönlichkeit wie Egon Bahr oder Hans-Dietrich Genscher – sein scharfer Verstand arbeitet schnell und zielgenau, aber er bringt nicht die Geduld auf, den unbewegten Gesichtsausdruck oder die diplomatische Sprache eines Bahr oder Genscher zu deuten.

Egon Bahr beginnt die Sicherheitspolitik der SPD schon 1977 mit einer gezielten Attacke gegen die Neutronenwaffe (»Perversion des Denkens«)[7] umzusteuern. Die Waffe war in den USA entwickelt und ihre Produktion von den NATO-Partnern, also auch von der Bundesrepublik, politisch mitgetragen worden. (US-Präsident Jimmy Carter ließ sie dann doch nicht bauen.) Bahr setzt den Schwenk behutsam, aber effektiv auf der Ebene der Parteitage durch.

Zwischen Helmut Schmidt und Erhard Eppler ist das Verhältnis komplexer – beide reden gern Klartext und scheiden damit die politischen Geister in Freund und Feind. Schmidt fördert die Karriere von Eppler, als Vorsitzender der SPD-Bundestagsfraktion während der Großen Koalition macht er Eppler zum außenpolitischen Sprecher der Fraktion. Schmidt vergisst Eppler auch nicht dessen Unterstützung für die Notstandsgesetze, die maßgeblich Helmut Schmidt durch das Parlament gepeitscht hat. Als Erhard Eppler in das Kabinett Brandt eintritt, wendet er sich diesem zu und von Helmut Schmidt ab. Brandts ausgleichende Persönlichkeit spricht ihn stärker an. Gerhard Schröder macht wenige Jahre später einen vergleichbaren Schwenk.

Nach Epplers Ausscheiden aus dem ersten Kabinett Schmidt – einem Ausscheiden mit Pauken und Trompeten, so verlässt der Schriftsteller Carl Amery aus Solidarität mit Eppler die SPD – nimmt das Verhältnis zwischen Schmidt und Eppler geradezu pathologische Züge an, jeder wird für den anderen zum Inbegriff des falschen Politikverständnisses. Für Helmut Schmidt stellt Erhard Eppler Gesinnung über Verantwortung, er macht mit dem Glauben Politik und nicht mit der Vernunft. Eppler wiederum findet, dass Schmidt von verantwortlichem Handeln spricht, wo er tatsächlich verantwortungslos agiert, und dass auch er einem Glauben huldigt, leider einem falschen, dem Glauben an die technische Beherrschbarkeit ungeahnter Risiken. Als langjähriger Vorsitzender der SPD-Grundwertekommission sieht sich Eppler als eine Art strategischer Vordenker seiner Partei, und das heißt auch: Er sucht das nach seiner

Überzeugung hohle Politikverständnis der »Krisenmanager« zurückzudrängen. »Regieren hieß für mich eben nicht nur dafür sorgen, dass der Laden läuft.«[8] In allen seinen Büchern von 1975 an, auch noch als alter Mann, geht Erhard Eppler mit der politischen Persönlichkeit Helmut Schmidt und mit dem Politikverständnis, für das Schmidt steht, hart ins Gericht. In einem Buch sucht er den Nachweis zu führen, dass Helmut Schmidt seine »Hausapotheker« Max Weber und Karl Popper falsch verstanden hat,[9] in einem anderen zerlegt er Schmidts politische Sprache.[10] Er ist nie fertig mit ihm, er bleibt auf ihn fixiert.

Es bleibt aber nicht beim intellektuellen Schlagabtausch. Erhard Eppler macht 1980 in Baden-Württemberg Wahlkampf ohne ein einziges Schmidt-Plakat und ohne einen Wahlkampfauftritt des amtierenden Bundeskanzlers (das Wahlergebnis wird ein Desaster für die Partei). Am Tag, als Helmut Schmidt im Bundestag das Programm seines dritten Kabinetts vorstellt, erscheint im »Stern« ein Interview mit Eppler, der erklärt, er könne sich Hans-Jochen Vogel als Kanzler vorstellen.[11]

Helmut Schmidt belässt es lange bei abfälligen Bemerkungen über Eppler, der »seine Lebensängste auf die Kernenergie« abwälze,[12] doch seit Eppler die Zustimmung der SPD zum NATO-Doppelbeschluss systematisch unterminiert, entfacht er Schmidts Zorn. Helmut Schmidt wiederum hält »Herrn Eppler, der die sogenannte Friedensbewegung angeführt hat«, wie er mir in einem Gespräch sagt, für eine zentrale Figur seines Machtverlusts. Erhard Eppler spricht als führender SPD-Politiker bei der Großdemonstration der Friedensbewegung am 10. Oktober 1981 im Bonner Hofgarten – signifikantes Zeichen dafür, dass auch SPD-Anhänger ungestraft gegen eine »Nachrüstung« eintreten dürfen. Schmidt hatte zuvor den Parteivorsitzenden Willy Brandt beschworen, Eppler von einer Teilnahme abzuhalten, doch Brandt hielt zu Eppler. Dieser Vorgang führt auch bei Helmut Schmidt zu einer Fixierung auf den »Parteifreund«, wie sein Briefwechsel mit Willy Brandt kurz nach seiner parlamentarischen Abwahl zeigt. Schmidt leitet ihn mit dem Vorwurf ein, der SPD-Vorsitzende hätte in fraglicher Situation zum Bundeskanzler halten müssen.[13] Fortan wird Schmidts Formulierung von der »zerstörerischen Wirkung« Epplers zur stehenden Rede.[14] Noch im »Politischen Rückblick auf eine unpolitische Jugend« kritisiert er die, wie er es sieht, Doppelmoral eines Friedensaktivisten wie Erhard Eppler, der die Sicherheitspolitik der USA verteufelt und die der Sowjetunion verharmlost.[15]

Natürlich, der Konflikt zwischen Helmut Schmidt und Erhard Eppler oder zwischen Schmidt und Horst Ehmke hat auch einen generationalen Aspekt. Für Schmidt hat ein Eppler oder ein Ehmke eben nicht die »Scheiße des Krieges« erlebt, jedenfalls nicht in ihrem ganzen Ausmaß. Eppler und Ehmke teilen nicht das politische Jugendtrauma eines Helmut Schmidt, das ihn zum Beispiel auf die Studentenbewegung ziemlich verständnislos reagieren lässt (was Horst Ehmke bei einem SPD-Parteitag offen kritisiert). Erhard Eppler selbst schaut einmal zurück, »hätte ich ernstgenommen, dass Politik zu neun Zehnteln aus Menschen besteht, ihren Eigenheiten und Eitelkeiten, ihren Prägungen durch Generationserfahrungen, dann hätte es mich nicht so gründlich überraschen können, wie Politiker, die zuerst auf ihr persönliches Profil bedacht sind, mit Programmen verfahren.«[16] Auch Eppler sieht also den Generationenaspekt. Aber die Zugehörigkeit zu verschiedenen Generationen muss nicht zu der Schärfe führen, mit der Eppler immer wieder Wut und Zorn über den Bundeskanzler seiner Partei entlädt.

Auf den ersten Blick mag es eindimensional erscheinen, persönliche Kränkungen und politisches Handeln in einen Zusammenhang zu setzen. Besonders Politiker wollen an ihren Positionen gemessen werden, zu denen sie nach vermeintlich langer Reflexion gefunden haben. Dabei spielt umgekehrt der »menschliche Faktor« bei ihrer täglichen Arbeit eine besondere Rolle: In ihrem Stressjob mit Arbeitsflut und kurzen Ruhephasen fallen viele Entscheidungen intuitiv, aus dem Bauch heraus. Sachanalyse wird nicht oder zu wenig von persönlichen Empfindungen oder Erfahrungen getrennt. Es ist unmöglich, dass sich Helmut Schmidt und

Erhard Eppler im Jahr 1981 unbefangen unterhalten, nachdem sie, obwohl beide Mitglied des SPD-Parteivorstands, von 1979 an kein Vieraugengespräch mehr geführt haben. Sie reden über das Forum des »Spiegel«-Gesprächs miteinander so wie zerstrittene Brüder mit dem Umweg über ihre Frauen.

Dass Spitzenpolitiker persönlich disziplinlos miteinander umgehen, wird auch von Parteihistorikern gern tabuisiert – besonders von Parteihistorikern der SPD. Solidarität ist unter SPD-Mitgliedern ein hohes Gut, und wo es in der Wirklichkeit nichts wert war, soll man es zumindest für die Geschichtsschreibung für möglich halten. Kann Bernd Faulenbach in seiner Parteigeschichte »Das sozialdemokratische Jahrzehnt« den persönlichen Konflikt zwischen Schmidt und Eppler schon nicht aussparen, verbannt er den »menschlichen Faktor« wenigstens in eine wissenschaftlich eingekleidete Fußnote. »Zweifellos stand Erhard Eppler in dieser Zeit in einem scharfen Gegensatz zu Helmut Schmidt.«[17] Dabei ist diese ganz buchstäblich versteckte Bemerkung auch noch beschönigend, denn Eppler stand nicht nur »in dieser Zeit«, sondern fortan in scharfem Gegensatz zu Schmidt. Die Gründe werden leider nicht näher beleuchtet.

Alexander Mitscherlich hat das Lästern einmal als Ventil beschrieben, durch das sich die Seele »Luft macht«.[18] Lästern nimmt Druck, vor allem gemeinsames Lästern (bei Abwesenheit des Betroffenen); das rasterhafte Urteil über politische Mitstreiter, mit denen man einen Großteil seiner Lebenszeit verbringt, viel mehr als mit der Familie und mit Freunden, bewahrt vor der Anstrengung, außer Sachfragen auch Beziehungsfragen immer neu umzuwälzen. Die Lust zum Lästern und zum schablonenhaften Urteil über Menschen wächst mit der hierarchischen Höhe in einem Unternehmen; für den Politikbetrieb gilt dies nicht weniger. Heute weiß man, wie Willy Brandt und Herbert Wehner übereinander gedacht haben oder Gerhard Schröder, Oskar Lafontaine und Rudolf Scharping übereinander denken. Manches bekommen Journalisten schon in der jeweiligen Gegenwart zugesteckt, manches decken erst Historiker durch Briefe und andere Quellen auf. Wo Macht herrscht, ist immer auch Rivalität, und wer welche Rolle besetzt, kann von Sitzung zu Sitzung wechseln.

Politiker wollen ihre Motive nur auf der Sachebene verortet wissen – es sei denn, sie machen den »menschlichen Faktor« selbst zum Faktor ihrer Politik, etwa wenn sie sich als treue Ehemänner inszenieren oder »politische Freundschaften« zu anderen Regierungschefs pflegen. Wenn es ihrer Selbstdarstellung nutzt, kommt ihnen der »menschliche Faktor« zupass, wenn aber eine Ehe auseinandergeht, geben das Staatskanzlei oder Ministerium mit einer dürren Erklärung bekannt. Die Politiker, die gerade noch mit ihrem Privatleben Politik gemacht haben, berufen sich plötzlich auf den Schutz ihrer Privatsphäre. Auch »politische Freundschaften« können sich, wenn ein Politiker einmal die Macht verloren hat, aber weiter öffentliche Person bleiben will, als Bumerang erweisen, siehe die Freundschaft zwischen Wladimir Putin und Gerhard Schröder.

Spitzenpolitiker, also Menschen mit den höchsten machttechnischen Fertigkeiten, leben in dem Glauben, gerade sie könnten, weil mit besonderer Energie und Macht versehen, die Wirkung des »menschlichen Faktors« im Zaum halten und sogar steuern. Alphatiere brauchen offenbar die Illusion, den Fluch des Irrationalen als Erste zu brechen, sonst verfügten sie nicht über den Willen und die Kraft für den Weg ganz nach oben. Doch der »menschliche Faktor« holt früher oder später alle ein – Willy Brandts politische Macht wächst und fällt im Kraftfeld der Troika, Helmut Schmidt und Gerhard Schröder scheitern an der Paranoia, die sie mit ihrem Führungsverhalten (»Führungsneurose«) in der eigenen Partei ausgelöst haben.

Von 1981 an verfällt Helmut Schmidts Autorität in der SPD geradezu mit jedem Tag. 2004 muss der amtierende Bundeskanzler Gerhard Schröder den SPD-Vorsitz wieder abgeben, weil er in seiner Partei für seine Agenda-Politik zu wenig Rückhalt erfährt – was für eine Schmach, nicht nur für den Betroffenen, sondern auch für die Gruppe, die zuerst eine Person aufs Schild hebt, um dann seiner Politik nicht zu folgen. Die SPD hat bisher jeden ihrer Bundeskanzler politisch selbst »versenkt«. Große Sozialdemokraten versenken sich gelegentlich auch selbst, so Karl Schiller oder Oskar Lafontaine, zwei starke Begabungen innerhalb ihrer jeweiligen Generation.

Solche Prozesse – und es geht hier immerhin um die Rekrutierung und den politischen Erfolg von Führungspersonal einer reichen Industrienation – haben nicht nur politische Sachdebatten zur Grundlage, da spielt auch Menschlich-Allzumenschliches eine wichtige Rolle. Das ist analytisch schwer fassbar, also kann es nicht Gegenstand wissenschaftlicher Forschung sein. Dass aber zum Beispiel Horst Ehmke in seinen Memoiren Helmut Schmidt und Erhard Eppler gleichermaßen für schuldig befindet, dass die Umweltbewegung nicht in der SPD aufgegangen ist, »Schmidt durch seine mangelnde Sensibilität für die Ökologiebewegung, Eppler (…) durch seinen missionarischen Eifer«,[19] muss hellhörig machen. Die politischen Brutusse von Helmut Schmidt einte offenbar nur das gemeinsame Ziel – wenn sie denn überhaupt eine gemeinsame Absicht formuliert hatten.

Der »menschliche Faktor« macht politische Prozesse komplexer, undurchsichtiger. Ihn in die Analyse einzubeziehen, führt häufig in einen tiefen Wald und nicht wieder heraus, wird aber der politischen Wirklichkeit – und damit der historischen Wahrheit – in höherem Maße gerecht, als ihn zu ignorieren. Vor diesem Hintergrund erscheint es nicht mehr eindimensional, über die Gilde der persönlich Gekränkten zu schreiben, die systematisch am politischen Ast eines »Parteifreundes« sägen, sondern umgekehrt als Bemühung um genaueres Hinsehen.

Was am politischen Abgang von Helmut Schmidt und den Seinen ist nicht dem Brutus-Motiv geschuldet, sondern generationenbedingt? Die lange Vorgeschichte dieses Abgangs, zu dem die Generation Helmut Schmidt selbst nicht rechtzeitig findet, gehört dazu, ebenso das Drehbuch, das diese Generation für ihre Abwicklung schreibt. Die »Soldatenpolitiker«, die erst in der Krise so richtig in Fahrt kommen, laufen auch in dieser Krise zur vollen Form auf. Von dem Moment an, als Helmut Schmidt im Sommerurlaub 1982 am Brahmsee entscheidet, die Koalition aktiv zu beenden, ist er wieder Herr des Verfahrens. Er hat wieder ein Ziel, seine Energie bekommt eine Richtung: Der FDP wird die gesamte Schuld am Koalitionsbruch zugeschoben, auf dass der Wähler sie bei der nächsten Bundestagswahl abstrafen und aus dem Parlament werfen möge. Dann hätte es nicht einmal ein Mehrheitswahlrecht gebraucht, um die »alte Pendlerpartei«, die jetzt von der SPD zurück zur Union pendelt, politisch auszulöschen.

Die Sündenböcke sind auch schon gefunden, der FDP-Vorsitzende und Außenminister Hans-Dietrich Genscher und besonders Wirtschaftsminister Otto Graf Lambsdorff. Hans-Dietrich Genscher hatte zur Bundestagswahl 1980 auf seinen Wahlplakaten mit Schmidts Namen geworben, und tatsächlich enthielt das Ergebnis ein »personal-plebiszitäres Element«[20], wie der Politikwissenschaftler Wolfgang Jäger schreibt: Viele Westdeutsche gaben der FDP ihre Zweitstimme, damit die SPD nicht gestärkt wird, aber Helmut Schmidt Kanzler bleibt. Wolfgang Jäger vermutet auch, dass die Polarisierung des Wahlkampfs auf Schmidt und Strauß den Einzug der Grünen in den Bundestag noch einmal aufgeschoben hat.[21]

Der zweite Sündenbock in der »Verrats-Kampagne«, Otto Graf Lambsdorff, formuliert wirtschaftspolitische Vorstellungen, die für die SPD unannehmbar sind (mit denen Helmut Schmidt persönlich gleichwohl ganz gut leben könnte). Doch jetzt schlägt die Stunde der politischen Vergröberungen: Genscher und Lambsdorff begehen »Verrat« am populären Bundeskanzler und an der gemeinsamen politischen Sache!

Ein letztes Mal zeigt sich, dass die Begabung dieses »Soldatenpolitikers« erst in politischen Ausnahmesituationen zur Entfaltung kommt. Die Fähigkeiten dagegen, die es auf der »Langstrecke« braucht – Macht bündeln, Stehvermögen, eine Vorstellung von der eigenen politischen Berufung – bleiben bei ihm, dem im militärischen Gefecht Geprägten, defizitär. Konrad Adenauer hat darüber verfügt, Willy Brandt in Teilen (was sein Stehvermögen und sein Wissen um seine politische Berufung angeht), danach Helmut Kohl und Angela Merkel.

Die Entscheidung, die Helmut Schmidt am Brahmsee trifft, hat nicht nur politische Folgen für die Koalition, die nun auch er de facto preisgibt, und für die Partei, die von ihm Schonung erfährt, sie stellt auch das Vertrauen zwischen ihm und den Deutschen seiner Generation wieder her. Hilflos mussten sie mit ansehen, wie ihr Lieblingspolitiker immer mehr in die Rolle des Bittstellers geriet, in der eigenen wie in der Bündnispartei, den Koalitionsfrieden wiederherzustellen. Seine jetzt gewählte Strategie hält ihn zwar nicht im Amt, doch er bleibt vor den Deutschen und vor der Geschichte in Wahlen unbesiegt – in Anlehnung an das Wort »im Felde unbesiegt«, das am Ende des Ersten Weltkriegs die »Dolchstoßlegende« begründete. Die Oberste Heeresleitung der Reichswehr wollte nicht einräumen, dass der Erste Weltkrieg mit einer militärischen Niederlage verlorenging, sondern behauptete, »vaterlandslose Gesellen« wie die Sozialdemokraten hätten der kämpfenden Truppe hinterrücks den Dolchstoß versetzt. Natürlich nimmt Helmut Schmidt diese historische Legende nicht zum Vorbild (sie fand ihren Nährboden in rechtsextremen Kreisen), doch die Wirkung des in seinem Ansehen schadlos gebliebenen Politikers, den böse Mächte im »Raumschiff Bonn« gegen den Willen des Volkes zur Aufgabe zwingen, ist dieselbe.

Am 17. September 1982 findet der Historiker Golo Mann Bestätigung für seine Zweifel, die er im »Spiegel«-Gespräch vom 1. September 1982 geäußert hatte. »Die Linken werden wissen, dass dies die letzte Regierung Schmidt ist, dass sie diese Wahl noch dank Schmidt gewinnen, die von 1984 aber nicht mehr. Damit verliert Helmut Schmidt beträchtlich an Interesse für sie. Ob er also während seiner dritten Regierung der Tierbändiger noch sein kann, der er bisher gewesen ist, ob die Partei noch sehr seine Gefangene sein wird wie bisher – das bezweifle ich.«[22]

Nach Monaten der »Agonie« (so der FDP-Fraktionsvorsitzende Wolfgang Mischnick)[23] bricht das dritte Kabinett Schmidt am 17. September

1982 auseinander. An diesem Vormittag werden zwar die Bande zwischen Helmut Schmidt und Teilen der SPD-Fraktion sowie Teilen der FDP-Fraktion durchtrennt, doch gleichzeitig erneuern sich die Bande zwischen Helmut Schmidt und den Deutschen und werden enger denn je. Die Deutschen mussten ohnmächtig zusehen, wie »der beste CDU-Kanzler, den die SPD je hatte«, zwischen den Fronten zerrieben wurde. Schon länger wirkte er nicht mehr soldatisch-stramm, sondern müde und genervt. Das Institut für Demoskopie Allensbach stellt zwischen Juli 1980 und September 1982 schwache Werte in punkto Zustimmung fest, 69, 62, 64, 67 Prozent der Deutschen haben eine »gute Meinung« über ihn – vorher waren es deutlich mehr. Mit Helmut Schmidts Staatsschauspiel über den Verrat eines Häufleins Liberaler, die in ihrer politischen Existenzangst die Nerven verloren haben, können sie sein Selbstbild vom entschlossenen, durchsetzungsfähigen Politiker wieder zum eigenen Bild von Helmut Schmidt machen. Im Dezember 1982 liegt der Sympathiewert bei 77 Prozent, höher als nach dem Deutschen Herbst![24] Und was noch wichtiger ist: Von diesem Tag an bleibt es ganz ihrer Fantasie überlassen, wie wohl der entschlossene, durchsetzungsstarke Bundeskanzler Helmut Schmidt, der fähigste, aber so schnöde verjagte Politiker, die kommenden Probleme gemeistert hätte.

Dank der politischen Strategie und seinem Talent zur Selbstinszenierung macht Helmut Schmidt diesen 17. September 1982 zu einem denkwürdigen Tag, der in das kollektive Gedächtnis der Westdeutschen eingeht (weniger der Ostdeutschen, für die Willy Brandt, der Mann am Erfurter Fenster, zur Ikone wurde). In den Schulen und Betrieben sind Fernsehapparate aufgestellt. Die Moderatoren von Radio und Fernsehen wirken am Mikrofon und vor der Kamera emotional bewegt, Redaktionen zeichnen die Debatte mit gerade in Umlauf gekommenen Videorekordern auf.

Bis zu diesem Morgen eint Öffentlichkeit und Medien der Überdruss über das Bonner Gezerre – sogar Theo Sommer, Helmut Schmidts publizistische Stütze in über acht Kanzlerjahren, befindet wenige Tage vorher in der »Zeit«, die Koalition sei am Ende, »doch wer stellt den Totenschein aus?«[25] Jetzt schlägt der Überdruss in Mitgefühl für einen Mann um, der bis zuletzt auf eine Wiederbelebung der sozialliberalen Koalition gehofft hat. Sogar junge Leute, denen Schmidt politisch fremd ist, erinnern sich zeitlebens an diese parlamentarischen Stunden. »An dem Tag, als er abgewählt wurde, ging ich nicht ins Seminar«, schreibt der Publizist Claudius Seidl. »Ich (…) guckte den ganzen Tag fern, ich war erschüttert und tat abends, was ich seit Wochen unterlassen hatte, ich rief meine Mutter an, die ungeheuer traurig war, obwohl sie, als Katholikin, doch eigentlich mit den sogenannten christlichen Parteien sympathisierte.«[26]

»Spiegel«-Titel vom 20. September 1982 in Anlehnung an John Tenniels Karikatur »Dropping the pilot« im englischen Magazin »Punch« vom 29. März 1890 zur Entlassung des Reichskanzlers Otto von Bismarck.

Journalisten wählen für den Hamburger Hobbysegler Helmut Schmidt sogleich das Bild vom Lotsen, der von Bord geht. Der Letzte seines Standes darf nicht mehr! Jenseits aller maritimer Romantik folgt Schmidts Handeln einem rationalen, doppelten Kalkül: Bevor er »zu Corned Beef verarbeitet« wird, so Schmidt zu seinem Weggefährten Hans Apel, inszeniert er einen – wie Apel findet – »prima Abgang«, unter dem er zugleich unheimlich leidet.[27] Helmut Schmidt gibt mit dem Opfer seiner Kanzlerschaft den selbstlosen Diener des Landes, den Märtyrer, aber er findet noch immer und auch in den nächsten Jahren, dass den Kanzlerjob keiner besser macht als er. Weiter schmerzt ihn, dass ausgerechnet Helmut Kohl sein Amt übernimmt, ein Mann, dem es nach Schmidts Meinung an Tapferkeit fehlt; ihm wäre Franz Josef Strauß lieber, er traut ihm ein politisch stärkeres Rückgrat gegenüber den Amerikanern zu.

Weniger seine politische Bilanz als Bundeskanzler denn die Inszenierung seines Machtverlusts – die parlamentarische Abwahl durch »Verräter« und die Selbststilisierung zum Märtyrer – bereiten den Boden dafür, dass Helmut Schmidt zum politisch machtvollsten und dabei populärsten Altkanzler der Republik wird. Der Zeitgeist mag ihn und seine Generation hinweggespült haben, die Dolchstöße der Diadochen trafen auch ihn, den immer Redlichen, aber anders als Helmut Kohl und Gerhard Schröder wurde er – wie ja auch Willy Brandt, dessen Nimbus ebenfalls weiterwirkt – nie abgewählt. Bei Willy Brandt und bei Helmut Schmidt bleibt das Gefühl zurück, ihre Zeit als Kanzler war, als sie endete, noch nicht um.

Die Deutschen haben mit diesem Mann gelitten, als er im Deutschen Herbst einen Menschen opfern musste, sie leiden auch jetzt wieder mit ihm. »Sehr geehrter Herr Bundeskanzler! Heute, am 2. Okt. 82, verstehe ich die Welt nicht mehr«, wird die Hektographie eines jener Briefe, die dieser Tage körbeweise im Kanzleramt eingehen, im Jahrbuch des Instituts für Demoskopie Allensbach abgedruckt.

»Sehr geehrter Herr Schmidt, mit Ihnen als Person wäre ich einverstanden, nicht aber mit den Politikern hinter Ihnen.«

»Ich bedaure, dass Sie gestürzt wurden, hoffe aber, dieser Verrat wird eines Tages gerächt.«[28]

Die Anteilnahme gilt einem Mann, und sie gilt einer politischen, der sozialliberalen Ära, und sie gilt einer Generation. Jetzt treten die Leutnants und Oberleutnants des Jahres 1945 mit ihrer Galionsfigur ab. Dieser Prozess vollzieht sich spiegelbildlich auch in der Bevölkerung, denn ein Arbeitnehmer mit Schmidts Jahrgang ist jetzt 64 und steht am Ende seines Berufslebens. Helmut Schmidt sieht diese generationale Zäsur selbst und spricht sie aus, als er Helmut Kohl bei einem Empfang im Kanzleramt als ersten deutschen Bundeskanzler der Nachkriegsgeneration charakterisiert. »Das kann auch Chancen bedeuten«, fügt er hinzu.[29]

Helmut Kohl ist knapp elfeinhalb Jahre jünger als Helmut Schmidt. Mit ihm treten jetzt die »45er« ins Rampenlicht, wie Ulrich Herbert die Angehörigen der Generation Helmut Kohl nennt. Als ihre politischen und intellektuellen Protagonisten sieht er Hans-Jochen Vogel, Günter Grass, Hans Magnus Enzensberger, Ralf Dahrendorf, Jürgen Habermas, Joachim Fest, Rudolf Augstein, Hans-Ulrich Wehler sowie Hans und Wolfgang J. Mommsen.[30] Sie stehen für einen Generationenübergang, nicht für einen Generationenbruch – Helmut Kohl sieht die Welt durch eine andere biografische Brille als Helmut Schmidt, aber die Schnittmenge der Sichtfelder ist immer noch groß. Die Bonner Republik macht mit dem neuen Kanzler, der am 1. Oktober 1982 über ein konstruktives Misstrauensvotum im Bundestag gewählt wird, so weiter wie bisher, sieht man von den üblichen Nuancen zwischen den Parteien in der Wirtschafts- und Sozialpolitik ab. Für diese Kontinuität sorgen auch Personen: Franz Josef Strauß und Friedrich Zimmermann machen keine Opposition mehr (außer die übliche, auf dass Bayern im Konzert der Bundesländer nicht untergehe), und Hans-Jochen Vogel als neuer starker Mann der SPD hat die Kabinettsschule von Helmut Schmidt durchlaufen.

Helmut Schmidt schaut vom Kanzlerstuhl aus in den Bonner Plenarsaal.

So sehen es auch die meisten Westdeutschen, die zwar ihren Lieblingspolitiker verloren haben, aber auf den Ertrag ihres Lebens – Wachstum, technischer Fortschritt, Sicherheit – nicht verzichten wollen. Die Zusage von Helmut Kohl, das schwächelnde Mantra wieder stark zu machen (was, so Kohls Argumentation, Schmidt vielleicht noch wollte, aber mit seiner Partei nicht mehr konnte), schafft am 6. März 1983 klare Verhältnisse: Kohls parlamentarische Wahl zum Bundeskanzler wird, nimmt man die Stimmen der nach rechts gerückten FDP hinzu, von einer eindrucksvollen Mehrheit der Westdeutschen bestätigt. Es ist zugleich ein Plebiszit für Helmut Schmidts Politik.

Offiziell kann dies Helmut Schmidt nicht gefallen und er mag in dem Ergebnis einen weiteren politischen Irrtum seines Volkes sehen, das er für unmündig hält. Aber dass jetzt Helmut Kohl regiert und nicht zum Beispiel ein viel Jüngerer, hat für ihn, den »gefühlt« besten Mann im Kanzleramt, viele Vorteile: Jedes Mal, wenn Kohl Fehler macht, und er macht immer wieder Fehler, kann Helmut Schmidt erklären: Seht her, das habt ihr jetzt davon, dass ihr mich davongejagt habt! Wäre ich noch dran, würde alles besser laufen!

Auch seiner Rolle als Protagonist einer Generation, die er nunmehr aktiv annimmt, kommt die Nachfolgeregierung zupass, denn Helmut Kohl und die Seinen sind nicht jung genug, um dem Mythos, den die Generation Helmut Schmidt jetzt von sich selbst begründet, entgegenzutreten. Diese Generation hat, darauf kommt die Rede noch, nicht nur Geschichte gemacht, sie hat diese Geschichte auch gleich selbst erzählt und tut es bis heute. Ein viel Jüngerer wie Gerhard Schröder oder Oskar Lafontaine könnte von einem wichtigen politischen Amt aus diese Selbstmythisierung durchkreuzen, doch als deren Generation an die Macht kommt, sind die von Helmut Schmidt und den Seinen selbst bestellten Denkmäler längst in Stein gemeißelt.

Psychogramm der Deutschen

Der Mann, der sich unpolitische Kirchen wünscht und für den Gott nicht ins Parlament gehört, wie er mir im Gespräch einmal sagt, appelliert mit dem Satz »Fürchtet Euch nicht« aus dem Weihnachtsevangelium an das Volk. In seinem »Zeit«-Artikel vom 23. Dezember 1983, den er mit diesen Worten überschreibt, will Helmut Schmidt sich natürlich nicht an die Stelle des Verkündigungsengels setzen, sondern er spielt mit dem Titel auf das Motto des Evangelischen Kirchentags 1981 in Hamburg an, bei dem der Protest gegen die »Nachrüstung« kulminierte. Er ist, der Beitrag zeigt es, mit den Debatten von Hamburg keineswegs fertig. Jetzt, im ersten Jahr nach seiner parlamentarischen Abwahl, nimmt er sich Zeit zur Reflexion.

»Für viele von uns ist es schwer, die Balance zu halten«, stellt er im ersten Absatz des Artikels fest, wobei er, das zeigt die weitere Lektüre, nicht sich selbst meint, sondern andere, die in dieser »Zeit der Ängste« Pessimismus, Melancholie, Weltschmerz, Lebensangst und Depression (Schmidts eigene Aufzählung) empfinden. Doch auch er hat in seinem Leben, wie er bekennt, häufig Angst gehabt, während der Nazizeit, im Krieg, als Politiker, »Angst um das Leben anderer, aber auch vor der Möglichkeit, etwas für ihr Leben Entscheidendes falsch zu machen«. Allerdings lag ihm stets daran, diese Angst zu verbergen, »denn ich habe es immer für verboten gehalten, andere mit eigener Angst zu infizieren«.

Für ihn war das ein Verbot, für andere erscheint es geradezu geboten. »Mit der eigenen Angst andere anzustecken – genau dies geschieht heutzutage in großem Maße.« Angst vor Arbeitslosigkeit werde geschürt, vor einem neuen Krieg, vor dem Rüstungswettlauf, vor Atomwaffen, vor Verbrechen, vor Umweltzerstörung.

Schuld an der sich ausbreitenden Angstepidemie sind auch die Medien mit ihrem »ungeheuren Maß von Bildern und Nachrichten von Katastrophen, Kriegen und Kalamitäten aus allen Ecken der Welt«, und Schuld sind diejenigen, die bewusst Angst schüren, die aus Prinzip zum Widerstand anstacheln, ohne selbst einen Weg zu wissen.

Die Deutschen, stellt Helmut Schmidt weiter fest, sind besonders anfällig für das Angstvirus, denn ihnen fehlt »die Geborgenheit der nationalen Identität in einem Nationalstaat«, und sie leben mit der geschichtlichen Belastung durch Hitler und Holocaust in der »drängenden, moralisch ganz und gar gerechtfertigten Sorge, jene Fehler um Gottes willen nicht erneut zuzulassen, welche Hitler und seine Verbrechen ermöglicht haben«. Beides, so folgert der Autor des Artikels, verursacht unter seinen Landsleuten »eine Beunruhigung, die jene anderer europäischer Nationen übertrifft«.

Helmut Schmidt hält in den Achtzigern die Deutschen zwischen 25 und 35 Jahren für besonders angstanfällig, Sie sind ihm zufolge ent-täuscht darüber, dass es mit dem ökonomischen Aufstieg des Landes nicht immer so weiter geht wie bisher, sie haben die Demokratie idealistisch überhöht und müssen nun feststellen, dass die Fortsetzung der Entspannungspolitik zwischen Ost und West keine Selbstverständlichkeit ist.

In der Sache hält der Altkanzler die Ängste für ungerechtfertigt. In punkto Kernkraft zum Beispiel sei in Deutschland bisher »kein einziger ernsthafter Unfall vorgekommen«. Die neue Startbahn West am Frankfurter Flughafen zerstöre nicht Natur, sondern schaffe »zusätzliche Dauerarbeitsplätze in einer der wenigen Wachstums-Branchen«, während »gleichzeitig Stahl, Kohle, Schiffbau und Schifffahrt von starker Schrumpfung ihrer Arbeitsplätze gekennzeichnet« seien. Mit Blick auf sicherheitspolitische Ängste beruhigt er, in Moskau und Washington gebe es niemanden, »der einen Weltkrieg plant oder vorbereitet«.

Sein Fazit: »Die heutige Angst ist irrational – sie sitzt in unserer Seele, sie kommt nicht aus der Ratio.« Aber die Ratio könne helfen, sie zu überwinden, und ein Gottesglauben, wie ihn Helmut Schmidt – »um ganz ehrlich und ganz vollständig zu sein« – seinerzeit noch empfindet: »Gott bleibt der Herr der Geschichte.«

Es fällt auf, dass Helmut Schmidt Seelenforschung betreibt, ohne sich aus dem klassischen Werkzeugkasten der Seelenforscher zu bedienen (mit Ausnahme der Diagnose einer seelischen Krankheit, der Depression). Er führt die Seelenstörungen der Deutschen allesamt auf politische Ursachen zurück – die politische Geschichte Deutschlands, das Werk politischer Anstifter und politische Irrtümer von Deutschen bis 35 Jahre.

Der Artikel ist kein Augenblickswerk, er formuliert zum ersten Mal Thesen, die Helmut Schmidt in den folgenden Jahrzehnten oft wiederholen wird, etwa an prominenter Stelle zweieinhalb Jahre später, als er seine Abschiedsrede – zugleich die Abschiedsrede seiner Generation – im Deutschen Bundestag hält. Dort spricht er vom »nationalen Trauma« (jetzt auch in der Begründung seiner Thesen ein psychoanalytischer Begriff!), davon wird noch die Rede sein.

Wenige Jahre später hat Helmut Schmidt seine Thesen zu einer historischen Theorie entwickelt: In Deutschland fehlt es schon seit der Aufklärung im Übergang des 18. zum 19. Jahrhundert »an einer kontinuierlich entwickelten und in seelischen Tiefen verwurzelten Tradition politischer Vernunft, demokratischer und liberaler Ratio«. Dem »Katarakt der Umbrüche«[31] der deutschen Lebensumstände im 20. Jahrhundert – vom Kaiserreich zum Ersten Weltkrieg; vom Ersten Weltkrieg in die Weimarer Demokratie; von der Weimarer Demokratie in den NS-Staat; vom NS-Staat in den Zweiten Weltkrieg; vom Zweiten Weltkrieg in zwei deutsche Staaten; von zwei deutschen Staaten in ein neues Deutschland, das noch zu einer Identität finden muss – seien unsere aufklärerischen Traditionen nicht ausreichend gewachsen gewesen.

Psychogramme über die Deutschen gibt es viele; der Publizist Wilhelm Backhaus zum Beispiel vermisst ebenfalls demokratische Phasen und Prägungen in einer tausend Jahre alten, leider nur autoritär verlaufenen Geschichte. Anders als die westlichen Demokratien habe es in Deutschland keine großen Revolutionen gegeben, und damit auch keine Zertrümmerung der autoritären Strukturen. Woraus Backhaus die »tiefenpsychologische Feststellung« zieht, für die Deutschen habe es »kein mündigmachendes, zur Mündigkeit zwingendes traumatisches Königsopfer gegeben«.

Helmut Schmidt würde sich nie so ausdrücken, aber Backhaus und Schmidt – der eine konservativer Publizist während der Aufbaujahre, der andere Sozialdemokrat in Führungsämtern – denken in dieselbe Richtung. Auch Helmut Schmidt bedauert, dass die Deutschen keine Federalist Papers wie die Amerikaner hatten, keinen Contract Sociale eines Jean-Jacques Rousseau oder keinen Montesquieu als Lehrer der Gewaltenteilung. Helmut Schmidt ist überzeugt, dass die Aufklärung die deutsche Politik nicht erreicht hat.

Für abwegig könnte Schmidt allerdings halten, dass Backhaus als »deutsche Tiefenkategorien« Reich, Ordnung, Arbeit, Einheit, Pflicht, Treue, Gehorsam und Disziplin nennt – Kategorien, »die sämtlich dem Begriffskreis der von der Autorität gesteuerten Ganzheit angehören«.[32] Die Sekundärtugenden stehen bei Helmut Schmidt bekanntlich unter Artenschutz.

Weiter fällt auf, dass er den Umstand, selbst Deutscher zu sein, bei seiner Analyse der Deutschen ausblendet. Die Kategorie des Ich kommt darin nicht vor. Den »Katarakt der Umbrüche« hat er selbst erlebt und emotional durchlitten, doch wenn er vom »Wir« redet, meint er nie sich selbst, ja er stellt sogleich klar, dass er gar nicht gemeint sein kann! »Für viele von uns ist es schwer, die Balance zu halten«, beginnt Helmut Schmidt seinen Beitrag in der »Zeit«, aber kurz darauf erzählt er, wie er selbst schon immer die Balance gehalten hat: Er beherzigte stets Sekundärtugenden wie Treue und Pflichtbewusstsein, stellt die Ratio über die Emotion oder vertraut dem lieben Gott.

Helmut Schmidt spaltet in seiner Analyse der Deutschen eigene Anteile ab. Jeder Mensch spaltet Gefühle ab, der Reflex gehört zum Grundrepertoire seelischer Arbeit und wäre nicht weiter der Rede wert. Die Tragweite der Abspaltung liegt darin, dass Helmut Schmidt zwar die eigene Person ausklammert, aber den Anspruch erhebt, mit seiner moralischen und politischen Autorität ein Volk zu belehren. Der Anfang seines Textes klingt verbindlich, zusammenführend, aber bald schlägt der Ton um in Besserwisserei, verbunden mit beißender Kritik an Personen und Gruppen, die den Zorn des Autors auf sich ziehen.

In seiner »Weihnachtsansprache« malt Helmut Schmidt rücksichtslos schwarzweiß: Seine Angst (und die seiner Generation) war eine wirkliche Angst, die Angst der Jüngeren von heute ist ein Hirngespinst. Es gibt Leute wie ihn, ja eine ganze Generation, die sich von der Vernunft leiten lassen, und es gibt Leute, vor allem die Jüngeren, die Anstiftern von Angst hinterherlaufen.

Wie müsste, wie könnte er ohne die Abspaltung seiner persönlichen Erlebnisse und Gefühle über seine Landsleute reden und schreiben? Er könnte sich auch öffentlich um Einfühlung bemühen, etwa in einem Streitgespräch für die »Zeit« mit Heinrich Böll oder Max Frisch, die er schon unter Ausschluss der Öffentlichkeit getroffen hat, könnte mit ihnen das Gespräch suchen über die Ursachen des Terrorismus, die Motive der neuen Bewegungen und die Grundlagen politischen Handelns. Am Ende eines solchen Gesprächs könnte die gemeinsame Erkenntnis stehen, dass Helmut Schmidts Angst im Krieg anderer Art ist als die Angst junger Leute vor dem Wettrüsten. Helmut Schmidt spricht einmal für eine Fernsehsendung und für die »Zeit« mit dem Dirigenten Leonard Bernstein über amerikanische und sowjetische Raketen,[33] aber daraus wird kein Dialog, sondern ein Manifest grundverschiedener Sichtweisen. Helmut Schmidt lässt den Komponisten und Dirigenten wie einen Träumer aussehen, der lieber Musik machen statt über Politik reden soll.

Die Tragweite von Schmidts Abspaltung liegt weiter darin, dass es sich weniger um das persönliche Verhalten eines Mannes handelt, der über seinen Machtverlust bitter wurde, als um den Reflex seiner Generation, die jetzt, im dritten Leben angekommen, die Früchte dieses Lebens idealisiert. Die Jungen schulden ihr Dank, finden Helmut Schmidt und die Seinen, aber dieser Dank bleibt aus, im Gegenteil, die Botschaft wird laut: Ihr wart zu lange dran! Diese Generation geht, als sie nicht mehr aufbauen darf, sondern auf den eigenen körperlichen und geistigen Rückbau zurückgeworfen wird, nicht milde, zugänglich, gesprächsbereit in ihr neues Leben, sondern sie nimmt abermals einen Kampf auf, den Kampf um die Deutungsmacht über die Nachkriegszeit und ihre Rolle darin. Die Weihnachtsbotschaft ihrer Galionsfigur Helmut Schmidt ist eine Kampfansage an die – Schmidt nennt die Zielgruppe selbst – 25- bis 35-Jährigen; er meint die jungen Erwachsenen seiner Zeit, aber sein Verhalten in den nächsten Jahrzehnten zeigt, dass er die 25- bis 35-Jährigen jeder kommenden Generation meint.

Diese Kampfansage kann er umso leichter machen, als er gerade nicht die Medien gegen sich hat, wie er in seinem »Zeit«-Artikel bedauert, wenigstens die wichtigen, angesehenen nicht. Seine Dichotomie Alt gegen Jung wird von Protagonisten seiner vorausgehenden wie seiner nachfolgenden Generation gleichermaßen geteilt, etwa von Marion Gräfin Dönhoff und von Theo Sommer. »Spiegel«-Autor Jürgen Leinemann, Jahrgang 1937, schreibt 1982 eine lesenswerte Serie mit dem Titel »Die Angst der Deutschen«, die später auch als Buch erscheint. »Heute haben wir nur noch Angst«, stellt er eingangs fest. »Große Angst und kleine Angst, auch Angst vor der Angst. Aber sonst gar nichts.«[34] Mit seinen »Beobachtungen zur Bewusstseinslage der Nation« macht er den Blick frei für die psychologische Ebene des Konflikts. Er entwickelt viel Verständnis für die Sichtweisen der verschiedenen Generationen, sieht ein Gegensatzpaar »Davongekommene contra Zukurzgekommene«[35], doch es bleibt bei »Beobachtungen«, deren Bilanz resignativ ausfällt: Zurzeit erscheine es zweifelhaft, »dass sich zwischen denen, die sich bewegen, und denen, die den Status quo verteidigen (...), ein anderer Dialog möglich sein kann als der zwischen Sprechchören und Sprechblasen«.[36]

So steht Helmut Schmidts These schwergewichtig im Raum, wonach ein junger Mann im sonnigen Südwestzipfel Deutschlands unter der historischen Schuld der Deutschen leidet und aus diesem Leiden heraus gegen ein Atomkraftwerk, das in Wyhl gebaut werden soll, zu Felde zieht. »Und nun wollen wir nicht noch einmal für etwas Schlimmes verantwortlich werden«, beschreibt Helmut Schmidt diese »Wendung in die Angstpsychose«.[37] Sie beginnt ihm zufolge historisch mit der 68er-Bewegung, die sich als erste Nachkriegsgeneration des Ausmaßes der deutschen Verbrechen bewusst wird.

Mitte der achtziger Jahre scheint noch nicht durchsichtig, was es heute in der historischen Rückschau ist: Ein Mann, der Traumata kennt, nimmt für sich in Anspruch, aus der Vernunft heraus und frei von Traumata zu handeln; zugleich bezichtigt er andere, Jüngere, der »Angstpsychose«. Der Protagonist einer Generation, die politisch traumatisiert wurde, kritisiert politische Irrtümer, die er auf Traumata zurückführt.

Vielleicht bleibt der psychologische Gehalt von Helmut Schmidts Deutung verborgen, weil er mit vielen seiner Befunde richtig liegt. Tatsächlich weckt die Kernkraft, obwohl sie überall gleich gefährlich ist, nirgends so viele Ängste wie in der Bundesrepublik (das bleibt auch Jahrzehnte später so, nach dem Reaktorunfall von Fukushima 2011). Nirgendwo sonst erfährt die Aufstellung von Mittelstreckenwaffen so viel Widerstand wie hier, dasselbe gilt für die Themen Waldsterben, Datenschutz (siehe die Kampagne gegen die Volkszählung 1983 und 1987) oder Gentechnik. Heute ist es unstrittig, dass die Geschichte Traumata generational weitergibt, und dass sich ein Volk in einem dicht besiedelten Land mitten in Europa anders fühlt als eines im weiten, vielerorts menschenleeren Amerika, liegt auf der Hand. Doch hier steht kein neues Psychogramm der Deutschen in Rede, sondern der ungewöhnliche Umstand, dass der damals wie heute beliebteste Politiker Deutschlands keinen Hehl aus seiner kritischen Meinung über seine Landsleute macht, dass er den Generationskonflikt im Verbund mit seiner Alterskohorte umkehrt, indem plötzlich die Alten gegen die Jungen stehen, und dass er darüber immer populärer wird – bei den Alten wie bei den Jungen.

Auf dem SPD-»Raketenparteitag« 1983 in Köln (auf dem die Partei den NATO-Doppelbeschluss verwirft) kann Helmut Schmidt vor Delegierten, die seiner Politik nicht mehr folgen, ohne Widerspruch der deutschen Öffentlichkeit aus Heinrich Heines »Wintermärchen« zitieren, in dem es heißt:

»Franzosen und Russen gehört das Land,
Das Meer gehört den Briten.
Wir aber besitzen im Luftreich des Traums
Die Herrschaft unbestritten.

Hier üben wir die Hegemonie,
Hier sind wir unzerstückelt.
Die anderen Völker haben sich
Auf platter Erde entwickelt. – –«

Im Alter spricht Helmut Schmidt immer unverblümter von der Ängstlichkeit seiner Landsleute. Jetzt diagnostiziert er keine »Angstpsychose« mehr, sondern »Angstepidemien«[38], eine »Hysterie«[39] und gar einen »Wahn«[40]. Jede neue Generation in Deutschland, ist er überzeugt, bringt mindestens eine neue negative Utopie hervor.

Ob es die Deutschen im Allgemeinen sind oder konkret die rebellierenden Studenten von 1967/68 und die Teilnehmer der sogenannten Friedensbewegung Anfang der achtziger Jahre – in großer Häufigkeit kommt Helmut Schmidt in Reden, Interviews und Büchern auf diese Gruppen zurück. Er redet über die Studenten und über die Friedensaktivisten, als hätten sie ihn neu traumatisiert. Helmut Schmidt lässt im Alter das Bild jener Demonstranten nicht los, die ihm Plakate mit der Aufschrift »Ich habe Angst« entgegenhielten. Weshalb beschäftigt ihn das? Es geht um entgangene Anerkennung und um nicht verarbeitete Kränkungen – die Enttäuschungen der Jahre 1981, 1982 und 1983, in denen ihm zuerst die eigene Truppe und dann der Koalitionspartner von der Fahne ging, haben ihn tief geschmerzt. Doch indem Helmut Schmidt auf seine politischen Gegner von einst fixiert bleibt, entkommt er auch einer Beschäftigung mit sich selbst. Wieder einmal löst er eine Krise – dieses Mal eine persönliche, keine politische – mit einer »Vorwärtsstrategie« (einem Begriff aus seiner Welt, der Militär- und Sicherheitspolitik). Statt – wozu seine Lebensphase Anlass gäbe – sehr privat und sehr persönlich Bilanz zu ziehen und neue Schwerpunkte zu setzen, schafft er sich eine politische, also öffentliche Rolle, die das Grundgesetz nicht vorgesehen hat. Er bildet den eingangs erwähnten Areopag, dessen erstes und einziges Mitglied er ist. Im Lauf der Jahre wird er mit Traumergebnissen, wie sie sonst nur die chinesische Kommunistische Partei für sich verbuchen kann, in diesem Amt bestätigt, doch die Initiative zur Inthronisierung geht von ihm selbst aus. In dieser Rolle nimmt er den Kampf auf für eine späte Anerkennung seiner Politik und für den Mythos, der jetzt um die Lebensleistung seiner Generation gewoben wird.

Abschiedsrede einer Generation

Objektiv betrachtet ist Helmut Schmidt am Abend des 1. Oktober 1982, als er seine Kanzlerschaft verloren hat, ein politisch geschlagener, auf fast allen Feldern der Politik gescheiterter Mann. Die drei Säulen des »Modells Deutschland« sind unter seiner Amtsführung brüchig geworden – Wachstum gibt es im Haushalt nur noch auf Pump, die Großtechnik macht wegen ihrer Risiken, nicht wegen ihrer Segnungen von sich reden, und die Politik der äußeren Sicherheit, für die Helmut Schmidt steht, hat in seiner eigenen Partei keine Mehrheit mehr. »Das vollständige Fiasko der westlichen Sicherheitspolitik konnte schließlich nur durch Schmidts Rücktritt und die Bonner Wende verhindert werden (...)«, stellt Volker Zastrow, in seinen »Gedanken über Helmut Schmidt« fest.[41] Als sei das noch nicht genug des politischen Unglücks, kommt als Antwort auf die neuen sozialen Bewegungen und die Jugendrevolte (»Wir verkörpern das Erbe der Jugendrevolte, das ist völlig klar«, behauptet Joschka Fischer[42]) auch noch eine neue, vierte Partei in den Bundestag. Die bisherige Regierungspartei von Helmut Schmidt erlebt ihre erste Abspaltung (die zweite erfolgt mit der Gründung der Partei Die Linke), denn die Grünen binden eine Klientel, die zur Kanzlerzeit von Willy Brandt SPD gewählt hat. »So kam sein größter Widerspruch zustande: Er förderte, was er verhindern wollte«, stellt Volker Zastrow fest.[43]

Helmut Schmidts Verhältnis zu den Deutschen ist und bleibt intakt, aber das liegt auch daran, dass er seine Landsleute vor keine schwere Wahl stellt. Die übergroße Mehrheit der Deutschen, das Ergebnis der Bundestagswahl am 6. März 1983 zeigt es, drängt auf eine Fortsetzung einer Politik, die den Dogmen des »Modells Deutschland« verpflichtet ist. Zweifellos hätte ein SPD-Spitzenkandidat Helmut Schmidt mit seinem Ansehen und mithilfe des Mitleidseffekts vom Herbst mehr Stimmen geholt als Hans-Jochen Vogel, aber hätte er eine konservativ-liberale Mehrheit verhindert? Der Machtpolitiker Helmut Schmidt, der zu dieser Wahl nicht mehr als Kanzlerkandidat antritt, wägt zweifellos seine Chancen auf einen Rückgewinn der Macht genau ab, und das heißt, er muss die »Wende«-Stimmung in der Bevölkerung zur Kenntnis nehmen. Indem er den Deutschen erspart, sich zwischen ihm und dem neuen Bundeskanzler, der für einen »Aufschwung« steht, zu entscheiden, erfährt er weiter den ungeteilten Respekt und die Anerkennung seiner Landsleute, denn sie können das eine tun (Helmut Schmidt in Ehren halten), ohne das andere zu lassen (Helmut Kohl als Nachfolger bestätigen).

Kein deutscher Politiker erreicht seit Jahren – und in diesen Tagen erst recht – so hohe Popularitätswerte wie er, keinem wird so viel Anerkennung auch im gegnerischen Lager zuteil wie ihm. Dabei redet der Mann seinen Landsleuten nicht nach dem Mund, deren Wertschätzung erwächst aus dem persönlichen Beispiel, das Helmut Schmidt gibt; er schwadroniert nicht über Sekundärtugenden, er verkörpert sie bis hin zum Selbstopfer. Gerade hat er sich wieder zur Disziplin zwingen müssen, als er die Schuld am Scheitern seiner Regierung der FDP zuschob, wohl wissend, dass die tieferen Kränkungen aus der eigenen Partei gekommen sind. Die Deutschen nehmen einem Politiker sein Talent zum Staatsschauspieler nicht krumm, im Gegenteil, sie goutieren es als Ausdruck politischer Stärke.

Weiter schätzen die Deutschen Helmut Schmidt dafür, dass er nicht nur Klartext spricht, sondern dem Klartext entsprechend handelt – von einer Entscheidung, die er für sich als richtig erkannt hat, geht er nicht mehr ab. Er verkörpert für sie eine politische Haltung, die das Wohl der Gemeinschaft über das Interesse des einzelnen Politikers stellt.

Aber auch ein Helmut Schmidt kann, so gut es das Schicksal mit ihm und den Deutschen meint, nicht die Regeln des demokratischen Systems außer Kraft setzen, und das heißt in seinem Fall auch: Er kann nicht verhindern, dass die Hüter des Systems (hier: seiner Partei), die er jahrelang gequält hat, eines Tages umso heftiger zurückschlagen. Helmut Schmidt zeigte zweifellos zu wenig Gespür für die inneren Gesetze des Systems, für dessen Tradition und dessen Empfindlichkeiten; auf die wiederkehrenden Bitten von Willy Brandt, doch beim nächsten Parteitag etwas Freundliches über die Genossen zu sagen, reagierte er mit menschlich verständlicher, aber politisch schädlicher Bockigkeit. Dafür muss er jetzt zahlen. Nicht nur, dass Helmut Schmidt politisch gestürzt wurde, unvermeidlich ist jetzt auch seine Demütigung und die seiner letzten Getreuen vor den Augen der Welt.

Der »Raketenparteitag« von Köln 1983 gibt dem angesehensten Politiker, den die Partei in ihren Reihen hat, den Laufpass, die Delegierten stimmen Helmut Schmidts NATO-Doppelbeschluss, an dem er mit einem Dutzend Delegierten festhält, mit Pauken und Trompeten nieder. Helmut Schmidt hielt die Partei länger an der Macht, als es die politische Stimmung im Land erlaubt hätte, doch das ist jetzt nichts mehr wert. In der Sache war das Scheitern von Schmidts Sicherheitspolitik schon lange ausgemacht, aber jene Inszenierung, in der ein früherer Bundeskanzler sozusagen mundtot gestimmt wird, und das in einer Partei, der Solidarität über alles geht, markiert einen Tiefpunkt der Parteigeschichte. Vielleicht war das formale Abstimmungsprozedere unausweichlich, doch hätten Willy Brandt und Helmut Schmidt nach 1982 noch miteinander gesprochen und nicht nur giftige Briefe gewechselt, hätte, wenn schon nicht die Sachentscheidung, so doch das Drehbuch noch einmal umgeschrieben werden können. Aber das Verhältnis zwischen Brandt und Schmidt ist kaputt und bleibt auch fortan gestört, obwohl die beiden sich kurz vor Brandts Tod noch einmal untereinander aussprechen. Auch hier spielt der »menschliche Faktor« neben unterschiedlichen Auffassungen in Sachfragen eine wichtige Rolle.

Als Helmut Schmidt Bundeskanzler wurde, schrieb ihm Theo Sommer in einem »Offenen Brief« in der »Zeit«, »Sie werden nie so tun, als wollten Sie integrieren, was letztlich nicht integrierbar ist«.[44] Er behält recht. Helmut Schmidt hat als Spitzenpolitiker, seit 1974 sogar als Bundeskanzler, die politische Arbeit seiner Partei bestenfalls hingenommen.

Jetzt zeigt die Partei Helmut Schmidt und der Welt, dass sie ihn auch nur noch hinnimmt. Soll er doch für viel Geld Vorträge halten, um die Welt reisen, Bücher schreiben – sie braucht ihn nicht mehr »Seit' an Seit'«! »Er hat nicht mehr das Sagen. Er wird Vergangenheit«, schreibt Klaus Wirtgen ein Jahr nach Helmut Schmidts Abwahl im »Spiegel«.[45]

Aber bei Helmut Schmidt gilt ganz besonders, dass jede Entwicklung zwei Seiten hat, dass kein Werdegang geradewegs glücklich oder unglücklich verläuft. Denn die Demütigung vom »Raketenparteitag« 1983 stellt ihn zwar für viele Jahre ins politische Abseits, doch sie stärkt den Nimbus des in Wahlen Unbesiegten; es widerspricht dem Gerechtigkeitsempfinden der meisten Westdeutschen, was jetzt mit Helmut Schmidt passiert, und außerdem, so finden sie, kann seine Sicherheitspolitik so falsch nicht sein, schließlich setzt sein Nachfolger, der einer anderen Partei angehört, sie haarklein um. Wie die Deutschen den politisch tief gestürzten Altkanzler nehmen sollen, wissen sie noch nicht, er scheint mit seiner Reise- und Schreibwut selbst eine neue Rolle zu suchen, aber sie behalten ihn – Helmut Schmidt würde den Ausdruck völlig abwegig finden – im Herzen.

Einstweilen arbeitet Helmut Schmidt am Denkmal seiner politischen Lebensarbeit und am Denkmal seiner Generation. Kein Altkanzler schreibt in den nächsten Jahren so viele Bücher über sein politisches Leben wie Helmut Schmidt. Es wäre interessant, dem Zusammenhang zwischen den Umständen, unter denen ein Politiker sein Amt verliert, und der Menge an Literatur, die er später produziert, nachzuspüren. Auch bei US-Präsident Richard Nixon blieb mit dem Amtsverlust – dessen Vorgeschichte man natürlich nicht mit dem von Helmut Schmidt vergleichen kann – eine tiefe Verletzung zurück. Auch Richard Nixon hat danach eine unbändige Schreibenergie entwickelt, die zugleich eine unbändige Rechtfertigungsenergie seiner Politik war. Helmut Schmidt reflektiert in seinen Büchern die politischen Auseinandersetzungen von einst ebenfalls nicht neu, sondern erklärt, weshalb er wann was gemacht hat und weshalb das richtig war. Er schlüpft jetzt sogar in die Rolle eines Volkserziehers, der er im politischen Amt nie sein wollte, sein Buch »Die Deutschen und ihre Nachbarn« zum Beispiel ist ein politisches Erklärstück, das die vermeintliche Richtigkeit von Schmidts Außenpolitik historisch begründet.

Während der Bundestagsdebatte am 22. November 1983 zur Stationierung von US-Mittelstreckenraketen baut Helmut Schmidt einen Papierflieger, er trägt die Aufschrift »Pershing II«.

Eine Autobiografie, wie sie Willy Brandt, Helmut Kohl und Gerhard Schröder vorlegen, gehört nicht zu Helmut Schmidts umfangreichem Werk, »denn politische Selbstbespiegelungen sind mir immer suspekt gewesen«.[46] Allerdings ist eine Autobiografie in der gedanklichen Anlage auch komplexer, sie verlangt, soll sie gelingen, zuallererst einen differenzierten Blick auf die eigene Person. Dieses Feld betritt Helmut Schmidt nicht, er konzentriert sich auf die Darstellung des politisch Erreichten.

Auch das persönlichere unter seinen Büchern, »Weggefährten«, zeichnet sich eher durch den Blick auf andere aus und betont die Weltläufigkeit seiner Biografie und seiner persönlichen Interessen.

Helmut Schmidt weiß schon früh, dass er, wenn er einmal nicht mehr Kanzler ist, publizieren will. 1980 äußert er die Absicht, einmal über die historische Funktion des westdeutschen Staates und seine in die Zukunft weisende Aufgabe zu schreiben. Klaus Bölling erzählt er, er wolle vieles gedanklich vertiefen, was in den Regierungsjahren nur habe angedeutet werden können. Er will – so Klaus Böllings Schilderung – »seine Vorstellungen vom ethisch begründeten pragmatischen Handeln schärfer fassen« und sein »Verhältnis zu Kant in die Tiefe entwickeln«.[47] Aber aus derart ambitionierten Buchprojekten wird nichts. Helmut Schmidt erlaubt sich keine Muße zu diesem Zweck. Das überragende Interesse auch des Altkanzlers bleibt die Analyse der deutschen und – noch mehr – der Weltpolitik.

Wie angesehen Schmidt nach 1982 bei den Deutschen ist, zeigen die hohen Verkaufszahlen seiner Bücher. Ein glaubwürdiger Politiker, darauf schließen bei jedem Titel Hunderttausende Käufer, ist auch ein glaubwürdiger Autor. Im Nebeneffekt wird Helmut Schmidt auf eine Weise persönlich vermögend, die keinen Neid und keine Missgunst erzeugt; Helmut Schmidt, so finden seine Landsleute, verdient sein Geld mit »ehrlicher Arbeit«, während Politiker späterer Generationen vor allem ihre Prominenz verkaufen – man bezweifelt zum Beispiel, dass die Mitgliedschaft im Aufsichtsrat eines großen Unternehmens viel Arbeit macht.

In diesen achtziger Jahren hat Helmut Schmidt keine politische Macht mehr, im Mai 1984 gibt er den stellvertretenden Parteivorsitz an Hans-Jochen Vogel ab, im September 1986 hält er seine Abschiedsrede als Abgeordneter im Bundestag; seine historische Deutungsmacht im Namen seiner Generation leidet darunter nicht, im Gegenteil: Nach dem politischen Opfer, das Helmut Schmidt und die Seinen vermeintlich gebracht haben (wo sie doch nur zugunsten einer nächsten Generation abgetreten sind, und das noch sehr spät), macht ihnen diese Deutungsmacht niemand streitig.

Helmut Schmidt sagt denn auch nicht leise »Servus« wie ein paar Tage später Rainer Barzel, der in seiner Abschiedsrede als Abgeordneter auf jede Polemik verzichtet, sondern setzt in Ton und Inhalt das Signal: Ich bin noch da, wir sind noch da! Gleich am Anfang formuliert er den Anspruch, mit dem er weiter seine Stimme und die seiner Generation erhebt: »Nur ganz wenige der Kolleginnen und Kollegen von heute haben schon dem zweiten oder gar dem ersten Bundestage angehört, und diesen fühle ich mich heute ganz besonders verbunden.«[48] Will sagen: Keiner und keine von den Jüngeren hat so viel und so lange deutsche Geschichte erlebt, hat so tief in ihre Abgründe geblickt wie ich und meine Generation.

Zunächst bleibt der Redner in der politischen Gegenwart, denn er spricht in einer Haushaltsdebatte, die von der Opposition traditionell zur Generalabrechnung mit der Politik der Bundesregierung genutzt wird. Helmut Schmidt findet, dass Helmut Kohl und seine Mannen bislang wirtschafts- und finanzpolitisch wenig zustande gebracht haben, zumal die Ausgangslage, das Erbe der Regierung Schmidt, so schlecht nicht war. Auch auf den anderen Feldern der Politik verkörpere die konservativ-liberale Koalition allenfalls Mittelmaß.

Er selbst ist im ersten Teil seiner Rede mittelmäßig, denn ein träger Gaul bietet keine Angriffsfläche für »Schmidt-Schnauze«. Deshalb geht er bald zu den Eckpunkten über, in deren Rahmen sich deutsche Politik auch in seiner Nachfolge bewegen muss, er fordert eine enge Bindung an die USA und an Frankreich und eine Aussöhnung mit Polen; die von ihm mitbegründete Europäische Währungsunion muss ausgebaut werden. »Ebenso empfehle ich, Herr Bundeskanzler, das Feld der Rüstungskooperation in Europa Ihrer Aufmerksamkeit.«[49] Einmal wählt er gegenüber Helmut Kohl den Ton eines Elder Statesman, der Hinweise geben, aber nicht mehr dreinreden will, ein anderes Mal arbeitet er an seinem Bild vor der Geschichte und formuliert eine Art politisches Vermächtnis: Meine

Politik als Bundeskanzler war richtig, und was ich euch Jüngeren ans Herz lege, ist der Gebrauch politischer und ökonomischer Vernunft.

In dieser Rede zeichnet sich auch schon Helmut Schmidts neue Rolle als derjenige ab, der über die »Existenzfragen der Nation« in schonungsloser Offenheit spricht. Die Frage der Zusammenführung aller Deutschen in einem gemeinsamen Staat bleibe auf der Tagesordnung künftiger Generationen, »und möglicherweise muss sie als Jahrhundertaufgabe verstanden werden. Aber gerade deshalb, weil das so ist, bleibt die deutsche Zukunft nicht erkennbar.« So viel Klartext muten die Feiertagsredner am 17. Juni, damals noch der Tag der Deutschen Einheit, ihrem Publikum nicht zu.

Frei von allen Zwängen politischer Ämter sagt Helmut Schmidt jetzt: »Selbst der Staatsratsvorsitzende Honecker leidet wohl daran – und ich habe Verständnis dafür –, dass er sich im fortgeschrittenem Alter gehindert sieht, seine alte Heimat an der Saar zu besuchen.«[50] Hier kommt er auf seine schon erwähnte These zu sprechen, dass die deutsche Teilung junge Leute in der Bundesrepublik emotional beschädige. Sie erlebten zwar Geborgenheit in der Familie und in der Heimat, aber die Geborgenheit, »die der Nationalstaat mit seiner Identifikationsmöglichkeit bietet«, bleibe ihnen verwehrt. »Dieser Mangel, dieses Trauma« mache es manchen jungen Leuten schwer, eine nationale Identität zu entwickeln. »Vielleicht ist diese Verletzung mitverantwortlich für die gesteigerte Unruhe, die wir in den nachwachsenden deutschen Generationen stärker erleben als im europäischen Ausland.«[51]

Als Altkanzler findet Helmut Schmidt zu dem paternalistischen Ton, mit dem er seine neue Rolle für die nächsten Jahrzehnte besetzt. Er spricht nicht von sich, sondern vom Wir, wohl wissend, dass ihm seine persönliche Autorität eine kollektive Rolle erlaubt. Er lobt sich selbst, und zugleich lobt er die Politikerkollegen seiner Generation, was die vielen Westdeutschen derselben Generation mit Genugtuung hören. »Es ist relativ leicht, in normalen Zeiten zu regieren«, doziert er, nachdem er die enge Zusammenarbeit aller Fraktions- und Parteiführungen im Krisenstab von

1977 betont hat. »Die Qualität einer Regierung zeigt sich oft erst in unvorhergesehenen Notsituationen und in Krisen.«

Helmut Kohl ist, attestiert ihm Helmut Schmidt, mit der Krise nach dem Reaktorunfall von Tschernobyl »wahrhaftig nicht meisterlich fertiggeworden«. Der Krisenherd lag viele hundert Kilometer entfernt. Er wolle sich lieber gar nicht erst vorstellen, »was aus dieser Bundesregierung würde, wenn wir ernstere Krisen zu überstehen hätten«.[52]

Schmidt argumentiert nicht politisch, etwa indem er Helmut Kohl Untätigkeit oder falsche Entscheidungen vorwirft, sondern generational: Weil Kohl und den Seinen die »Scheiße des Krieges« erspart blieb, verfügen sie nicht über dieselbe Krisenfestigkeit. Sie machen ihre Sache schlecht, aber sie können es auch nicht besser!

Otto Graf Lambsdorff, den Helmut Schmidt für den Motor der »Wende« in der FDP hält, bekommt den jüngeren Jahrgang – und damit die mangelnde Erfahrung – gleich persönlich vorgehalten. Anspielend auf eine Kritik von Graf Lambsdorff an den Gewerkschaften, sie terrorisierten die Meinungsfreiheit, stellt Helmut Schmidt die nicht nur rhetorisch gemeinte Frage: »Mein Gott, Graf Lambsdorff, was verstehen Sie unter ›Terror‹?«[53]

Jetzt kommt Helmut Schmidt zum »Abschiedsteil« seiner Rede, nennt Themen, über die längst nicht mehr gestritten wird, und Personen, von denen manche schon gestorben sind. Abwechselnd spricht er von persönlich prägenden Erlebnissen und von der politischen Aufbauarbeit seiner Generation. »Wenn wir ohne die parteilichen Brillen (…) den Blick auf die Bundesrepublik dieses Jahres 1986 richten und sie mit der des Jahres 1946 vergleichen, dann, denke ich, dürfen wir das Erreichte dankbar anerkennen (…).«[54]

Nach dem »Trauma« wählt Helmut Schmidt jetzt einen weiteren Begriff aus der Psychoanalyse, die »Trauerarbeit«, um etwas umständlich auszudrücken, dass manchen in seiner Generation die »dankbare Anerkennung« des Geleisteten schwer fällt, dass manche mit ihrer Lebensbilanz hadern und keinen Frieden mit sich machen. In den Worten des

Altkanzlers: »Es liegt im Charakter von Trauerarbeit, dass sie nicht vollständig geleistet wird, und es liegt an der Schwere von Trauerarbeit, dass einigen Menschen die Defizite, die dabei übrigbleiben, schmerzlicher erscheinen, als ihnen die Erfolge befriedigend vorkommen.« Doch diese – seine eigene – Generation kann zufrieden mit sich sein, denn das von ihr wiederaufgebaute Land »ist – auch wegen dieser Trauerarbeit – eben nicht den Verführungen erlegen, die von den zwölf vorangegangenen braunen Jahren auch hätten ausgehen können«.[55]

Helmut Schmidt spricht von »Trauerarbeit« in einem Ton, »der ahnen lässt, warum ehrliche Trauer schwere seelische Arbeit ist«, bescheinigt ihm Jürgen Leinemann Tage später im »Spiegel«.[56]

Danach spricht Helmut Schmidt über Werte im demokratischen Staat und wiederholt sein bekanntes Diktum, wonach der Staat kein Werteangebot machen darf, das über den Gehalt der Grundrechte, Artikel 1 bis 20 des Grundgesetzes, hinausgeht. Er darf sich schon gar nicht die Verkündungsrolle der Kirchen zu eigen machen. »Es sollte keiner glauben«, schließt Helmut Schmidt seine Rede, »dass solch Ethos die politischen Ziele ihres Glanzes beraube oder den politischen Alltag seines Feuers. (…) Denn keine Begeisterung sollte größer sein als die nüchterne Leidenschaft zur praktischen Vernunft.«[57]

Der letzte Satz ist – wie manche Bemerkung in dieser wenig strukturierten, weil in Zeiten und Themen hin- und herspringenden Rede – ein sprachliches Meisterstück, denn er bringt den Verzicht auf Pathos, für den Helmut Schmidt steht, auf einen pathetischen Begriff. Helmut Schmidt macht seine Zuhörer glauben, Reiswaffeln wären so süß wie Honig.

Jürgen Leinemann weiß in seiner Analyse der Rede zwischen berührenden Passagen und den Stellen, die jüngere Leute enttäuschen müssen, zu trennen. Helmut Schmidt wollte, so Leinemann, keine neuen Wunden schlagen oder alte, auch eigene, aufreißen. »Das reicht aber nicht, um den Demokraten von morgen Konkreteres als das Grundgesetz zur Orientierung anzuempfehlen.«[58]

Laut Jürgen Leinemann hat Helmut Schmidt seit März, also über viele Monate hinweg, an dem über hundert Seiten starken Redemanuskript gearbeitet – auch genau überlegt, über welche Themen er schweigen wird, etwa über die Grünen, die jetzt schon fast eine Legislaturperiode dem Bundestag angehören. In der Rückschau bleibt die »Trauerarbeit« der spannendste Begriff im Text. »Die Trauerarbeit ist das auffallendste Beispiel für die mit der Erinnerungsarbeit verbundenen Schmerzen ...«, zitieren Alexander und Margarete Mitscherlich Paula Heimanns Begriffsdefinition.[59] »So wird«, weiter Paula Heimann, »das Erinnern ein stückweises, fortgesetztes Zerreißen der Bindung an das geliebte Objekt und damit ein Erlebnis von Rissen und Wunden im Selbst des Trauernden.« Am Ende der Trauerarbeit geht der Einzelne »verändert, das heißt gereift, mit einer größeren Fähigkeit, die Realität zu ertragen«, aus ihr hervor.[60]

Nie geht Helmut Schmidt mit einem persönlichen Bekenntnis – aber auch mit einem kollektiven Bekenntnis für seine Generation – weiter als in dieser Rede. Ein Leben lang muss diese Generation die Schrecken des Krieges bagatellisieren, heroisieren oder – bei Helmut Schmidt der häufigste Fall – als unausweichliche Notwendigkeit rationalisieren; ein Wieder- oder gar ein Nacherleben der Vergangenheit unterbleibt, weil es vielleicht nicht auszuhalten wäre, weil sie zu grausame Bilder bereithält. Zur Vertreibung der bösen Geister absolvieren Helmut Schmidt und die Seinen ein monumentales Aufbauprogramm: Die bis 1945 aufgestaute Gefühle von Wut, Trauer und Verzweiflung werden abgeleitet, sie treffen den seelisch verletzten Menschen nicht selbst, sondern schaffen als positive Energie Neues und Nützliches. Helmut Schmidt und die Seinen erleben mit dem Kriegsausgang eine schwierige Phase, weil ihnen bewusst wird, dass sie für einen Krieg »verheizt« worden sind, aber noch kein Hilfsmittel haben, um diese Einsicht auszuhalten. Doch irgendwann finden sie zu einer Neuinterpretation ihrer Rolle im Krieg, sie waren Rädchen in einem riesigen Getriebe, sie konnten nicht anders handeln, als sie es taten, Widerstand wäre zwecklos gewesen.

Helmut Schmidt hat sich – auch im Namen seiner Generation – im Vorfeld dieser Rede einer Selbsterforschung unterzogen, hat Trauerarbeit geleistet, die er auch zum Thema macht; im Ergebnis formuliert er das Selbstverständnis einer Generation mir ihren Möglichkeiten und ihren Grenzen, auch ihren Möglichkeiten und Grenzen, eigene Schuld und eigene Verantwortung zu hinterfragen. Es ist ein Abgang, der – bei allem Bemühen, auf Pathos zu verzichten – Stolz ausdrückt und Anerkennung fordert, aber entgegen Schmidts Absicht kein Beispiel für andere, spätere Biografien und Lebenskonzepte gibt. »Es gab eigene, schwer vergleichbare, nicht dauerhaft lebendig zu haltende Maßstäbe für Politiker dieser Generation«, sieht auch Gunter Hofmann in der »Zeit« diese Grenzen, »die ein beschädigtes Leben hatten, Trauerarbeit leisten mussten (was gewiss nicht alle wollten), ohne sie je vollständig leisten zu können (...).«[61]

Das Phänomen, dass sich eine Generation mit ihrer – wie sie es sieht – politischen Unschuld und ihrer historisch bedeutenden Rolle für ein Gemeinwesen selbst stilisiert, ist nicht neu. Das gab es schon vorher und gibt es eben auch mit der Generation Helmut Schmidt, die in ihrem Protagonisten ihren Lordsiegelbewahrer hat. Wenn Helmut Schmidt Autobiografisches preisgibt, ist oft nicht genau zu bestimmen, ob er seine »wirkliche« Kindheit und Jugend und sein Verhalten in der Kriegszeit meint, oder ob er bei seiner Schilderung das eigene Schicksal mit dem Schicksal seiner Generation identifiziert. Wo endet das »Ich« und beginnt das »Wir«? Helmut Schmidt gestaltet den Übergang seit seinem Aufsatz über die »Kriegsgeneration« fließend.

Eine Antwort auf diese Frage ist umso schwerer möglich, als fast alle Informationen über Schmids Kindheit, Jugend und Kriegszeit von ihm selbst stammen. Der bisher Einzige, der die Dokumente dieser Jahre ohne Beschränkung auswerten und deuten konnte, der Historiker Hartmut Soell, ist nicht nur emeritierter Professor an der Universität Heidelberg, er war auch Mitarbeiter von Helmut Schmidt und später, als SPD-Bundestagsabgeordneter, »rechter« Sozialdemokrat und Unterstützer von

Schmidts Kurs. Soell hat sich mit einer Biografie über Schmidts Vorgänger als Vorsitzender der SPD-Bundestagsfraktion, Fritz Erler, habilitiert. Helmut Schmidt legt Wert darauf, dass eine Person seines Vertrauens Einsicht in diese sensiblen Dokumente nimmt. Er selbst hat auch den Generationswechsel in der Forschung über die eigene Lebensarbeit besorgt: Junge Wissenschaftler können dank der Helmut-und-Loki-Schmidt-Stiftung rund um Helmut Schmidt forschen und publizieren. Dass sich ein Altkanzler ein persönliches Forschungsinstitut schafft, wo es mit der Friedrich-Ebert-Stiftung eine öffentlich finanzierte Heimstätte für die Schmidt-Forschung gäbe, von den unabhängigen Historischen Instituten ganz zu schweigen, ist einmalig in der Geschichte der Bundesrepublik. Auch wenn Helmut Schmidt immer behauptet, dass ihn seine historische Einordnung in der Geschichte der Bundesrepublik nicht interessiert, tut er doch einiges dafür, nicht zuletzt mit viel Geld, dass dieser Einordnung kräftig nachgeholfen wird. Die Helmut-und-Loki-Schmidt-Stiftung sorgt verdienstvoll für die Dokumentation zweier Lebenswege, die für die Bundesrepublik über den Tag hinaus Bedeutung haben; zugleich geht von ihr mit Blick auf die Generation Helmut Schmidt, auf ihre Leistungen und ihre Bedeutung von 1945 an, eine Deutungsmacht aus, heute und in der Zukunft.

Dass ein Politiker nach seinem erzwungenem Abschied von der Macht am eigenen Mythos schreibt, solange Kraft und Lebenszeit es zulassen, hat in der deutschen Geschichte ein Vorbild; schon Bismarck, darauf weist sein Biograf Norbert F. Pötzl hin, unternahm alle Anstrengungen in diese Richtung.[62] Bismarck und Schmidt wollen an nichts, was ihnen misslungen ist, beteiligt gewesen sein. Ihrem publizistischen Erfolg tut das keinen Abbruch: Bismarcks »Gedanken und Erinnerungen« ist das meistverkaufte Memoirenwerk des 19. Jahrhunderts, Helmut Schmidt ist in dieser Hinsicht sein Pendant im Jahrhundert danach.

Fehlbesetzung

Die Frauen und Männer, die 1983 in den Bundestag einziehen, tragen Mähnen, wie sie das Parlament noch nicht gesehen hat. Der Verdacht macht sich breit, dass die Nachlässigkeit bei der Haarpflege nur die Spitze des Eisbergs, womöglich Ausdruck eines tieferliegenden Hygieneproblems ist. Um dem vorzubeugen – und das ist kein Witz –, finden sich eines Sitzungsmorgens auf den Pulten der Grünen Seife und Kamm.

Mit dem Einzug der Grünen in den Bundestag – der Protagonist der Generation Helmut Schmidt gehört dem Hohen Haus noch immer an – erreicht der Generationskonflikt in der Bundesrepublik das »Raumschiff Bonn«. Die bunte Truppe um Petra Kelly läuft aus Sicht der »Alten« nicht nur ungepflegt herum, sie zieht sich auch schlecht an und missachtet mit der Blumenbank, zu der sie ihre Pulte umgestaltet, die Würde des Hauses. Gegen solche Steine des Anstoßes nimmt sich die Tat eines Gerhard Schröder, der als Erster ohne Schlips im Bundestag sprach, oder eines Joschka Fischer, der seinen Eid als erster Minister der Grünen in Turnschuhen leistet, brav aus. Auch das Sozialverhalten der Neuen lässt zu wünschen übrig – bisweilen entsteht, während Bundeskanzler Helmut Kohl vom »Aufschwung« spricht, ein neuer Wollpullover, weil Frauen – im Multitasking bekanntlich talentierter als Männer – dem Kanzler zuhören und gleichzeitig stricken können. Zum Glück wurde die deutsche Öffentlichkeit schon mit den Fernsehbildern der ersten Grünen-Parteitage (da hieß die Partei noch gar nicht so) auf dieses Phänomen vorbereitet – bereits dort war der Typ der neuen, jungen »Strickliesel« aufgefallen.

Doch die Grünen etablieren nicht nur ein neues Stilgefühl, sie reden jetzt politisch mit – häufig über Themen, die für den Bundestag ebenfalls eine Terra incognita darstellen.

Erstmals in der Geschichte der Bundesrepublik sind politische Konflikte im Parlament auch Generationskonflikte, prallen die Denkweisen der regierenden politischen Leitgeneration und der nachwachsenden Generation, die das gesellschaftliche Bewusstsein verändern will, aufeinander. Die Studentenrevolte, Demonstrationen gegen die »Großtechnik«, die Jugendrevolte Anfang der achtziger Jahre und der Protest gegen Mittelstreckenwaffen in Europa waren Bewegungen der Straße, zeitweise sogar Massenbewegungen, doch Helmut Schmidt und die Seinen hatten stets das Parlament für sich. Im Bundestag saßen zwar schon immer ein paar Junge, aber die machten ihren Weg, weil sie – wie Matthias Wissmann oder Guido Westerwelle – die Erwachsenen in ihrem Erwachsensein überholen wollten. Die Jugendorganisationen von Union und FDP waren hauptsächlich Netzwerke für die berufliche und politische Karriere. Die jungen Linken mussten, um Glaubwürdigkeit zu erlangen, ein bisschen wilder auftreten, Nachwuchsleuten wie Gerhard Schröder oder Andrea Nahles wurde eine politische Pubertät zugestanden, aber die musste kurz sein, wollten frühere Jusos in ganz hohe Ämter kommen.

Erst mit den Grünen haben die Älteren und Alten tatsächlich den Bundestag nicht mehr für sich – auch nicht die Fernsehkameras, die auf das Rednerpult gerichtet sind. Mit diesem Monopol auf ein wichtiges Medium am politisch maßgeblichen Ort ist jetzt Schluss.

Die Jüngeren, die den Wertewandel wollen, mögen zahlenmäßig wenige sein, doch sie sind Aktivisten für ihre Sache und wortmächtig; durch Aktivisten wie sie, Karl Mannheim hat es in seinem Generationenaufsatz beschrieben, wird eine Gesellschaft immer wieder aufgerüttelt und verändert.

Die Bonner Politik hat sich bis zu diesem Zeitpunkt erfolgreich einem Generationswechsel entgegenstemmt. Nun trauen die machtbewussten Damen und Herren (überwiegend Herren) von Union, SPD und FDP ihren Ohren nicht, als die Grünen-Abgeordnete Waltraud Schoppe in der Bundestagssitzung vom 5. Mai 1983 das Sexualleben der Deutschen thematisiert. Waltraud Schoppe beklagt, nachdem sie Beispiele angeführt hat, in welchen sozialen Notsituationen die Abtreibung eines Kindes gerechtfertigt erscheint, eine »Einheitsmoral«, wonach sich die Deutschen »abends hinlegen und vor dem Einschlafen eine Einheitsübung vollführen, wobei der Mann meist eine fahrlässige Penetration durchführt«. Fahrlässig sei, dass die meisten Männer keine Maßnahmen zur Schwangerschaftsverhütung ergriffen, wo sie doch »gleichwertig an der Entstehung einer Schwangerschaft beteiligt« sind. Waltraud Schoppe fordert namens ihrer Fraktion, eine Schwangerschaftsunterbrechung straffrei zu stellen.

Doch das Unrecht, dass ungewollte Kinder die Frau, aber nicht den Mann in die Pflicht nehmen, ist noch nicht alles. Deutsche Männer machen, so Waltraud Schoppe, »Sexualität zu einem Akt von Herrschaft – häufig mit dem Resultat einer Schwangerschaft«. Männer, die ihre Ehefrauen vergewaltigen, sollen bestraft werden.

Später bekommt Helmut Kohl persönlich sein Fett ab. »Eine wirkliche Wende wäre es«, sagt Waltraud Schoppe, »wenn hier oben zum Beispiel ein Kanzler stehen und die Menschen darauf hinweisen würde, dass es Formen des Liebesspieles gibt, die lustvoll sind und die Möglichkeit einer Schwangerschaft gänzlich ausschließen.« Aber man könne natürlich nur über das reden, »wovon man wenigstens ein bisschen versteht«.[63]

Die Rede, die von einer Fülle chauvinistischer Zwischenrufe begleitet wird, geht in die Parlamentsgeschichte ein. Zum dreißigsten Jahrestag erinnern noch einmal viele Medien (»Orgasmus im Bundestag«) an sie, die Grünen-Politikerin Renate Künast schreibt sogar eine späte Hommage.[64]

Es fällt nicht schwer sich vorzustellen, wie Helmut Schmidt und die Seinen über die Rede dachten. »Jede Generation wähnt sich am Ende der Zeit«, sagt der Kulturwissenschaftler Gunther Hirschfelder.[65] Schon Konrad Adenauer fand, dass nach ihm politisch alles bergab gehe. Helmut Schmidt findet es namens seiner Generation auch, und er wird nicht müde, dies zu betonen, denn er hat einen Mythos zu bedienen, den Mythos von der tapferen, im Undank verjagten Kriegsgeneration, und eine Beziehung zu pflegen, seine Beziehung zur überwiegenden Mehrheit der Deutschen, die Helmut Schmidt für den besten Kanzler seit Konrad Adenauer hält. Wobei die Deutschen sich wie gesagt von Widersprüchlichkeiten nicht beirren lassen: Sie verehren Helmut Schmidt mit jedem Jahr mehr, aber sie bestätigen auch seinen Nachfolger, den Schmidt verachtet, immer wieder im Amt. Helmut Schmidt schimpft darüber vor Journalisten in seinem Hamburger »Zeit«-Büro, wenn er nicht gerade fernab der kleinen Bundesrepublik Vorträge hält.

Schmidts Kritik an seinen politischen Nachfolgern nimmt nicht zwangsläufig die ganze Generation in Mithaftung, oder sie tut es nur indirekt. Was seinen unmittelbaren Nachfolger Helmut Kohl betrifft, dominiert zumindest vordergründig der persönliche Aspekt. »Kohl bringt's nicht!«, lautet zum Beispiel eine Schlagzeile auf dem Titelblatt des »Stern« vom 2. April 1992. Helmut Schmidt schlüpft im Namen seiner Generation in die Rolle eines Überkanzlers, der seinem Nachfolger ein schlechtes Zeugnis ausstellt. Keine Frage, Helmut Kohl leistet sich in seinen ersten Regierungsjahren – wie dann auch sein Nachfolger Gerhard Schröder – einige Schnitzer, aber der sachliche Gehalt von Helmut Schmidts Kritik steht nicht in Rede; hier geht es um das Phänomen, dass nach Konrad Adenauer, der seinem Nachfolger Ludwig Erhard in herzlicher Abneigung verbunden war, ein weiterer Altkanzler im Groll und im Zorn auf die Personen blickt, denen er – ein konstitutiver Vorgang in der Demokratie – die politische Macht überlassen musste. Mit Helmut Schmidt grollt jetzt ein Mann, der sein politisches Leben lang das drohende Scheitern der Demokratie und die Gemeinsamkeit der Demokraten beschworen hat. Abfällig nennt er nun seinen früheren Wirkungskreis »politische Klasse« (was fast so schlimm klingt wie die hermetisch abgeriegelte »Kaste«), und meint damit auch jene Frauen und Männer, die immerhin per Wahlen in ihre Ämter berufen wurden.

Das Vertrauen in die »politische Klasse« schwindet während der Kanzlerschaft von Helmut Kohl zunehmend – und das umso mehr, als nach der Wiedervereinigung »blühende Landschaften« ausbleiben. Das Wort von der »Politikverdrossenheit« geht um. Die Skepsis in Bezug auf die Gestaltungskraft demokratischer Ordnungen erfasst nach einer politischen Elite, die einst über »Unregierbarkeit« sinniert hatte, auch das Volk, das sich merklich weniger an demokratischen Wahlen beteiligt. Helmut Schmidt nährt mit seiner persönlichen Autorität und mithilfe seiner publizistischen Plattformen diese Verdrossenheit, wenn er nicht politische Sachentscheidungen, sondern, wie im »Stern«-Interview, die »Qualität der Politiker« im Allgemeinen kritisiert, wobei dann doch die Generationenkarte gespielt wird: »Die Qualität der Politiker – aber nicht nur in Deutschland – ist in den letzten Jahrzehnten deutlich gesunken. Es fehlen Leute, die gewohnt sind, mit großen Herausforderungen fertig zu werden«. Und schließlich fehlt es an einem durchsetzungsfähigen Kanzler, der in einer Krisensituation »Führung« übernimmt.[66] Vieles, was Helmut Schmidt beanstandet, mag in der Sache zutreffen, doch hier redet und handelt auch ein Mann in seinem Widerspruch.

Früher gab es aus seiner Sicht große Bankiers, große Unternehmer, große Gewerkschafter, große Politiker, heute gibt es – siehe Helmut Kohl – nur noch Mittelmaß. Bereits für die Generation Kohl trifft in Teilen zu, was erst recht die Nachkriegsgenerationen kennzeichnen wird: Sie haben, und darin sieht Schmidt den entscheidenden Unterschied zur eigenen Alterskohorte, »kein Schicksal hinter sich«. Sie haben »immer Normalität erlebt«, konstatiert er 1993 in einem »Spiegel«-Gespräch, weshalb es ihnen notwendig an »Ausnahmefiguren« mangeln muss.[67]

Wenn der Altkanzler Helmut Kohl ins Visier nimmt, dann hat das eine persönliche und eine politische Komponente. Die persönliche: Kohl führt ihm schon seit Mitte der siebziger Jahre vor, dass nicht der intellektuell und fachlich beste Mann, für den sich Helmut Schmidt hält, langfristig Erfolg hat, sondern der virtuose Netzwerker mit Ausdauer. Kohl sitzt sogar den intellektuell brillanten, Helmut Schmidt in dieser Hinsicht ebenbürtigen Franz Josef Strauß aus. Jenseits ihrer politischen Fehden verbindet Strauß und Schmidt nicht nur die Zugehörigkeit zur selben Generation, sondern, von Mitte der siebziger Jahre an, auch das gemeinsame Leiden an Helmut Kohl.

Die politische Komponente: Lange Jahre hat Helmut Schmidt bei allem rhetorischen Donner an Kohl nicht wirklich etwas zu kritisieren, denn der Amtsnachfolger setzt die Politik seines Vorgängers in den wesentlichen Punkten fort, etwa Schmidts Sicherheitspolitik oder die Finanzierung des Sozialstaats auf Pump. Erst 1990 macht Kohl eine Flanke auf: Er schenkt Ost- und Westdeutschen keinen reinen Wein ein über die Kosten der Vereinigung, er unterlässt es, die Deutschen in einer »Blut-, Schweiß- und Tränen-Rede« auf Verzicht einzuschwören, was Helmut Schmidt auch in dem »Spiegel«-Gespräch nicht unerwähnt lässt.[68]

Die Kritik an der Generation Helmut Kohl bleibt dagegen weiter verhalten. Schmidt hat es ja wie erwähnt auch für eine Chance gehalten, dass sein Amtsnachfolger nicht mehr selbst im Krieg gewesen ist (Kohl war zum Zeitpunkt der Kapitulation fünfzehn Jahre alt). Er erkennt an, dass auch die Biografien dieser Generation noch massiv von Diktatur und Krieg geprägt sind. Helmut Schmidt nimmt Anstoß an der Persönlichkeit und dem Charakter von Helmut Kohl, dem er das Fehlen sittlicher Grundlagen unterstellt. In dem »Spiegel«-Gespräch lenkt er die Frage nach dem Machtwillen der Nachkriegsgeneration, die ausdrücklich auf den Unterschied zur Kriegsgeneration zielt, zurück auf Helmut Kohl. Zugleich aber verschiebt er sie von der Person weg auf die Ebene eines nicht generational verankerten Politikertypus: »Kohl verkörpert einen Typus, den Sie auch in meiner Partei finden«, sagt Helmut Schmidt. »Er findet Befriedigung darin, Herr über einen Prozess zu sein. (...) Für diesen Typus kommt es erst an zweiter oder dritter Stelle darauf an, bestimmte Ziele zu verwirklichen.«[69]

Helmut Schmidts Verdruss über die neue Bonner Mediokrität wird von Stimmen, die nicht seiner Zunft angehören, geteilt, ja verschärft. »Nie war der Durchschnitt so durchschnittlich«, klagt auch der Politikwissenschaftler Wilhelm Hennis in einem Interview mit dem »Stern« über Kohl und seine Nachfolger.[70] Hennis, fünf Jahre jünger als Schmidt und sieben Jahre älter als Kohl, würdigt Helmut Schmidt als einen der letzten

Vertreter einer Generation, die sich der Schwere ihrer Verantwortung bewusst gewesen sei, »es nach 1945 besser zu machen«. In den nachfolgenden Generationen vermisst auch Hennis »Wille und Fähigkeit zu politischer Führung«. Das »Verhängnis«, so Hennis, nehme mit Helmut Kohl, der »nur noch seine Machterhaltung im Sinn« gehabt habe, seinen Anfang«, mit ihm beginne »die Pest, dass die Ministerpräsidenten wichtiger genommen werden als die eigentlichen Bundespolitiker«. Konrad Adenauer habe die Ministerpräsidenten noch »Zaunkönige« genannt, heute führe selbst der Weg ins Kanzleramt nur noch über die Provinz.

Das Problem der Politik, so Hennis' Überzeugung, ist die falsche Rekrutierung ihres Nachwuchses. Die Politiker von heute »kommen als Lehrer in den Bundestag und verstehen von nichts etwas – außer davon, wie man im Ortsverein seine Mehrheit organisiert«. Wilhelm Hennis schließt das Gespräch mit dem Satz: »Diese ganze Generation ist doch eine Fehlbesetzung.«

Hat Helmut Schmidt noch eine Beißhemmung, als es um die Generation Helmut Kohl geht, legt er bei der Bewertung der folgenden Generation, der Generation Gerhard Schröder, alle Zurückhaltung ab. Schröder (Jahrgang 1944), Lafontaine (1943), Scharping (1947), Heidemarie Wieczorek-Zeul (1942) oder Engholm (1939) haben nicht nur »keine Ahnung vom Krieg«, sodass sie »leicht dabei« seien, »irgendwo einzumarschieren«, sie sind auch »aufgewachsen in einer Phase, die in der Weltgeschichte einmalig ist, was den Anstieg des Lebensstandards der breiten Massen angeht und der Oberschichten sowieso. Das hatte es in der ganzen Welt noch nicht gegeben (…).«[71] Mit einer sonnigen Biografie, so Helmut Schmidt, lernt man das Arbeiten nicht. »Die Generation der heute 50jährigen Politiker«, sagt der Altkanzler 1996 im »Bild am Sonntag«-Gespräch, »redet lieber belangloses Zeug in Talkshows, als harte und mühevolle Arbeit zu leisten.«[72]

Diese Generation, die erst zwei Jahre später, und dann nicht mehr jung, an die Macht kommt, muss sich von Helmut Schmidt und den Seinen viel anhören. Gerhard Schröder besitze keinen Lebenslauf mehr, nur noch ein Dasein. Man erahne in ihren Seelen keine Abgründe mehr, schreibt der Politikwissenschaftler Hans-Peter Schwarz, Jahrgang 1934, »sondern nur Flachland«.[73] Ihre Generation ist keine Zwangs- und Schicksalsgemeinschaft mehr, sondern eine Seilschaft für individuelles Hochkommen. »Wir haben unter dem Druck gestanden, Politik machen zu müssen«, sagt Helmut Schmidt 1995 zu mir, »und die Heutigen sind zum großen Teil unter dem Druck, Karriere machen zu wollen.« Helmut Schmidt nennt Gerhard Schröder in diesem Gespräch einen »Karrieristen«.

Auch in der Bewertung von Willy Brandts »Enkelgeneration« bilden sich überraschende Allianzen. Erhard Eppler teilt Helmut Schmidts Kritik am Protagonisten dieser Generation: »Schröder – das ist eine reine Lotterie.«[74] Er fordert Oskar Lafontaine und die Seinen auf, sich auf die Sekundärtugenden zu besinnen. Eppler und Schmidt sind sich ausnahmsweise einmal einig.

Helmut Schmidt soll auf dem SPD-Parteitag 1995 in Mannheim sprechen; er will den Delegierten sagen, dass er sich über die Einladung, an diesem Parteitag das Wort zu nehmen, »gewundert« habe. Er will sagen, dass er sich dort nicht wohl fühlt, denn »fast alle Führungspositionen der heutigen Partei liegen in Händen von ehemaligen 68ern, Jusos und SDS-Leuten«.[75] Die taugen nicht zur politischen Führung, weil sie nicht wie Willy Brandt und er »aus unserer Bonner Arbeit heraus« Kanzler geworden seien, »gewählt von der Bundestagsfraktion«. Schröder kommt aus Niedersachen, Lafontaine aus dem Saarland, Scharping aus Rheinland-Pfalz, Engholm und Heide Simonis aus Schleswig-Holstein. Wie hatte noch Adenauer die Ministerpräsidenten genannt? Zaunkönige.

Diesen Damen und Herren will Helmut Schmidt auf dem SPD-Parteitag 1995 die »Tugend der Tapferkeit« empfehlen und die »Tugend der Solidarität«. Solidarität habe nichts zu tun mit dem Prinzip, »nach welchem eine Hand die andere wäscht«; weiter denkt er daran, ihnen die Tugend der Wahrheit anzutragen, zu der die Tugend der Vernunft und der

Klugheit gehören. Ein anderer Satz im Redemanuskript macht auch deutlich, wer diese Tugenden verkörperte: »Und ich sage Dir, Rudolf, und Dir, Gerhard Schröder: (…) Ihr steht doch nur, wenn Ihr auf den Schultern derer steht, die vor Euch deutsche Wirklichkeit gestaltet haben!« Helmut Schmidt verlangt, die Lebensleistung seiner Generation anzuerkennen; er verlangt die Anerkennung ihrer Vorläuferrolle. Die Botschaft ist klar: Ohne uns wärt ihr nichts!

Helmut Schmidt hält die Rede nicht. Auf der Fahrt nach Mannheim erfährt er, dass überraschend Oskar Lafontaine und nicht wieder Rudolf Scharping zum SPD-Parteivorsitzenden gewählt worden ist. Lafontaine hatte handstreichartig kandidiert. Helmut Schmidt bittet seinen Fahrer um »Kursänderung«, er will zurück nach Hamburg. Auszüge seines Manuskripts publiziert er Tage später als »ungehaltene Rede an die SPD« in der »Zeit«.[76]

Gerhard Schröder lässt Vorwürfe, er sei Karrierist, nicht unkommentiert, er wendet sie ins Positive. Freimütig bekennt er, seine politische Karriere habe auch etwas mit einem soliden Willen zu tun, »aus dem herauszukommen, was ich ja nicht nur als schön wahrgenommen habe: meine Jugend und die Umgebung, in der ich zu leben hatte«.[77] In seiner Biografie war die politische Karriere gleichbedeutend mit dem gesellschaftlichen Aufstieg. Schröder nutzt die Aufstiegschancen, die ihm die Generationen Adenauer und Schmidt geschaffen haben. Dass er hierfür einem Helmut Schmidt nicht Anerkennung und Dankbarkeit zollt, sondern ihm auf wichtigen Politikfeldern nicht folgt, kränkt den Mann mit den »Schultern« tief.

Auch Oskar Lafontaine versagt der Generation Helmut Schmidt den Dank, der ihr nach Ansicht ihres Protagonisten gebührt (und dem Protagonisten ganz persönlich), und mehr als Schröder sucht er die demonstrative Abgrenzung, indem er bekennt, dass er gern und gut lebt. »Wer das Leben nicht liebt, gibt auch keine richtigen Antworten auf das Leben«, wird er von der Schmidt-Biografin Sybille Krause-Burger zitiert.[78] Da gibt es nun überhaupt keine Schnittmenge mehr mit dem asketischen, pflichtbewussten Leben, das der bekennende Suppenfreund und Cola-Trinker Helmut Schmidt führt. Schmidt mag sich angesichts der ostentativen Lebensfreude eines Oskar Lafontaine an die Trink- und Fressgelage im alten Rom erinnert fühlen – Sinnbild für die Dekadenz, die das Reich in den Untergang führte.

Natürlich sind ein Gerhard Schröder und ein Oskar Lafontaine 1998, als sie in Bonn an die Macht kommen, nicht mehr die spontihaften Gegner der Atomkraft und der »Nachrüstung« wie in den siebziger und achtziger Jahren. Aus den Generationenstürmern wurden politisch erfahrene Männer, die Häutungen durchlaufen haben; doch von ihren Nadelstichen gegen die Generation Helmut Schmidt können sie nicht lassen. Dass sich der frisch gewählte Bundeskanzler Gerhard Schröder im März 1999 zum Fotoshooting im Kaschmirmantel entschließt, ist auch eine Antwort auf das freudlose Lebensgefühl der Generation Helmut Schmidt, die noch den Wehrmachtsmantel getragen hat.

KANZLER IM SEHNSUCHTSLAND

Späte Verehrung, späte Kritik

> *»Meine erste bewusste Erinnerung an ein politisches Ereignis überhaupt ist die Wende 1982. Als Helmut Schmidt nach dem Misstrauensvotum Helmut Kohl gratuliert. Ich war acht Jahre alt, und Herr Schmidt tat mir irgendwie leid. Vielleicht bin ich ja weniger ein Kohl- als ein Schmidt-Kind ...«*
>
> Thomas Biebricher

Mythos Kriegsgeneration

Die Generation Helmut Schmidt hat geleistet, was sie leisten konnte, jetzt ist sie alt und verteidigt ihre Aufbauleistung tapfer gegen Kritik. Auch ihr Protagonist tut, was in seinen Kräften steht, beharrlich hütet er sprechend und schreibend die Deutungsmacht seiner Generation über die Geschichte. Doch sind jetzt andere dran, und selbst der populäre Helmut Schmidt bleibt nicht mehr vor leiser Widerrede und lautem Widerspruch gefeit.

Es müssen jetzt äußere Entwicklungen hinzukommen, um dieser Generation die historische Bedeutung zu geben, die sie bis heute hat, und die ihrem Protagonisten seinen beispiellosen Rang verleiht. Nichts weniger als die Weltgeschichte kommt Helmut Schmidt und den Seinen zu Hilfe.

1989 fällt der »Eiserne Vorhang« und Helmut Schmidt – das ist nicht nur seine Meinung, sondern die Meinung der meisten Deutschen – bekommt plötzlich recht. Es war richtig, den Mittelstreckenwaffen der Sowjetunion mit Mittelstreckenwaffen der USA zu begegnen; es war richtig, die Drohkulisse gegenüber dem Riesenreich aufrechtzuerhalten, bis es ökonomisch kollabiert. Mit dem ehemaligen Staatspräsidenten Michail Gorbatschow, der im eigenen Land des Verrats an der russischen Sache geziehen wird, erhalten Helmut Schmidt und die Seinen einen prominenten Kronzeugen für ihre Sicht. »Wenn Sie Herrn Gorbatschow fragen, war der Doppelbeschluss richtig«, sagt Helmut Schmidt im Gespräch mit mir. Der Satz wird zu einer stehenden Redewendung bei ihm.

Konrad Adenauer hat die Westbindung durchgesetzt, Willy Brandt für die Aussöhnung mit dem Osten gesorgt, Helmut Schmidt den Anfechtungen des »Kalten Krieges« widerstanden, Helmut Kohl die Einheit gemacht – in dieser Deutungskette findet jetzt auch der ruhelose Protagonist seiner Generation – und diese Generation mit ihm – einen festen Platz. Das – wie Helmut Schmidt es empfindet – politische Unrecht, das ihm widerfahren ist, vor allem durch die zwei großen Demonstrationen in Bonn 1981/82 (den größten in der Geschichte der Bundesrepublik überhaupt) und den »Raketenparteitag« 1983 in Nürnberg, wird korrigiert.

Obwohl Helmut Schmidt an seinem Platz in der Geschichte der Bundesrepublik vorgeblich nicht interessiert ist, erzählt er jetzt vielfach die Geschichte des NATO-Doppelbeschlusses als eine Erfolgsgeschichte, so bei der Entgegennahme des Point-Alpha-Preises im Juni 2010 in Rasdorf bei Fulda, und nimmt die späte Abbitte, die ihm geleistet wird, mit Genugtuung zur Kenntnis. Leider seien auch große Teile seiner eigenen Partei der Ängste vor einem tödlichen Krieg gefolgt, »erst gegen Ende der neunziger Jahre hat Bundeskanzler Gerhard Schröder diesen Jahrzehnte zurückliegenden Irrtum eingestanden. In der Zwischenzeit hatte allerdings der berühmte oder berüchtigte Doppelbeschluss seinen stupenden Erfolg längst erzielt.« Er führte, so Schmidt, 1987 zum ersten Abrüstungsvertrag der Nachkriegszeit, »und ich glaube auch, dass dieser Vertrag von 1987 einer der entscheidenden Schritte von vielen gewesen ist, die zu 1989, 1990 und 1991 führten«.[1]

Es besteht – natürlich – keine direkte Kausalität zwischen dem NATO-Doppelbeschluss und dem Zusammenbruch des »Ostblocks«.

Mit Kausalitäten ist das so eine Sache, sie können mal weit, mal weniger weit hergeholt sein, ihre Logik bleibt dieselbe: Ohne die Erfindung des Rads wäre Jan Ullrich nie Sieger der Tour de France geworden! Bei der historischen Bedeutung des NATO-Doppelbeschlusses handelt es sich um eine Annahme, die nahe liegt, aber spekulativen Charakter hat, solange historische Belege fehlen – Belege, die nur in Moskau liegen können. Aber auch ohne eine einfache Kausalbeziehung zwischen NATO-Doppelbeschluss und deutscher Vereinigung hat Helmut Schmidt nach dem Empfinden der meisten Deutschen recht behalten.

Auf anderen Feldern ist die Linie zwischen Helmut Schmidts politischer Voraussage und dem Lauf der Geschichte direkter zu ziehen. Der Altkanzler behält recht mit seiner Warnung, dass die deutsche Vereinigung viel teurer kommen wird, als von seinem Amtsnachfolger behauptet. Helmut Schmidt erklärt – wie viele andere auch – Kohls Wort von den »blühenden Landschaften« früh zu einer Täuschung der Wähler, tatsächlich »blühen« den Deutschen für viele Jahre Firmenpleiten und soziale Verwerfungen.

Mit der deutschen Vereinigung wird denn auch der Krisenmanager, wie ihn Helmut Schmidt verkörpert hat, allgemein vermisst. Zehn Jahre nach Schmidts parlamentarischer Abwahl wünschen sich ihn 55 Prozent aller Deutschen als Regierungschef zurück, einstweilen im Osten noch mehr als im Westen. 1993 kann Robert Leicht in der »Zeit« schreiben, mit Blick auf Helmut Schmidts Politikverständnis hätten sich »die Maßstäbe deutlich verschoben – hin zu mehr Gerechtigkeit«.[2] Viele Deutsche wollen Helmut Schmidt als Bundeskanzler wiederhaben.

Nostalgische Gefühle nährt auch Bundespräsident Richard von Weizsäcker, den mit Franz Josef Strauß und Helmut Schmidt das Leiden an Helmut Kohl verbindet. Er rehabilitiert Schmidt als einen Politiker, der nicht nur »Macher« war, sondern, wie er mir in einem Brief vom Juni 1995 schreibt, politische Verantwortung so praktiziert hat, »dass sie sowohl in ihren Taten als auch in der Haltung des Politikers ein

Beispiel geben soll«. Von Weizsäcker, inzwischen aus dem Amt geschieden, bescheinigt Helmut Schmidt die »Wahrnehmung geistig-politischer Führung«.

Der Altkanzler behält auch recht mit seiner Voraussage, dass es zwischen der christlichen und islamischen Welt zu einem Religionskonflikt mit politischen Dimensionen kommen wird. Seine Analysen vor den Anschlägen vom 11. September 2001 lesen sich geradezu prophetisch. Kein Zweifel, Helmut Schmidt spürt dank seiner Fähigkeit zur scharfen Analyse und der vielen Gespräche, die er weltweit führt, früher als andere, dass sich die Tektonik zwischen Religionen, Völkern und Staaten verschiebt. Er wird auch früh vor dem »Raubtier-Kapitalismus« warnen, der die Weltwirtschaft dann in eine tiefe Krise stürzt und Millionen von Anlegern um ihr Geld bringt.[3]

Eine weitere Entwicklung sorgt dafür, dass Helmut Schmidt für die Deutschen immer wichtiger wird und seine Generation eine wachsende Verehrung erfährt: Die politisch aktiven Jahre dieser Generation werden allmählich Geschichte und bieten Stoff für einen nationalen Mythos. Auch die Deutschen brauchen, wie jedes Volk der Welt, immer neue Mythen, die ihren Zusammenhalt festigen, dem Bedürfnis nach nationalen Empfindungen eine Richtung geben. In der alten, politisch zwergenhaften Bundesrepublik gehören hierzu Sportereignisse wie das »Wunder von Bern« 1954 oder die von Franz Beckenbauer und seiner Mannschaft gewonnene Fußballweltmeisterschaft 1974. Mit dem Sieg der Generation Helmut Schmidt über den Linksterrorismus im Deutschen Herbst 1977 kommt ein politischer Mythos hinzu, der Mythos von einem zweiten Leben, der nicht nur den Geiseln in der Lufthansa-Maschine »Landshut«, sondern dem Land überhaupt geschenkt wurde.

Zum zwanzigsten Jahrestag der Entführung und Ermordung von Hanns Martin Schleyer und der Entführung einer Lufthansa-Maschine, bei der ihr Pilot Jürgen Schumann den Tod findet, inszeniert Heinrich Breloer ein zweiteiliges Fernsehspiel, das Dokudrama »Todesspiel« mit nachgestellten Szenen und Interviews, das erstmals die Ereignisse der Zeit – das Leiden von Hanns Martin Schleyer und der Geiseln in der Lufthansa-Maschine »Landshut« – bildhaft vor Augen führt.

Plötzlich bekommen Millionen von Fernsehzuschauern eine vage Vorstellung vom »Volksgefängnis«, in dem Hanns Martin Schleyer bis zu seiner Ermordung gefangen gehalten wurde, ebenso eine Vorstellung von der Todesangst, in der sich die Geiseln der gekaperten »Landshut« befanden. Dazwischen schneidet Heinrich Breloer die Erinnerungen der damals am Krisenmanagement beteiligten führenden Politiker, die ihre Entscheidungen rechtfertigen, aber auch die Bedrückung schildern, in der sie diese Entscheidungen treffen mussten – eine Bedrückung, die bei vielen bis in die Gegenwart reicht. Helmut Schmidt gesteht, er habe sich mit seiner Entscheidung, keine inhaftierten Terroristen freizulassen, in Schuld verstrickt.[4]

Heinrich Breloer gibt Helmut Schmidt und den Seinen viel Raum zur Selbsterklärung, er hinterfragt die Linie der Bundesregierung wie der Krisenstäbe nicht. Das macht sein Stück emotionaler, eindringlicher, aber es suggeriert auch, dass Helmut Schmidt und die Seinen nicht anders handeln konnten, als sie es taten. Heinrich Breloers Film erzeugt – ob vom Regisseur so gewollt oder nicht – Helden: Neben den mutigen Befreiern der GSG 9 unter dem Kommando von Ulrich Wegener sind das die Entscheider in Bonn, die Generation der Wehrmachtssoldaten, die ihre Tapferkeit aus dem Krieg in diese Krisenzeit übertrugen. Tatsächlich haben Helmut Schmidt und seine Kollegen einfach Glück gehabt, dass die Erstürmung der »Landshut« keine Opfer unter den Geiseln forderte. Helmut Schmidt bekennt später, dass er im Fall einiger Todesopfer unter den Geiseln von seinem Amt zurückgetreten wäre. Aber ein Mythos enthebt sich der historischen Wirklichkeit, die immer komplexer ist, sonst wäre er kein Mythos. Mit der medialen Präsentation der Generation Helmut Schmidt als Sieger über die Terroristen wird die besondere Stellung dieser Generation im Gedächtnis der Deutschen gefestigt.

Übrigens produziert Heinrich Breloer zu diesem Jahrestag mit dem Film »Mogadischu – Tage des Schreckens« ein weiteres, sehr ehrliches Stück über den Deutschen Herbst, eine Dokumentation seiner Ereignisse. Hier kommen auch frühere Geiseln der Lufthansa-Maschine zu Wort. Ihre Schilderungen über die Zeit nach der Befreiung zeigen, wie sehr sie bei der Bewältigung des Traumas auf sich gestellt waren. Sie dokumentieren die Kehrseite der Heldengeschichte um Wegener, Schmidt und Co. Diese Dokumentation von Heinrich Breloer wird nicht bundesweit, sondern nur im Dritten Programm des Westdeutschen Rundfunks ausgestrahlt. Zwangsläufig erreicht es nicht annähernd so viele Fernsehzuschauer wie das szenisch gestaltete »Todesspiel«.

Die erste Kritik am Mythos der anständigen, in Krisenzeiten gestählten und zur Krisenbewältigung prädestinierten Kriegsgeneration kommt von einem publizistischen Außenseiter: Jan Philipp Reemtsma sucht mithilfe seines Hamburger Instituts für Sozialforschung von 1995 an den Nachweis zu führen, dass die Wehrmacht keinesfalls unpolitisch und »der einzig anständige Verein« (Helmut Schmidt) war, sondern dass es unter den Soldaten viel Kollaboration mit den Nazis und Mitverantwortung für NS-Verbrechen gegeben hat. Bisher trennte die kollektive Erinnerung zwischen Bösewichten und Opfern, zwischen den Parteisoldaten der SS, die Gräuel an der Zivilbevölkerung der eroberten Gebiete begingen, und den Soldaten der Wehrmacht, die tapfer und »sauber« ihren Dienst taten und bei ihrem Vormarsch – etwa in der Sowjetunion – als Befreier begrüßt wurden. Jan Philipp Reemtsmas »Wehrmachtsausstellung« 1995 räumt mit dieser Scheidung in Schwarz und Weiß auf, sie zeigt Dokumente von Verbrechen durch Angehörige der Wehrmacht. Allerdings gerät sie anfangs nicht nur wegen ihres Tabubruchs in die Schlagzeilen, sondern auch wegen sachlicher Fehler, die das Projekt angreifbar machen, was 2001 zu einer geänderten Ausstellung führt. Doch der Geist ist schon nach der ersten Ausstellung aus der Flasche!

Noch einmal, und massiver denn je, muss diese Generation ihr Verhalten während ihres ersten Lebensdrittels gegen Vorwürfe verteidigen. Von der Glaubwürdigkeit ihrer Verteidigung hängt ihre Glaubwürdigkeit als Vorbildgeneration ab.

Prominente Vertreter dieser Generation melden sich noch einmal zu Wort, so Helmut Schmidts wichtigster Mann im Deutschen Herbst, der frühere Chef des Bundeskriminalamtes Horst Herold. Auch er kommt zeit seines Lebens vom Trauma des Krieges nicht los, ihn verfolgt »die deprimierende Kriegserfahrung und das Gefühl, einer Generation anzugehören, die unter Einsatz ihres Lebens bis zur völligen Sinnlosigkeit an einem fehlgeleiteten Patriotismus und Pflichtbewusstsein gehangen hat«. Seine Generation habe fremde Völker überfallen, ihnen furchtbares Leid zugefügt, »wir haben unseren Kindern kein Vorbild sein können«. Gleichwohl wehrt sich Horst Herold gegen eine pauschale Kriminalisierung der Wehrmachtssoldaten; er und seine Kameraden hätten sich im Krieg nie unehrenhaft verhalten, und Verbrechen, wie sie die Wehrmachtsausstellung dokumentiert, hat er nach eigenem Bekunden nicht erlebt.[5]

Helmut Schmidt selbst hat »während der Zeit in der Wehrmacht gute, wesentlich bessere mitmenschliche Erlebnisse gehabt«, als manch ein Jüngerer sich heute vorstellen könne. »Ich habe mit vielen anständigen Menschen zu tun gehabt und immer wieder Kameradschaft erlebt (...).«[6] Eine »NS-ideologische Berieselung« der Soldaten habe es nicht gegeben, und deshalb keine Infektion, und schon gar keine Verbrechen im Bund mit den Nazis. Er sei, schreibt Helmut Schmidt in seinem »Politischen Rückblick auf eine unpolitische Jugend«, in seiner ganzen Militärzeit bis hin zur Kriegsgefangenschaft 1945 nur einem einzigen Nazi begegnet.[7]

Dabei geht die Kritik von Jüngeren, die Helmut Schmidt erwähnt, weniger auf mangelnde Vorstellungskraft als auf ihr Misstrauen gegen eine stereotype Erzählung zurück. Jan Philipp Reemtsma nimmt Helmut Schmidt und den Seinen nicht ab, dass sie im Krieg stets ihre Pflicht tun mussten, dass sie keine anderen Handlungsspielräume hatten, als Hitlers

Befehlen zu folgen. Ein Raum der »Wehrmachtsausstellung« trägt den Titel »Handlungsspielräume«, in ihm wird thematisiert, wie Soldaten mal Befehle ohne Zögern ausgeführt, mal listig umgangen haben. »Menschen ergreifen Optionen – so oder so«, ist Reemtsma überzeugt. »Menschen handeln nicht gleichförmig. Auch Kriege sind Schauplätze, auf denen Menschen Entscheidungen treffen – äußerst belangvolle für sich selbst und für andere.«[8]

Jan Philipp Reemtsma will, wie er bekräftigt, keine pauschalen Vorwürfe machen, nur darauf hinweisen, dass jeder Mensch immer eine Wahl hat – womit er unterschwellig Helmut Schmidt und den Seinen eine Selbstprüfung nahelegt, ob sie, wenn für sie weder Widerstand noch Exil infrage kam, diese Wahlfreiheit im Krieg immer wahrgenommen haben. Welches mutige Verhalten wäre für andere und für sie selbst noch erträglich und zumutbar gewesen? Musste dieser törichte Befehl weitergegeben oder jener ausgeführt werden? Welche Prioritäten haben sie gesetzt? »Einem Agitator folgen, eine Weltanschauung teilen, einem Glauben beitreten oder von ihm abfallen – all das sind keine passiven Hinnahmen, sondern autonome Akte, in denen wir zeigen, wer wir sind, wer wir sein wollen und ankündigen, wer wir sein werden.«[9]

Oder, wie es Helmut Schmidt in einem anderen Zusammenhang formuliert: »Verantwortung findet zwar im Gewissen statt, aber sie muss sich in Handeln umsetzen.«[10] Der dies sagt, hat sein politisches Leben lang das Verhältnis von Macht und Verantwortung und die Maßstäbe politischen Handelns reflektiert. Der reflektierende Politiker Helmut Schmidt ist mit dem rigorosen Kritiker der Wehrmachtsausstellung, deren Botschaft er auch zwanzig Jahre später für »dummes Zeug«[11] hält, nicht leicht zu vereinbaren.

Von der Feststellung, dass Soldaten der Wehrmacht – sprich Kameraden von Helmut Schmidt und den Seinen – Verbrechen begangen haben, ist es ein kurzer Weg zu der Feststellung, dass es mit der Kameradschaft unter den Soldaten nicht so weit her war, wie von Helmut Schmidt und seinen Generationsgenossen behauptet. Als im Mai 1945 nicht nur das

Deutsche Reich untergeht, sondern auch das Weltbild dieser für den Krieg missbrauchten Generation, bleiben ihr nur wenige verlässliche Orientierungspunkte: Es war nicht alles sinnlos, wir haben auch Gutes erlebt, wir waren einander gute Kameraden! Helmut Schmidt sagt wie beschrieben von sich, dass ihn – neben seinem Pflichtbewusstsein – das Erlebnis der Kameradschaft den Krieg überstehen half, und dass dieser Wert leitend für seine politische Orientierung, seinen Eintritt in die Sozialdemokratische Partei wurde.

Jetzt steht auch dieser Wert – wie zuvor schon die Sekundärtugenden – zur Disposition. Jüngere, wie der Historiker Thomas Kühne, betrachten Kameradschaft als Tugend, die in der Verschmelzung mit dem Wert Solidarität zum »sozialharmonischen Leitbild einer Gesellschaft« wurde, die »auf autoritäre Haltegriffe nicht verzichten konnte«, eine Tugend, in der Autorität und Demokratie die Balance halten.[12] Kameradschaft, so behauptet Kühne darüber hinaus, habe nicht den Alltag der Soldaten bestimmt, sie habe die Ausnahme von der Regel gebildet! Den »kameradschaftlichen« Alltag prägten vielmehr Soldaten, die sich vor gemeinsamer Arbeit drückten, andere bestahlen oder anderen mit ihrem »Lagerkoller« auf die Nerven gingen. Thomas Kühne und andere erklären das Leitbild der Kameradschaft zu einem jener Mythen, die Menschen nach der Erfahrung von Kriegen, Unterdrückung und Vernichtung brauchen, um wieder aufstehen, neu anfangen, aufbauen zu können.[13] Diese Menschen »haben notwendigerweise ihre Filter und ihre Vorstellungen, sie haben sich Lebenserzählungen erfunden, die aber nicht das Leben sind und nicht für allemal festgeschrieben sind«, so der Psychotherapeut Arnold Retzer.[14] Wolfgang Schmidbauer benennt für dieses Verhalten eine seelische Grundlage: »Psychische Abwehr konstruiert Kontinuitäten, um glatte, nicht angreifbare Flächen zu schaffen. Was nicht ins Bild passt, wird abgespalten und behandelt, als sei es niemals passiert.«[15]

Als Kamerad, stellt Thomas Kühne fest, wahrt der Soldat seine zivile, sprich »saubere« Identität. Der Kameradschaftsmythos stattet das Denken und Handeln des Soldaten im Krieg mit einer alles überwölbenden »Menschlichkeit« und damit einer »sakralen Aura« aus.[16] Eine Zweierbeziehung definiert sich durch Lust und Liebe, die Männerkameradschaft »durch Lust und Leid«, denn alle Mitglieder dieser Gemeinschaft üben Härte gegen sich und leben vorbildhaft Nüchternheit, Emotionslosigkeit und innere Disziplin.[17] Der gemeinsame Geist macht die Männer zu einer homogenen und zugleich exklusiven Gruppe, denn wer nicht dazugehört, wird abgewertet.

Eine solche Abwertung straft eine andere, zahlenmäßig viel kleinere Gruppe von Soldaten, die eine abweichende, nicht per se mutigere, aber zweifellos höchst folgenreiche Entscheidung getroffen haben: die Gruppe der Wehrmachtsdeserteure. Prominente Deserteure erfahren – anders als der »Mehrheitsdeutsche« Helmut Schmidt – Zustimmung und Gegnerschaft über ihr Verhalten im Krieg. Der Deserteur wird in Deutschland, auch wenn er dem Krieg eines verbrecherischen Regimes nicht mehr dienstbar war, den Nimbus des Verräters nie los. Ein Rainer Barzel kann in seinen Memoiren schreiben, »wir waren Soldaten, keine Verbrecher«[18], diese Sicht auf die Dinge steht – wenigstens bis zur Eröffnung der »Wehrmachtsausstellung« – im allgemeinen Bewusstsein außer Zweifel. Was auch heißt: Es gehörte sich nicht, die Kameraden im Stich zu lassen.

Zufällig, aber irgendwie auch wieder nicht zufällig, veröffentlicht der Sänger Wolf Maahn im letzten Regierungsmonat von Helmut Schmidt eine Langspielplatte mit dem Titel »Deserteure«, deren Titelsong mit den Versen beginnt: »›Vaterlandsliebe‹ und ›Bilder vom Feind‹/Was verlangt Ihr von mir?« und im Refrain bekennt: »Wir sind Deserteure/Kein Land auf das ich schwöre«. Die Produktion wird im Jahr darauf – da ist Helmut Schmidt schon nicht mehr im Amt – für den Deutschen Schallplattenpreis nominiert. Schmidt selbst hat nie über die Fahnenflucht von Wehrmachtsangehörigen ein Wort verloren, auch nicht darüber, ob er sich selbst mit dem Gedanken getragen, aber dann davon abgesehen hat. Über die Darstellung im »Politischen Rückblick auf eine unpolitische Jugend« von 1992 geht er nicht hinaus.

Die Schmidt-Biografin Sybille Krause-Burger führt einmal Klage darüber, dass es so schwer sei, einem Mann wie Helmut Schmidt Äußerungen aus seinem Leben zu entlocken, »die er nicht schon vorgestanzt hat und schon zig Mal abgegeben hat. Diese Leute erzählen ja sich und anderen immer wieder dieselben Geschichten.«[19] Lebenserzählungen haben nicht nur Erzähler, sondern auch Zuhörer, die diese Erzählungen selbst weitergeben oder hinterfragen. Bisher hat die Lebenserzählung der Generation Helmut Schmidt mit der Geschichtsschreibung über die Herrschaft des Nationalsozialismus übereingestimmt; nur wenige linke Intellektuelle wie Heinrich Böll, der aus derselben Generation kommt, wollten der großen Linie nicht folgen. Doch einer wie Böll, der die Kaserne »das absolute Institut des Stumpfsinns«[20] nennt, bleibt ein Außenseiter, er wird sogar mit pathologischem Eifer bekämpft.

Die Erzählung der Generation Helmut Schmidt wird lange nicht hinterfragt, nicht einmal Nachfragen kommen. Helmut Schmidt steht im Herbst 1941 tief in russischem Gebiet, wo die einheimische Bevölkerung Hunger leidet. Bekommt der Offizier etwas davon mit? Und wenn ja, was denkt und fühlt er? Solche Fragen unterbleiben. Forschung und Publizistik begnügen sich mit den immer gleichen Schilderungen weniger Erlebnisse, die der Protagonist seiner Generation auf den vulgären Begriff »Scheißkrieg« reduziert. 1994 kann Richard von Weizsäcker noch unwidersprochen sagen, Helmut Schmidt habe die schweren Konflikte in der politischen Zeit seiner Jugend »hellwach und mit Wahrhaftigkeit« verarbeitet.[21]

Die Angehörigen der Generation Helmut Schmidt sind während Diktatur und Krieg in alles hineingeraten, machen ihre Memoiren glauben. »Wir spürten«, schreibt Rainer Barzel, »dass nun alles sehr ernst wurde und der Krieg zu Ende ging. (...) Irgendwann zuvor wurde ich mit dem Eisernen Kreuz ausgezeichnet und erhielt die Goldene Frontflugspange.«[22] Rainer Barzel möchte deutlich machen, dass er ein tapferer Soldat war, aber wofür erhielt er die Auszeichnungen? Für die Rettung von Kameraden? Für die treue Ausführung von Befehlen? Darüber schreibt der Wehrmachtsveteran nicht. Er schreibt über die Ehrungen, als seien sie ihm im Vorbeigehen an die Brust geheftet worden.

Haben ein Helmut Schmidt und ein Rainer Barzel im Krieg auf Menschen geschossen und Menschen getötet? Als Soldaten mussten sie es vielleicht schon zur Rettung des eigenen Lebens tun. Diese Generation schweigt darüber und macht die Last der Erinnerung mit sich allein aus. Das macht ihre autobiografischen Texte löchrig, die Texte wirken gewunden und – im Fall von intellektuell brillanten Verfassern wie Helmut Schmidt und Rainer Barzel – unter den eigenen Möglichkeiten bleibend.

Um die Jahrtausendwende herum setzen sich die Geschichtsforschung und die Publizistik von solchen Lebenserzählungen ab. Plötzlich wird eine »Wehrmachtsausstellung« und die Kritik am Leitbild der Kameradschaft möglich. Wie kommt das? Der Bruch zwischen dem Geschichtsbild der Generation Helmut Schmidt und dem Geschichtsbild der Jüngeren in Wissenschaft und Journalismus geht auf die schlichte, aber folgenreiche Entwicklung zurück, dass die Bundesrepublik immer älter wird und der Zweite Weltkrieg immer mehr Geschichte. »Kameradschaft« sei »ein Begriff wie aus einer anderen Welt«, heißt es in einem »Stern«-Artikel vom Juni 1999,[23] der eine schwierige Begegnung zwischen Wehrmachtsveteranen und Schülern beschreibt. Ein Veteran galt einmal etwas in der Bundesrepublik, Politiker aller Parteien – auch Helmut Schmidt – haben um seine Gunst gebuhlt, jetzt muss er sich als Buhmann der Nation fühlen.

»Am Ende des Jahrhunderts der beiden Totalen Kriege kam die massenhafte Gewalt ins Gerede«,[24] stellt Thomas Kühne fest. Kriege sind den Europäern in der langen Friedenszeit seit 1945 fremd geworden. In den siebziger und achtziger Jahren galt der Wehrdienstverweigerer noch als Memme und Drückeberger, seit den neunziger Jahren wählt er die selbstverständliche, moralisch geachtete Alternative zum »Bund«. Schon während der Kanzlerschaft von Helmut Schmidt wurden öffentliche Rekrutengelöbnisse gestört, aber diese Störer ließen sich noch als Randgruppe abtun. Seit der späten Kanzlerschaft von Helmut Kohl schlüpfen Wehrpflichtige vor ihrer Wochenendheimfahrt aus ihrer Dienstkleidung in zivile Klamotten, weil sie der Kampfanzug oder die Uniform nicht mehr sozial schmückt. Ihr Ansehen rutscht im Zug noch unter das von Fußballfans. Die Abschaffung der Wehrpflicht 2011 mag vor allem mit der neuen militärischen Rolle der Bundeswehr zusammenhängen, doch sie ist politisch nur möglich, weil die deutsche Gesellschaft für ihr Selbstwertgefühl keine Armee mehr braucht.

Auf den Vorwurf, die Wehrmacht sei nicht so »sauber« gewesen wie lange angenommen, können Veteranen wie Horst Herold mit gutem Grund entgegnen: Ich weiß nichts von Verbrechen meiner Kameraden, und schon gar nicht habe ich mich an Verbrechen beteiligt! Historiker dürfen diese Darstellung nur hinterfragen, wenn sie über entsprechende Dokumente verfügen – was die »Wehrmachtsausstellung« für eklatante Einzelfälle leistet. Die Ausstellung erlaubt zwar erstmals einen differenzierten Blick auf ein bislang tabuisiertes Thema, doch ein Urteil über »die Wehrmacht« bleibt – schon wegen der vielen Zeitzeugen, die sich ähnlich erinnern wie Horst Herold – diskutabel.

Anders verhält es sich mit der These, die jüngere Historiker wie Thomas Kühne formulieren, dass die von den Veteranen vielgerühmte Kameradschaft eine Legende sei. Diese These trifft Helmut Schmidt und die Seinen ins Mark, doch im Alter, das auch ihnen Anlass zur Reflexion über das eigene Leben gibt, halten sie eisern an ihrer Darstellung fest. Ein Beispiel dafür liefert das Erinnerungsbuch des ehemaligen Wehrmachtssoldaten Paul Mezger aus Echterdingen bei Stuttgart, der, nur anderthalb Jahre jünger als Helmut Schmidt, mit achtzig über seine Kindheit, Jugend und die Kriegszeit erzählt. Die Familie macht daraus ein Manuskript, das – »gedacht für meine Enkel« – in kleiner Auflage als Buch erscheint. Es ist das authentische Zeugnis eines Kindes seiner Zeit und seiner Generation. Paul Mezger versteht wie Helmut Schmidt sein Schicksal als typisch für das seiner Altersgenossen, er gibt dem Buch den Titel »Erinnerungen an unsere verlorene Jugend. Schicksal einer Generation 1920–1948«.[25]

Paul Mezger kommt als Gefreiter in den Krieg, wird Mitglied des Afrikakorps und kehrt als Unteroffizier heim. Seine Erinnerung breitet auf 446 Buchseiten die positiven Erlebnisse von Kameradschaft aus. Sie ist der einzige Horizont, der in den ganzen Wahnsinn des Krieges etwas Licht bringt. Je länger der Krieg dauert, desto mehr betont Paul Mezger diesen mentalen »Haltegriff«. Immer lauter wird seine Klage, immer heftiger sein Widerspruch gegen den Vorwurf, dass die deutsche Wehrmacht Gräuel begangen habe. Er wendet sich direkt an seine Leser und macht seinen Gefühlen Luft: »Was mich am meisten ärgert, ist, dass so viele Wichtigmacher, meist solche, die damals noch gar nicht auf der Welt waren, die seinerzeitigen Verhältnisse nach ihrem Gutdünken verdrehen (...), ohne je die vollständige Wahrheit erfahren zu haben.«[26]

Mit der Erinnerung an die »alten Kameraden«, die »gefallen« sind, klingt seine Erzählung dann auch aus. Vom Leben im nationalsozialistischen Staat muss man sich während der Lektüre von Paul Mezgers Buch selbst ein Bild machen. Dieses Thema gehört nicht zu den Erinnerungen, die der Wehrmachtsveteran der Überlieferung einer »vollständigen Wahrheit« wert hält.

Kapriolen einer Demokratie

Mit der Vereinigung beginnt für Deutschland das wahre Leben. Die deutsche Nation ist nicht mehr geteilt und nicht mehr besetzt. Diese Demokratie bekommt feste Grenzen, eine endgültige Hauptstadt und eine nunmehr für alle Deutschen gültige Verfassung – Bedingungen, wie sie für traditionelle Demokratien, England, die USA, Frankreich, selbstverständlich sind.

Von jetzt an herrscht auch im demokratischen System zwischen Konstanz und Kiel, Köln und Dresden der ganz normale Wahnsinn. Die Generation Helmut Schmidt, mit der dieses fragile Gemeinwesen erwachsen geworden ist, registriert es mit tiefer Sorge, vor allem ihr Protagonist im Pressehaus am Speersort in Hamburg.

Am 11. März 1999 überrascht Oskar Lafontaine Politik und Öffentlichkeit mit seinem Rücktritt als SPD-Vorsitzender, Bundesfinanzminister und Abgeordneter im Deutschen Bundestag. Als Grund nennt Lafontaine die – wie er es empfindet – mangelnde Solidarität von »Parteifreund« und Bundeskanzler Gerhard Schröder mit seiner Person und seiner Politik.

Überhaupt erweist sich der SPD-Vorsitz nach der Vereinigung als politischer Schleudersitz. Zwischen 1946 und 1991 führen vier Männer die Partei, seither ist Sigmar Gabriel schon der Neunte auf diesem Stuhl.

Am 16. Dezember 1999 bestätigt der frühere CDU-Vorsitzende und Bundeskanzler Helmut Kohl, dass die Partei geheime Konten mit Spendengeld geführt hat. Die Rede ist von 2,1 Millionen Mark, die Kohl von Spendern angenommen und direkt auf diese Konten geleitet haben soll. Auch der aktuelle Partei- und Fraktionsvorsitzende Wolfgang Schäuble wird mit einer 100 000-Mark-Spende für die Partei in Verbindung gebracht. Die CDU-Schatzmeisterei hat das Geld eines Waffenhändlers als »sonstige Einnahme« verbucht. Am 16. Februar 2000 kündigt Wolfgang Schäuble sein Ausscheiden aus den Ämtern als Partei- und Fraktionsvorsitzender an.

Im Jahr 2001 wird bekannt, dass der sächsische Ministerpräsident Kurt Biedenkopf und seine Frau Ingrid im IKEA-Möbelhaus Rabatte erfragt und erhalten haben. Auch bei Karstadt verhandeln und erhalten sie Preisnachlässe. Im Gästehaus der sächsischen Staatsregierung wohnen sie lange Zeit zum Sozialtarif von 8,15 Mark pro Quadratmeter und lassen sich auf Kosten des Landes Sachsen von Angestellten bedienen und bekochen. Der Rechnungshof stellt einen Schaden von 120 000 Mark für das Gemeinwohl fest.

Am 31. Mai 2010 tritt Bundespräsident Horst Köhler von seinem Amt zurück, er begründet diesen Schritt mit der anhaltenden Kritik an seinen Äußerungen zu Auslandseinsätzen der Bundeswehr in einem Rundfunkinterview wenige Wochen zuvor. Das trifft Deutschland völlig überraschend, auch die Bundeskanzlerin, die er erst am selben Morgen informiert, reagiert entsetzt. Vergeblich versucht sie ihn umzustimmen.

Am 18. Juli 2010 kündigt Hamburgs Bürgermeister Ole von Beust seinen Rücktritt an. In einem Interview in der »Frankfurter Allgemeinen Sonntagszeitung« knapp einen Monat später macht er aus seiner Amtsmüdigkeit keinen Hehl. »Ich finde«, begründet Ole von Beust seinen Schritt, »irgendwann hat sich ein Berufspolitiker verbraucht. Dann wiederholt sich alles. Man selbst und die Wähler bekommen den Eindruck: Das haben wir doch alles schon oft gehört.«[27]

Am 1. März 2011 tritt Verteidigungsminister Karl-Theodor zu Guttenberg von seinem Amt zurück. Sogar Helmut Schmidt hatte zu Guttenberg als politisches Talent betrachtet wie einst Konrad Adenauer ihn, doch zu viel Text- und Gedankengut von zu Guttenbergs Doktorarbeit – das bleibt Computern im 21. Jahrhundert nicht verborgen – stammte aus unausgewiesenen anderen Quellen.

Am 17. Februar 2012 tritt Bundespräsident Christian Wulff von seinem Amt zurück. Er hatte einen auffallend günstigen Privatkredit erhalten und sich zusammen mit seiner Frau Bettina häufig einladen lassen. Als die »Bild«-Zeitung über Einzelheiten berichten will, droht er ihrem Chefredakteur einen »Krieg« an.

Der Protagonist der Generation Helmut Kohl bleibt kalkuliert so lange im Amt, bis ihn der Wähler von dieser Aufgabe entbindet. Der Protagonist der Generation Gerhard Schröder macht keinen Hehl aus seinem Ehrgeiz zur politischen Macht und zum Genuss dieser Macht. Ein Protagonist der nächsten Generation – Ole von Beust ist fast genau elf Jahre jünger als Gerhard Schröder – hört einfach auf, wenn er sich abgenutzt fühlt.

Am 11. Februar 2013 sagt sogar einer der wichtigsten Männer der Welt, Papst Benedikt XVI., Nein. Er kündigt an, dass er zum 28. Februar

2013 von seinem Amt zurücktreten wird. Es ist der erste Rücktritt eines Papstes seit Jahrhunderten.

Mit Benedikts Demission ist die gemeinsame Zeitschriftenbeilage der »Brigitte«-Redaktion und des Möbelherstellers IKEA zum 30. Geburtstag des IKEA-Regals »Billy« – erschienen 2009 – vollends das Dokument einer vergangenen Zeit. Den Leitartikel der Beilage über »das Gerede von den Werten« zieren die Konterfeis von Karl-Theodor zu Guttenberg, Papst Benedikt XVI., Helmut Schmidt, Deutsche-Bank-Chef Josef Ackermann (er tritt als Vorstandsvorsitzender 2012 ab) und dem Philosophen Jürgen Habermas.[28] Armes Deutschland, in dem die wirklich Mächtigen reihenweise von der Fahne gehen und nur Philosophen und Altkanzler übrigbleiben!

Geldwirtschaft in Hinterzimmern (im Fall der CDU: auf Autobahnraststätten) und Lebenswandel mit »Gschmäckle« gab es auch im »Raumschiff Bonn« – Helmut Schmidts sozialliberale Koalition hat in ihrer Endphase ebenfalls ein Parteispendenproblem, für das sie – der Bundeskanzler eingeschlossen –, zunächst eine pragmatische Lösung sucht: eine Amnestie, ein Selbstfreispruch von Schuld, soll einigen Herren und besonders Wirtschaftsminister Otto Graf Lambsdorff aus der Patsche helfen. Doch Kabinettsmitglieder wie Jürgen Schmude, ein führender Protestant im Land, tragen solche Machenschaften nicht mit. Otto Graf Lambsdorff ist jetzt nicht mehr nur politisch, sondern sehr persönlich über den Koalitionspartner verstimmt.

Die alte Bundesrepublik kennt zahllose Beispiele von Politikern, die sich persönlich oder für ihre Partei bereichert haben, oder die auch nur einen Lebenswandel führten, der sich für Träger eines öffentlichen Amts nicht ziemt. Franz Josef Strauß hinterließ ein Vermögen in zweistelliger Millionenhöhe, das er selbst mit größtem Zinsglück nicht aus den Bezügen seiner politischen Ämter erwirtschaften konnte. Doch anders als in der Berliner Republik überstehen die Protagonisten der alten Bundesrepublik, ein Franz Josef Strauß oder ein Willy Brandt, ihre Rücktritte, nicht zuletzt, weil die Deutschen »die in Bonn« schalten und walten lassen. Ein politischer Betrieb ohne Willy Brandt, der nach seinem Rücktritt einräumen musste, »kein Säulenheiliger« zu sein, war für die Deutschen undenkbar, und für den Betroffenen erst recht. Aus einem politischen Club scheidet man nicht aus, nur weil man ein Amt verloren hat.

Noch gibt es eine letzte Beißhemmung der Deutschen gegenüber ihrem politischen Personal. Auch das politische Personal selbst pflegt untereinander einen Umgang, der ungeachtet aller Rivalitäten diese letzte Beißhemmung kennt. Willy Brandt hätte Anlass, Herbert Wehner für dessen persönliche Schmähungen zu verstoßen; doch er tut es nicht, genauso wenig wie Helmut Schmidt dem kranken Herbert Wehner den Rückzug nahelegt. Dabei ist das Amt des SPD-Fraktionsvorsitzenden im Bundestag viel zu wichtig, um auf Dauer von einem kranken Mann wahrgenommen zu werden.

Mit der neuen Republik greift eine neue Moral Platz. Wenige Monate nach Beginn der Parteispendenaffäre erinnert der Historiker und Publizist Joachim Fest an »die ungeschriebenen Regeln«, die ein politisches Amt seinen Inhabern vorgibt. Er beklagt »Ordnungsverluste auf allen Seiten«, sie machen nicht an Parteigrenzen Halt. »Gemeinsam jedenfalls ist den Beteiligten hier wie dort, dass sie die geliehene Amtsgewalt als eine Art Vollmacht ansahen, die ihnen alles gestattete, was Gutdünken und Machtinteresse geboten.«[29] Die Politiker haben eine Vorbildfunktion wahrzunehmen, ob sie wollen oder nicht!

Die »Ordnungsverluste« der Politik schmerzen in der Bundesrepublik besonders, denn hier sind die öffentlichen Angelegenheiten von Beginn an moralisch hoch aufgeladen. Privat scheren sich die Deutschen immer weniger um Sitte und Moral, auch deutsche Frauen nehmen »die Pille«, auch deutsche Pärchen ziehen ohne Trauschein zusammen, deutsche Männer und Frauen arbeiten »schwarz« und betrügen den Fiskus – doch ihre moralischen Ansprüche an die Menschen, die für sie Politik machen, bleiben hoch. Auch in dieser Hinsicht gibt es in Deutschland lange keine demokratische Normalität. Könnte hierzulande ein Bundeskanzler im Amt bleiben, nachdem bekannt wird, dass er eine Praktikantin im Bundeskanzleramt aus großer Nähe erlebt hat? Man ahnt und gelegentlich weiß man auch vom politischen Personal in Bonn, dass es sich moralisch nicht sauber verhält, aber man will es nicht wissen, solange die Leitmedien – in dieser Hinsicht nicht Aufklärer, sondern Verschleierer öffentlicher Angelegenheiten – nicht darüber berichten.

Nach der Vereinigung, da die politische Normalität nach Deutschland kommt, wie sie traditionelle Demokratien schon immer kennen, fallen die Reaktionen auch der Medien heftig aus. Für Nils Minkmar, Redakteur bei der »Frankfurter Allgemeinen Zeitung«, ist der Rücktritt von Horst Köhler »zum Heulen vor Wut und in jeder Hinsicht eine Katastrophe«.[30] Man brauche nur das Geschichtsverständnis eines Schülers, um zu ermessen, »dass man das Amt Friedrich Eberts mehr zu schützen hat als seine persönliche Empfindlichkeit (…).« Robert Leicht erinnert in der »Zeit« daran, bei solchen Ämtern brauche ein Rücktritt nicht weniger eine Legitimation als ein Antritt. »Mein Amt«, habe Köhler am Montag gesagt. »Nein«, sagt Robert Leicht, »nicht er hat ein Amt, als sei es seines – das Amt hat vielmehr zuerst einmal ihn.«[31]

Zu den Zeitgenossen, die nichts anderes als eine traditionelle Demokratie kennen, gehören die Schweizer, und mit ihnen der Publizist Frank A. Meyer. Was Intellektuelle wie Johannes Gross in den achtziger Jahren konstatierten, gilt nach Meyers Überzeugung auch im neuen Jahrtausend: »In Deutschland«, so sein Eindruck, werde »die Demokratie (…) romantisiert und überhöht. Jedenfalls soll sie mehr hervorbringen als eine Gesundheitsreform nur für die nächsten fünf Jahre; sie soll das Problem möglichst ein für alle Mal lösen.« Die Deutschen erwarteten von der Demokratie Erlösung, »Sonntag, nicht Alltag«. Meyer hält die Erfahrung des Bürgers in einer alten Demokratie dagegen, wenn er »Demokratie als nie abreißenden Prozess von Versuch und Irrtum, von Scheitern und Korrigieren, von Akzeptieren und Widersprechen« charakterisiert.[32] Das gilt für die Karriere von politischen Konzepten nicht weniger als für die Karriere von Menschen, die Politik machen.

Frank A. Meyers Diktum erinnert sehr an Helmut Schmidts nüchternen, an Karl Popper angelehnten Politikbegriff. Dieser Bundeskanzler hat nach Kräften versucht, die deutsche Politik moralisch zu entladen, auch das Pathos seines Amtes zu entladen, indem er sich einen »leitenden Angestellten der Bundesrepublik Deutschland« nannte. Für geistige Debatten, für die Moral sollten Wissenschaftler, Lehrer in Schulen, Professoren oder Kirchenleute zuständig sein. Gerhard Schröder hat diese Entladung – sicher zum Verdruss von Schmidt – radikal vorangetrieben, seine Kanzlerrolle einen »Job« genannt und sich auch so verhalten – als der Arbeitsauftrag in Berlin zu Ende ist, nimmt er einen anderen an. Gerhard Schröder verkörperte den gesellschaftlichen Aufsteiger, der mit Intelligenz und Fleiß ein Ziel erreicht, er wollte nicht den Eindruck machen, sich in dieses Amt berufen zu fühlen. Gerhard Schröder ent-täuschte, um mit Frank A. Meyer zu reden, den Nimbus um das wichtigste Amt im Staat.

Der Schweizer Publizist findet die Heilserwartung der Deutschen an die Politik nicht nur schlecht. »Keine Nation, die schuldhaft aus dem Zweiten Weltkrieg und seiner faschistischen Vorzeit hervorging, hat sich so sehr mit der eigenen Schuld befasst wie Deutschland.«[33] Doch auch in Deutschland gilt: »Die Demokratie ist das System der Ent-Täuschung.« Ihr Prozess der Willensbildung zwingt Einzelne und Gruppen zu der Einsicht, dass ihre Interessen nicht die Interessen der Gemeinschaft sind. Am Ende einer demokratischen Debatte steht der Kompromiss. »Wenn zwanzig Personen einer Diskussion ent-täuscht werden«, so Frank A. Meyer, »fällt der Kompromiss oft unansehnlich aus. (…) Das ist die Lebenswirklichkeit der Demokratie.«[34]

Die Hoffnung stirbt bekanntlich zuletzt – vor allem stirbt sie nicht, solange es noch Hoffnungsträger wie Helmut Schmidt gibt, der eine Projektionsfläche für demokratische Sehnsüchte und Heilserwartungen bietet. Für Schmidt gilt, worauf Norbert F. Pötzl bei Bismarck hingewiesen hat:[35] Je weiter sein Abschied aus dem Amt zurückliegt, desto deutlicher wird, was man an ihm hatte, desto tragischer erscheint seine Abwahl im Bundestag, desto tiefer wird die Kluft zwischen seinem Format und dem seiner Nachfolger. Die Deutschen sehnen sich aus der Gegenwart fort, was zum Teil mit der Verklärung von Helmut Schmidt zusammenhängt und zum Teil mit dem ganz normalen Wahnsinn in Berlin.

Was richtig wäre, aber nicht getan wird, sagt Helmut Schmidt im »Zeit«-Gespräch mit Giovanni di Lorenzo. Ein guter Politiker muss einen Beruf ausgeübt haben, in den er zurückkehren kann, er muss sich mit der Geschichte beschäftigen, er muss sich spezialisieren, »und viertens muss er lernen, dass in einer Demokratie niemand eine Meinung zu hundert Prozent durchsetzen kann«. Alles das sind Voraussetzungen dafür, dass er »gefälligst anständig und erfolgreich« regiert![36]

Helmut Schmidt verkörpert für die Deutschen – quasi als Letzter seines Standes – die Einheit von Amtsautorität und persönlicher Autorität. Er hat keine fragwürdigen Beraterverträge oder Aufsichtsratsposten, er macht keine Werbung für Firmen und Produkte, sondern zum Beispiel für den Euro und den nach ihm benannten Journalistenpreis, er gibt Geld für gemeinnützige Zwecke wie die Deutsche Nationalstiftung, und wenn er sich privat etwas leistet, dann für bürgerliche Vorlieben wie seine Gemäldesammlung.

»Eine Ikone der Deutschen ist er nicht geworden, die Rolle musste er dem schwerblütigen Rivalen aus Lübeck überlassen«, schreibt Peter Glotz 1993.[37] Trotz seines frühen Todes im Jahr 2005 kann Glotz noch erleben, wie sehr sich seine einstige Feststellung überholt hat: 2002 küren deutsche Männer laut einer Umfrage des Männermagazins »Best Life« Helmut Schmidt zum weisesten Deutschen. 2009 wählen ihn die Deutschen laut einer Forsa-Umfrage für den Fernsehsender Premiere zum »coolsten Kerl« des Landes vor den Schauspielern Til Schweiger und Jürgen Vogel. Ebenfalls 2009 ist er für die Hamburger der beliebteste Sohn ihrer Stadt – vor dem Fußballidol Uwe Seeler und dem Ersten Bürgermeister Ole von

Beust, die sich Platz zwei teilen. 2010 gilt der Altkanzler laut einer »Spiegel«-Umfrage als vertrauenswürdigster Deutscher, noch vor der Kanzlerin und dem Papst. 2014 erklären die Deutschen ihn laut einer Forsa-Umfrage für den »Stern« zum bedeutendsten Kanzler der Nachkriegszeit vor Konrad Adenauer und Willy Brandt.

Überdies entsteht nicht nur viel Literatur von und mit Helmut Schmidt, sondern auch über ihn, darunter Lektüre für die Fahrt am Morgen und Abend in der Straßenbahn – etwa eine Sammlung von Antworten, die der Altkanzler gegeben haben könnte, wenn man ihm denn diese Fragen gestellt hätte,[38] oder »Kleine Geschichten über einen großen Mann«.[39] Kein Zweifel, Helmut Schmidt ist als Mann jenseits der Neunzig Kult!

Die Kultfigur selbst beteiligt sich nicht an der Diskussion über die Frage, weshalb ihm ein Volk, dem er nicht nach dem Mund geredet hat und über das er bis heute schimpft, so viel Verehrung entgegenbringt. Auf entsprechende Fragen hin stellt er sein Licht bewusst unter den Scheffel: »Aus Mangel an Führungspersonen halten sich die Leute an einen alten Mann.«[40] Erklärungsversuche überlässt er anderen: »Möglicherweise wird es der eine oder andere Leser bedauern, dass ich auf meine eigene Rolle als vermeintliches öffentliches Vorbild nicht eingegangen bin. Aber das war nicht meine Absicht, darum können sich Psychologen oder Politologen kümmern«, schreibt er in seinem jüngsten Buch »Was ich noch sagen wollte«.[41]

Mögliche Erklärungen für diese Verehrung kamen schon im Abschnitt über Schmidts Rede beim Berliner Parteitag 2011 zur Sprache – dass er eine Jahrhundertbiografie verkörpert, also tief in der deutschen Geschichte verwurzelt ist, und trotzdem auf der Höhe der Zeit denkt und spricht, ja sein Denkhorizont sogar weit in die Zukunft reicht. Oder dass er immer derselbe geblieben ist, »störrisch«, wie es einmal Peter Glotz geschrieben hat, aber auch authentisch, wenn man seine gewollte Unbeweglichkeit in Grundfragen der Politik positiv fasst.

Marion Gräfin Dönhoff schreibt in ihrem Schmidt-Porträt von 1976, »als ich jetzt die alten Schriften des neuen Bundeskanzlers las, war ich verblüfft, wie wenig dieser sich im Laufe der Jahre verändert hat«.[42] Dieser Satz gilt vierzig Jahre später noch mehr als damals. Erhard Eppler erzählt mir im Gespräch, wie Egon Bahr zu ihm nach einer Festrede von Helmut Schmidt, bei der beide Zuhörer waren, sagt: »Helmut hatte wieder nichts zu sagen, aber dies wie immer brillant.« Bahr und Eppler sind hier aus bekannten Gründen im Unken vereint, aber es trifft zu, wenn Eppler sagt: »Es kommt ganz selten einmal ein Gedanke, den man nicht schon oft gehört hat.«

Helmut Schmidt schreibt nichts Neues, aber er bleibt sich eben auch treu, wenn er in seinem Buch über das, »was ich noch sagen wollte«, seine philosophischen »Hausapotheker«, wie er sie einmal genannt hat, und prägende Figuren seines Lebens würdigt. In einer Welt, die sich immer schneller dreht, wünschen sich die Deutschen Kontinuität, mit Angela Merkel in der Tagespolitik genauso wie in den philosophischen Verlautbarungen des Vorsitzenden und einzigen Mitglieds im Areopag.

Selbst wenn Helmut Schmidt keine Bücher oder Artikel mehr schreiben, Reden halten oder Interviews geben würde, bliebe er den Deutschen sehr gegenwärtig als Projektionsfläche für nostalgische Gefühle an eine bessere Zeit. Er gilt den Westdeutschen als der Bundeskanzler aus dem Sehnsuchtsland, der alten Bundesrepublik der siebziger Jahre, in deren politische Übersichtlichkeit mit klaren Freunden und klaren Feinden und deren wirtschaftliche Prosperität sie gern zurück wollen.

Historiker, Wirtschafts- und Politikwissenschaftler betonen gern das »Janusgesicht« der siebziger Jahre mit Wirtschaftswachstum und florierendem Sozialstaat einerseits, »Ölschock« und Deutschem Herbst andererseits. Doch der politische und ökonomische Verlauf eines Jahrzehnts muss nicht allein den Ausschlag geben für die kollektive Erinnerung an dieses Jahrzehnt. Eine ganze Generation von Westdeutschen, die geburtenstarken Jahrgänge zwischen 1959 und 1964, durchlebt in den Siebzigern ihre Jugendzeit, unter Bedingungen, die sie mit wachsendem Wohlstand und frei von Leistungsdruck groß werden lässt. (Auch in der damaligen DDR gibt es zwischen 1959 und 1964 den signifikantesten Anstieg der Geburtenzahlen; die ostdeutschen Babyboomer können an der Freiheit und dem Wohlstand der Bundesrepublik nicht teilhaben; dafür werden sie diese Republik, die sie nur aus dem »Westfernsehen« kennen, umso mehr idealisieren.)

Die westdeutschen Babyboomer erleben, verglichen mit der Generation der 68er davor, eine glücklichere Kindheit und Jugend. Es entfällt der Konflikt mit der NS-Vergangenheit der Väter und es geht materiell weniger karg zu. Die Eltern der Babyboomer müssen zwar noch auf den Pfennig achten, aber das Wirtschaftswunder greift; es dominiert das Gefühl von materieller Sicherheit. Die gesellschaftlichen Spielräume sind enorm, das Leben, so Reinhard Mohr, »noch ein Versprechen«.[43]

Die Babyboomer werden mit Helmut Schmidt als Kanzler groß, sprich in seiner Ära politisch geprägt. Der deutsche Künstler Thomas Demand, mit Jahrgang 1964 Angehöriger des geburtenstärksten Jahrgangs von Bundesrepublik und DDR, bekennt im »Zeit«-Gespräch, dass er im Fernsehen gern Bundestagsdebatten von früher ansieht, mit Helmut Schmidt, Franz Josef Strauß und Herbert Wehner. Wenn Thomas Demand an den Bundestag denkt, fällt ihm das Bild ein, wie Helmut Schmidt auf seinem Stuhl neben dem Rednerpult Akten studiert. Demand und seine Generation erinnern sich an die »gedämpfte, schwere, ja melancholische Stimmung« im Plenarsaal, die – verstärkt durch das schwarz-weiße Fernsehbild (bis September 1979!) – »Sicherheit vermittelt« habe.[44]

Die Politik ist für die Deutschen auch in den Siebzigern eine ernste, aber nicht die prägende Sache. In der »Tagesschau« und den »heute«-Nachrichten, wenn Helmut Schmidt minutenlang die Welt erklärt, muss das Land die Schulbank drücken, aber danach lassen Wim Thoelke, Hans Rosenthal, Hans-Joachim Kulenkampff oder Peter Frankenfeld bei ihren Kandidaten Gnade vor Recht ergehen.

Nur einmal dominiert während Schmidts Kanzlerschaft die ernste Politik alles gesellschaftliche Denken und Handeln, im Terrorjahr 1977, als der Linksterrorismus zum entscheidenden Schlag gegen die Republik ausholt. Doch Helmut Schmidt wehrt diese Bedrohung ab. Er hat den Einsatz in Mogadischu persönlich angewiesen, er kann das »Wunder« persönlich für sich verbuchen.

Natürlich kennt auch die Bundesrepublik der siebziger Jahre soziale Verwerfungen – beispielhaft verkörpert etwa durch Christiane F. Als »Stern«-Chefredakteur Dominik Wichmann im Oktober 2013 die zweite Lebensbeichte von Christiane Felscherinow ankündigt, kann er schreiben: »Mich bewegt ihr Bericht sehr. Vielleicht auch deshalb, weil Christiane F. ein Teil unserer Jugend ist, ein Teil von uns.«[45] Aber tatsächlich war Christiane F. in Westberlin räumlich und mental weit weg. Die Sucht hatte in den Städten ihre Plätze, und wer diese Plätze mied, bekam von ihr nichts mit.

Weiter kennt dieses Land Kontroversen um den politisch richtigen Weg – allen voran die Kontroverse um den NATO-Doppelbeschluss. Aber die Welt ist noch so übersichtlich, dass in Schulen mit Verve über »die Amerikaner« und »die Russen« diskutiert werden kann. Es ist auch noch klar, welche Partei für welchen Kurs steht. Es gibt letztmals in Helmut Schmidts Kanzlerschaft nur drei Parteien im Parlament, die von rund 95 Prozent der Bundesbürger gewählt werden. Sie haben »praktisch das ganze Volk hinter sich«, wie Sebastian Haffner 1980 zufrieden feststellt.[46]

Damit ist nach der Ära Schmidt Schluss: Bei künftigen politischen Großereignissen, der deutschen Vereinigung oder dem Protest gegen den Irakkrieg, spielen die Parteien keine Rolle mehr. Sie beherrschen nicht mehr den politischen Diskurs.

2014, als Deutschlands geburtenstärkster Jahrgang fünfzig wird, kehrt einer der Jubilare, der »Zeit«-Redakteur Jörg Lau, in das »Kuschelland« zurück. Er macht noch einmal dort Urlaub, wo er als Kind mit den Eltern Urlaub gemacht hat. Am Ende seiner Reise versichert er, er habe »kein Heimweh nach der verlorenen Welt meiner Jugend«, aber nach der »rätselhaften Zuversicht, die in den siebziger Jahren wider alle Vernunft und Wahrscheinlichkeit wie Goldstaub über unserem Leben lag (…)«.[47]

Mit der parlamentarischen Abwahl von Helmut Schmidt geht für Millionen von Deutschen viel mehr zu Ende als eine Regierungskoalition unter ihrem zweiten Kanzler. Für sie enden die siebziger Jahre als die Jahre ihres fröhlichen Großwerdens. Zufällig, aber irgendwie doch nicht zufällig, beschließt in dem Jahr, als Bundeskanzler Helmut Schmidt gestürzt wird, die Popgruppe »Abba« – sie liefert den Soundtrack dieses Jahrzehnts – eine künstlerische Pause, aus der sie bis heute nicht zurückgekehrt ist. Und zufällig, aber irgendwie doch nicht zufällig, stellt das ZDF im selben Jahr eine Pflichtsendung der deutschen Babyboomer ein, die »Disco« mit Ilja Richter.

Leise Widerrede, lauter Widerspruch

»Na ja«, sagt Richard von Weizsäcker 1994 in einem »Zeit«-Gespräch mit Marion Gräfin Dönhoff und Helmut Schmidt zum fünfzigsten Jahrestag des Attentats auf Adolf Hitler.[48] Die zwei Worte fallen in einem kurzen Dialog mit dem Altkanzler.

Helmut Schmidt: »Wir hatten keine Ahnung von den Deportationszügen. Wir haben in der Kaserne nicht einmal die ›Reichskristallnacht‹ mitgekriegt.«

Richard von Weizsäcker: »Na ja.«

Helmut Schmidt: »Das glauben Sie nicht, aber so war es.«

Richard von Weizsäcker: »Natürlich glaube ich es Ihnen, da Sie es so schildern.«

Der Altbundespräsident reagiert auf Helmut Schmidts Bekräftigung diplomatisch, doch seine Zweifel sind in der Welt.

Beide hatten darüber schon neun Jahre vorher einen Dissens. Der damalige Bundespräsident sagte in seiner Rede zum vierzigsten Jahrestag der deutschen Kapitulation: »Wer seine Ohren und Augen aufmachte, wer sich informieren wollte, dem konnte nicht entgehen, dass Deportationszüge rollten.« Zu den Verbrechen selbst sei der »Versuch allzu vieler, auch in meiner Generation, die wir jung und an der Planung und Ausführung der Ereignisse unbeteiligt waren«, getreten, »nicht zur Kenntnis zu nehmen, was geschah«.[49] Im »Zeit«-Gespräch widerspricht Schmidt von Weizsäcker mit dem Hinweis auf dessen soziale Herkunft: Angehörige der Oberschicht wie Marion Gräfin Dönhoff oder Richard von Weizsäcker konnten davon gewusst haben, aber kein »einfacher kleiner Muschkote« wie er.

Schon vorher war Helmut Schmidts autobiografische Darstellung über die Jahre zwischen 1933 und 1945 – seine Distanz zum NS-System, seine Unkenntnis über nationalsozialistische Verbrechen bis 1945 – auf Zweifel gestoßen. 1981 behauptet der israelische Premierminister Menachem Begin, Schmidt sei in Anwesenheit Hitlers Zeuge gewesen, als Generäle, die 1944 den Teufel (gemeint ist Hitler) ausmerzen wollten, mit Klaviersaiten aufgehängt wurden. Begin bezieht sich auf den Besuch von Helmut Schmidt beim Prozess gegen die Attentäter vom 20. Juli 1944, zu dem er nach eigener Darstellung abkommandiert wurde, als Disziplinierungsmaßnahme für seine »große Klappe«. Begin kritisiert Schmidt weiter dafür, dass er nie seinen Fahneneid auf Hitler gebrochen habe. Er sei ein guter Offizier in der Armee des Führers gewesen. Er wisse nicht, was Helmut Schmidt an der Ostfront mit den Juden gemacht habe – niemand könne das wissen.

Menachem Begin befindet sich während seiner Attacken im Wahlkampf, und er ist über die Panzergeschäfte der deutschen Bundesregierung mit Saudi-Arabien, einem Feindstaat Israels, erzürnt – gut möglich, dass der Premier von sachfremden Motiven geleitet wird. Es fällt aber auf, dass die Frage, die Begins Polemik im Kern aufwirft, nämlich ob die autobiografische Darstellung des Protagonisten seiner Generation glaubwürdig ist, tabuisiert wird. Politiker, Journalisten und Historiker suchen ohne weitere journalistische Recherche oder wissenschaftliche Forschung den Schulterschluss.

Sehr viel abgewogener und ohne Zwang, eine Wahl zu gewinnen, kommt W. Michael Blumenthal, seinerzeit Direktor des Jüdischen Museums in Berlin, in einem Zeitungsbeitrag auf Helmut Schmidts Vergangenheit zurück. Der Artikel erscheint im Oktober 1999 in der »Frankfurter Allgemeinen Zeitung«. Der Autor nennt zwar nicht Schmidts Namen, aber seine Formulierungen lassen keinen Zweifel daran, wer gemeint ist.

Für W. Michael Blumenthal ist Helmut Schmidt ein »ehrlicher, ehrenwerter Mann«, der gleichwohl schwöre, dass er vor dem Ende des Krieges nicht das Geringste vom Mord an den Juden erfahren habe. »Auch wenn er in seiner Selbsttäuschung wahrscheinlich ehrlich ist, glaube ich ihm nicht. Ich vermute, es ist für ihn einfach unerträglich, sich einzugestehen, dass er von den Tötungen früher gewusst oder gehört hat, aber dagegen nichts getan hat oder nichts tun konnte. Deshalb hat er im Lauf der Jahre gelernt, die Erinnerung an das, was er wusste, und daran, wann er es erfuhr, zu verdrängen.«[50]

Blumenthal sieht in dieser Verdrängung kein alleiniges Verhalten von Helmut Schmidt, sondern das seiner Generation. Diese Form der Verdrängung von Erinnerung sei bei den Angehörigen der ersten Generation besonders häufig anzutreffen.

Auch dieser für die Geschichtspolitik der Bundesrepublik bedeutsame Vorgang, dass einem früheren Bundeskanzler Verdrängung des Holocaust unterstellt wird, zumal Helmut Schmidt als einer moralischen Instanz der Deutschen, führt zu keiner Diskussion und schon gar nicht zu einer Debatte. Selbst wenn Helmut Schmidt von den Gräueln der Nazis nichts gewusst hat, wie ihm Richard von Weizsäcker diplomatisch zubilligt – wie steht es um die Angehörigen seiner Generation, die noch immer, mit über achtzig Jahren, Auskunft geben könnten? Weiterhin – und damit endgültig – bleibt ein Gespräch zwischen den Betroffenen und ihren Nachkommen aus, weiterhin gilt die Sprachregelung, die der Protagonist dieser Generation für sich und seine Altersgenossen ausgegeben hat.

Jahre später führt Helmut Schmidt zwar nicht mit Blumenthal, aber mit dem Historiker Fritz Stern, der in Deutschland geboren wurde und wegen der Nazis emigrieren musste, ein Gespräch, das 2010 als Buch erscheint. Auch bei dieser Gelegenheit bekräftigt er, die Nazis schon früh »für Verrückte« gehalten, aber von ihren Verbrechen nichts gewusst zu haben. Dieses Mal begegnen ihm Zweifel nicht aus der Zeitung, sondern in Gestalt eines Gesprächspartners, der im Buch und bei gemeinsamen Fernsehauftritten leise, aber vernehmbar widerspricht.

»Helmut«, so Stern im Gesprächsbuch, »entschuldigen Sie, wenn ich es so sage: Dazu gehörte ein gewisser Wille, es nicht zu sehen. Dazu gehörte das, was Nietzsche die ›Feigheit vor der Wahrheit‹ genannt hat.« Als Helmut Schmidt beteuert: »Das Wort Dachau habe ich zum ersten Mal nach dem Krieg gehört. Auch das Wort Ausschwitz habe ich erst nach dem Krieg gehört«, entgegnet Fritz Stern: »Das Letztere kann ich verstehen. Das erste nimmt mich einfach wunder!«[51]

Journalisten greifen den Dissens zwischen dem Historiker Stern und dem Politiker Schmidt jetzt auf. Manche machen hinter Helmut Schmidts autobiografische Darstellung ein Fragezeichen, andere bleiben unbeeindruckt. Im selben Jahr, als das Gesprächsbuch von Fritz Stern und Helmut Schmidt erscheint, schreibt Theo Sommer, Jahrgang 1930, in seinem Buch über den Staatsmann und Publizisten Helmut Schmidt, »es hätte niemanden verwundert, wenn Helmut Schmidt als Pazifist aus dem Zweiten Weltkrieg zurückgekehrt wäre«.[52]

Vom Buch der Historikerin Sabine Pamperrien, das im Winter 2014 erscheint, war schon die Rede. Die Autorin durfte mit Erlaubnis von Helmut Schmidt dessen Wehrmachtsakte einsehen und unterzieht die Dokumente einer historischen Analyse. Ihre Erkenntnisse lassen Theo Sommers Theorie vom Fast-Pazifisten Schmidt als ahistorische Idealisierung erscheinen. Kein Wunder, dass vehementer Widerspruch gegen Sabine

Pamperriens Darstellung von einer Journalistin kommt, die nur fünf Jahre jünger ist als Theo Sommer, von der Schmidt-Biografin Sybille Krause-Burger. Helmut Schmidt werde »demontiert von einer jüngeren Frau aus der Generation von Leuten, die im Wohlstandsfett und fast schrankenloser Freiheit leben. Sie haben keine Vorstellung davon, was in einer Diktatur zu erdulden war, sie sind ahnungslos«, schreibt sie in der »Stuttgarter Zeitung«.[53] Ihr Urteil begründet sie nicht auf der Sachebene, sondern generational und zugleich autobiografisch: Sabine Pamperrien, Angehörige der jüngeren Historikergeneration, kann sich die Verhältnisse in der fraglichen Zeit nicht ausmalen, anders als sie selbst, Sibylle Krause-Burger, ein »Mischling ersten Grades« mit einer jüdischen Mutter und »zwei Nazigemordeten in der engsten Familie«.

Ausgerechnet die »Zeit«, die publizistische Plattform von Helmut Schmidt, traut einem über vierzig Jahre Jüngeren, dem Historiker Felix Römer, ein Urteil über Sabine Pamperriens Buch zu. Nach Römers Meinung ist es gut recherchiert und schärft die Perspektive auf Helmut Schmidts Biografie bis 1945.[54]

Lauter Widerspruch kommt auch auf einem anderen Feld, auf dem Helmut Schmidt bislang über alle Zweifel erhaben war: Im Sommer 2006 beschließt der Fachbereich Gesellschaftswissenschaften und Philosophie der Philipps-Universität Marburg, dem Altkanzler die Ehrendoktorwürde zu verleihen.[55] Initiator der Ehrung ist der Philosoph Peter Janich. Gutachten kamen aus der ersten Reihe der deutschen Wissenschaft, unter anderem von den Philosophen Jürgen Habermas und Julian Nida-Rümelin.

Gegen diese Entscheidung hatte der Marburger Politikwissenschaftler Frank Deppe schon im April 2006 eine Stellungnahme abgegeben, die er später auch im Internet zugänglich macht. Frank Deppe ist politisch weit links verortet, er engagierte sich während seines Studiums im Sozialistischen Deutschen Studentenbund und gehört heute der Partei Die Linke an. Die Argumente, die er gegen eine Marburger Ehrendoktorwürde für Helmut Schmidt vorbringt, sind allerdings keine originär »linken«. Helmut Schmidt habe bis zum Jahr 2000 bereits 25 Mal den Titel eines Ehrendoktors verliehen bekommen. »Die Marburger Initiative ist also wenig originell und sie kommt sehr spät.«[56] Da jede Institution, die einen Preis verleihe, sich mit dem Preisträger auch selbst ehren möchte, bleibe zu fragen, welche besonderen Gründe es nahelegten, der Initiative zuzustimmen oder sie abzulehnen.

Im Folgenden stellt Frank Deppe die »hervorragenden und eigenständigen geistig-schöpferischen Leistungen« in der Philosophie – die Begründung für die Ehrendoktorwürde – in Abrede. Auch auf anderen Feldern wie der Ökonomie bestreitet er mit Berufung auf den Volkswirtschaftler Klaus-Peter Kisker, dass Helmut Schmidt jemals eine Theorie vertreten hat; vielmehr bediente sich Schmidt im Werk seiner philosophischen »Hausapotheker« und des Nationalökonomen John Maynard Keynes wie in einem Steinbruch: Er habe »die ihm passenden Stücke herausgebrochen, die schweren Brocken aber links liegen gelassen«. Laut Deppe stand für Helmut Schmidt, der sich auf Theorien von Kant und Popper bezog, »weniger die philosophisch-theoretische Auseinandersetzung als vielmehr der Machtkampf innerhalb der eigenen Partei« als prominentester Vertreter ihres rechten Flügels im Vordergrund.

Frank Deppe bestreitet weiter, dass Helmut Schmidts Sicherheitspolitik Ausdruck eines »ethischen Sozialismus« war, wie Gutachter Julian Nida-Rümelin behauptet – für Deppe waren es prominente Christen wie Erhard Eppler, Heinrich Albertz oder Dorothee Sölle, die in der SPD für einen ethisch begründeten Weg stehen. Auch die Wirtschafts- und Sozialpolitik des fünften Bundeskanzlers kann Deppe nicht ethisch fundiert finden, sie sei von 1979 an neoliberal gewesen mit der Folge, dass der Deutsche Gewerkschaftsbund 1981/82 zu Massendemonstrationen gegen »die Politik des Sozialabbaus« aufrief.

Aus alledem schließt Frank Deppe auf einen grundlegenden Widerspruch bei Helmut Schmidt, der auch in diesem Buch immer wieder zutage tritt: Einerseits hat er Politik stets als kontroversen (ja auch polemischen) Diskurs verstanden; ihn kennzeichnet die Unabhängigkeit seines Denkens und die Unerschrockenheit seines oft unbequemen Urteils – Faktoren, die ihm bis heute seine hohe Autorität verleihen; andererseits hat er diesen Diskurs stets wortmächtig bekämpft, wenn es um seine eigenen Vorstellungen von Politik ging – Deppe nennt als Beispiel Schmidts fortwährendes Unverständnis für die einstigen Gegner des NATO-Doppelbeschlusses. In dieser Hinsicht sieht der Politikwissenschaftler Parallelen zwischen Karl Popper und Helmut Schmidt, charakterliche Ähnlichkeiten: Beide kreuzten gern geistig die Klinge, Poppers Philosophie wohnt der Diskurs sogar wesenhaft inne, doch Kritik austeilen, so Deppe sinngemäß, konnte Popper und kann Schmidt besser als einstecken.

Frank Deppe steht vielleicht mit seiner Conclusio, aber nicht mit seiner Kritik in der Sache allein da. Der Volkswirtschaftler Harald Scherf war schon wenige Jahre nach Helmut Schmidts Abwahl mit dessen Wirtschaftspolitik kritisch ins Gericht gegangen.[57] Der Journalist Gabor Steingart erneuerte diese Kritik im neuen Jahrtausend in einem Bestseller.[58] An der überragenden Bedeutung, die der Altkanzler als Ökonom für die Deutschen hat, ändert solche Kritik nichts.

CHARISMA

Eine Generation und ihre Republik

> *»Es ist schon wirklich erstaunlich, dass ein Mann, der sein Leben lang so wenig darauf geachtet hat, sich beliebt zu machen, jetzt eine solche Woge der Zustimmung erfährt – und vielleicht ist das mit ein Grund dafür. (...) Selten war ein Volk in seiner Zuneigung zu einem Mann so geeint wie in der Zuneigung zu Ihnen. Früher hieß es immer: der Schmidt, der wird respektiert, aber der Willy Brandt, wird geliebt. Lieber Herr Schmidt, ob Sie es wollen oder nicht: Heute werden Sie geliebt!«*
>
> Sandra Maischberger

Das Wunder von Berlin

Heute redet Helmut Schmidt einmal nicht selbst – wenigstens nicht gleich. Im Dezember, einen Tag vor Heiligabend 2013, hat er seinen 95. Geburtstag gefeiert, im Januar folgt ein Festakt mit tausend geladenen Gästen im Hamburger Thalia Theater.

Der SPD-Vorsitzende und Vizekanzler Sigmar Gabriel gibt sich an diesem Vormittag launig.[1] In seinem Amt, stellt er fröhlich-resignativ fest, trifft er ständig auf Helmut Schmidt, denn der Altkanzler hat seine Gesprächspartner immer vor ihm getroffen oder zu einem Thema vor ihm ein Interview gegeben! Das geht Sigmar Gabriel nicht erst so, seit er Parteivorsitzender und Vizekanzler ist. Es geht ihm schon seit dreißig Jahren so.

Helmut Schmidt hat schon den jungen Politiker Sigmar Gabriel beschäftigt, wie dieser heute bekennt: Ob einer Juso oder Falke war, es war immer Helmut Schmidt, der die Wahrheit sagte, weil er wusste, wie die Welt wirklich ist. »Das ist dreißig Jahre her, und er macht es immer noch.« Sigmar Gabriel fühlt sich, wenn er Helmut Schmidt trifft, wie der erwachsen gewordene Schüler, der seinen früheren, längst pensionierten Lehrer besucht und denkt: Er ist immer noch schlauer als ich!

An diesem Vormittag leistet der SPD-Vorsitzende kollektiv Abbitte gegenüber seinem Lehrer. Die Genossen würden »vor ihm entlanggehen«, wenn Helmut Schmidt sie besucht, um sich »für ihre Haltung zum NATO-Doppelbeschluss noch einmal zu entschuldigen«. Er deutet an, dass nicht er, sondern Helmut Schmidt den SPD-Kanzlerkandidaten für die letzte Bundestagswahl gekürt hat. »Am Ende bekommst du in allen Fragen recht«, sagt er wieder in einer Mischung aus Fröhlichkeit und Resignation. »Und Gerhard Schröder bittet, dass, wenn er in deinem Alter angekommen ist, es ihm genauso geht.«

Die Kamera schwenkt auf einen lachenden Gerhard Schröder.

Die nächste Pointe setzt Sigmar Gabriels Frau, über sie erzählt der Gatte eine Anekdote. Nachdem das Paar Helmut Schmidt in seinem Privathaus besucht hat, sagte sie zu ihrem Mann: »Eines habe ich jetzt verstanden – wir waren heute beim lieben Gott zu Besuch.«

Der Mann, der die SPD aktuell führt, trat 1977 in die Partei ein. Wie so viele Junge war er gegen Atomkraftwerke und gegen die »Nachrüstung«. Fast vierzig Jahre später dankt Sigmar Gabriel im Namen dieser Jungen dem einst als »Atomkanzler« Gescholtenen und Initiator des NATO-Doppelbeschlusses dafür, »dass du uns in der Partei gelassen hast«. Er gratuliert dem Jubilar im Namen von 474 000 SPD-Mitgliedern – halb so viel wie zur Kanzlerzeit von Helmut Schmidt, wie der Vorsitzende einräumen muss.

Danach tritt Gerhard Schröder ans Rednerpult. Der siebte Bundeskanzler erzählt von seiner ersten Begegnung mit dem fünften Bundeskanzler vor 36 Jahren, da durfte sich der damalige Vorsitzende der Jungsozialisten dem damaligen Regierungschef vorstellen. Helmut Schmidt ließ Gerhard Schröder über zwei Stunden warten, gab dem Gast 45 Minuten und komplimentierte ihn mit dem Hinweis, er habe noch einen Termin, zu dem er einen Smoking anziehen müsse, wieder hinaus.

Diese Begegnung hat Gerhard Schröder nicht vergessen.

Gerhard Schröder trat einmal wegen Helmut Schmidt in die SPD ein. Auch »als jemand, der damals die Revolution plante, die ich später selbst verhindern musste«, hat er, wie er heute beteuert, die Positionen von Helmut Schmidt im Juso-Bundesvorstand couragiert vorgetragen. Geteilt hat er sie nicht – und leistet heute ebenfalls Abbitte: »Die Geschichte hat Helmut Schmidt recht gegeben«, sagt er mit Blick auf den NATO-Doppelbeschluss, »und viele, auch ich, mussten unsere damaligen Urteile korrigieren.«

Der Erste Bürgermeister der Hansestadt Hamburg, Olaf Scholz, hat in seiner Rede ebenfalls einen launigen Teil parat, trägt ihn aber mit dem feierlichen Ernst seines Amtes vor. Als sich der Orkan »Xaver« im Dezember 2013 Hamburg nähert, fürchten die Menschen eine Sturmflut. Erinnerungen an die große Flut von 1962, als der damalige Innensenator Helmut Schmidt durch beherztes Eingreifen Tausende von Menschenleben rettete, werden wach. Ein »Bild«-Redakteur besucht an diesem Tag den Krisenmanager von einst und kann danach mitteilen: »Helmut Schmidt gibt Entwarnung.« Wenn es bei den aktuellen Voraussagen bleibe, so der ehemalige Innensenator und Deichgraf, könnten die Menschen beruhigt sein!

Ein Lachen geht durch den Saal. Und Erleichterung darüber, dass Helmut Schmidt wieder einmal recht behalten hat.

Schließlich ergreift der Jubilar selbst das Wort und vertritt in einer Podiumsdiskussion über die Weltmacht China eine geradlinige, provozierende, umstrittene Haltung: »Der Frieden ist wichtiger als die Menschenrechte. Die Menschenrechte sind eine Erfindung der europäischen Aufklärung (…).« Man soll von Staaten wie China, die keine solche Tradition haben, nicht so schnell die Einhaltung der universalen Menschenrechte erwarten. »Geduld ist eine Tugend, die heutzutage nicht ausreichend gewürdigt wird.«

Erst das Zwiegespräch mit »Zeit«-Chefredakteur Giovanni di Lorenzo kann den Mann milde stimmen. »Ich bin wunschlos glücklich«, bekennt jetzt Helmut Schmidt. »Mit Schokolade, Schnupftabak oder Baileys kann man Ihnen keine Freude machen?«, will Giovanni di Lorenzo wissen. Darauf der Altkanzler: »Davon sind Vorräte genug da.«

Am Ende des Festakts dankt Helmut Schmidt seinen Gratulanten und wird dabei überraschend persönlich. Er erinnert an seine im Oktober 2010 verstorbene Frau Loki und dankt seiner neuen Partnerin Ruth Loah für ihre Begleitung – »sonst wäre ich wohl nicht mehr hier«.

Der letzte Satz Schmidts charakterisiert die Beziehung zwischen dem Altkanzler und den Deutschen, die ihn im neuen Jahrtausend vorbehaltlos verehren. Die Deutschen, um deren politische Vernunft sich Helmut Schmidt noch immer sorgt, sind froh, dass er noch »hier« ist. Sie wissen, es könnte längst anders sein.

Helmut Schmidt umgibt die Aura eines Letzten seines Standes. Sie wird durch den Tod von Weggefährten, die ebenfalls jahrzehntelang im öffentlichen Leben standen, verstärkt. Im August 2014 stirbt der Journalist und Buchautor Peter Scholl-Latour, der Helmut Schmidt noch im Mai 2014 den »klügsten Politiker Deutschlands« genannt hat. Im Oktober 2014 muss Helmut Schmidt von Siegfried Lenz, einem Freund seit Jahrzehnten, Abschied nehmen. Der Schriftsteller hatte zu den Gästen bei der Trauerfeier für Loki Schmidt in der Hamburger St.-Michaelis-Kirche gehört. Jetzt spricht Helmut Schmidt bei der Trauerfeier für Siegfried Lenz am selben Ort.

Jede Begegnung mit Helmut Schmidt muss jetzt als eine späte Begegnung mit ihm betrachtet werden. Das gibt seinen Auftritten in der Öffentlichkeit etwas Gnadenhaftes und verleiht seiner Persönlichkeit Charisma. Nicht zufällig assoziierte Anke Gabriel den Altkanzler nach einer

Begegnung mit dem lieben Gott. Schon der Begründer des modernen Charismabegriffs, der Soziologe Max Weber, hat auf die religiöse Komponente eines charismatischen Politikers aufmerksam gemacht.

Dem aktiven Politiker Helmut Schmidt wird noch kein Charisma zugeschrieben. Er ist seit seinem Krisenmanagement während der Hamburger Sturmflut 1962 geachtet und wegen seiner Klartextsprache (»Schmidt-Schnauze«) bei den Deutschen beliebt, sein Politikverständnis bleibt dagegen in der eigenen Partei und in der politischen Publizistik lange umstritten. Noch im Dezember 1988, zum siebzigsten Geburtstag von Helmut Schmidt, fasst der damalige SPD-Fraktionsvorsitzende im Niedersächsischen Landtag, Gerhard Schröder, diese Ambivalenz in die Worte, »für die einen ist er der omnipräsente Politiker, dessen Charisma und Staatskunst ihn gerade in Deutschland zum Kanzler prädestinierte und ihn allenfalls mit Bismarck vergleichbar machte. Für die anderen ist er ein Mann, der die Interessen einer Großen Koalition in unserer Gesellschaft ohne visionelle Kraft und ohne Sensibilität für Minderheiten verwaltete.«[2]

Der historische Vergleich, den Gerhard Schröder zieht, ist nicht ganz schlüssig, denn auch Otto von Bismarck steht in der Geschichtsschreibung unter Muddling-through-Verdacht, wie eine Politik des Durchwurstelns etwas vornehmer heißt. »Kein anderer großer Staatsmann der Vergangenheit hat eine so untransparente, hoffnungsarme, im tiefsten Grund pessimistische, wenn man es positiv werten will, bescheidene, sich bescheidende Politik getrieben«, lautet das Diktum von Golo Mann.[3] Doch während Otto von Bismarck auch bei Golo Mann ganz selbstverständlich als »großer Staatsmann« gilt, stapelt Golo Mann bei Helmut Schmidt deutlich tiefer. »Nicht Geschichte machen wollte er«, schreibt der Historiker nach der parlamentarischen Abwahl von Helmut Schmidt im »Spiegel«. Er hält ihn zwar für den besten, weil fähigsten Bundeskanzler, den das Land bislang gehabt hat, aber für keinen Staatsmann.[4]

Noch am Vorabend der europäischen Revolutionen 1989/90 – das Zitat von Gerhard Schröder zeigte es – scheiden sich die Geister an Helmut

Schmidt. Die Integrationsfigur dieser Monate ist nicht er, sondern Willy Brandt. Helmut Schmidt wird erst nach Willy Brandts Tod im Oktober 1992 zum im Grundgesetz nicht vorgesehenen »Bundeskanzlerpräsidenten«. Beim Festakt zum 95. Geburtstag von Helmut Schmidt kann Gerhard Schröder den Altkanzler »zu den ganz großen Staatsmännern des 20. Jahrhunderts« zählen und sich dabei im Einklang mit der öffentlichen Meinung wähnen.

Die politische Renaissance des Helmut Schmidt und die Bedeutung, die seine Persönlichkeit ohne ein Amt erfährt, gehört zu den Wundern der Berliner Republik. Kaum ist das vereinigte, größer gewordene Deutschland auf den Weg gebracht, schafft es seine eigene politische Kultur: Autofahrer hissen während Fußballweltmeisterschaften deutsche Flaggen, die deutschsprachige Sängerin Helene Fischer füllt Hallen und Stadien; Helmut Schmidt wird zur Kultfigur von Jung und Alt.

Nur Helmut Schmidt darf noch in Hallen, Restaurants und Fernsehstudios rauchen. Sein schnoddrig-belehrender Redestil und sein theatralischer Habitus werden in Fernsehsketchen (»Loki und Smoky«), Zeitungskolumnen und Büchern karikiert. Dieser Humor hat aber nichts Verächtliches wie einst beim Amtsnachfolger (»Birne«) Helmut Kohl, sondern ist Spielart einer Verehrung, die der brummigen, humorlosen Persönlichkeit von Helmut Schmidt angemessen scheint.

Zur Kultfigur mit unverwechselbarem Auftritt tritt der Politiker mit singulärer Autorität. Nur Helmut Schmidt darf – siehe die Berliner Rede – den Deutschen die Leviten lesen, darf die Sicht der Nachbarn auf Deutschland spiegeln, darf amtierende Bundesminister der Lächerlichkeit preisgeben. Nur Helmut Schmidt darf die Deutschen weiter für verführbar halten, darf Begriffe wie Mut und Tapferkeit gebrauchen. Denn Helmut Schmidt hat ein Leben hinter sich, in dem sich deutsche Geschichte spiegelt, eine wechselvolle Geschichte, »unsere ungeheure, aber einmalige historische Belastung«, wie er selbst sagt. Wenn er vom Krieg spricht (selten vom Holocaust, aber häufig vom Krieg), klingt das nicht wie von Dritten aufgeschrieben, sondern authentisch, weil persönlich erlebt und erlitten.

Die Deutschen nehmen Helmut Schmidts Rüffel an, weil er den Typ des tüchtigen, standfesten, nüchtern urteilenden Politikers verkörpert. Dabei war er in normalen Zeiten mehr Zauderer als Entscheider, barsch im Ton und milde im Tun. Helmut Schmidt hat als Bundeskanzler wichtige politische Ziele wie die Begrenzung der Arbeitslosigkeit, eine maßvolle Entwicklung des Sozialstaates oder die Stationierung von US-Mittelstreckenraketen in Europa gerade nicht erreicht – oder nur zum Preis seiner Kanzlerschaft.

Aus dem »charismatischen Verlierer«[5] Helmut Schmidt wird mit den Jahren der politische Märtyrer und schließlich »der beliebteste Politiker der bundesdeutschen Geschichte«. Im Jahr 2010 kann Theo Sommer ein Buch »Unser Schmidt« nennen. »Wir sind alle Schmidtisten«, stellt der Journalist Georg Diez zur selben Zeit im »Süddeutsche Zeitung Magazin« fest und sucht – kritischer als Theo Sommer – nach Erklärungen für das Wunder. »Wollen die Deutschen jemanden wie Schmidt, eben nicht den Emigranten Brandt und nicht den Europäer Kohl, sondern den Wehrmachtssoldaten Schmidt, der erst so spät vom Holocaust erfahren haben will? Den Pragmatiker, der doch so oft wie ein Pastor klingt, selbst wenn er sagt, er sei gar nicht religiös? Den Exkanzler, der sagt, er sei ein Kleinbürger, was aber so gar nicht stimmt und auch noch nie gestimmt hat?«[6]

Georg Diez ist überzeugt, es sei bei Helmut Schmidt der Stil, der fasziniere, nicht der Inhalt. Er habe immer mehr an Strahlkraft gewonnen, »je deutlicher die Sehnsucht nach Normalität, Bürgerlichkeit und Patriotismus wurde«. Helmut Schmidt sei ein Produkt der Berliner Republik.

Die Wortmeldung von Georg Diez steht für den Widerspruch, den die späte Verehrung für Helmut Schmidt hervorgerufen hat. Wo endet die angemessene Verehrung für Helmut Schmidt, wo beginnt seine nicht angemessene Verklärung? Helmut Schmidt dient auch als Projektionsfläche für Wünsche und Hoffnungen. Der Mann, der Zeit seines Politikerlebens vor Romantisierungen gewarnt hat, wurde in der letzten Phase dieses Lebens selbst zum Objekt der Romantisierung.

Warnung vor den Magiern

Am 12. November 2012 schafft es Helmut Schmidt wieder einmal auf eine Titelseite des »Spiegel«. Allerdings hat er den prominenten Ort nicht für sich allein, der »Spiegel« bringt für diese Ausgabe gleich sieben verschiedene Titelbilder in Umlauf! Jedes Motiv zeigt eine charismatische Persönlichkeit; darunter die Zeilen: »Charisma – Das Geheimnis der besonderen Ausstrahlung«. Zur Galerie der Charismatiker gehören neben Helmut Schmidt Michelle und Barack Obama, Prinzessin Diana und Muhammad Ali.

Der Soziologe Max Weber hat den Begriff aus dem Religiösen in die Politik übertragen und liefert die klassische Definition als »Autorität der außeralltäglichen persönlichen *Gnadengabe, die ganz persönliche Hingabe und das persönliche Vertrauen zu Offenbarungen, Heldentum und anderer Führereigenschaften eines Einzelnen*«.[7] Von diesem Begriff geht ein Zauber aus. Der Charismatiker wirkt weniger mit dem, was er sagt, sondern mit dem, wie er es sagt; er wirkt kraft seiner Persönlichkeit, der die Menschen wiederum eine charismatische Ausstrahlung bescheinigen. Zum Phänomen des Charismas gehören immer zwei, gehören Bewunderer und Bewunderter.

Die Wirkkraft des Charismatikers bedarf keiner biografischen Voraussetzungen – die »verkrachte Existenz« Adolf Hitler galt ebenso als Charismatiker wie der ewige Primus John F. Kennedy. Entscheidend ist die historische Situation, in der eine Persönlichkeit, die das Zeug zum Charismatiker hat, auf ein Volk trifft, das für einen charismatischen Führer empfänglich ist.

Helmut Schmidt warnt bei jeder Gelegenheit vor Charismatikern, denn im »Dritten Reich« hat er erlebt, welches Unheil ein charismatischer

Politiker über die Welt bringen kann. Mit der Gefolgschaft zu einem Charismatiker setzt der Verstand aus, es liegt dann im Gutdünken des charismatischen »Führers«, ob er gute oder schlechte Ziele verfolgt.

Eine demokratische Ordnung wünscht keine Charismatiker und das deutsche Grundgesetz schon gar nicht. Sein kompliziertes Geflecht der Zuständigkeiten zwischen Bund, Ländern und Kommunen hat nur ein Ziel: Allmacht verhindern. Und doch hat auch die Bundesrepublik wie jede westliche Demokratie, ob sie historisch gewachsen oder von Siegern etabliert worden ist, ein Charisma-Problem: Einerseits kann ein Charismatiker das parlamentarische System zerstören wie Adolf Hitler nach 1933; andererseits haben die Menschen das latente Bedürfnis nach demokratischen »Führern«, die nicht nur ihren Verstand, sondern auch ihr Herz erreichen. Mindestens von Zeit zu Zeit muss offenbar ein Charismatiker an die Macht, denn vermutlich seien nur sie in der Lage, schreibt der Politikwissenschaftler Franz Walter, »wenigstens für einen historischen Abschnitt Leidenschaften zu entfesseln, Konventionalitäten zu verlassen, Versäulungen überkommener Interessen aufzulösen, um schon resignierte oder kraftlos gewordene Menschen aus Erschlaffung und dumpfer Trägheit zu reißen«. Allerdings würde keine Nation, davon ist Franz Walter überzeugt, einen charismatischen Regierungschef auf Dauer verkraften, »schließlich sind sie keine ordentlichen Handwerker der Politik«.[8] Charismatiker sind häufig Käuze, die besondere Ansprüche stellen, sie können einem System ziemlich lästig werden.

Die USA werden mal von charismatischen, mal von nicht charismatischen Politikern regiert, wobei die Parteibindung nur einer von mehreren Faktoren ist – bei den Demokraten haben Charismatiker ein leichteres Hochkommen, aber der ehemalige Hollywood-Schauspieler Ronald Reagan zum Beispiel war Republikaner und ein charismatischer Präsident. Jede »reife« Demokratie kennt und nutzt ganz selbstverständlich diesen Wechsel. In Frankreich folgt auf den charismatischen Präsidenten Nicolas Sarkozy der nicht charismatische Präsident François Hollande.

Wenn auch die Deutschen das latente Bedürfnis nach einem »Führer« haben, der sie emotional erreicht – wie geht das mit der kollektiven Erinnerung an den bösen Charismatiker Hitler und mit dem Grundgesetz als Festung gegen charismatische Herrschaft zusammen? Unter den Sonderbedingungen der alten Bundesrepublik erlaubte das Sicherheitsbedürfnis jeweils nur kurze Zeitfenster für charismatische Kanzler. Die beiden einzigen, Willy Brandt und Gerhard Schröder, haben – sieht man von den Interimskanzlern Ludwig Erhard und Kurt Georg Kiesinger ab – am kürzesten regiert. Auch wenn Brandts und Schröders Regierungszeit jeweils länger währte, war der Zauber ihrer Kanzlerschaft nach vier Jahren gewichen, im politischen Alltag zerrieben. »Keine Experimente!«, hatte Konrad Adenauer im Wahlkampf plakatieren lassen. Er kannte seine Landsleute gut.

Und doch wäre es zu billig, die Nachkriegsgeschichte in Epochen mit charismatischen und nicht charismatischen Kanzlern zu scheiden. Max Weber schuf »reine«, auch um die komplexe Wirklichkeit bereinigte Begriffe. Die Wirkung von Menschen ist vielschichtiger, genauso die emotionalen Bedürfnisse, die Politiker bedienen sollen. Der aktive Politiker Helmut Schmidt war kein Charismatiker nach der Definition von Max Weber, er wollte nie einer sein und warnt bis heute vor ihnen (in dieser Hinsicht nennt er Adolf Hitler, Barack Obama und Oskar Lafontaine in einem Atemzug). Dass also ausgerechnet der fast 94-jährige Helmut Schmidt einen »Spiegel«-Titel über Charisma ziert, ist Teil des »Wunders von Berlin«. Und doch liegt in seiner späten »Beförderung« zum Charismatiker eine tiefere Wahrheit, die etwas über die Deutschen sagt, aber auch über Helmut Schmidt, den das Thema ein politisches Leben lang beschäftigt. Seine Haltung zum Charisma in der Politik ist keineswegs so eindeutig, wie er mit drastischen Vergleichen glauben machen will, sondern im Reden und Tun widersprüchlich.

Helmut Schmidt ist Zeit seines Lebens von charismatischen Politikern, von »großen Männern, die Geschichte machen«, fasziniert, nur sind keine Deutschen darunter. Im Arbeitszimmer des damaligen Hamburger Innensenators hängt ein Bild des charismatischen US-Präsidenten John F. Kennedy. Er stand dem schwedischen Ministerpräsidenten Olof Palme nahe, dessen ethischen Sozialismus er am Deutschen Erhard Eppler als moralisierend und gesinnungsethisch kritisiert. Noch in seinem aktuellen Buch würdigt Helmut Schmidt den Visionär eines geeinten Europa, Jean Monnet, oder den Visionär eines befriedeten Nahen Ostens, Anwar as-Sadat.

Als aktiver Politiker hat Schmidt Kollegen mit Visionen bekanntlich zum Arzt geschickt. Er traf gern Intellektuelle, aber »auf der Arbeit« durften keine um ihn sein. Sein Vorgänger im Kanzleramt hatte welche um sich. Helmut Schmidt begegnete Willy Brandt ambivalent: Brandts Sowohl-als-auch-Rhetorik brachte ihn in Rage, zugleich beneidete er ihn um dessen Charisma, wie Horst-Eberhard Richter nach seinem Gespräch mit Helmut Schmidt im Kanzleramt berichtet.

In der Selbstinszenierung des Politikers Helmut Schmidt ist der Widerspruch zwischen dem Warner vor charismatischen Führern und seinem eigenen Verhalten am größten. Auch er weiß, was Gertrud Höhler schon 1979 an Schmidts Beispiel zeigt: Der Spitzenpolitiker in einer Demokratie kommt ohne »Autorität mit vornehmlich charismatischen Elementen« nicht aus.[9] In einer Demokratie nimmt das Volk seine Herrscher nicht mehr gottgegeben hin; diese Herrscher müssen eine Mehrheit der Wähler hinter sich bringen. Wer an die Macht will, braucht persönliche Autorität, und wer sich an der Macht halten will, braucht Durchsetzungskraft und politische Erfolge.

Helmut Schmidt und die Seinen treiben, so Gertrud Höhlers These, ein Doppelspiel: In ihren Reden ziehen sie sich gern auf die funktionale Autorität ihres Amtes zurück, geben sich als brave Diener der Demokratie. In Wahrheit aber werfen sie ihre persönliche Autorität in die Waagschale, weil sie sich »vom Charisma der persönlichen Autorität das irrationale Zutrauen der Regierten versprechen«.[10]

Politiker wie Helmut Schmidt geben also vor, dass es ihnen stets um die Sache gehe, dass sie – siehe Helmut Schmidt – »leitende Angestellte der Bundesrepublik Deutschland« sein wollen, doch damit stapeln sie bewusst tief, denn sie suchen die Amtsautorität durch eine personale Autorität zu stärken. Das Volk akzeptiert diese Täuschung, weil der autoritäre Auftritt, so Gertrud Höhler, »dem Verehrungsbedürfnis breiter Schichten der Bürger« entspricht. Im Ergebnis gibt nicht die Kraft des besseren Arguments den Ausschlag, wer eine Mehrheit des Volkes hinter sich bringt, sondern die Kraft der individuellen Ausstrahlung. »Diese Differenzierung des Majoritätsprinzips wird mit einem Tabu des Schweigens geschont, um desto ergiebiger nutzbar zu bleiben.«[11]

Die Demokratie hält, wie Johannes Gross bemerkt hat, als einzige Staatsform keine Vater- und Mutterfigur bereit.[12] Gelegentlich schaffen es Politiker, in die Rolle des »Vaters« (Konrad Adenauer) oder der »Mutter« (Angela Merkel) zu schlüpfen, an ihnen hält das Volk lange fest. Sie werden nicht geliebt, aber respektiert und bewundert, von ihnen geht keine elektrisierende, sondern eine beruhigende Wirkung aus; mit ihnen geht alles so weiter, wie es ist, sie stehen für Stabilität und Übersicht in einer immer komplexeren Welt. Aber das ist – wie das Helmut Schmidt zugeschriebene »Alltagscharisma«[13] – ein Charisma zweiter Klasse, es kommt an die Strahlkraft eines Willy Brandt nicht heran.

Die Protagonisten wissen um solche Zusammenhänge. Willy Brandt bemerkt einmal über die Kumpel aus dem Ruhrgebiet, die ihn bei Kundgebungen in der Dortmunder Westfalenhalle feiern, »die sind in einer Stimmung, dass sie sogar klatschen würden, wenn ich das Telefonbuch von Dortmund vorlese«.[14] Er sagt das ausgerechnet zu Helmut Schmidt, dem er damit zu verstehen gibt: Ich strahle mehr Charisma aus als du. Doch auch Helmut Schmidt ist, obwohl er die Deutschen vor neuen politischen Verführern warnt, bisweilen ein politischer Verführer. Er kritisiert mit dem Charisma ein Phänomen, das er selbst im Rahmen seiner Möglichkeiten nutzt.

Helmut Schmidt hat – wie jeder erfolgreiche Spitzenpolitiker – ein feines Gespür dafür, was von ihm in seiner Rolle erwartet wird. Zur Wirkung von politischer Führung in der Demokratie, ist er überzeugt, gehört die »klare Kante«, gehört, dass der Politiker nicht zu viel von seiner Nachdenklichkeit preisgibt, schon gar nicht, seit das Fernsehen zum wichtigsten Medium geworden ist. Wozu es führen kann, wenn ein Bundeskanzler zeitweise nicht Entschiedenheit und Entscheidungsfreude verkörpert, konnte er an Willy Brandt aus nächster Nähe erleben. »Das Vertrauen der Menschen«, sagt er einmal erstaunlich offen in einer Sitzung der SPD-Bundestagsfraktion am 13. Januar 1975, »mehrst du nicht dadurch, dass du ihnen klarmachst, wie sehr du mit dir selber oder mit deinem Gott oder mit deinem Gewissen ringst.« Sie dürften nicht in die Lage gebracht werden, »von dir zu glauben, du seist zwar anständig, aber leider fehlte dir die Energie zum Handeln oder die Kraft zum Entschluss.«[15]

Die Journalistin Julia Encke plädiert dafür, »die Sehnsucht der Menschen nach Charismatikern ernst zu nehmen und dieser Sehnsucht vorbehaltlos zu begegnen, anstatt das Charismatische als solches zu tabuisieren«.[16] Sie ist überzeugt: »Wo immer Politik gemacht wird, stellt sich die Charisma-Frage neu.«[17] Helmut Schmidt würde ihr in einer gemeinsamen Podiumsdiskussion widersprechen. Es wäre ein Disput zweier Generationen, die weit auseinanderliegen, denn zwischen den Geburtsdaten von Julia Encke und Helmut Schmidt liegen 53 Jahre; die Journalistin war drei Jahre alt, als Helmut Schmidt Bundeskanzler wurde.

Die politischen Voraussetzungen für das Wunder von Berlin, dieser Erhebung eines Politikers in eine singuläre Rolle, kamen in diesem Buch oft zur Sprache. Doch es sind nicht nur Respekt und Verehrung, die man Helmut Schmidt entgegenbringt, es schwingt auch etwas mit, das nicht rational oder profan zu fassen ist – dass Anke Gabriel Helmut Schmidt mit dem lieben Gott assoziiert, verdankt sich der faszinierenden Wirkung der Begegnung. Die quasireligiöse Aura von Helmut Schmidt wirkt nicht weniger im Kollektiv. Weshalb ist die Parteitagshalle proppenvoll, wenn

Helmut Schmidt redet, nicht aber, wenn Hans-Jochen Vogel oder Erhard Eppler ein Grußwort sprechen? Weshalb wollen viele gerade Helmut Schmidt noch einmal sehen und hören? Weshalb kann er bei Podiumsdiskussionen so ziemlich alles sagen, was er will, der frenetische Beifall seiner Zuhörer ist ihm in jedem Fall sicher? Für eine solche Strahlkraft reichen die Eigenschaften des Alltagscharismatikers, der vom Mythos des »Machers« und »Krisenmanagers« zehrt, nicht aus. Es brauchte eine qualitativ neue, tiefere Beziehung zwischen Helmut Schmidt und den Deutschen, damit der Altkanzler auch noch in ihre Herzen Eingang findet.

Das Alterscharisma, das Helmut Schmidt ausstrahlt, entsteht über das bisher Gesagte hinaus durch die Art und Weise, wie er mit seiner körperlichen Hinfälligkeit umgeht und mit seiner Nähe zum Tod. Statt sich aus dem öffentlichen Leben zurückzuziehen, wie es die meisten seiner Politikerkollegen tun, lässt er die Deutschen an beidem teilhaben, sie bleiben durch Bild, Wort und Schmidts öffentliche Auftritte über seinen Gesundheitsstatus auf dem Laufenden.

Helmut Schmidt in der Sendung »Menschen bei Maischberger« im Ersten am 28. April 2015.

Im Sommer 2002 erleidet Helmut Schmidt einen Herzinfarkt. Vier Monate nach der notwendigen Operation gibt er in der »Bild«-Zeitung Details über diese Operation preis. Im Jahr darauf lautet eine »Bild«-Schlagzeile: »Helmut Schmidt verliert Gehör«. Helmut Schmidt nimmt jetzt klassische Musik als Lärm wahr. Auch in Sandra Maischbergers Gesprächsbuch »Hand aufs Herz« aus demselben Jahr markiert er nicht mehr den starken Mann, der als aktiver Politiker das Einsetzen eines Herzschrittmachers als »Unpässlichkeiten« abgetan hat.

In diesem Gesprächsbuch offenbart er auch die Trauer über seinen Sohn, der während des Krieges mit nur wenigen Lebensmonaten gestorben ist. Sein Grabstein steht heute im Garten des elterlichen Hauses. Helmut Schmidt gibt auf diese Weise zu erkennen, dass er als »sehr alter Mann« auf persönlich prägende Ereignisse seines Lebens zurückschaut, und dass ihn die Erinnerung daran schmerzt.

Die Deutschen verfolgen aufmerksam Helmut Schmidts politische Statements, die Gesprächssendungen mit ihm erzielen hohe Einschaltquoten. Zugleich werden die Zuschauer Zeugen seines physischen Alterns – Helmut Schmidt braucht jetzt einen Gehstock, später sitzt er im Rollstuhl, ein Hüftleiden macht ihm zu schaffen. Um gut zu hören, etwa die Reden, die auf ihn gehalten werden, setzt er einen Kopfhörer auf. Typisch Helmut Schmidt, dass er einen Kopfhörer trägt und zugleich raucht!

Sein Motiv ist weniger die Lust an der Selbstinszenierung (die dem brillanten Staatsschauspieler auch im hohen Alter nicht abhandenkommt) als sein fester Wille, den Schwierigkeiten nicht aus dem Weg gehen. Das hat er als aktiver Politiker so gehalten, so hält er es als »Bundeskanzlerpräsident« im letzten Lebensabschnitt. »Fer, quod ferendum est«, »Trage, was zu (er-)tragen ist«, lautet ein Grundsatz der Stoiker. Man mag sich an das öffentliche Sterben des charismatischen Papstes Johannes Paul II. erinnern, das Peter Glotz kurz vor seinem eigenen Tod 2005 als »Vorleben eines Sterbens unter Leiden«, als symbolisches Sterben beschrieben hat.[18] Da gibt sich einer in sein Geschick, vielleicht auch in Gott, aber er ist nicht nur Privatmann, sondern öffentliche Person, denn er hat ein Amt. Auch Helmut Schmidt ist nicht nur Privatmann, sondern öffentliche Person, und als solche ein zunehmend gebrechlicher Mensch, der trotz großer Mühen seinen Dienst verrichtet und den ewig verführbaren Deutschen die Welt erklärt.

Doch die doppelbödige Inszenierung, von der Gertrud Höhler schreibt, greift auch hier. Zur öffentlich vorgeführten Mühsal tritt die diebische Freude, dem Schicksal immer wieder trotzen zu können: Seht her, mein Körper mag gebrechlich sein, aber mein Geist ist auf der Höhe wie eh und je! Ich erkläre euch weiter die Welt, weil ich es besser kann als jeder andere, es gibt niemanden, der mir das Wasser reichen und meinen Platz im Areopag einnehmen könnte!

Mit seiner Disziplin und seinem Pflichtbewusstsein führt Helmut Schmidt die Sekundärtugenden, für die er ein Leben lang geworben hat, zu einem späten Triumph. Indem er als bald Hundertjähriger diese Tugenden vorlebt, gibt er seinen Landsleuten ein persönliches, in ihrer Wahrnehmung phänomenales Beispiel. Sie legen beim greisen Helmut Schmidt nicht mehr auf die Waagschale, was genau er im letzten Interview gesagt hat, sie übergehen die Widersprüche, die Georg Diez in seinem Artikel beanstandet, sie bewundern einfach nur die Geradlinigkeit seiner Haltung.

Die »Stern«-Autorin Ulrike Posche besucht 2008 – Helmut Schmidt wird in diesem Jahr neunzig – einige Veranstaltungen mit dem Altkanzler und beschreibt, dass sich Schmidt »beim Betreten der Bühne auf seinen verhassten Stock stützen musste, den er im Platznehmen verächtlich von sich auf den Boden warf«. Dieser Mensch sei nur noch »Hirn und Mund« gewesen, den »drahtigen Staatskörper« habe er vor Jahren schon verloren.[19] Einem Menschen, der sich auch bei schwindender Kraft im Dienen verzehrt, der geistig vital bleibt, weil er sich um das Schicksal seines Volkes sorgt, wird Bewunderung und noch mehr, ihm wird Charisma zuteil.

Helmut Schmidts Charisma verdankt sich nicht zuletzt dem Umstand, dass er sich um Regeln und Konventionen nicht kümmert, dass er zum Beispiel Politiker ohne Rücksicht auf ihr Parteibuch kritisiert, sich im Gespräch zuweilen undiplomatisch, schroff oder einsilbig zeigt. Zu dieser Haltung gehört weiter, dass er seiner körperlichen Hinfälligkeit demonstrativ trotzt und dass er, wie sein wiederkehrendes Bekenntnis lautet, dem Tod frei von Angst entgegensieht. Weil das so ist, darf er auch rauchen, wann und wo immer er will.

Die Deutschen goutieren seine sündige Lebensführung, sie finden es amüsant, dass er als bekennender Kettenraucher im Keller seines Hauses Tausende von Mentholzigaretten »bunkert«, weil diese Sorte nicht mehr produziert werden darf. »Esto peccator et pecca fortiter«, »Sei ein Sünder und sündige kräftig«, schreibt Martin Luther in einem Brief an Philipp Melanchthon vom August 1521, denn dieses Leben kann nicht frei von Sünde sein, erst das Leben im neuen Himmel und der neuen Erde! In diesem Sinn sehen die Deutschen dem, wie er selbst bekennt, schlechten Christen Helmut Schmidt vieles nach, weil ihn das menschlicher, sympathischer macht, nachdem er als aktiver Politiker, sprich über Jahrzehnte hinweg, persönlich verschlossen war.

Am 21. Oktober 2010 stirbt seine Frau Loki mit 91 Jahren. Loki und Helmut Schmidt waren mehr als 68 Jahre verheiratet, gekannt haben sie sich über 80 Jahre. Helmut Schmidt liest nach eigenem Bekunden die vielen Kondolenzbriefe, die er von seinen Landsleuten erhält, er bezieht Trost daraus. Das Verhältnis zwischen ihm und den Deutschen ist fast schon ein privates. Es hilft ihm, auch jetzt eine öffentliche Person zu bleiben; denn wenige Wochen nach Lokis Tod gibt er wieder Interviews und macht seine Trauerarbeit öffentlich. Er hat, wie er Journalisten erzählt, seiner Frau den Ehering abgenommen und trägt ihn am kleinen Finger der linken Hand. Der Lotse bleibt auf seinem Posten. Lokis Tod »hat den 91-Jährigen nicht gebrochen«, schreibt Martin Bewerunge auf RP Online, »das Unausweichliche den Unbeugsamen nicht aus der Bahn geworfen«.[20]

Auch als er sich neu bindet, erzählt er seinen Landsleuten selbst davon und überlässt es nicht Dritten. In den Medien wird die Nachricht, dass

Helmut Schmidt wieder eine Partnerin hat, freundlich und von den Deutschen, die um ihn gebangt haben, mit Erleichterung aufgenommen.

Im März 2015 überrascht Helmut Schmidt seine Landsleute mit dem Bekenntnis, dass er die Ehe mit Loki gebrochen habe. Die Deutschen haben Helmut Schmidt nie als »Säulenheiligen« gesehen, um das Wort von Willy Brandt aufzunehmen, auch haben schon mehrere Biografen, darunter Hartmut Soell, in diesem Sinn berichtet. Gleichwohl gibt es ein nationales Rätselraten, weshalb ein fast 97-Jähriger eine jahrzehntelang zurückliegende Affäre preisgibt. Plagen ihn Gewissensbisse und er strebt nach moralischem Ablass? Will er, der protestantische Sünder, die Sünde selbst beichten, bevor es Historiker oder Journalisten tun? Der Grund kann ein sehr profaner sein – Klaus Harpprecht hatte wie berichtet im Jahr zuvor von der offenbar länger währenden Beziehung von Helmut Schmidt mit einer anderen Frau erzählt, in seinen Memoiren und unter anderem in einem »Spiegel«-Gespräch.[21] Helmut Schmidt habe sich von ihr mit seiner Wahl zum Bundeskanzler getrennt, sie sei an dieser Trennung fast zerbrochen. Die deutschen Leitmedien greifen diese Nachricht, die einen von den Deutschen hoch angesehenen Moralisten tangiert, nur verhalten auf. Der Altkanzler steht offenbar publizistisch unter besonderem Schutz.

Helmut Schmidt macht aus der Not eine Tugend: Die Nachricht vom Ehebruch ist in der Welt. Jetzt gilt es, Nachfragen durch das eigene Bekenntnis zu verhindern. Das Bekenntnis in seinem Buch »Was ich noch sagen wollte« fällt so kryptisch wie nur irgend möglich aus (und im Ton ziemlich selbstherrlich – bei einem anderen Politiker als Helmut Schmidt hätte man den fraglichen Absatz im Buch weniger zimperlich kommentiert). Zugleich kann es den Verkauf des neuen Buches kräftig fördern, zumal Helmut Schmidt mit dem, was er »noch sagen will«, nichts Neues sagt. In diesem Buch steht nichts, was er nicht schon bei früherer Gelegenheit geschrieben hat – außer die Bemerkung zum Ehebruch. Helmut Schmidt kritisiert gern die Mediengesellschaft für die Kurzatmigkeit und

Sensationslust ihrer Berichterstattung, doch als Publizist willigt er professionell in ihre Gesetze ein.

Er erlaubt auch in diesem Buch wenig Einblicke in das, was ihn nicht politisch, sondern persönlich bewegt; das persönliche Bekenntnis hat weiter politischen Charakter. Er schreibt ausführlich über Loki Schmidt, inzwischen auch eine Ikone der Deutschen, während über seine Tochter Susanne nur zwei flüchtige Bemerkungen fallen. So häufig Helmut Schmidt den Deutschen bis heute Rede und Antwort steht – es ist unmöglich, sich ein Bild vom Vater Helmut Schmidt zu machen. Vater und Tochter, das deutete Loki Schmidt bisweilen an, haben sich nicht immer gut verstanden; auch dieses politische Alphatier war, wie seine Kollegen Willy Brandt, Franz Josef Strauß und Helmut Kohl, einerseits ein abwesender Vater, der seine Lebenszeit in die Arbeit steckte, andererseits, wegen seiner öffentlichen Rolle, ein ständig gegenwärtiger, der Maßstäbe setzte und Erwartungen weckte. In den Familien Brandt, Strauß und Kohl führte das politische Alphatum des Vaters zu familiären Verwerfungen von hoher, öffentlich vorgeführter Dramatik; dass es bei den Schmidts nicht so kam, mag an dem Wegzug des Teenagers Susanne Schmidt nach England gelegen haben, wohin sie Mitte der siebziger Jahre einem Leben unter Polizeischutz entkam. Susanne Schmidt hat ihren Lebensmittelpunkt nie mehr nach Deutschland zurückverlegt. Viele Deutsche wurden erst auf sie aufmerksam, als sie die gemeinsamen Fernsehbilder mit dem Vater während der Trauerfeier für Loki Schmidt sahen. Auf diesen Bildern war Helmut Schmidt schon 91 Jahre alt.

Worüber Helmut Schmidt nicht schreiben und nicht sprechen will, und sei es das Verhältnis zur eigenen Tochter, darüber schreibt und spricht er nicht. Bei allem Einblick, den er als Greis in sein persönliches Leben gewährt, hat er in bestimmten Fragen eine Haltung, von der er nicht abweicht. Seine Haltung wider alle Unbill des Lebens – eine öffentliche und zugleich sehr verschlossene – wird von den Deutschen bewundert und macht sein Charisma aus.

»Nur wer sich ändert, bleibt sich treu«, hat Wolf Biermann gesungen. Ein starker Satz, der für mindestens einen seiner Landsleute nicht gelten kann – es wäre beunruhigend, wenn sich Helmut Schmidt auf seine ganz alten Tage änderte!

Wer zu spät kommt, darf regieren

Die Geschichte der Bundesrepublik wird gern entlang den Regierungszeiten ihrer Kanzlerin und ihrer Kanzler erzählt. Diese »Maßeinheit« leistet, was eine Maßeinheit leisten muss: Sie schlägt feste, gut sichtbare Pflöcke auf der Zeitachse ein. Im Fall unseres Protagonisten beginnt die »Ära Schmidt« mit der Vereidigung des Bundeskanzlers am 16. Mai 1974 und endet mit der Vereidigung von Helmut Kohl am 1. Oktober 1982.

Eine andere Frage ist, ob sich an diesem Tag, der Schmidts Kanzlerschaft beendet, wirklich etwas für das Land verändert hat. »Die Wende kam schon vor acht Jahren«, stellt der Historiker Arnulf Baring schon 1982 stellvertretend für viele fest.[22] Die Rhythmen der Politik scheren sich nicht um die Rhythmen der Regierungswechsel – »Politik«, verstanden als der öffentliche Raum, wo außer dem politischen Betrieb auch die Gesellschaft auf allen Feldern des Lebens ihren Platz hat. Manchmal gehen das Bewusstsein im »Raumschiff Bonn« und später im »Raumschiff Berlin« mit dem gesellschaftlichen Bewusstsein konform; manchmal aber auch nicht. Helmut Schmidt, der Kanzler des »Modells Deutschland«, weiß, wie man Arbeitgeber und Gewerkschaften an einen Tisch und zu maßvollen Lohnabschlüssen bringt, denn zu den Säulen des »Modells Deutschland« gehört das Miteinander, nicht das Gegeneinander der gesellschaftlichen Gruppen. Wie er mit den neuen, eher amorphen Bewegungen umgehen soll, weiß er nicht. Er findet bis zum 1. Oktober 1982 keine Antwort darauf, und danach ist seine Antwort nicht mehr gefragt.

Um zu verstehen, wie sich die Rhythmen der Politik und die Rhythmen der Regierungswechsel nach 1949 zueinander verhielten, ist die Kategorie der politischen Generationen nützlich. Diese Kategorie half zum Beispiel zu erklären, weshalb eine Bundesregierung mit üppiger Parlamentsmehrheit 1981 anfängt zu erodieren. Gesellschaftliche Gruppen aus mehreren Generationen sind der politischen Leitgeneration, die seit Mitte der sechziger Jahre in Bonn regiert, überdrüssig. Die letzte Regierung der Generation Helmut Schmidt, so viele Wähler sie hatte und so angesehen ihr Chef ist, kann nichts retten.

Vergleicht man Aufstieg und Fall der politischen Leitgenerationen mit dem Aufstieg und Fall der jeweiligen Leitgenerationen in der Gesellschaft, also in Wirtschaft, in Verbänden und Kultur, kommt Spannendes zutage. Um das Ergebnis vorwegzunehmen: Deutschland ist nicht nur mit Helmut Plessners bekanntem Wort eine »verspätete Nation«, die Bundesrepublik hat auch bis in die Gegenwart hinein verspätete Regierungen. »Wer zu spät kommt, darf regieren«, hat der Politikwissenschaftler Franz Walter einen Beitrag in »Spiegel Geschichte« genannt, in Anlehnung an Michail Gorbatschows Wort »Wer zu spät kommt, den bestraft das Leben«. Walters These lautet, dass in der Bundesrepublik neue Regierungen »keineswegs neue soziale oder gesellschaftliche Tatsachen geschaffen« haben, wie es durchweg zum Anspruch der politischen Akteure gehörte und gehöre, sondern »überwiegend haben sie lediglich vorangegangene, schon weit fortgeschrittene gesellschaftliche Prozesse zum Abschluss gebracht (…).«[23] Auch die Berliner Republik, die bereits vielfach Züge einer »reifen« Demokratie annimmt, hat die Verspätung, mit der Politiker einer Generation an die Macht kommen, noch nicht aufgeholt.

Die Verspätung rührt vom Zusammenbruch der NS-Diktatur her und wird bis heute mitgeschleppt. 1949 ist nur die Generation der »Alt-Weimarer« mit einem 73 Jahre alten Konrad Adenauer moralisch nicht diskreditiert. Ein Richard von Weizsäcker wird im »Schwellenalter« für eine politische Karriere in die freie Wirtschaft geschickt, die Republik bleibt in den Händen der ganz Alten, auf die immer noch Alte folgen. Ludwig Erhard ist zwar 21 Jahre jünger als Konrad Adenauer, aber von einem politischen Generationswechsel kann keine Rede sein. Zu den denkwürdigsten Ereignissen seiner Kanzlerschaft gehört, dass sich ein Wal in den Rhein verirrt und die Bundeshauptstadt, die er ebenfalls besucht, für ein paar Tage in Bann zieht.

Auch mit Kurt Georg Kiesinger, zu seinem Amtsantritt 62 Jahre alt, wird der zeitliche Überstand zwischen Politik und Gesellschaft nicht kleiner. Seine NS-Vergangenheit diskreditiert ihn von vorneherein bei vielen Jüngeren, das Buch der Mitscherlichs über die Unfähigkeit der Deutschen zu trauern kommt im Folgejahr in die Welt. In der Außen- und Deutschlandpolitik sind es Intellektuelle wie Marion Gräfin Dönhoff oder Golo Mann, die auf eine Aussöhnung mit dem Osten drängen, während Bundeskanzler Kiesinger die DDR weiter »ein Phänomen« nennt.

Der damals hochmoderne Bundeskanzler Willy Brandt kommt ebenfalls zu spät. Sein Amtsantritt verändert die Republik wie sonst kein Amtsantritt einer Kanzlerin oder eines Kanzlers, er wagt »mehr Demokratie« und besorgt die historisch überfällige Aussöhnung mit dem Osten, doch seine ehrgeizigen Reformprojekte wären 1966 zu finanzieren gewesen, 1969 sind sie es noch mit Einschränkungen und 1973 überhaupt nicht mehr. Willy Brandts Zuspätkommen zeigt sich daran, dass er nur über ein kurzes Zeitfenster für seine Mission verfügt. Nach seiner Wiederwahl 1972 geht rasch die Schere auf zwischen den gesellschaftlichen Ansprüchen, die er geweckt hat, und den finanziellen Möglichkeiten des Staates; das Land ist zwar reich, aber die Zuwachsraten, die für den Ausbau des Sozialstaates nötig sind, bleiben aus. In dem Jahr, da die Scheichs den Ölhahn zudrehen und damit den wichtigsten Rohstoff massiv verteuern, setzt ein Gewerkschaftsführer eine Lohnerhöhung von über zehn Prozent durch.

Helmut Schmidt kann 1974 als Protagonist seiner Generation, die nunmehr seit zehn Jahren hohe Ämter bekleidet, nicht mehr damit rechnen (und tut es auch nicht), Bundeskanzler zu werden; in der Gesellschaft sitzt die Generation Helmut Kohl bereits in den Startlöchern, um Schlüsselpositionen zu übernehmen. Kurz bevor Schmidts Zeitfenster zufällt, kommt er doch noch in das höchste Amt. Mit 55 Jahren ist er der bisher jüngste Bundeskanzler seit 1949.

»Persönlich glaube ich, dass ein Regierungswechsel schon im Jahre 1976 das Normale und Wünschbare gewesen wäre«, schreibt der Historiker Golo Mann in der Rückschau auf Schmidts Kanzlerschaft.[24] Tatsächlich ist seine Ära nicht nur Teil eines »sozialdemokratischen Jahrzehnts«, sondern auch der Phase, in der sich die Union modernisiert und so viele Landtagswahlen gewinnt, dass bei zustimmungspflichtigen Gesetzen im Bundesrat gegen sie nichts mehr geht. Helmut Schmidt rettet die sozialliberale Bundesregierung 1976 ganz persönlich, doch schon bald nach seiner Wiederwahl kommen die Anfechtungen von der anderen Seite des politischen Spektrums, wird er von jüngeren Gruppen der Gesellschaft als Mann von gestern kritisiert. Er kann sich aber lange halten, weil ihn sein biografischer Hintergrund zu einem »Mehrheitsdeutschen« macht und die Union mit dem Kanzlerkandidaten Franz Josef Strauß 1980 keine generationale Alternative schafft. In dieser Rolle zu dieser Zeit ist Strauß ein Fossil.

Helmut Kohl ergreift 1982 seine persönlich letzte Chance, aber auch die letzte Chance seiner Generation, in Bonn den Regierungschef zu stellen. Die Generation Gerhard Schröder hat sich bereits von den Generationen Helmut Schmidt und Helmut Kohl emanzipiert, die erwachsen gewordenen 68er prägen den gesellschaftlichen Diskurs. Die Regierung Kohl dagegen steht am Tag ihrer Ernennung unter Aufsicht von Schwarz-Weiß-Denkern: Franz Josef Strauß gehört ihr zwar nicht an, bleibt aber Wortführer einer der drei Regierungsparteien. Der frühere Wehrmachtssoldat Friedrich Zimmermann geht als Strauß' Abgesandter und Law-and-order-Innenminister ins Kabinett, der frühere Wehrmachtssoldat Alfred Dregger wird Vorsitzender der Unions-Bundestagsfraktion. Dieser Geist passt Anfang der achtziger Jahre nicht mehr in eine Zeit, in der sich – angestoßen durch die neuen sozialen Bewegungen – die politischen

Paradigmen verändern. Auch diese Bundesregierung ist am Tag, da sie die Amtsgeschäfte übernimmt, mit ihren Denkmustern im vorgerückten Alter. Schon vier Jahre später, mit dem Reaktorunfall von Tschernobyl, steht die Bedeutung des »Prinzips Verantwortung«, wie es der Philosoph Hans Jonas formulierte, aller Welt vor Augen, nur in Bonn nicht, wo die Akteure dilettantisch reagieren, im Reden und im Tun. Helmut Kohls Ankündigung einer »geistig-moralischen Wende« erweist sich mit jedem Regierungsjahr mehr als Schwafelei. 1989 herrscht allseits Müdigkeit im Hinblick auf das geistige Klima, das diese Generation von den Schaltstellen der Macht aus verbreitet, aber einer Ablösung oder Abwahl Kohls kommt die deutsche Vereinigung dazwischen.

Gerhard Schröder zählt 54 Lebensjahre, Oskar Lafontaine 55 und Joschka Fischer 50, als die drei 1998 das »Raumschiff Bonn« kapern. Sie kommen nicht an die Macht, weil jetzt die Zeit »reif« für ihre Biografien an der Spitze ist, sondern weil sechzehn Jahre unter einem Kanzler für eine beispiellose Wechselstimmung sorgten. Gerhard Schröder steht zwar nicht persönlich, aber generational für die »68er«, Oskar Lafontaine hat mit ihnen die Lust am Vatermord gemein, Joschka Fischer ist sogar ihr Protagonist. Aber 1998 beherrschen die Anliegen dieser Generation schon nicht mehr das gesellschaftliche Bewusstsein, ihre »Interessen- und Anerkennungskonflikte« (Claus Leggewie)[25] sind ausgetragen, ihr sprichwörtlicher »Marsch durch die Institutionen« beendet. »Die geistig-moralischen Flokatis sind längst eingemottet und die blauen Bände der Marx-Engels-Werke in unerreichbare Höhen der Ikea-Regale entschwunden«, kann Reinhard Mohr 1998 im »Spiegel« spotten.[26]

Die Geschichte der Regierungszeit von Gerhard Schröder und Joschka Fischer (Oskar Lafontaine meldet sich bekanntlich bald ab) ist die Geschichte eines Lernprozesses: Mit ihrer generationalen Prägung nähern sie sich mühevoll an eine sehr andere politische Wirklichkeit an. Bei ihnen kommt Wichtiges wie die »Agenda 2010« zu spät, weil sie selbst spät dran waren. Der Philosoph und Publizist Richard David Precht konstatiert schon nach dem ersten Regierungsjahr das »große Dilemma der Grünen (...), in der Phase ihres allmählichen Niedergangs an die Macht gekommen zu sein«.[27] Im neuen Jahrtausend erklären Grüne der ersten Stunde wie der Journalist Walter Wüllenweber das Projekt, das einer Kulturrevolution gleichkam, für beendet. »Danke, Grüne, ihr wart wunderbar!«[28] Gerhard Schröder und Joschka Fischer gelingt es zwar, sich in ihren Regierungsämtern neu zu erfinden, aber Schröders politischer Spagat überfordert die eigene Partei – zuerst muss er vom SPD-Vorsitz zurücktreten und später vorzeitige Neuwahlen zum Bundestag herbeiführen.

Als Angela Merkel 2005 Kanzlerin wird, liegt das Ende der DDR, in der sie biografisch geprägt wurde, 16 Jahre zurück. Das ist eine kurze Zeit. Doch für ihre politische Karriere gab nicht die Biografie den Ausschlag, sondern die ertragreiche »Schulzeit« beim Machttechniker Helmut Kohl. Angela Merkels Politikverständnis ist eine Spur westlicher als das ihrer Konkurrenten aus der alten Bundesrepublik. Auch mit ihr kommen das Bewusstsein im politischen Berlin und das Bewusstsein in der Gesellschaft noch nicht zur Deckung.

Was hätte das Land davon, wenn die Verspätung seiner Regierungen geringer wäre? Die Bundesrepublik könnte bei der Rekrutierung ihres Führungspersonals nicht länger nur von der Erfahrung der Älteren profitieren, sondern auch von Hoffnung machenden Jungen. Das bedeutete nicht zwangsläufig ein Glück, aber es kann sich nach Phasen des politischen Stillstands als solches erweisen. Es wäre schlichtweg Ausdruck einer demokratischen Normalität. Karl-Theodor zu Guttenberg stieß als Erster das Tor zu dieser Normalität auf, mit den Umständen seines Abgangs fiel es wieder zu. Guttenberg hat der von ihm betriebenen Verjüngung der deutschen Politik einen Bärendienst erwiesen.

Die Bundesrepublik, das Land der verspäteten Regierungen? Franz Walters These wird von Wolfgang Schmidbauer aus psychoanalytischer Perspektive beigepflichtet. Die ironische Szene, als Tiger zu springen und als Bettvorleger zu landen, werde gerne dem Politiker der jeweils anderen

Ein Kanzler und sein Markenzeichen: Helmut Schmidt mit Helgoländer Lotsenmütz

Partei unterstellt. »Aber dieses Kippen vom Mut in die Vermeidung ist ein Merkmal der meisten deutschen Politiker seit Konrad Adenauers Slogan: ›Keine Experimente‹«. Politiker geben ihre Mutlosigkeit natürlich nicht zu, denn »jede Generation tendiert dazu, sich selbst zu idealisieren«.[29]

Auch die Angehörigen der Generation Helmut Schmidt idealisieren ihre Alterskohorte, am meisten ihr Protagonist selbst. Zwar könnte Kurt Kister mit seiner Voraussage richtig liegen, »man wird Schmidt als einen langlebigen Mann in Erinnerung behalten, der archetypisch ein deutsches Schicksal verkörpert und stets einem deutschen Archetyp, dem des Frontoffiziers entsprach«,[30] doch Helmut Schmidts Generation ist und bleibt die Vorbildgeneration für die Deutschen. Dafür sorgen schon die deutschen Babyboomer, die zahlenmäßig größte Alterskohorte, die jetzt zwischen Fünfzig und Sechzig nostalgisch auf die eigene Jugend zurückschaut und sich nicht nur an »Treets« und »Schweinchen Dick«, sondern auch an die Gesichter von Helmut Schmidt und Franz Josef Strauß im Fernsehen erinnert. Keine politische Generation der Nachkriegszeit verfügt über einen solch starken Resonanzboden wie die Generation Helmut Schmidt mit den Babyboomern, den Kindern und Jugendlichen seiner Kanzlerzeit. Und keine andere politische Generation verfügt über einen Protagonis-

ten, der ein Jahrhundertleben hinter sich hat und unermüdlich Erinnerungsarbeit für seine Generation leistet. Es sieht so aus, als habe Helmut Schmidt auch diese letzte Schlacht erfolgreich geschlagen.

Anmerkungen

Nachweise der Eingangszitate

S. 9: Lenz: Genugtuungen sind selten, S. 38.
S. 49: Schmidt: »Wir dachten nur: endlich ist es vorbei«.
S. 65: Schmidbauer: Wie wir wurden, was wir sind, S. 61.
S. 93: Brandt: Ansprache des Bundeskanzlers zum Jahreswechsel 1970/71.
S. 117: Barzel: Zit. nach Jürgs: Der Tag danach, S. 59f.
S. 167: Klein: Bundestagsrede vom 18.1.1979.
S. 223: Fischer/Stern: Gegen den Strom, S. 75.
S. 271: Biebricher: Zit. nach: Hofmann/Staas: Aufbruch in die bunte Republik.
S. 303: Maischberger: Laudatio zur Verleihung des »Millennium-Bambi« am 10. November 2011 in Wiesbaden.

IM AREOPAG

1 Di Lorenzo: Verstehen Sie das, Herr Schmidt?, in: Zeit-Magazin, Nr. 47, 12.11.2009.
2 Felscherinow/Vukovic: Christiane F. Mein zweites Leben, S. 189.
3 Bölling: Vortrag vor der Helmut-Schmidt-Universität in Hamburg am 29.1.2009 (Typoskript).
4 Schmidt: Rede auf dem SPD-Parteitag am 4.12.2001 in Berlin.
5 Ders.: Bundestagsrede vom 22.3.1958, S. 1048 (B).
6 Thies: Helmut Schmidt's Rückzug von der Macht, S. 26.
7 Martin Reichert: Wenn ich mal groß bin. Das Lebensabschnittsbuch für die Generation Umhängetasche, Frankfurt a. M. 2008.
8 Weinhauer: Eliten, Generationen, Jugenddelinquenz und innere Sicherheit, S. 41.
9 Glotz: Von Heimat zu Heimat, S. 144.
10 Parnes/Vedder/Willer: Das Konzept der Generation, S. 10.
11 Ebd.
12 Ebd.
13 Ebd., S. 11.
14 Ebd., S. 231.
15 Heinrich: Zeithistorische Ereignisse als Kristallisationspunkte von Generationen, S. 74.
16 Schelsky, Helmut: Die skeptische Generation. Eine Soziologie der deutschen Jugend, Düsseldorf 1957.
17 Jureit/Wildt: Generationen, S. 8.
18 Mannheim: Das Problem der Generationen, S. 565.
19 Jureit/Wildt: Generationen, S. 17.
20 Ebd., S. 22.
21 Hodenberg: Politische Generationen, S. 268.
22 Bachér: Keine Gefechte an der Seelenfront bitte.
23 Schmidt: Zum 300. Geburtstag von Johann Sebastian Bach. Rede beim Festakt am 21. März 1985 im Hamburger Michel, in: Ders.: Religion in der Verantwortung, S. 74.
24 Ders.: Politischer Rückblick auf eine unpolitische Jugend, S. 188.
25 Dönhoff: Menschen, die wissen, worum es geht, S. 158.
26 Zit. nach Noack: Helmut Schmidt, S. 296.
27 Krause-Burger: Der Mann mit der Lotsenmütze, Rundfunksendung.

28 Bode: Die deutsche Krankheit, S. 36.
29 Jürgs: Der Tag danach, S. 59.
30 Schmidt: Bundestagsrede vom 17.9.1982, S. 7076 (D).
31 Vgl. Radebold: Die dunklen Schatten unserer Vergangenheit; Schulz/Radebold/Reulecke: Söhne ohne Väter.
32 Baring, G.: Die Deutschen im Trauerstau, S. 15.
33 Nass: Auf dreizehn Zigaretten mit Helmut Schmidt.
34 Vgl. Sattar: Peer Steinbrück im Kreisverkehr der Lernkurven.
35 Bauriedl: Die Wiederkehr des Verdrängten, S. 13.
36 Richter: Ist eine andere Welt möglich?, S. 56.
37 Bühler Begegnungen extra. Peter Voß im Gespräch mit Gerhard Schröder, SWR, 12.3.2007.
38 Glotz: Der einsame Batteriechef.
39 Schröder: Bürgerpredigt in der Marktkirche Hannover am Sonntag, 27. Juli 2014 in Hannover.

TRAUMA

1 Bude: Die 50er Jahre im Spiegel der Flakhelfer- und der 68er-Generation, S. 145.
2 Vgl. Fogt: Politische Generationen. Empirische Bedeutung und theoretisches Modell.
3 Schmidt: Bundestagsrede vom 22.3.1958, S. 1040 (D).
4 Vgl. Pamperrien: Helmut Schmidt und der Scheißkrieg, S. 125 und S. 251.
5 Schmidt: Die Kriegsgeneration, S. 479.
6 Ders.: Bundestagsrede vom 22.3.1958, S. 1041 (A).
7 Ders.: Buch und Demokratie, S. 240.
8 Ders.: Politischer Rückblick auf eine unpolitische Jugend, S. 193.
9 Ebd., S. 210.
10 Jaide: Generationen eines Jahrhunderts, S. 310f.
11 Schmidt, Hannelore: Gezwungen, früh erwachsen zu sein, S. 24.
12 Krause-Burger: Helmut Schmidt, S. 72.
13 Giesen: Generation und Trauma, S. 62.
14 Ebd., S. 63.
15 Ebd.
16 Schmidt: Vom deutschen Stolz, S. 59.
17 Ders.: Pflicht zur Menschlichkeit, S. 251–263.
18 Vis-à-vis. Helmut Schmidt im Gespräch mit Frank A. Meyer, SRF, 1989.
19 Schmidt: Die Kriegsgeneration, S. 481.
20 Ders.: Politischer Rückblick auf eine unpolitische Jugend, S. 188.
21 Kühne: Kameradschaft, S. 234.
22 Schmidt: Rede am 20. Juli 2008 aus Anlass des feierlichen Gelöbnisses der Rekruten der Bundeswehr, S. 11.
23 Ders.: Politischer Rückblick auf eine unpolitische Jugend, S. 242.
24 Krause-Burger: Helmut Schmidt, S. 79.
25 Prittie: Kanzler in Deutschland, S. 226f.
26 Schmidt: Rede am 20. Juli 2008 aus Anlass des feierlichen Gelöbnisses der Rekruten der Bundeswehr, S. 13.

GELERNTE DEMOKRATEN

1 Schmidt: Politischer Rückblick auf ein unpolitisches Leben, S. 233f.
2 Barzel: Ein gewagtes Leben, S. 52.
3 Ebd., S. 56.
4 Schmidt: Die Kriegsgeneration, S. 481.
5 Stephan: Gelernte Demokraten.
6 Barzel: Ein gewagtes Leben, S. 56.
7 Schmidt: Politischer Rückblick auf ein unpolitisches Leben, S. 227.
8 Ders.: Die Kriegsgeneration, S. 481.
9 Blank/Darchinger: Helmut Schmidt, S. 21.
10 Zit. nach Kahn: Helmut Schmidt, S. 11.
11 Schmidt: Der Mann mit dem Goldhelm, in: Die Zeit, 24.7.1987.
12 Koch: Das Duell, S. 11.
13 Kahn: Helmut Schmidt, S. 20.
14 Schmidbauer: Wie wir wurden, was wir sind, S. 130.
15 Giordano: Die zweite Schuld, S. 11.
16 Schmidbauer: Wie wir wurden, was wir sind, S. 130.
17 Zit. nach Fichter: Die SPD und die Nation, S. 91f.
18 Zit. nach Blank/Darchinger: Helmut Schmidt, S. 135.
19 Vgl. Mitscherlich: Die Unfähigkeit zu trauern, S. 40.
20 Bude: Deutsche Karrieren, S. 137f.
21 Ebd., S. 180.
22 Schmidbauer: Wie wir wurden, was wir sind, S. 61.
23 Zit. nach Fichter: Die SPD und die Nation, S. 91f.
24 Bracher, Karl Dietrich: Die Auflösung der Weimarer Republik.
25 Schmidt: Bundestagsrede vom 30.4.1968, S. 9011 (A).
26 Ders.: Vortrag und Diskussion beim 31. Kolloquium der Walter-Raymond-Stiftung am 28.3.1993, S. 47.
27 Dönhoff: Menschen, die wissen, worum es geht, S. 141.
28 Weizsäcker: Ansprache zum 75. Geburtstag von Bundeskanzler a. D. Helmut Schmidt, S. 177.
29 Vgl. Schreiber: Und Barzel ist ein ehrenwerter Mann, S. 41.
30 Ders.: Wie schrecklich das schwankt …
31 Vgl. etwa Roth: Schwarzbuch: Franz Josef Strauß, S. 48.
32 Leinemann: Höhenrausch, S. 179.
33 Schmidbauer: Wie wir wurden, was wir sind, S. 73.
34 Leinemann: Höhenrausch, S. 179.
35 Ebd., S. 147.
36 Stephan: Gelernte Demokraten, S. 189.
37 Schmidt: »Man muss tapfer sein«.
38 Apel: Der Abstieg, S. 232.
39 Schmidt: »Die Amerikaner haben uns ungeheuer geholfen«, S. 51.
40 Gaus: Zur Person, S. 218.
41 Kahn: Helmut Schmidt, S. 21.
42 Carr: Helmut Schmidt, S. 23.
43 Zastrow: Ein widersprüchlicher Kanzler.
44 Gaus: Zur Person, S. 218.
45 Zastrow: Ein widersprüchlicher Kanzler.

46 Gaus: Zur Person, S. 220.
47 Bannas: Der Machtkenner.
48 Blank/Darchinger: Helmut Schmidt, S. 30.
49 Vgl. Soell: Helmut Schmidt, Bd. 2, S. 131f.
50 Kühne: Kameradschaft, S. 235.
51 Hofmann: About Schmidt.
52 Ders.: Die zwei Gesichter des Helmut Schmidt.
53 Dohnanyi: Im Gegensatz zur Wirklichkeit, S. 49.
54 Stephan: Gelernte Demokraten, S. 186.
55 Krause-Burger: Helmut Schmidt, S. 221f.
56 Schmidt in einer Sitzung des SPD-Parteivorstands mit Parteirat und Kontrollkommission am 13.2.1969, zit. nach Kahn: Helmut Schmidt, S. 61.
57 Glotz: Die Innenausstattung der Macht, S. 68.
58 Leonhard: Wo sind Schmidts Erben?, S. 22.
59 Schmidt: Rede auf dem SPD-Parteitag im Juni 1966 in Dortmund, in: Ders.: Beiträge, S. 554.
60 Brandt: Berliner Ausgabe, Bd. 5, S. 203.
61 Ders. »Wir haben einen hohen Preis bezahlt«, S. 27.
62 Stephan: Gelernte Demokraten, S. 188.
63 Schmidt: Auf dem Fundament des Godesberger Programms, S. 207.
64 Steffahn: Helmut Schmidt, S. 77.
65 Witter: Prominentenporträts, S. 47.
66 Schmidt/Bury: Ein Mann und seine Stadt. Hamburg-Portrait von Helmut Schmidt, NDR, 1986.
67 Glotz: Der einsame Batteriechef.
68 Haffner: Überlegungen eines Wechselwählers, S. 157.
69 Blank/Darchinger: Helmut Schmidt, S. 12.
70 Ebd., S. 29.

MANTRA

1 Leggewie: Generationsschichten und Erinnerungskulturen, S. 219.
2 Fetscher: Ökologie und Demokratie, S. 90.
3 Ebd., S. 93f.
4 Schmidt/Stern: Unser Jahrhundert, S. 55.
5 Härtling: Helmut Schmidt, S. 95.
6 Schmidt: Der Kanzler ist kein Volkserzieher.
7 Ehmke: Mittendrin, S. 265.
8 Greiffenhagen: Die Bundesrepublik Deutschland 1945–1990, S. 23.
9 Brandt: Berliner Ausgabe, Bd. 5, S. 148f.
10 Im Folgenden zit. nach Schmidt: Vor neuen Herausforderungen, S. 5–19.
11 Zit. nach Leinemann: Höhenrausch, S. 142.
12 Brandt: Ansprache des Bundeskanzlers zum Jahreswechsel 1970/71.
13 Schmidt: Rede auf der Sitzung der SPD-Bundestagsfraktion am 22.3.1977 (Typoskript), S. 9.
14 Ders.: »Leistung liegt im Deutschen drin«, S. 40.
15 Ders.: Die Jugend anerkennen, S. 40.
16 Hennis: Planen und Vorsorgen als Regierungsaufgabe, S. 181.
17 Zit. nach Kahn: Helmut Schmidt, S. 72.
18 Adenauer: Die Weihnachtsbotschaft verheißt Frieden, S. 2375.

19 Conze: Sicherheit als Kultur, S. 358.
20 Ebd., S. 371.
21 Ebd., S. 367.
22 Schmidt: Strategie des Gleichgewichts, S. 252.
23 Ders.: Bundestagsrede vom 3.12.1981, S. 4057 (A).
24 Ders.: Politische und wirtschaftliche Aspekte der westlichen Sicherheit.
25 Vgl. Wiegrefe: Wider die Politik der Supermächte.
26 Schmidt: Strategie des Gleichgewichts, S. 116f.
27 Conze: Die Suche nach Sicherheit, S. 535.
28 Zit. nach Kahn: Helmut Schmidt, S. 79.

PARANOIA

1 Drei Tage vor der Wahl. Live-Diskussion von ARD und ZDF.
2 Jean Dutour: Le Feldwebel Helmut, in: France-Soir, 12.5.1975.
3 Brandt, H.: »Wir sind nicht die Kompanie des Kanzlers«, in: Der Spiegel, Nr. 49, 3.12.1979, S. 26–29.
4 Mitscherlich: Die Unfähigkeit zu trauern, S. 66 und 68.
5 Di Lorenzo: Auf eine Zigarette mit Helmut Schmidt, in: Zeit-Magazin, Nr. 49, 29.11.2007.
6 Koch: Das Duell, S. 143.
7 Fichter: Die SPD und die Nation, S. 61.
8 Kahn: Helmut Schmidt, S. 14.
9 Gross: Die Misere der öffentlichen Gefühle, S. 72.
10 Koch: Helmut Schmidt, NDR, 1976.
11 Schmidt: Rede in der Sitzung der SPD-Bundestagsfraktion am 22.3.1977 (Typoskript), S. 12.
12 Ders.: »Leistung liegt im Deutschen drin«, S. 40.
13 Ders.: Beiträge, S. 22.
14 Ebd., S. 173.
15 Schmidt: »Wir brauchen einen Sportsgeist wie beim Fußball«, in: Der Spiegel, Nr. 11, 6.3.1967, S. 39–46.
16 Ebd., S. 46.
17 Zeugen des Jahrhunderts. Helmut Schmidt im Gespräch mit Klaus Bresser, ZDF, 1989.
18 Di Lorenzo: Lieber Herr Schmidt, in: Die Zeit, 12.7. 2007.
19 Baring, A.: Machtwechsel, S. 88.
20 Höhler: Die Kinder der Freiheit, S. 112.
21 Schmidt: Rede auf dem SPD-Parteitag im März 1968, S. 195.
22 Ders.: Politischer Rückblick auf eine unpolitische Jugend, S. 247.
23 Ebd., S. 248.
24 Ders.: Bundestagsrede vom 30.4.1968, S. 9010 (A).
25 Ebd., S. 9011 (A).
26 Aly: Unser Kampf. 1968 – ein irritierter Blick zurück.
27 Schmidt: Bundestagsrede vom 30.4.1968, S. 9011 (A).
28 Backhaus: Sind die Deutschen verrückt?, S. 273f.
29 Stephan: Gelernte Demokraten, S. 188.
30 Aly: Unser Kampf, S. 11.
31 Schmidt: Bundestagsrede vom 30.4.1968, S. 9017 (C).
32 Ebd., S. 9018 (D).

33 Schmidt: Hand aufs Herz, S. 191.
34 Ders.: Erwägungen, S. 4f.
35 Ebd., S. 7.
36 Sternberger: Verfassungspatriotismus, S. 13.
37 Dönhoff: Die Zeitbomben ticken schon.
38 Backhaus: Sind die Deutschen verrückt?, S. 266.
39 Allensbacher Jahrbuch der Demoskopie, Bd. 6, S. 110 und 115.
40 Wildenmann: Ludwig Erhard und Helmut Schmidt, die charismatischen Verlierer, S. 91.
41 Biedenkopf: Memorandum zur Bundestagswahl 1980.
42 Schmidt, D.: Käfig für große Tiere.
43 Klotz: Ikonologie einer Hauptstadt, S. 403.
44 Zit. nach Winkler: Die Geschichte der RAF, S. 235.
45 Ebd.
46 Dahlke: »Nur eingeschränkte Krisenbereitschaft«, S. 649.
47 Ebd., S. 658.
48 Zit. nach ebd., 662.
49 Ebd.
50 Zit. nach Pruys: Helmut Kohl, S. 158.
51 Stern/Salge: Der Austausch – Die vergessene Entführung des Peter Lorenz, SFB, 1999.
52 Anonym: »Mein Instinkt sagt mir: Nicht nachgeben«, S. 23.
53 Schmidt: »Denen mußte es mal gezeigt werden«.
54 Metzler: »Denen mußte es mal gezeigt werden«, S. 1f.
55 Zit. nach Pamperrien: Helmut Schmidt und der Scheißkrieg, S. 292.
56 Metzler: »Denen musste es mal gezeigt werden«, S. 4.
57 Zit. nach Schreiber: Keine Rede von Kraft und Herrlichkeit, S. 47.
58 Zit. nach Lohmar: Die neue Kanzlersprache.
59 Frisch: Rede vor den Delegierten des SPD-Parteitages, Hamburg 1977, S. 35.
60 Weizsäcker. C. F. v.: Die Verteidigung der Freiheit.
61 Vgl. Rupps: Die Überlebenden von Mogadischu.
62 Zit. nach Luhmann/Neveling: Deutscher Evangelischer Kirchentag, S. 692.

GENERATIONENDÄMMERUNG

1 Brandt: Berliner Ausgabe, Bd. 5, S. 221 u. 223.
2 Schmidt: Erwägungen, S. 35.
3 Ebd.
4 Conze: Die Suche nach Sicherheit, S. 492f.
5 Weizsäcker: Bundestagsrede vom 28.1.1981, S. 643 (C).
6 Ebd. – Trotz des differenzierten Urteils, um das sich Richard von Weizsäcker bemüht, findet Helmut Schmidt nie einen Zugang zu ihm. In einem Gespräch mit mir im Jahr 1995 sagt er – und illustriert damit in idealer Weise, was Weizsäcker an ihm moniert: »Weizsäcker ist kein politischer Führer gewesen, mehr ein geistiger, das ist er noch. Man darf es allerdings auch nicht übertreiben, man darf den Leuten nicht auf den Wecker fallen. Weizsäcker war an der Grenze, dass er den Leuten mit seinen Reden auf den Wecker fiel.«
7 Glotz: Die Innenausstattung der Macht, S. 50.
8 Ebd., S. 182.
9 Sommer: Ein Bundeskanzler ganz wider Erwarten.
10 Glotz: Die Innenausstattung der Macht, S. 50.

11 Eppler: Wege aus der Gefahr, S. 12.
12 Walter: Vorwärts oder abwärts?, S. 16.
13 Schmidt: Erwägungen, S. 66.
14 Weizsäcker, R. v.: Die Starken und die Schwachen.
15 Haffner: Überlegungen eines Wechselwählers, S. 131f.
16 Schreiber, N. (Hg.): Die Zukunft unserer Demokratie, S. 111.
17 Schmidt: Erwägungen, S. 24.
18 Brandt: Berliner Ausgabe, Bd. 5, S. 269.
19 Zeugen des Jahrhunderts. Willy Brandt im Gespräch mit Horst Schättle, ZDF, 1988.
20 Zit. nach Michal: Die SPD – staatstreu und jugendfrei, S. 135.
21 Zit. nach Glotz: Die Beweglichkeit des Tankers, S. 121.
22 Walter: Charismatiker und Effizienzen, S. 156.
23 Richter: Engagierte Analysen, S. 292.
24 Zit. nach Hofmann: Willy Brandt und Helmut Schmidt, S. 282.
25 Havemann: Offener Brief an Bundeskanzler Helmut Schmidt.
26 Furth: Bemerkungen zur gegenwärtigen Lage des Friedens, S. 64.
27 Bernstein: Vom Mut, naiv zu sein. Brief an Helmut Schmidt.
28 Bracher u. a.: Republik im Wandel, 1969–1974: Die Ära Brand, S. 352.
29 Schmidt: Freiheit verantworten, S. 72.
30 Zit. nach Luhmann/Neveling: Deutscher Evangelischer Kirchentag, S. 245.
31 Ebd., S. 264.
32 Ebd.
33 Hofmann: Die zwei Gesichter des Helmut Schmidt.
34 Schmidt: Vernunft und Leidenschaft zur Friedenspolitik, S. 116.
35 Ders.: Friedenspolitik in christlicher Verantwortung, S. 120.
36 Ders.: Weggefährten, S. 439.
37 Richter: Alle redeten vom Frieden, S. 137f.
38 Ders.: Wanderer zwischen den Fronten, S. 204.
39 Ders.: Alle redeten vom Frieden, S. 62.
40 Ebd., S. 207.
41 Ders.: Zur Psychologie des Friedens, S. 31.
42 Strauß: Bundestagsrede vom 3.12.1981, S. 4083 (C).
43 Vgl. Hand aufs Herz. Helmut Schmidt im Gespräch mit Sandra Maischberger, München 2002.
44 Richter: Ist eine andere Welt möglich?, S. 59.
45 Ders.: Wanderer zwischen den Fronten, S. 165.
46 Bopp: Endzeitangst, S. 292.
47 Vgl. Kemper: Psychologische Abrüstung, S. 168.
48 Hermann: Ihre Geschichte bewegte Millionen.
49 Bittorf: »Irgendwas Irres muss laufen«, S. 230.
50 Ebd., S. 236f.
51 Wirth: Verweigerungswünsche, S. 220.
52 Bittorf: »Irgendwas Irres muss laufen«, S. 240.
53 Glotz: Staat und alternative Bewegungen, S. 479.
54 Ebd., S. 486.
55 Hornstein u. a.: Bericht über Bestrebungen und Leistungen der Jugendhilfe, S. 114.
56 Hauff: Sprachlose Politik, S. 16.

57 Pokatzky: Kandidieren Sie nicht!, S. 52.
58 Carstens. Der jungen Generation fremd.
59 Zit. nach Luhmann/Neveling: Deutscher Evangelischer Kirchentag Hamburg 1981, S. 250.
60 Scheel: Ansprache anlässlich der Vereidigung von Bundespräsident Carstens im Deutschen Bundestag in Bonn (1. Juli 1979), S. 13222–13225.
61 Schmidt: Die Jugend anerkennen, S. 15.
62 Bopp: Wir wollen keine neuen Herren, S. 53.
63 Bude: Deutsche Karrieren, S. 183.
64 Ebd., S. 44
65 Schmidt: Freiheit verantworten, S. 220.
66 Ebd., S. 221.
67 Leinemann: Der schneidige Weise, S. 27.
68 Höhler: Die Kinder der Freiheit, S. 14 u. 99.
69 Biess: Die Sensibilisierung des Subjekts, S. 52.
70 Zit. nach Bopp: Wir machen es jetzt, S. 37.
71 Bude: Deutsche Karrieren, S. 139.
72 Bopp: Jugend, S. 13.
73 Ebd., S. 112.
74 Ebd., S. 119.
75 Serke: Mein Sozi der Zukunft, S. 55f.
76 Oskar Lafontaine an Helmut Schmidt, Brief vom 3.8.1982, Archiv der sozialen Demokratie der Friedrich-Ebert-Stiftung, Depositum Wehner.
77 Leinemann: Die halten uns alle für Nicht-Menschen, S. 26.
78 Kaiser: Generation Wulff.
79 Rommel: Die Grenzen des Möglichen, S. 273.
80 Vgl. Koch: Das Duell, S. 170.
81 Leonhard: Wo sind Schmidts Erben?, S. 24.
82 Michal: Die SPD – staatstreu und jugendfrei, S. 124.
83 Höhler: Die Kinder der Freiheit, S. 203.
84 Schmidbauer: Deutschland und seine Väter.
85 Ebd.
86 Giesen: Generation und Trauma, S. 65.
87 Zit. nach Sommer: Demokratie in der Krise, S. 15.
88 Leonhard: wo sind Schmidts Erben?, S. 39.
89 Helmut Schmidt an Oskar Lafontaine, Brief nach 14.7.1982, Archiv der sozialen Demokratie der Friedrich-Ebert-Stiftung, Depositum Wehner.
90 Adam: Sekundärtugenden.
91 Seebacher-Brandt: Willy Brandt, S. 55.
92 Di Lorenzo: Lieber Herr Schmidt, in: Die Zeit, 28.6.2007.
93 Schmidt: Auf der Suche nach einer öffentlichen Moral, S. 199.
94 Schmidt: Politischer Rückblick auf eine unpolitische Jugend, S. 245.
95 Christian Graf von Krockow: Rede anlässlich der Überführung der Gebeine Friedrichs II. nach Sanssouci, zit. in: ebd., S. 277f.
96 Ebd., S. 277.
97 Minkmar: Der Zirkus, S. 28.

STELLUNGSWECHSEL

1 Eppler: Fragebogen, in: FAZ-Magazin, Nr. 756/1994.
2 Bahr: Zu meiner Zeit, S. 143.
3 Anonym: »Wir brauchen Hilfe, das ist viel zu gut«, S. 32.
4 Ehmke: Mittendrin.
5 Gaus: Schmidt hat die letzte Chance vertan, S. 50f.
6 Eppler: Komplettes Stückwerk, S. 238.
7 Zit. nach Sommer: Atomkrieg ohne Tränen?
8 Eppler: Komplettes Stückwerk, S. 112.
9 Ders.: Wiederkehr der Politik.
10 Ders.: Kavalleriepferde beim Hornsignal, S. 219ff.
11 In: Stern, Nr. 49, 27.11.1980, vgl. Soell: Helmut Schmidt. Bd. 2, S. 1045.
12 Zit. nach Soell: Helmut Schmidt. Bd. 2, S. 900.
13 Hofmann: Willy Brandt und Helmut Schmidt, S. 250ff.
14 Schmidt: Weggefährten, S. 512.
15 Ders.: Politischer Rückblick auf eine unpolitische Jugend, S. 250.
16 Eppler: Komplettes Stückwerk, S. 99.
17 Faulenbach: Das sozialdemokratische Jahrzehnt, S. 685.
18 Mitscherlich: Auf dem Weg zur vaterlosen Gesellschaft, S. 322ff. (Kap.: Kurze Apologie des Klatsches).
19 Ehmke: Mittendrin, S. 298.
20 Jäger/Link: Republik im Wandel 1974–1982. Die Ära Schmidt, S. 275.
21 Jäger: Koalitionsperspektiven, S. 5.
22 Mann: »Er ist wie ein Baum, der Blitze anzieht«, S. 36. In diesem Sinn schon am 5. April 1980 an Hans-Martin Gauger: »Kommt es nicht zu einem Wechsel, und ich denke, es wird nicht dazu kommen, dann kommt es binnen zwei Jahren zu einer Krise, sei es innerhalb der SPD, sei es zwischen der SPD und der FDP, sei es zwischen Helmut Schmidt und der ganzen SPD. Das prophezeie ich, der ich mich noch immer gehütet habe, etwas zu prophezeien.« (Für diesen Hinweis danke ich dem von Golo-Mann-Biografen Tilmann Lahme.)
23 Mischnick: Bundestagsrede vom 1.10.1982, S. 7184 (C).
24 Allensbacher Jahrbuch der Demoskopie, Bd. 8, S. 277.
25 Sommer: Die Koalition ist am Ende.
26 Seidl: Schöne junge Welt, S. 60.
27 Zit. nach Noack: Helmut Schmidt, S. 231.
28 Allensbacher Jahrbuch für Demoskopie, Bd. 8, S. 243f.
29 Zit. nach Pruys: Helmut Kohl, S. 255.
30 Herbert: Drei politische Generationen im 20. Jahrhundert, S. 107.
31 Schmidt: Politischer Rückblick auf eine unpolitische Jugend, S. 251.
32 Backhaus: Sind die Deutschen verrückt?, S. 111.
33 Schmidt: »Aber diese bessere Welt finden Sie nur im Mythos«.
34 Leinemann: Die Angst der Deutschen, S. 7.
35 Ebd., S. 58.
36 Ebd., S. 142.
37 Schmidt: »Manche Manager verdienen einfach zu viel Geld«.
38 Ders.: Handeln für Deutschland, S. 130.
39 Ders.: Rede am 26.6.1995 im Auditorium Maximum der Albert-Ludwigs-Universität Freiburg i. Br. (Abschrift eines Tonbandmitschnitts).

40 Ders.: Das Jahr der Entscheidung, S. 211.
41 Zastrow: Ein widersprüchlicher Kanzler.
42 Zit. nach Anonym: Grüne – ganz groß.
43 Zastrow: Ein widersprüchlicher Kanzler.
44 Sommer: Ein Bundeskanzler ganz wider Erwarten.
45 Wirtgen: Schmidt – Der »Dr. Kimble der SPD«, S. 36.
46 Schmidt: Menschen und Mächte, S. 9
47 Bölling: Die letzten 30 Tage des Kanzlers Helmut Schmidt, S. 81.
48 Schmidt: Bundestagsrede vom 10.9.1986, S. 17668 (B).
49 Ebd., S. 17676 (A).
50 Ebd., S. 17676 (C/D).
51 Ebd., S. 176777 (A).
52 Ebd., S. 17678 (C/D).
53 Ebd., S. 17679 (D).
54 Ebd., S. 17683 (D).
55 Ebd., S. 17684 (A).
56 Leinemann: Trauerarbeit kann nicht vollständig sein, S. 35.
57 Schmidt: Bundestagsrede vom 10.9.1986, S. 17685 (A).
58 Leinemann: Trauerarbeit kann nicht vollständig sein, S. 35.
59 Heimann, Paula: Bemerkungen zum Arbeitsbegriff in der Psychoanalyse, in: Psyche 20 (1966), S. 321, zit. nach Mitscherlich: Die Unfähigkeit zu trauern, S. 78.
60 Ebd., S. 80.
61 Hofmann: Ein Kanzler mit niedrigem Profil.
62 Pötzl: Bismarck, S. 244.
63 Schoppe: Bundestagsrede vom 5.5.1983, S. 249 (D).
64 Künast: Wir haben viel vor; Lau, M.: Orgasmus im Bundestag.
65 Hirschfelder: »Die Gans macht ein schlechtes Gewissen«.
66 Anonym: Alt-Kanzler Helmut Schmidt: »Kohl bringt's nicht«, S. 25.
67 Schmidt: »Es gibt drei große Krisen«, S. 52.
68 Ebd., S. 45.
69 Ebd., S. 53.
70 Hennis: »Diese ganze Generation ist eine Fehlbesetzung«.
71 Schmidt: »Politik zum Schieflachen«.
72 Ders.: Mein Notprogramm für Deutschland.
73 Schwarz: Anmerkungen zu Adenauer, S. 8.
74 Eppler: Schröder – das ist Lotterie, S. 56.
75 Schmidt: Eine ungehaltene Rede an die SPD.
76 Ebd.
77 Leinemann: Höhenrausch, S. 297
78 Krause-Burger: Der Enkel versucht sich an der Rolle des Großvaters.

KANZLER IM SEHNSUCHTSLAND

1 Schmidt: Dankrede zur Verleihung des Point-Alpha-Preises am 17.6.2010 in Rasdorf bei Fulda (Redemanuskript), S. 4.
2 Leicht: Politiker, Publizist, Patriot.
3 Vgl. etwa Schmidt: Das Gesetz des Dschungels, in: Die Zeit, 4.12.2003.
4 Ders.: »Ich bin in Schuld verstrickt«.

5 Hauser: Baader und Herold, S. 26.
6 Schmidt: Politischer Rückblick auf eine unpolitische Jugend, S. 233.
7 Ebd., S. 223.
8 Reemtsma: Über den Begriff »Handlungsspielräume«, S. 3.
9 Ebd., S. 9.
10 Vgl. Schmidt: Der Kurs heißt Frieden, S. 202.
11 Schmidt: Deutschstunde.
12 Kühne: Kameradschaft, S. 234.
13 Ebd., Wobei hier mit Thomas Kühne nicht zwischen Wirklichkeit und Mythos, zwischen wahr und falsch unterschieden werden soll. Für Thomas Kühne bieten Mythen »keine falschen, sondern andere Wahrheiten als die rationalen, wissenschaftlichen Diskurse«, (S. 18).
14 Retzer: Miese Stimmung, S. 155.
15 Schmidbauer: Wie wir wurden, was wir sind, S. 40.
16 Kühne: Kameradschaft, S. 48.
17 Ebd., S. 93.
18 Barzel: Ein gewagtes Leben, S. 52.
19 Krause-Burger: Der Mann mit der Helgoländer Lotsenmütze, Rundfunksendung.
20 Böll: Briefe aus dem Krieg 1939–1945, zit. nach Kühne: Kameradschaft, S. 131.
21 Weizsäcker: Ansprache zum 75. Geburtstag von Helmut Schmidt am 28.2.1994, S. 177.
22 Barzel: Ein gewagtes Leben, S. 50f.
23 »Der Erinnerung eine Zukunft geben«, in: Der Stern, 10.6.1999, S. 152–158, zit. nach Kühne: Kameradschaft, S. 9.
24 Ebd.
25 Leinfelden-Echterdingen 2001.
26 Mezger: Erinnerungen an unsere verlorene Jugend, S. 135.
27 Beust, v.: Irgendwann hat sich ein Politiker verbraucht.
28 Raether: Das Gerede von den Werten.
29 Fest: Die ungeschriebenen Regeln.
30 Minkmar: Der Fahnenflüchtling.
31 Leicht: Pflicht vergessen.
32 Meyer: Schweizer Rede über Deutschland.
33 Ebd.
34 Ders.: Es wird eine Rebellion geben S. 7.
35 Vgl. Pötzl: Bismarck, S. 240ff.
36 Di Lorenzo: Verstehen Sie das, Herr Schmidt?, in: Zeit-Magazin, Nr. 17, 20.4.2011.
37 Glotz: Der einsame Batteriechef.
38 Haupt/Zastrow: Helmut Schmidt erklärt die Welt.
39 Jost Kaiser: Als Helmut Schmidt einmal … Kleine Geschichten über einen großen Mann.
40 Di Lorenzo: Verstehen Sie das, Herr Schmidt?, in: Zeit-Magazin, Nr. 19, 29.4.2013.
41 Schmidt: Was ich noch sagen wollte, S. 229f.
42 Dönhoff: Menschen, die wissen, worum es geht, S. 139.
43 Mohr: Der deutsche Herbstmeister.
44 Demand: Meine Nationalgalerie.
45 Wichmann: Die Frau vom Bahnhof Zoo.
46 Haffner: Überlegungen eines Wechselwählers, S. 10f.
47 Lau, J.: In der Mitte des Lebens. Im Kuschelland.
48 Schmidt: Im Namen der Moral.

49 Weizsäcker: Rede bei der Gedenkveranstaltung im Plenarsaal des Deutschen Bundestages zum 40. Jahrestag des Endes des Zweiten Weltkrieges in Europa.
50 Blumenthal: Streit um die Erinnerung.
51 Schmidt/Stern: Unser Jahrhundert, S. 84.
52 Sommer: Unser Schmidt, S. 177.
53 Krause-Burger: Absurde Vorwürfe gegen Helmut Schmidt.
54 Römer: Erlebt und erforscht.
55 Die Reden des Festakts sind dokumentiert in: Schmidt/Janich/Gethmann: Die Verantwortung des Politikers.
56 Hier und im Folgenden Deppe: An die Mitglieder des Promotionsausschusses und des Fachbereichsrates Gesellschaftswissenschaften der Philipps-Universität Marburg vom 27.5.2006.
57 Vgl. Scherf: Enttäuschte Hoffnungen – vergebene Chancen.
58 Vgl. Steingart: Deutschland. Abstieg eines Superstars.

CHARISMA

1 Festakt für Helmut Schmidt zum 95. Geburtstag am 19.1.2014, NDR, Live-Ausstrahlung; Zitate hier und im Folgenden nach der Fernsehaufzeichnung.
2 Schröder: Zum 70. Geburtstag von Helmut Schmidt.
3 Mann: Otto von Bismarck, S. 153.
4 Ders.: Nicht Geschichte machen wollte er.
5 Wildenmann: Ludwig Erhard und Helmut Schmidt, die charismatischen Verlierer.
6 Diez, Wir sind alle Schmidtisten.
7 Weber: Politik als Beruf, S. 507.
8 Walter: Charisma und Effizienzen, S. 12.
9 Höhler: Die Anspruchsgesellschaft, S. 24.
10 Ebd., S. 30.
11 Ebd., S. 25.
12 Gross: Die Misere der öffentlichen Gefühle, S. 77.
13 Reiber/Bliesemann de Guevara: Von »Visionären« und »weisen alten Männern«, S. 108.
14 Koch: Das Duell, S. 169.
15 Schmidt: Diskussionsbeitrag Bundeskanzler Helmut Schmidt, S. 5f.
16 Encke: Charisma und Politik, S. 33.
17 Ebd., S. 147.
18 Glotz: Letzte Worte von Peter Glotz: »Ich war ein Fechtmeister und ein Sänger«.
19 Posche: Eine Klasse für sich.
20 Bewerunge: Nach dem Tod von Loki.
21 »Da brachen alle Dämme«, in: Der Spiegel, Nr. 49, 1.12.2014, S. 136–139.
22 Baring, A.: Die Wende kam schon vor acht Jahren.
23 Walter: Wer zu spät kommt, darf regieren, S. 140.
24 Mann: Nicht Geschichte machen wollte er, S. 22.
25 Leggewie: Generationsschichten und Erinnerungskulturen, S. 227.
26 Mohr: 68er an der Macht, S. 38.
27 Precht: Grüne Sorgen, schwarze Visionen.
28 Wüllenweber: Danke, Grüne, ihr wart wunderbar!
29 Schmidbauer: Wie wir wurden, was wir sind, S. 17f.
30 Kister: Die Unsterblichen.

Ein Wort des Dankes

Stephan Meyer vom Verlag Orell Füssli hat dem Thema von Anfang an sein Vertrauen geschenkt.
Ute Maack besorgte wieder ein einfühlsames Lektorat.
Mein alter Lehrer und Freund Bernhard Vogelmann gab einmal mehr theologische und philosophische Impulse.
Ingeborg Heiting besorgte die Transkription der Interviews.
Norbert F. Pötzl gab als Erstleser wertvolle Hinweise zum Manuskript.
Helmut Schmidt hat den Zugang zu seinem Depositum im Archiv der sozialen Demokratie der Friedrich-Ebert-Stiftung genehmigt.
Sven Haarmann und Meik Woyke vom Archiv der sozialen Demokratie der Friedrich-Ebert-Stiftung halfen bei Fragen stets fachkundig weiter.
Katja Wollenberg vom Archiv der sozialen Demokratie der Friedrich-Ebert-Stiftung half bei der Auswahl der Fotos und Plakatmotive und machte den Abdruck möglich.
Hermann Eicher ist ebenfalls ein »Ombudsmann des menschlichen Anstands«, wie Helmut Schmidt über Siegfried Lenz sagte.
Ich danke Anna, Annika, Cathy, Jaqueline, Meli, Sina, Valerie, Norman, Paco, Ralf (»Man muss im Leben auch mal hinten anstehen können«), Sven und – ganz besonders – Bülent für das schöne Gefühl, willkommen zu sein.

Quellen- und Literaturverzeichnis

Gespräche und Interviews

Mit Erhard Eppler am 2. September 2003.

Mit Peter Glotz am 15. Mai 2003 (†2005).

Mit Horst-Eberhard Richter am 20. Mai 2003 (†2011).

Mit Helmut Schmidt am 17. Mai 1995.

Ungedruckte Quellen

Bölling, Klaus: Vortrag vor der Helmut-Schmidt-Universität in Hamburg am 29.1.2009, Typoskript.

Schmidt, Helmut: Dankrede zur Verleihung des Point-Alpha-Preises am 17.6.2010 in Rasdorf bei Fulda, Redemanuskript, S. 4; online unter: http://pointalpha.com/sites/default/files/downloads/pointalphapreis/pointalphapreis-2010/dankesrede_helmut_schmidt _internet.pdf [Zugriff: 29.04.2015].

Ders.: Diskussionsbeitrag Bundeskanzler Helmut Schmidt anlässlich der Beratung des 13. Strafrechtsänderungsgesetzes in der SPD-Bundestagsfraktion am 13. Januar 1975, in: Archiv der sozialen Demokratie der Friedrich-Ebert-Stiftung, Depositum Helmut Schmidt, Typoskript.

Ders.: Erwägungen (»Marbella-Papier«). Erweiterte Fassung vom 10.4.1977, Manuskript, Archiv der sozialen Demokratie der Friedrich-Ebert-Stiftung, Depositum Helmut Schmidt.

Ders.: Rede in der Sitzung der SPD-Bundestagsfraktion am 22.3.1977 in Bonn, Typoskript, Archiv für soziale Demokratie der Friedrich-Ebert-Stiftung, Depositum Helmut Schmidt.

Audio- und Videomaterial

Bühler Begegnungen extra. Peter Voß im Gespräch mit Gerhard Schröder, SWR/3sat, Sendung vom 12.3.2007.

Drei Tage vor der Wahl. Diskussion mit Hans-Dietrich Genscher, Helmut Kohl, Helmut Schmidt und Franz Josef Strauß. Moderation Reinhard Appel und Heinz Werner Hübner, WDR/ZDF, Sendung vom 30.9.1976.

Eine neue Jugendrevolte? Diskussion mit Heiner Geißler, Günther Verheugen, Edmund Stoiber, Peter Glotz, Horst-Eberhard Richter und Berliner Hausbesetzern. Moderation: Ruprecht Eser, Horst Schättle, ZDF-Hearing, Live-Sendung vom 11. 2.1981.

Festakt für Helmut Schmidt zum 95. Geburtstag am 19.1.2014, NDR, Live-Ausstrahlung, online unter: http://www.ndr.de/fernsehen/sendungen/ndr_aktuell/ndraktuell18791.html [Zugriff: 01.06.2015].

Koch, Thilo: Helmut Schmidt, NDR, Sendung vom 11.2.1976.

Krause-Burger, Sibylle: Der Mann mit der Helgoländer Lotsenmütze. Helmut Schmidt – ein Porträt, SWF, Sendung vom 6.6.1979.
Schmidt, Helmut: Rede am 26.6.1995 im Auditorium Maximum der Albert-Ludwigs-Universität Freiburg i. Br., Abschrift eines Tonbandmitschnitts.
Schmidt, Helmut/Istvan Bury: Ein Mann und seine Stadt. Hamburg-Portrait von Helmut Schmidt, NDR, 1986.
Stern, Klaus/Klaus Salge: Der Austausch – Die vergessene Entführung des Peter Lorenz, SFB, 1999.
Verleihung des »Bambi« 2001, MDR, Sendung vom 10.11.2011.
Vis-à-vis. Helmut Schmidt im Gespräch mit Frank A. Meyer, Schweizer Radio und Fernsehen (SRF), TV-Sendung, 1989.
Zeugen des Jahrhunderts. Helmut Schmidt im Gespräch mit Klaus Bresser, ZDF, Sendung vom 21.12.1989.
Zeugen des Jahrhunderts. Willy Brandt im Gespräch mit Horst Schättle, ZDF, Sendung vom 13./15.12.1988.

Literatur

Adam, Konrad: Sekundärtugenden, in: Frankfurter Allgemeine Zeitung, 25.2.1999.
Adenauer, Konrad: Die Weihnachtsbotschaft verheißt Frieden, Rundfunkansprache 25.12.1958, in: Bulletin des Presse- und Informationsamtes der Bundesregierung, Nr. 238, 30.12.1958, S. 2375.
Aktion Sühnezeichen/Friedensdienste; Aktionsgemeinschaft Dienst für den Frieden (Hg.): Bonn 10.10.1981. Friedensdemonstration für Abrüstung und Entspannung in Europa, Bornheim 1981.
Albertz, Heinrich: Fürchte dich nicht!, in: Die Zeit, 19.6.1981.
Albrecht, Henning: »Pragmatisches Handeln zu sittlichen Zwecken«. Helmut Schmidt und die Philosophie (= Studien der Helmut und Loki Schmidt-Stiftung, Bd. 4), Bremen 2008.
Allensbacher Jahrbuch der Demoskopie 1974–1976, Bd. 6, Wien, München, Zürich 1976.
Allensbacher Jahrbuch der Demoskopie 1978–1983, Bd. 8, München 1983.
Aly, Götz: Unser Kampf. 1968 – ein irritierter Blick zurück, Frankfurt a. M. 2008.
Anonym: Alt-Kanzler Helmut Schmidt: »Kohl bringt's nicht«, in: Stern, Nr. 15, 2.4.1992, S. 19–25.
Anonym: Grüne – ganz groß, in: Die Zeit, 30.1.1987.
Anonym: »Mein Instinkt sagt mir: Nicht nachgeben«, in: Der Spiegel, Nr. 18, 28.4.1975, S. 23–33.
Anonym: »Wir brauchen Hilfe, das ist viel zu gut«, in: Der Spiegel, Nr. 48, 21.11.1972, S. 19–34.
Apel, Hans: Der Abstieg. Politisches Tagebuch eines Jahrzehnts (1978–1988), 7. Aufl. Stuttgart 1991 (zuerst: 1990).

Auchter, Thomas: Brennende Zeiten. Zur Psychoanalyse sozialer und politischer Konflikte, Gießen 2012.
Bachér, Peter: Keine Gefechte an der Seelenfront bitte. Heute ist Sonntag, in: Welt am Sonntag, 13.3.2005.
Backhaus, Wilhelm: Sind die Deutschen verrückt? Ein Psychogramm der Nation und ihrer Katastrophen, Bergisch Gladbach 1968.
Bahners, Patrick: Im Mantel der Geschichte. Helmut Kohl oder Die Unersetzlichkeit, Berlin 1998.
Bahr, Egon: Zu meiner Zeit, München 1996.
Bannas, Günter: Der Machtkenner. Kanzler Helmut Schmidt, Verantwortungsethiker, war bereit, mit der SPD auszukommen, in: Frankfurter Allgemeine Sonntagszeitung, 20.4.2003.
Baring, Arnulf (in Zusammenarbeit mit Manfred Görtemaker): Machtwechsel. Die Ära Brandt-Scheel, Stuttgart 1982.
Ders.: Die Wende kam schon vor acht Jahren, in: Die Zeit, 8.10.1982.
Baring, Gabriele: Die Deutschen im Trauerstau, in: KGS Berlin 11/2013.
Dies.: Die geheimen Ängste der Deutschen, München 2011.
Barzel, Rainer: Ein gewagtes Leben. Erinnerungen, Stuttgart 2001.
Bauriedl, Thea: Das Leben riskieren. Psychoanalytische Perspektiven des politischen Widerstands, München 1988.
Dies.: Die Wiederkehr des Verdrängten. Psychoanalyse, Politik und der Einzelne, München 1986.
Bergmann, Werner: Realpolitik versus Geschichtspolitik. Der Schmidt-Begin-Konflikt von 1981, in: Jahrbuch für Antisemitismusforschung, Bd. 7 (1998), S. 266–287.
Bernstein, Leonard: Vom Mut, naiv zu sein. Brief an Helmut Schmidt, in: Die Zeit, 8.11.1985.
Beust, Ole von: Irgendwann hat sich ein Politiker verbraucht. Gespräch mit Eckart Lohse, in: Frankfurter Allgemeine Sonntagszeitung, 15.8.2010.
Bewerunge, Martin: Nach dem Tod von Loki. Das einsame Leben des Helmut Schmidt, in: RP online, 22.11.2010, http://www.rp-online.de/politik/deutschland/das-einsame-leben-des-helmut-schmidt-aid-1.2128242 [Zugriff: 09.05.2015].
Biedenkopf, Kurt: Memorandum zur Bundestagswahl 1980, Teil I, im Wortlaut: »Das Bild der CDU wurde ungünstiger, in: Die Welt, 16.1.1979.
Biess, Frank: Die Sensibilisierung des Subjekts. Angst und »Neue Subjektivität« in den 1970er Jahren, in: WerkstattGeschichte 49, Essen 2008, S. 51–71.
Bittorf, Wilhelm: »Irgendwas Irres muss laufen«, in: Der Spiegel, Nr. 15, 6.4.1981, S. 230–245.
Blank, Ulrich/Jupp Darchinger: Helmut Schmidt, Bundeskanzler, Hamburg 1974.

Bliesemann de Guevara, Berit/Tatjana Reiber (Hg.): Charisma und Herrschaft. Führung und Verführung in der Politik, Frankfurt a. M. 2011.
Blumenthal, W. Michael: Streit um die Erinnerung. Über den schwierigen Weg zu einer Ethik des Gedenkens: Der Holocaust und die Öffentlichkeit, in: Frankfurter Allgemeine Zeitung, 9.10.1999.
Bode, Sabine: Die deutsche Krankheit – German Angst, Stuttgart 2006.
Böll, Heinrich: Frankfurter Vorlesungen, Köln 1966.
Bölling, Klaus: Die letzten 30 Tage des Kanzlers Helmut Schmidt. Ein Tagebuch, Reinbek bei Hamburg 1982.
Bopp, Jörg: Endzeitangst, in: Schultz: Angst, S. 290–301.
Ders.: Jugend, Stuttgart 1983 (wieder u. d. T.: Jugend. Umworben und doch unverstanden, Frankfurt a. M. 1985).
Ders.: Trauer-Power. Zur Jugendrevolte 1981, in: Kursbuch Nr. 65: Der große Bruch – Revolte 81, Oktober 1981, S. 151–168.
Ders.: Wir machen es jetzt. Zur Moral der Jugendlichen, in: Kursbuch Nr. 60: Moral, Juni 1980, S. 23–42.
Ders.: Wir wollen keine neuen Herren. Streitschriften zur Jugend- und Psycho-Szene, Frankfurt a. M. 1982.
Botzat, Tatjana u. a.: Ein deutscher Herbst. Zustände 1977, Frankfurt 1997.
Bracher, Karl Dietrich: Die Auflösung der Weimarer Republik. Eine Studie zum Problem des Machtverfalls in der Demokratie, Stuttgart u. a. 1955.
Bracher, Karl Dietrich/Wolfgang Jäger/Werner Link: Republik im Wandel 1969–1974. Die Ära Brandt, in: Geschichte der Bundesrepublik Deutschland, hg. von Karl Dietrich Bracher u. a., Bd. 5/I, Stuttgart 1986.
Brandt, Hugo: »Wir sind nicht die Kompanie des Kanzlers«, in: Der Spiegel, Nr. 49, 3.12.1979, S. 26–29.
Brandt, Willy: Ansprache des Bundeskanzlers zum Jahreswechsel 1970/71, in: Bulletin des Presse- und Informationsamtes der Bundesregierung 1971, Nr. 1, 5.1.1971, S. 1f.
Ders.: Berliner Ausgabe. Hg. von Helga Grebing, Gregor Schöllgen u. Heinrich August Winkler im Auftrag der Bundeskanzler-Willy-Brandt-Stiftung. Bd. 5, bearb. von Karsten Rudolph, Bonn 2002.
Ders.: »Wir haben einen hohen Preis bezahlt«. Bundeskanzler Willy Brandt zieht Bilanz seiner Regierung, in: Der Spiegel, Nr. 40, 25.9.1972, S. 24–31.
Breloer, Heinrich: Todesspiel. Von der Schleyer-Entführung bis Mogadischu. Eine dokumentarische Erzählung, Köln 1997.
Bude, Heinz: Deutsche Karrieren. Lebenskonstruktionen sozialer Aufsteiger aus der Flakhelfer-Generation, Frankfurt a. M. 1987.
Ders.: Elitenwechsel. Deutsche Führungsgruppen zwischen »Bonner« und »Berliner Republik«, in: Ronald Hitzler/Stefan Hombostel/Cornelia Mohr (Hg.): Elitenmacht, Wiesbaden 2004, S. 295–313.

Ders.: Die 50er Jahre im Spiegel der Flakhelfer- und der 68er-Generation, in: Reulecke: Generationalität, S. 145–158.
Ders.: Generation Berlin, Berlin 2001.
Ders.: »Generation« im Kontext. Von den Kriegs- zu den Wohlfahrtsstaatsgenerationen, in: Jureit/Wildt: Generationen (2005), S. 28–44.
Carr, Jonathan: Helmut Schmidt, Düsseldorf 1985.
Carstens. Der jungen Generation fremd. Blitz-Umfrage zur Präsidenten-Wahl unter 16- bis 30jährigen Bundesbürgern, in: Der Spiegel, Nr. 21, 21.5.1979, S. 32–34.
Conze, Eckart: Sicherheit als Kultur. Überlegungen zu einer »modernen Politikgeschichte« der Bundesrepublik Deutschland, in: Vierteljahreshefte für Zeitgeschichte, Nr. 53, 3/2005, S. 357–380.
Ders.: Die Suche nach Sicherheit. Eine Geschichte der Bundesrepublik Deutschland von 1949 bis in die Gegenwart, München 2009.
Dahlke, Matthias: »Nur eingeschränkte Krisenbereitschaft«. Die staatliche Reaktion auf die Entführung des CDU-Politikers Peter Lorenz 1975, in: Vierteljahreshefte für Zeitgeschichte, Nr. 55, 4/2007, S. 641–678.
Demand, Thomas: Meine Nationalgalerie, in: Zeit-Magazin, Nr. 39, 17.9.2009.
Deppe, Frank: An die Mitglieder des Promotionsausschusses und des Fachbereichsrates Gesellschaftswissenschaften der Philipps-Universität Marburg vom 27.5.2006, in: Kontroverse um Helmut Schmidt, online unter: http://www.bdwi.de/show/164166.html [Zugriff: 04.05.2015].
Di Lorenzo, Giovanni: Auf eine Zigarette mit Helmut Schmidt, in: Zeit-Magazin, Nr. 49, 29.11.2007.
Ders.: Lieber Herr Schmidt, in: Die Zeit, 28.6.2007.
Ders.: Lieber Herr Schmidt, in: Die Zeit, 12.7.2007.
Ders.: Verstehen Sie das, Herr Schmidt?, in: Zeit-Magazin, Nr. 47, 12.11.2009.
Ders.: Verstehen Sie das, Herr Schmidt?, in: Zeit-Magazin, Nr. 17, 20.4.2011.
Ders.: Verstehen Sie das, Herr Schmidt?, in: Zeit-Magazin, Nr. 19, 29.4.2013.
Dietz, Gabriele u.a. (Hg.): Wild + zahm. Die siebziger Jahre, Berlin 1997.
Diez, Georg: Wir sind alle Schmidtisten, in: Süddeutsche Zeitung Magazin, Nr. 26, 2.7.2010, online unter: http://sz-magazin.sueddeutsche.de/texte/anzeigen/34178/Wir-sind-alle-Schmidtisten [Zugriff: 30.03.2015].
Doering-Manteuffel, Anselm/Lutz Raphael: Nach dem Boom. Perspektiven auf die Zeitgeschichte seit 1970, 2., erg. Aufl., Göttingen 2010.
Dönhoff, Marion Gräfin: Gestalten unserer Zeit. Politische Portraits, Stuttgart 1990.
Dies.: Menschen, die wissen, worum es geht, Hamburg 1976.
Dies.: Die Zeitbomben ticken schon, in: Die Zeit, 3.1.1975.
Dohnanyi, Klaus von: Im Gegensatz zur Wirklichkeit. Wenn eine Partei Macht- und Verantwortungsbewusstsein verliert, in: Siegmar Schelling/Michael J. Inacker (Hg.): Was ist los mit der SPD? Besorgte Sozialdemokraten melden sich zu Wort, Frankfurt a. M., Berlin 1996, S. 48–53.

Ehmke, Horst: Mittendrin. Von der Großen Koalition zur Deutschen Einheit, Berlin 1994.

Encke, Julia: Charisma und Politik. Warum unsere Demokratie mehr Leidenschaft braucht, München 2014.

Eppler, Erhard: Einsprüche. Zeugnisse einer politischen Biographie. Hg. von Albrecht Bregenzer/Wolfgang Brinkel/Gernot Erler, Freiburg 1986.

Ders.: Ende oder Wende. Von der Machbarkeit des Notwendigen, Stuttgart 1975.

Ders.: Fragebogen, in: FAZ-Magazin, Nr. 756/1994.

Ders.: Kavalleriepferde beim Hornsignal. Die Krise der Politik im Spiegel der Sprache, Frankfurt a. M. 1992.

Ders.: Komplettes Stückwerk. Erfahrungen aus fünfzig Jahren Politik, Frankfurt a. M. 1996.

Ders.: Schröder – das ist Lotterie. Interview mit Erhard Eppler, in: Der Spiegel, Nr. 35, 26.8.1996, S. 53–57.

Ders.: Die SPD – eine gelähmte Partei, in: L '80. Demokratie und Sozialismus. Politische und literarische Beiträge, Nr. 20, November 1981, S. 5–13.

Ders.: Wege aus der Gefahr, Reinbek bei Hamburg 1981.

Faerber-Husemann, Renate: Der Querdenker. Erhard Eppler. Eine Biographie, Bonn 2010.

Faulenbach, Bernd: Das sozialdemokratische Jahrzehnt. Von der Reformeuphorie zur Neuen Unübersichtlichkeit. Die SPD 1969–1982, Bonn 2011.

Felscherinow, Christiane V. («Christiane F.«): Wir Kinder vom Bahnhof Zoo, Hamburg 1978.

Dies./Sonja Vukovic: Christiane F. Mein zweites Leben. Autobiografie, Berlin 2013.

Fest, Joachim C.: Die deutsche Frage: Das offene Dilemma, in: Wolfgang Jäger/Werner Link: Republik im Wandel. 1974–1982. Die Ära Schmidt, Stuttgart 1987, S. 433–446.

Ders.: Die ungeschriebenen Regeln, in: Frankfurter Allgemeine Zeitung, 17.3.2000.

Fetscher, Iring: Neugier und Furcht. Versuch, mein Leben zu verstehen, Hamburg 1995.

Ders.: Ökologie und Demokratie – ein Problem der »politischen Kultur«, in: Klaus Michael Meyer-Abich (Hg.): Physik, Philosophie und Politik. Festschrift für Carl Friedrich von Weizsäcker zum 70. Geburtstag, München 1982, S. 89–105.

Fichter, Tilman: Die SPD und die Nation. Vier sozialdemokratische Generationen zwischen nationaler Selbstbestimmung und Zweistaatlichkeit, Berlin 1993.

Fischer, Frank: »Im deutschen Interesse«. Die Ostpolitik der SPD von 1969 bis 1989, Husum 2001.

Fischer, Joschka/Fritz Stern: Gegen den Strom. Ein Gespräch über Geschichte und Politik, München 2013.

Fogt, Helmut: Politische Generationen. Empirische Bedeutung und theoretisches Modell, Opladen 1982.

Frisch, Max: Rede vor den Delegierten des SPD-Parteitages, Hamburg 1977, in:

Ders.: Gesammelte Werke in zeitlicher Folge. Hg. von Hans Mayer unter Mitwirkung von Walter Schmitz, Bd. 7: 1976–1985, Frankfurt a. M. 1998, S. 34–39.
Furth, Peter: Bemerkungen zur gegenwärtigen Lage des Friedens, in: Olaf Weißbach (Hg.): Troja hört nicht auf zu brennen. Aufsätze aus den Jahren 1981 bis 2007, 2., erw. Aufl., Berlin 2008 (zuerst: 2006), S. 59–77.
Gaus, Günter: Schmidt hat die letzte Chance vertan, in: Stern, Nr. 29, 15.7.1982, S. 50.
Ders.: Zur Person. Von Adenauer bis Wehner. Portraits in Frage und Antwort, Köln 1987, S. 216–244.
Gebhardt, Winfried/Arnold Zingerle/Michael N. Ebertz (Hg.): Charisma. Theorie – Religion – Politik, Berlin 1993.
Giesen, Bernhard: Generation und Trauma, in: Reulecke: Generationalität, S. 59–71.
Giordano, Ralph: Die zweite Schuld oder Von der Last, ein Deutscher zu sein, Hamburg 1987.
Glaeßner, Gert-Joachim/Jürgen Holz/Thomas Schlüter (Hg.): Die Bundesrepublik in den siebziger Jahren. Versuch einer Bilanz, Opladen 1984.
Glotz, Peter: Die Beweglichkeit des Tankers. Die Sozialdemokratie zwischen Staat und neuen sozialen Bewegungen, München 1982.
Ders.: Der einsame Batteriechef. Altkanzler Helmut Schmidt wird 75, in: Die Woche, 22.12.1993.
Ders.: Von Heimat zu Heimat: Erinnerungen eines Grenzgängers, Düsseldorf 2005.
Ders.: Die Innenausstattung der Macht. Politisches Tagebuch 1976–1978, München 1979.
Ders.: Kampagne in Deutschland. Politisches Tagebuch 1981–1983, Hamburg 1986.
Ders.: Letzte Worte von Peter Glotz: »Ich war ein Fechtmeister und ein Sänger«, in: Spiegel online, 2.10.2005, http://www.spiegel.de/kultur/gesellschaft/letzte-worte-von-peter-glotz-ich-war-ein-fechtmeister-und-ein-saenger-a-377257.html [Zugriff: 08.05.2015].
Ders.: Staat und alternative Bewegungen, in: Habermas: Stichworte, S. 474–488.
Greiffenhagen, Martin: Die Bundesrepublik Deutschland 1945–1990. Reformen und Defizite der politischen Kultur, in: Aus Politik und Zeitgeschichte, B 1-2/1991, 4.1.1991, S. 16–26.
Gross, Johannes: Die Misere der öffentlichen Gefühle, in: Scheel: Die andere deutsche Frage, S. 70–80.
Grünewald, Stephan: Deutschland auf der Couch. Eine Gesellschaft zwischen Stillstand und Leidenschaft, München 2007 (zuerst: Frankfurt a. M. 2006).
Gutberlet, Bernd Ingmar: Die 33 wichtigsten Ereignisse der deutschen Geschichte, Bergisch Gladbach 2008.

Habermas, Jürgen (Hg.): Stichworte zur »Geistigen Situation der Zeit«, 2 Bde., Frankfurt a. M. 1979.

Haffner, Sebastian: Überlegungen eines Wechselwählers, München 1980.

Härtling, Peter: Helmut Schmidt, in: Hans-Dieter Baroth (Hg.): Schriftsteller lesen Politikertexte, München 1967, S. 89–97.

Hauff, Volker: Sprachlose Politik. Von der Schwierigkeit, nachdenklich zu sein, Frankfurt a. M. 1979.

Haupt, Friederike/Volker Zastrow (Hg.): Helmut Schmidt erklärt die Welt, Reinbek bei Hamburg 2013.

Hauser, Dorothea: Baader und Herold. Beschreibung eines Kampfes, Berlin 1997.

Havemann, Robert: Offener Brief an Bundeskanzler Helmut Schmidt, in: Kipphardt: Vom deutschen Herbst zum bleichen deutschen Winter, S. 360–365.

Heger, Natalie: Das Olympische Dorf München. Planungsexperiment und Musterstadt der Moderne, Berlin 2014.

Heinrich, Horst-Alfred: Zeithistorische Ereignisse als Kristallisationspunkte von Generationen. Replikation eines Meßinstrumentes, in: ZUMA-Nachrichten, Nr. 39, November 1996, S. 69–94.

Hennis, Wilhelm: »Diese ganze Generation ist eine Fehlbesetzung«. Interview mit Wilhelm Hennis, in: Stern, Nr. 6, 29.1.2004, S. 33.

Ders.: Große Koalition ohne Ende? Die Zukunft des parlamentarischen Regierungssystems und die Hinauszögerung der Wahlrechtsreform, München 1968.

Ders: Planen und Vorsorgen als Regierungsaufgabe, in: ders.: Regieren im modernen Staat. Tübingen 2000, S. 169–182.

Ders.: Politik als praktische Wissenschaft. Aufsätze zur politischen Theorie und Regierungslehre, München 1968.

Ders./Peter Graf Kielmansegg/Ulrich Matz: Regierbarkeit. Studien zu ihrer Problematisierung, 2 Bde., Stuttgart 1977 und 1979.

Herbert, Ulrich: Drei politische Generationen im 20. Jahrhundert, in: Reulecke: Generationalität, S. 95–114.

Hermann, Kai: Ihre Geschichte bewegte Millionen, in: Stern, Nr. 40, 26.9.2013, S. 56.

Hirschfelder: »Die Gans macht ein schlechtes Gewissen«. Gespräch mit Gunther Hirschfelder, in: Frankfurter Allgemeine Zeitung, 24.12.2012.

Hockerts, Hans Günter: Vom Ethos und Pathos der Freiheit – Werner Maihofer (1918–2009), in: Bastian Hein/Manfred Kittel/Horst Möller: Gesichter der Demokratie. Porträts zur deutschen Zeitgeschichte, München 2012, S. 245–268.

Hodenberg, Christina von: Politische Generationen und massenmediale Öffentlichkeit. Die »45er« in der Bundesrepublik, in: Jureit/Wildt: Generationen, S. 266–294.

Hofmann, Gunter: About Schmidt. Metamorphosen eines Mehrheitsdeutschen, in: Cicero online, 11.6.2010, http://www.cicero.de//salon/about-schmidt/46908 [Zugriff: 19.05.2015].

Ders./Christian Staas: Aufbruch in die bunte Republik, in: Die Zeit, 27.9.2012.

Ders.: Ein Kanzler mit niedrigem Profil, in: Die Zeit, 19.9.1986.

Ders.: Willy Brandt und Helmut Schmidt. Geschichte einer schwierigen Freundschaft, München 2012.
Ders.: Die zwei Gesichter des Helmut Schmidt. Der Bundeskanzler vor seiner schwersten Führungsaufgabe, in: Die Zeit, 31.7.1981.
Höhler, Gertrud: Die Anspruchsgesellschaft. Von den zwiespältigen Träumen unserer Zeit, Düsseldorf 1979.
Dies.: Die Kinder der Freiheit. Träume von einer besseren Welt, Stuttgart 1983.
Hornstein, Walter u. a.: Bericht über Bestrebungen und Leistungen der Jugendhilfe – Fünfter Jugendbericht der Bundesregierung, 20.2.1980, Drucksache 8/3685, online unter: http://dip21.bundestag.de/dip21/btd/08/036/0803685.pdf [Zugriff: 05.04.2015].
Jäger, Wolfgang: Koalitionsperspektiven, in: Die politische Meinung, Nr. 302, Januar 1995, S. 49.
Ders./Werner Link: Republik im Wandel 1974–1982. Die Ära Schmidt. Mit einem abschließenden Essay von Joachim C. Fest, in: Geschichte der Bundesrepublik Deutschland, hg. v. Karl Dietrich Bracher u. a., Bd. 5/II, Stuttgart 1987.
Jaide, Walter: Generationen eines Jahrhunderts. Wechsel der Jugendgenerationen im Jahrhunderttrend. Zur Sozialgeschichte der Jugend in Deutschland 1871–1985, Opladen 1988.
Jarausch, Konrad H.: Das Ende der Zuversicht? Die siebziger Jahre als Geschichte, Göttingen 2008.
Jürgs, Michael: Der Tag danach. Vom Verlust der Macht und dem Ende einer Liebe, vom schnellen Tod und von einem neuen Leben. Deutsche Biografien, München 2005.
Jungwirth, Nikolaus/Gerhard Kromschröder: Flokati-Fieber. Liebe, Lust und Leid der 70er Jahre, Frankfurt 1994.
Jureit, Ulrike/Michael Wildt (Hg.): Generationen. Zur Relevanz eines wissenschaftlichen Grundbegriffs, Hamburg 2005.
Kahn, Wolfgang: Helmut Schmidt. Fallstudie über einen Populären, Hamburg 1973.
Kaiser, Jost: Als Helmut Schmidt einmal … Kleine Geschichten über einen großen Mann. München 2012.
Ders.: Generation Wulff, in: Süddeutsche Zeitung, 5./6.2.2000.
Ders.: Typisch Helmut Schmidt: Neue kleine Geschichten über einen großen Mann, München 2013.
Karsunke, Ingrid/Karl-Markus Michel: Bewegung in der Republik 1965–1984. Eine Kursbuch-Chronik, Frankfurt 1985.
Kemper, Claudia: Psychologische Abrüstung. Psychotherapeuten in der westdeutschen Friedensbewegung der frühen 1980er Jahre, in: Maik Tändler, Uffa Jensen (Hg.): Das Selbst zwischen Anpassung und Befreiung. Psychowissen und Politik im 20. Jahrhundert, Göttingen 2012, S. 168–185.
Kempski, Hans Ulrich: Um die Macht. Sternstunden und sonstige Abenteuer mit den Bonner Bundeskanzlern 1949 bis 1999, Berlin 1999.

Kipphardt, Heinar (Hg.): Vom deutschen Herbst zum bleichen deutschen Winter. Ein Lesebuch zum Modell Deutschland, München 1981.

Kister, Kurt: Die Unsterblichen, in: Süddeutsche Zeitung, 26.7.2013.

Klein, Hans: Bundestagsrede vom 18.1.1979, in: Drucksachen und Plenarprotokolle des Bundestages, Plenarprotokoll 8/128, online unter: http://dipbt.bundestag.de/doc/btp/08/08128.pdf [Zugriff: 01.06.2015].

Klotz, Heinrich: Ikonologie einer Hauptstadt – Bonner Staatsarchitektur, in: Martin Warnke (Hg.): Politische Architektur in Europa vom Mittelalter bis heute. Repräsentation und Gemeinschaft, Köln 1984, S. 399–416.

Koch, Peter: Das Duell. Franz Josef Strauß gegen Helmut Schmidt, Hamburg 1979.

Koenen, Gerd: Das rote Jahrzehnt. Unsere kleine deutsche Kulturrevolution 1967–1977, Köln 2001.

Krause-Burger, Sibylle: Absurde Vorwürfe gegen Helmut Schmidt, in: Stuttgarter Zeitung, 9.12.2014.

Dies.: Der Enkel versucht sich an der Rolle des Großvaters, in: Stuttgarter Zeitung, 15.11.1996.

Dies.: Helmut Schmidt. Aus der Nähe gesehen, Düsseldorf 1980.

Kühne, Thomas: Kameradschaft. Die Soldaten des nationalsozialistischen Krieges und das 20. Jahrhundert (= Kritische Studien zur Geschichtswissenschaft, Bd. 173), Göttingen 2006.

Kühnhardt, Ludger: Rhythmen der Politik. Vollziehen sich Umbrüche und Machtwechsel nach zeitlichen Gesetzmäßigkeiten?, in: Frankfurter Allgemeine Zeitung, 14.5.1996.

Künast, Renate: Wir haben viel vor, in: Profil: Grün, März 2011, S. 6f.

Lattmann, Dieter: Die lieblose Republik. Aufzeichnungen aus Bonn am Rhein, München 1981.

Lau, Jörg: In der Mitte des Lebens. Im Kuschelland, in: Die Zeit, 10.3.2014.

Lau, Mariam: Orgasmus im Bundestag, in: Die Zeit, 27.3.2013.

Leggewie, Claus: Generationsschichten und Erinnerungskulturen. Zur Historisierung der »alten« Bundesrepublik, in: Tel Aviver Jahrbuch für deutsche Geschichte, 28 (1999), S. 211–235.

Leicht, Robert: Pflicht vergessen, in: Die Zeit, 2.6.2010.

Ders.: Politiker, Publizist, Patriot, in: Die Zeit, 24.12.1993.

Leinemann, Jürgen: Die Angst der Deutschen. Beobachtungen zur Bewußtseinslage der Nation, Reinbek bei Hamburg 1982.

Ders.: Die halten uns alle für Nicht-Menschen, in: Der Spiegel, Nr. 26, 22.6.1981, S. 24–26.

Ders.: Höhenrausch. Die wirklichkeitsleere Welt der Politiker, München 2004.

Ders.: Der schneidige Weise, in: Der Spiegel, Nr. 51, 20.12.1993, S. 25–28.

Ders.: Trauerarbeit kann nicht vollständig sein, in: Der Spiegel, Nr. 38, 15.9.1986, S. 34f.

Lenz, Siegfried: Genugtuungen sind selten. Szenarium zu einem dramatischen Porträt, in: Der Spiegel, Nr. 19, 5.5.1965, S. 38f.

Leonhard, Elke: Wo sind Schmidts Erben? Die SPD auf dem Weg zur Macht, Stuttgart 1991.

Lohmar, Ulrich: Die neue Kanzlersprache, in: Der Spiegel, Nr. 22, 27.5.1974, S. 9.

Luhmann, Hans-Jochen/Gundel Neveling (hg. im Auftrag des Präsidiums des Deutschen Evangelischen Kirchentages): Deutscher Evangelischer Kirchentag Hamburg 1981, Stuttgart 1981.

Mann, Golo: Briefe 1932–1992. Hg. von Tilmann Lahme und Kathrin Lüssi, Göttingen 2006.

Ders.: »Er ist wie ein Baum, der Blitze anzieht«. Der Historiker Golo Mann über sein Engagement für den Kanzlerkandidaten Franz Josef Strauß, in: Der Spiegel, Nr. 36, 1.9.1980, S. 36–49.

Ders.: Nicht Geschichte machen wollte er, in: Der Spiegel, Nr. 44, 1.1.1982, S. 21–23.

Ders.: Otto von Bismarck, in: Die Großen der Weltgeschichte. Bd. 8, hg. von Kurt Fassmann und Max Bill, Zürich 1977.

Mannheim, Karl: Das Problem der Generationen [1928], in: Ders.: Wissenssoziologie, Berlin, Neuwied 1964, S. 509–565.

Metzler, Gabriele: »Denen mußte es mal gezeigt werden«. Antiterrorpolitik als Politik der Männlichkeit. Beitrag zum Themenschwerpunkt »Europäische Geschichte – Geschlechtergeschichte«, in: Themenportal Europäische Geschichte (2014), http://www.europa.clio-online.de/Portals/_Europa/documents/B2014/E_Metzler_Antiterrorpolitik%20und%20M%C3%A4nnlichkeit.pdf [Zugriff: 26.03.2015].

Dies.: Der deutsche Sozialstaat. Vom bismarckschen Erfolgsmodell zum Pflegefall, München 2003.

Meyer, Christoph: Herbert Wehner. Biographie, München 2006.

Meyer, Frank A.: Es wird eine Rebellion geben. Was unsere Demokratie jetzt braucht. Gespräche mit Jakob Augstein, Zürich 2014.

Ders.: Schweizer Rede über Deutschland, in: Cicero, Nr. 12, 1.12.2006, S. 72.

Mezger, Paul: Erinnerungen an unsere verlorene Jugend. Schicksal einer Generation 1920–1948 (Privatdruck), Leinfelden-Echterdingen 2001.

Michal, Wolfgang: Die SPD – staatstreu und jugendfrei. Wie altmodisch ist die Sozialdemokratie?, Reinbek bei Hamburg 1988.

Minkmar, Nils: Der Fahnenflüchtling, in: Frankfurter Allgemeine Zeitung, 1.6.2010.

Ders.: Der Zirkus. Ein Jahr im Innersten der Politik, Frankfurt a. M. 2013.

Mischnick, Wolfgang: Bundestagsrede vom 1.10.1982, in: Drucksachen und Plenarprotokolle des Bundestages, Plenarprotokoll 09/118, online unter: http://dipbt.bundestag.de/doc/btp/09/09118.pdf [Zugriff: 06.05.2015].

Mitscherlich, Alexander: Auf dem Weg zur vaterlosen Gesellschaft. Ideen zur Sozialpsychologie, 18. Aufl., München 1992.

Ders./Margarete Mitscherlich: Die Unfähigkeit zu trauern. Grundlagen kollektiven Verhaltens, unveränd. Neuausgabe, München 1977 [zuerst: 1967].

Mohr, Reinhard: 68er an der Macht, in: Der Spiegel, Nr. 11, 9.3.1998, S. 37f.

Ders.: Der deutsche Herbstmeister, in: Spiegel Online, 16.12.2008, http://www.spiegel.de/kultur/gesellschaft/altkanzler-schmidt-zum-90-der-deutsche-herbstmeister-a-596686.html [Zugriff: 19.05.2015].

Ders.: Der diskrete Charme der Rebellion. Ein Leben mit den 68ern, Berlin 2008.

Münkel, Daniela: Wer war die »Generation Godesberg?«, in: Klaus Schönhoven/Bernd Braun (Hg.): Generationen in der Arbeiterbewegung, München 2005, S. 343–358.

Nass, Matthias: Auf dreizehn Zigaretten mit Helmut Schmidt, in: Die Zeit, 17.12.2008.

Nayhauß, Mainhardt Graf von: Helmut Schmidt. Mensch und Macher, Bergisch Gladbach 1988.

Niclauß, Karlheinz: Kanzlerdemokratie. Regierungsführung von Konrad Adenauer bis Gerhard Schröder, Paderborn 2004.

Noack, Hans-Joachim: Helmut Schmidt. Die Biographie, Berlin 2008.

Pamperrien, Sabine: Helmut Schmidt und der Scheißkrieg. Die Biografie 1918 bis 1945, München 2014.

Parnes, Ohad/Ulrike Vedder/Stefan Willer: Das Konzept der Generation. Eine Wissenschafts- und Kulturgeschichte, Frankfurt a. M. 2008.

Pokatzky, Klaus: Kandidieren Sie nicht!, in: Der Spiegel, Nr. 21, 21.5.1979, S. 52–57.

Posche, Ulrike: Eine Klasse für sich, in: Stern, 22.12.2008, online unter: http://www.stern.de/politik/deutschland/helmut-schmidt-eine-klasse-fuer-sich-649821.html [Zugriff: 09.05.2015].

Pötzl, Norbert F.: Bismarck. Der Wille zur Macht, Berlin 2015.

Precht, Richard David: Grüne Sorgen, schwarze Visionen. Ökologie in einer angstfreien Gesellschaft, in: Frankfurter Allgemeine Zeitung, 20.3.1999.

Prittie, Terence: Kanzler in Deutschland. Vom ›Alten‹ zum ›Macher‹, Stuttgart 1981.

Pruys, Karl Hugo: Helmut Kohl. Die Biographie, Berlin 1995.

Radebold, Hartmut: Die dunklen Schatten unserer Vergangenheit. Hilfen für Kriegskinder im Alter, 3. Aufl., Stuttgart 2009.

Raether, Till: Das Gerede von den Werten, in: Komm Billy, wir räumen auf! Eine Sonderbeilage zum 30. Geburtstag des berühmtesten Regals der Welt, Brigitte special interest, in Zusammenarbeit mit Ikea, Hamburg 2009, S. 8f.

Reemtsma, Jan Philipp: Über den Begriff »Handlungsspielräume«, online unter: Eurozine, 21.1.2003, http://www.eurozine.com/articles/2003-01-24-reemtsma-de.html [Zugriff: 05.02.2015]. Zuerst in: Mittelweg 36, Nr. 6, 2002, S. 5–23.

Reiber, Tatjana/Berit Bliesemann de Guevara: Von »Visionären« und »weisen alten Männern«: Charisma bei Willy Brandt und Helmut Schmidt, in: Bliesemann de Guevara/Reiber: Charisma und Herrschaft, S. 102–133.

Reichardt, Sven: Authentizität und Gemeinschaft. Linksalternatives Leben in den siebziger und frühen achtziger Jahren, Berlin 2014.

Retzer, Arnold: Miese Stimmung. Eine Streitschrift gegen positives Denken, Frankfurt a. M. 2012.

Reulecke, Jürgen (Hg.) unter Mitarbeit von Elisabeth Müller-Luckner: Generationalität und Lebensgeschichte im 20. Jahrhundert, München 2003 (= Schriften des Historischen Kollegs. Kolloquien 58).

Richter, Claus (Hg.): Die überflüssige Generation. Jugend zwischen Apathie und Aggression, Königstein 1979.

Richter, Horst-Eberhard: Alle redeten vom Frieden. Versuch einer paradoxen Intervention, Reinbek bei Hamburg 1981.

Ders.: Engagierte Analysen. Über den Umgang des Menschen mit dem Menschen. Reden, Aufsätze, Essays, Reinbek bei Hamburg 1978.

Ders.: Die Gruppe. Hoffnungen auf einen neuen Weg, sich selbst und andere zu befreien, Reinbek bei Hamburg. 1976.

Ders.: Ist eine andere Welt möglich? Psychoanalyse und Politik. Vortrag an der Universität Frankfurt, 3.12.2002, in: Ders.: Medizin und Gewissen. Reden für eine menschlichere Welt. Hg. von der Deutschen Sektion der Internationalen Ärzte zur Verhütung des Atomkrieges (IPPNW), Berlin o. J. [2013], S. 55–68.

Ders.: Wanderer zwischen den Fronten. Gedanken und Erinnerungen, Köln 2000.

Ders.: Zur Psychologie des Friedens, Reinbek bei Hamburg 1982.

Richter, Maren: Leben im Ausnahmezustand. Terrorismus und Personenschutz in der Bundesrepublik Deutschland (1970–1993), Frankfurt a. M. 2014.

Römer, Felix: Erlebt und erforscht, in: Die Zeit, 2.1.2015.

Rommel, Manfred: Die Grenzen des Möglichen. Ansichten und Einsichten, Stuttgart 1995.

Rosumek, Lars: Die Kanzler und die Medien. Acht Porträts von Adenauer bis Merkel, Frankfurt a. M. 2007.

Roth, Wolfgang u. a. (Hg.): Schwarzbuch: Franz Josef Strauß, Köln 1972.

Rupps, Martin: Helmut Schmidt. Ein Jahrhundertleben, Freiburg 2013.

Ders.: Die Überlebenden von Mogadischu, Berlin 2012.

Rutschky, Michael: Erfahrungshunger. Ein Essay über die siebziger Jahre, Köln 1980.

Sarkowicz, Hans (Hg.): Sie prägten Deutschland. Eine Geschichte der Bundesrepublik in politischen Portraits, München 1999.

Sattar, Majid: Peer Steinbrück im Kreisverkehr der Lernkurven, in: Frankfurter Allgemeine Zeitung, 19.9.2013.

Scheel, Walter (Hg.): Die andere deutsche Frage. Kultur und Gesellschaft der Bundesrepublik Deutschland nach dreißig Jahren, Stuttgart 1981.

Ders.: Ansprache anlässlich der Vereidigung von Bundespräsident Carstens im Deutschen Bundestag in Bonn (1. Juli 1979), in: Drucksachen und Plenarprotokolle des Bundestages, Plenarprotokoll 8/165, S. 13222–13225, online unter: http://dipbt.bundestag.de/doc/btp/08/08165.pdf [Zugriff: 21.05.2015].

Schelsky, Helmut: Der Mensch in der wissenschaftlichen Zivilisation [1961], in: Ders.: Auf der Suche nach Wirklichkeit. Gesammelte Aufsätze, Düsseldorf 1965, S. 439–480.
Ders.: Die skeptische Generation. Eine Soziologie der deutschen Jugend, Düsseldorf 1957.
Scherf, Harald: Enttäuschte Hoffnungen – vergebene Chancen. Die Wirtschaftspolitik der Sozial-Liberalen Koalition 1969–1982, Göttingen 1986.
Schmidbauer, Wolfgang: Deutschland und seine Väter, in: Die Welt, 16.5.2009.
Ders.: Wie wir wurden, was wir sind. Psychogramm der Deutschen nach 1945, Freiburg 2014.
Schmidt, Doris: Käfig für große Tiere, in: Süddeutsche Zeitung, 10./11.7.1976.
Schmidt, Hannelore: Gezwungen, früh erwachsen zu sein, in: Helmut Schmidt u. a.: Kindheit und Jugend unter Hitler, S. 19–68.
Schmidt, Helmut: »Aber diese bessere Welt finden Sie nur im Mythos«. Helmut Schmidt im Gespräch mit Leonard Bernstein, in: Die Zeit, 15.11.1985.
Ders: »Die Amerikaner haben uns ungeheuer geholfen«. Gespräch mit Helmut Schmidt, in: Der Spiegel Nr. 1, 2.1.2006, S. 48–51.
Ders.: Auf dem Fundament des Godesberger Programms, 2., erw. Aufl., Bonn 1974.
Ders.: Auf der Suche nach einer öffentlichen Moral. Deutschland vor dem neuen Jahrhundert, Stuttgart 1998.
Ders.: Außer Dienst. Eine Bilanz, München 2008.
Ders.: Beiträge, Stuttgart 1967.
Ders.: Buch und Demokratie. Ansprache des Bundeskanzlers in Mainz zum »Tag des Buches« am 10. Mai 1981, in: Pflicht zur Menschlichkeit, S. 234–250.
Ders.: Bundestagsrede vom 22.3.1958, in: Drucksachen und Plenarprotokolle des Bundestages, Plenarprotokoll 03/20, online unter: http://dipbt.bundestag.de/doc/btp/03/03020.pdf [Zugriff: 15.05.2015].
Ders.: Bundestagsrede vom 30.4.1968, in: Drucksachen und Plenarprotokolle des Bundestages, Plenarprotokoll 05/169, online unter: http://dipbt.bundestag.de/doc/btp/05/05169.pdf [Zugriff: 06.05.2015].
Ders.: Bundestagsrede vom 3.12.1981, in: Drucksachen und Plenarprotokolle des Bundestages, Plenarprotokoll 09/70, online unter: http://dipbt.bundestag.de/doc/btp/09/09070.pdf [Zugriff: 06.05.2015].
Ders.: Bundestagsrede vom 17.9.1982, in: Drucksachen und Plenarprotokolle des Bundestages, Plenarprotokoll 9/115, online unter: http://dipbt.bundestag.de/doc/btp/09/09115.pdf [Zugriff: 06.05.2015].
Ders.: Bundestagsrede vom 10.9.1986, in: Drucksachen und Plenarprotokolle des Bundestages, Plenarprotokoll 10/228, online unter: http://dipbt.bundestag.de/doc/btp/10/10228.pdf [Zugriff: 06.05.2015].
Ders.: »Denen mußte es mal gezeigt werden«. Spiegel-Interview mit Bundeskanzler Helmut Schmidt, in: Der Spiegel, Nr. 18, 28.4.1975, S. 26.

Ders.: Deutschstunde. Die Wehrmachtausstellung und ihre historische Bedeutung – Streitgespräch mit Hannes Heer und Habbo Koch, in: Die Zeit, 5.3.2015.
Ders.: Eine ungehaltene Rede an die SPD, in: Die Zeit, 24.11.1995.
Ders.: »Es gibt drei große Krisen«. Alt-Bundeskanzler Helmut Schmidt über die Politik seines Nachfolgers und über die SPD, in: Der Spiegel, Nr. 14, 5.4.1993, S. 41–55.
Ders: Freiheit verantworten, Düsseldorf 1983.
Ders: Friedenspolitik in christlicher Verantwortung. Rede auf dem 87. Deutschen Katholikentag am 3.9.1982, in: Ders.: Freiheit verantworten, S. 119–127.
Ders.: »Fürchtet Euch nicht«. Die Angst sitzt in unserer Seele, doch die Vernunft kann sie überwinden, in: Die Zeit, 23.12.1983.
Ders.: Das Gesetz des Dschungels, in: Die Zeit, 4.12.2003.
Ders.: Hand aufs Herz. Helmut Schmidt im Gespräch mit Sandra Maischberger, München 2002.
Ders.: Handeln für Deutschland. Wege aus der Krise, Berlin 1993.
Ders.: Das Humane und die Technik. Rede vor dem Deutschen Ingenieurstag, Augsburg, 10. Juni 1975, in: Ders.: Vor neuen Herausforderungen. Drei Reden zu Technik, Wissenschaft und Politik, Bonn 1975, S. 5–19.
Ders.: »Ich bin in Schuld verstrickt«. Gespräch mit Helmut Schmidt, in: Die Zeit, 30.8.2007.
Ders.: Im Namen der Moral. Marion Gräfin Dönhoff, Helmut Schmidt und Richard von Weizsäcker im Gespräch über den 20. Juli 1944, in: Die Zeit, 15.7.1994.
Ders.: Das Jahr der Entscheidung, Berlin 1994.
Ders.: Die Jugend anerkennen. Presse- und Informationsamt der Bundesregierung. Reihe Berichte und Dokumentationen Bd. 25, Bonn 1981.
Ders.: Der Kanzler ist kein Volkserzieher. Helmut Schmidt in einem kulturpolitischen Streitgespräch mit Günter Grass, Siegfried Lenz und Fritz J. Raddatz, in: Die Zeit, 22.8.1980.
Ders. u. a.: Kindheit und Jugend unter Hitler, Berlin 1992.
Ders.: Die Kriegsgeneration. Mein Weg zur Sozialdemokratie, in: Die neue Gesellschaft, Nr. 6/1968 (November/Dezember), S. 479–483.
Ders.: Der Kurs heißt Frieden. Düsseldorf/Wien 1979.
Ders.: »Leistung liegt im Deutschen drin«. Kanzler Helmut Schmidt über die deutsche Einheit, Entspannung und die Wirtschaftslage der Bundesrepublik, in: Der Spiegel, Nr. 3, 15.1.1979, S. 32–45.
Ders.: »Man muss tapfer sein«. Helmut Schmidt im Gespräch über Kindheit vor 90 Jahren, in: Zeit Online, KinderZeit-Blog, 21.10.2010, http://blog.zeit.de/kinderzeit/2010/10/21/%C2%BBman-muss-tapfer-sein%C2%AB_7409 [Zugriff: 21.03.2015].
Ders.: »Manche Manager verdienen einfach zu viel Geld«. Gespräch mit Helmut Schmidt, in: Badische Zeitung, 30.6.1995.

Ders.: Der Mann mit dem Goldhelm, in: Die Zeit, 24.7.1987.
Ders.: Mein Notprogramm für Deutschland, in: Bild am Sonntag, 14.4.1996.
Ders.: Menschen und Mächte, Berlin 1987.
Ders.: Pflicht zur Menschlichkeit. Beiträge zu Politik, Wirtschaft und Kultur, Düsseldorf 1981.
Ders.: »Politik zum Schieflachen«, Gespräch mit Helmut Schmidt, in: Cicero 24.6.2010, S. 50–54.
Ders.: Politische und wirtschaftliche Aspekte der westlichen Sicherheit. Vortrag des Bundeskanzlers in London am 28. Oktober 1977, in: Bulletin des Presse- und Informationsamtes der Bundesregierung, Nr. 112, 8.11.1977, S. 1013–1020.
Ders.: Politischer Rückblick auf eine unpolitische Jugend, in: Ders. u. a.: Kindheit und Jugend unter Hitler, S. 188–254.
Ders.: Rede am 20. Juli 2008 aus Anlass des feierlichen Gelöbnisses der Rekruten der Bundeswehr auf dem Platz vor dem Reichstagsgebäude, in: ders.: Sechs Reden, S. 9–16.
Ders.: Rede auf dem SPD-Parteitag im Juni 1966, in: Parteitag der Sozialdemokratischen Partei Deutschlands vom 1. bis 5. Juni 1966 in Dortmund. Protokoll der Verhandlungen, Anträge, Bonn 1966, S. 433–464.
Ders.: Rede auf dem SPD-Parteitag im März 1968, in: Parteitag der Sozialdemokratischen Partei Deutschlands: vom 17. bis 21. März 1968 in Nürnberg; Protokoll der Verhandlungen, angenommene und überwiesene Anträge, Bonn 1969.
Ders.: Rede auf dem SPD-Parteitag am 4. Dezember 2001 in Berlin, online unter: http://www.spd.de/presse/Pressemitteilungen/21498/20111204_rede_helmut_schmidt.html [Zugriff: 15.05.2015].
Ders.: Religion in der Verantwortung. Gefährdungen des Friedens im Zeitalter der Globalisierung, Berlin 2011.
Ders.: Sechs Reden, München 2010.
Ders.: Strategie des Gleichgewichts. Deutsche Friedenspolitik und die Weltmächte, 2., durchges. Aufl., Stuttgart 1969.
Ders.: Vernunft und Leidenschaft zur Friedenspolitik. Rede vor der Zweiten Sondergeneralversammlung der Vereinten Nationen für Abrüstung in New York am 14. Juni 1982, in: Ders.: Freiheit verantworten, S. 104–118.
Ders.: Vom deutschen Stolz. Bekenntnisse zur Erfahrung von Kunst, Berlin 1986.
Ders.: Vortrag und Diskussion beim 31. Kolloquium der Walter-Raymond-Stiftung am 28.3.1993 in München, in: Hans Günther Zempelin/Walter-Raymond-Stiftung: Führung im demokratischen Staat und in der pluralistischen Gesellschaft. 31. Kolloquium München, 28.–30.3.93, Köln 1993, S. 45–78.
Ders.: Vorwort zu: Georg Lührs u. a.: Kritischer Rationalismus und Sozialdemokratie, Bonn 1975, S. VII–XVI.
Ders: Was ich noch sagen wollte, München 2015.
Ders.: Weggefährten. Erinnerungen und Reflexionen, Berlin 1996.

Ders.: »Wir brauchen einen Sportsgeist wie beim Fußball«. Spiegel-Gespräch mit dem amtierenden Fraktionsvorsitzenden Helmut Schmidt über das Mehrheitswahlrecht, in: Der Spiegel, Nr. 11, 6.3.1967, S. 39–46.
Ders.: »Wir dachten nur: Endlich ist es vorbei«, in: Die Zeit, Nr. 18, 6.5.2015.
Ders.: Zum 300. Geburtstag von Johann Sebastian Bach. Rede beim Festakt am 21. März 1985 im Hamburger Michel, in: Ders.: Religion in der Verantwortung, S. 70–78.
Ders./Peter Janich/Carl Friedrich Gethmann: Die Verantwortung des Politikers, München 2008.
Ders./Fritz Stern: Unser Jahrhundert. Ein Gespräch, München 2010.
Schmollinger, Horst W./Peter Müller: Zwischenbilanz. 10 Jahre sozialliberale Politik 1969–1979. Anspruch und Wirklichkeit, Hannover 1980.
Schoppe, Waltraud: Bundestagsrede vom 5.5.1983, in: Drucksachen und Plenarprotokolle des Bundestages, Plenarprotokoll 10/5, online unter: http://dipbt.bundestag.de/doc/btp/10005.pdf [Zugriff: 06.05.2015].
Schreiber, Hermann: Keine Rede von Kraft und Herrlichkeit, in: Rolf Winter (Hg.): Geo Spezial Bonn, Hamburg 1985, S. 42–47.
Ders.: Und Barzel ist ein ehrenwerter Mann, in: Der Spiegel, Nr. 47, 13.11.1972, S. 41–44.
Ders.: Wie schrecklich das schwankt … Über die Krisenfestigkeit der Bonner Bundeskanzler, in: Der Spiegel, Nr. 11, 6.3.1972, 28–34.
Schreiber, Norbert (Hg.): Die Zukunft unserer Demokratie. Initiative – Verantwortung – Gemeinsamkeit. Die Tagung 1978 der Stiftung Theodor-Heuss-Preis und des Politischen Clubs der Evangelischen Akademie Tutzing, München 1979.
Schröder, Gerhard: Bürgerpredigt in der Marktkirche Hannover am Sonntag, 27. Juli 2014 in Hannover, online unter: http://gerhard-schroeder.de/2014/07/27/predigt/ [Zugriff: 15.01.2015].
Ders.: Gerhard Schröder zum 70. Geburtstag von Helmut Schmidt. Eine Bekräftigung und eine Herausforderung, in: Süddeutsche Zeitung, 23.12.1988.
Schultz, Hans Jürgen (Hg.): Angst, Stuttgart 1987.
Schulz, Hermann/Hartmut Radebold/Jürgen Reulecke: Söhne ohne Väter. Erfahrungen der Kriegsgeneration, Berlin 2004.
Schwarz, Hans-Peter: Anmerkungen zu Adenauer, München 2004.
Schwelien, Michael: Helmut Schmidt. Ein Leben für den Frieden, Hamburg 2003.
Seebacher-Brandt, Brigitte: Willy Brandt, München 2004.
Seidl, Claudius: Schöne junge Welt. Warum wir nicht mehr älter werden, München 2005.
Seitz, Norbert: Schmidt – Eppler. Protestanten unter sich, in: Die Neue Gesellschaft Frankfurter Hefte, Nr. 1/2 (2000), S. 32f.
Serke, Jürgen: Mein Sozi der Zukunft, in: Stern, Nr. 29, 15.7.1982, S. 54–60.

Shafir, Shlomo: Helmut Schmidt. Seine Beziehungen zu Israel und den Juden, in: Jahrbuch für Antisemitismusforschung 17 (2008), S. 297–321.
Siemens, Anne: Für die RAF war er das System, für mich der Vater. Die andere Geschichte des deutschen Terrorismus, München 2007.
Soell, Hartmut: Helmut Schmidt. Bd. 1: Vernunft und Leidenschaft. 1918–1969, München 2003.
Ders.: Helmut Schmidt. Bd. 2: Macht und Verantwortung. 1969 bis heute, München 2008.
Sommer, Theo: Atomkrieg ohne Tränen?, in: Die Zeit, 5.8.1977.
Ders.: Ein Bundeskanzler ganz wider Erwarten. Statt eines Porträts: ein offener Brief an Helmut Schmidt, in: Die Zeit, 17.5.1974.
Ders. (Hg.): Demokratie in der Krise. Helmut Schmidt zu Ehren: ein Zeit-Symposium. Zeit-Punkte, Nr. 1, Hamburg 1994.
Ders.: Die Koalition ist am Ende. Doch wer stellt den Totenschein aus?, in: Die Zeit, 17.9.1982.
Ders.: Unser Schmidt. Der Staatsmann und der Publizist, Hamburg 2010.
Steffahn, Harald: Helmut Schmidt, Reinbek bei Hamburg 1990.
Steingart, Gabor: Deutschland. Der Abstieg eines Superstars, 3. Aufl., München 2004.
Stephan, Klaus: Gelernte Demokraten. Helmut Schmidt und Franz Josef Strauß, Reinbek bei Hamburg 1988.
Sternberger, Dolf: Verfassungspatriotismus. Rede bei der 25-Jahr-Feier der »Akademie für Politische Bildung«, in: Ders.: Schriften X: Verfassungspatriotismus, Frankfurt a. M. 1990, S. 17–31.
Strauß, Franz Josef: Bundestagsrede vom 3.12.1981, in: Drucksachen und Plenarprotokolle des Bundestages, Plenarprotokoll 9/70, online unter: http://dipbt.bundestag.de/doc/btp/09/09070.pdf [Zugriff: 01.06.2015].
Tändler, Maik/Uffa Jensen (Hg.): Das Selbst zwischen Anpassung und Befreiung. Psychowissen und Politik im 20. Jahrhundert, Göttingen 2012.
Thies, Jochen: Helmut Schmidt's Rückzug von der Macht. Das Ende der Ära Schmidt aus nächster Nähe, Stuttgart 1988.
Vowinckel, Annette: Anmerkungen zur Mediengeschichte des Terrorismus, in: Konrad H. Jarausch (Hg.): Das Ende der Zuversicht? Die Strukturkrise der 70er Jahre als zeithistorische Zäsur, Göttingen 2008, S. 229–239.
Dies.: Flugzeugentführungen. Eine Kulturgeschichte, Göttingen 2011.
Dies.: Der kurze Weg nach Entebbe oder die Verlängerung der deutschen Geschichte in den Nahen Osten, in: Zeithistorische Forschungen/Studies in Contemporary History, Online-Ausgabe 1 (2004), H. 2, http://www.zeithistorische-forschungen.de/2-2004/id=4742 [Zugriff: 05.02.2015].
Dies.: Terror als Doku-Soap. Die Flugzeugentführungen von Entebbe und Mogadischu in Film und Fernsehen, 1976–1997, in: Frank Bösch, Manuel Borutta (Hg.):

Die Massen bewegen. Medien und Emotionen in der Moderne, Frankfurt a. M./ New York 2006, S. 287–306.
Walter, Franz: Charismatiker und Effizienzen. Porträts aus 60 Jahren Bundesrepublik, Frankfurt a. M. 2009.
Ders.: Die SPD. Biographie einer Partei, überarb. und erw. Ausg., Reinbek bei Hamburg 2009.
Ders.: Vorwärts oder abwärts? Zur Transformation der Sozialdemokratie, Berlin 2010.
Ders.: Wer zu spät kommt, darf regieren, in: Spiegel Geschichte 2/2009, S. 140–142.
Weber, Max: Der Beruf zur Politik, in: Rudolf Weber-Fas (Hg.): Der Staat. Dokumente des Staatsdenkens von der Antike bis zur Gegenwart, Bd. 2, Pfullingen 1977, S. 340–352.
Ders.: Die drei reinen Typen der legitimen Herrschaft, in: Ders.: Soziologie. Universalgeschichtliche Analysen. Politik. Hg. und erl. von Johannes Winckelmann, 5., überarb. Aufl. Stuttgart 1973, S. 151–166.
Ders.: Politik als Beruf, München 1919.
Weinhauer, Klaus: Eliten, Generationen, Jugenddelinquenz und innere Sicherheit: Die 1960er und frühen 1970er Jahre in der Bundesrepublik, in: Jörg Requate (Hg.): Recht und Justiz im gesellschaftlichen Aufbruch (1960–1975). Bundesrepublik Deutschland, Italien und Frankreich im Vergleich, Baden-Baden 2003, S.33–58.
Ders./Jörg Requate/Heinz-Gerhard Haupt (Hg.): Terrorismus in der Bundesrepublik. Medien, Staat und Subkulturen in den 1970er Jahren, Frankfurt a. M. 2006.
Weizsäcker, Carl Friedrich von: Die Verteidigung der Freiheit, in: Ders.: Deutlichkeit. Beiträge zu politischen und religiösen Gegenwartsfragen, München 1978, S. 9–22.
Weizsäcker, Richard von: Ansprache zum 75. Geburtstag von Bundeskanzler a. D. Helmut Schmidt, in: Bürgerschaft der Freie und Hansestadt Hamburg. Parlaments-Dokumentation. Bulletin der Bundesregierung, Nr. 20, 2.3.1994, S. 177–179.
Ders: Bundestagsrede vom 28.1.1981, in: Drucksachen und Plenarprotokolle des Bundestages, Plenarprotokoll 10/228, online unter: http://dipbt.bundestag.de/doc/btp/09/09017.pdf [Zugriff: 18.05.2015].
Ders.: Rede bei der Gedenkveranstaltung im Plenarsaal des Deutschen Bundestages zum 40. Jahrestag des Endes des Zweiten Weltkrieges in Europa. Bonn, 8. Mai 1985, online unter: http://www.bundespraesident.de/SharedDocs/Reden/DE/Richard-von-Weizsaecker/Reden/1985/05/19850508_Rede.html [Zugriff: 04.05.2015].
Ders.: Die Starken und die Schwachen, in: Die Zeit, 21.3.1975.
Wichmann, Dominik: Die Frau vom Bahnhof Zoo. Editorial, in: Stern, Nr. 40, 26.9.2013, S. 3.

Wiegrefe, Klaus: Wider die Politik der Supermächte: Helmut Schmidts Ringen um die Entspannungspolitik 1977–1982, in: Arnold Sywottek (Hg.): Der Kalte Krieg – Vorspiel zum Frieden?, Münster 1993, S. 102–127.

Wildenmann, Rudolf: Ludwig Erhard und Helmut Schmidt, die charismatischen Verlierer, in: Hans-Dieter Klingemann (Hg.): Wahlen und politischer Prozeß. Analysen aus Anlaß der Bundestagswahl 1983, S. 87–107.

Winkler, Willi: Die Geschichte der RAF, Berlin 2007.

Wirth, Hans-Jürgen: Narzissmus und Macht. Zur Psychoanalyse seelischer Störungen in der Politik, Gießen 2002.

Ders.: Verweigerungswünsche. Über die Jugend als Projektionsleinwand unerfüllter Bedürfnisse, in: Michael Haller (Hg.): Aussteigen oder rebellieren. Jugendliche gegen Staat und Gesellschaft, Reinbek bei Hamburg 1981, S. 217–237.

Wirtgen, Klaus: Schmidt – der »Dr. Kimble der SPD«, in: Der Spiegel, Nr. 46, 14.11.1983, S. 34–50.

Witter, Ben: Prominentenporträts, Frankfurt a. M. 1977.

Wüllenweber, Walter: Danke, Grüne, ihr wart wunderbar!, in: Stern, Nr. 48, 22.11.2001, S. 48.

Zastrow, Volker: Ein widersprüchlicher Kanzler. Gedanken über Helmut Schmidt, in: Frankfurter Allgemeine Zeitung, 6.5.1989.

Zons, Achim: Das Denkmal. Bundeskanzler Willy Brandt und die linksliberale Presse, München 1984.

Bildnachweis

S. 38: J. H. Darchinger/Friedrich-Ebert-Stiftung
S. 78: J. H. Darchinger/Friedrich-Ebert-Stiftung
S. 119: J. H. Darchinger/Friedrich-Ebert-Stiftung
S. 175: Plakatgestaltung: Harry Walter, Abdruck mit freundlicher Genehmigung von Petra Karthaus und Roy Walter
S. 235: Grafik: Hermann Degkwitz /Der Spiegel
S. 238: J. H. Darchinger/Friedrich-Ebert-Stiftung
S. 252: J. H. Darchinger/Friedrich-Ebert-Stiftung
S. 316: (c) WDR/Max Kohr

Personenregister

A
Ackermann, Josef 287
Adam, Konrad 220
Adenauer, Konrad 25, 70, 91, 93, 102, 110, 112, 125, 127, 151, 176, 214, 232, 263, 264, 267, 268, 272, 286, 292, 312, 314, 323, 324, 328
Albertz, Heinrich 157, 165, 184, 186, 205, 301
Ali, Muhammad 310
Alt, Franz 184
Aly, Götz 135, 137
Amery, Carl 226
Anders, Günther 104
Apel, Hans 81, 186, 187, 217, 219, 236
Augstein, Rudolf 237

B
Baader, Andreas 163
Bachér, Peter 35, 36, 40, 42
Bach, Johann Sebastian 36
Backhaus, Wilhelm 43, 44, 136, 148, 242, 243
Bahr, Egon 224–226, 293
Bangemann, Martin 130
Baring, Arnulf 133, 322
Baring, Gabriele 41, 45, 50, 58
Barzel, Rainer 39, 40, 60, 66, 71, 76, 77, 117, 120–122, 127, 149, 171, 172, 254, 280, 282
Bastian, Gert 185
Bauriedl, Thea 44
Beckenbauer, Franz 274
Beck, Ulrich 104
Begin, Menachem 297
Beitz, Berthold 124
Benda, Ernst 176
Benedikt XVI. 286, 287, 292
Bernstein, Leonard 184, 244
Beust, Ole von 286, 292
Bewerunge, Martin 319
Biebricher, Thomas 271
Biedenkopf, Ingrid 285
Biedenkopf, Kurt 152, 285
Biermann, Wolf 181, 322
Biess, Frank 208, 209
Bismarck, Otto von 14, 21, 235, 260, 290, 307
Blank, Ulrich 84, 91
Bloch, Ernst 105
Blumenthal, W. Michael 298, 299

Bohnenkamp, Hans 68, 81
Böll, Heinrich 141, 188, 243, 281
Bölling, Klaus 12, 38, 224, 253
Bopp, Jörg 195, 206, 210, 211
Börner, Holger 177, 179, 217
Bracher, Karl Dietrich 74, 185
Brandt, Hugo 120
Brandt, Willy 25, 27, 44, 59, 86, 89, 91, 93, 98, 99, 105, 122, 129, 141, 142, 143, 147–152, 162, 167, 170, 174, 178–180, 185, 188, 189, 194, 214, 215, 219, 220, 224, 226, 227, 229, 230, 232, 234, 236, 248, 250, 252, 268, 272, 287, 288, 292, 303, 308, 309, 312, 313, 314, 315, 320, 321, 324
Brauer, Max 89, 91
Breloer, Heinrich 160, 274–276
Breschnew, Leonid 59, 182, 185
Bresser, Klaus 130
Bubis, Ignatz 221
Bucerius, Gerd 24
Bude, Heinz 49, 73, 207, 208, 209

C

Carr, Jonathan 82
Carstens, Karl 176, 203–205
Carter, Jimmy 114, 226
Christiane F. *siehe* Felscherinow, Vera Christiane
Churchill, Winston 74
Cohn-Bendit, Daniel 180
Conze, Eckart 111, 112, 115, 170

D

Dahlke, Matthias 155, 156, 158
Dahrendorf, Ralf 237
Dehler, Thomas 93
Deppe, Frank 300–303
Descartes, René 194
Diana, Princess of Wales 310
Diez, Georg 309, 318
Di Lorenzo, Giovanni 10, 11, 113, 130, 221, 291, 306
Dohnanyi, Klaus von 86
Dönhoff, Marion Gräfin 37, 38, 49, 75, 146, 220, 245, 293, 296, 297, 324
Dregger, Alfred 325
Dutschke, Rudi 136, 138, 216

E

Ebert, Friedrich 289
Edel, Ulrich (Uli) 197
Ehmke, Horst 87, 98, 107, 108, 135, 225, 228, 231
Encke, Julia 315
Engelhard, Michael 205
Engholm, Björn 223, 267, 268
Enzensberger, Hans Magnus 237
Eppler, Erhard 31, 32, 85, 94, 169, 173, 174, 184, 187, 188, 224–229, 231, 268, 293, 301, 313, 316
Erhard, Ludwig 80, 98, 162, 214, 264, 312, 324
Erler, Fritz 93, 260
Eser, Ruprecht 200

F

Faulenbach, Bernd 229
Felscherinow, Vera Christiane 11, 196–199, 295
Fest, Joachim 237, 288
Fichter, Tilman 122
Fischer, Helene 308
Fischer, Joschka 111, 223, 248, 261, 326, 327
Fogt, Helmut 49
Frankenfeld, Peter 294
Freud, Sigmund 192
Frisch, Max 163, 243
Fromme, Friedrich Karl 71, 72, 73
Furth, Peter 183

G
Gabriel, Anke 304, 306, 315
Gabriel, Sigmar 285, 303, 304
Gaus, Günter 82, 224, 225
Gehlen, Arnold 104
Geißler, Heiner 200, 201
Geller, Uri 141
Genscher, Hans-Dietrich 117, 119, 129, 147, 155, 195, 225, 232
Giesen, Bernhard 58, 218
Giordano, Ralph 69
Giscard d'Estaing, Valéry 15
Glaser, Hannelore *siehe* Schmidt, Hannelore (»Loki«)
Glotz, Peter 27, 46, 88, 90, 172, 173, 174, 191, 199, 200, 291, 292, 317
Goethe, Johann Wolfgang 197
Gorbatschow, Michail 214, 272, 323
Grass, Günter 33, 148, 237
Greiffenhagen, Martin 99
Gropius, Walter 198
Gross, Johannes 124, 289, 314
Gruhl, Herbert 179
Grundig, Max 124
Gumbel, Ludwig 20, 53
Guttenberg, Karl Theodor zu 127
Guttenberg, Karl-Theodor zu 45, 286, 287, 327

H
Habermas, Jürgen 237, 287, 300
Haffner, Sebastian 90, 110, 175, 176, 179, 295
Harpprecht, Klaus 224, 225, 320
Härtling, Peter 98, 187
Hauff, Volker 203, 223
Haussmann, Helmut 130
Havemann, Robert 180–183
Heidegger, Martin 104
Heimann, Paula 258
Heine, Heinrich 246
Heinemann, Gustav 129, 140
Heinrich, Horst-Alfred 30
Hengsbach, Franz 68
Hennis, Wilhelm 108, 226, 267
Herbert, Ulrich 237
Hermann, Kai 196
Herold, Horst 160, 277, 283
Heuss, Theodor 93
Hirschfelder, Gunther 263
Hitler, Adolf 14, 22, 50, 64, 65, 97, 137, 214, 240, 296, 297, 310, 311, 312
Hodenberg, Christine von 34
Hofmann, Gunter 86, 187, 259
Höhler, Gertrud 134, 208, 217, 313, 318
Hollande, François 311
Honecker, Erich 182, 255
Huber, Erwin 45
Huonker, Gunter 189

I
Illies, Florian 26

J
Jäger, Wolfgang 232
Jaide, Walter 53
Janich, Peter 300
Johannes Paul II. 317
Jonas, Hans 326
Jureit, Ulrike 34
Jürgs, Michael 39

K
Kahn, Helmut Wolfgang 68, 82, 123
Kaiser, Jost 215
Kant, Immanuel 152, 253, 301
Karajan, Herbert von 68
Karamanlis, Konstantinos 12
Kelly, Petra 179, 261
Kennedy, John F. 121, 310, 313
Keynes, John Maynard 301
Kiesinger, Kurt Georg 98, 135, 162, 312, 324

Kisker, Klaus-Peter 301
Kister, Kurt 328
Klein, Hans (»Johnny«) 167
Klotz, Heinrich 153
Koch, Ludovica. Siehe Schmidt, Ludovica
Koch, Peter 122
Koch, Roland 215
Koch, Thilo 124
Köhler, Horst 285, 289
Kohl, Helmut 25, 33, 45, 49, 99, 117–119, 125, 147, 148, 151, 153, 155–157, 158, 161, 170, 171, 174, 178, 202, 203, 204, 214, 221, 223, 233, 236, 237–239, 249, 252, 254, 256, 261, 263, 264–267, 271–273, 285, 286, 308, 309, 321, 322, 325, 326, 327
Krause-Burger, Sibylle 38, 55, 62, 87, 269, 281, 300
Kühne, Thomas 62, 85, 279, 282, 283
Kulenkampff, Hans-Joachim 294
Künast, Renate 263

L
Lafontaine, Margret 212, 213
Lafontaine, Oskar 27, 45, 85, 212–223, 224, 225, 229, 231, 239, 270, 285, 312, 326
Lambsdorff, Otto Graf 232, 256, 287
Last, James 141
Lau, Jörg 295
Leggewie, Claus 94, 326
Leicht, Robert 273, 289
Leinemann, Jürgen 43, 77, 80, 147, 208, 245, 257, 258
Lenz, Siegfried 9, 306
Leonhard, Elke 217, 219
Loah, Ruth 306, 320
Lorenz, Peter 154–159
Lücke, Paul 127
Luther, Martin 319

M
Maahn, Wolf 280
Maihofer, Werner 164
Maischberger, Sandra 139, 140, 194, 303, 317
Mann, Golo 148, 233, 307, 324, 325
Mannheim, Karl 28, 30, 31, 33, 49, 262
Marcuse, Herbert 132, 216
Marx, Karl 105, 132, 136
Meins, Holger 154
Meir, Golda 68
Melanchthon, Philipp 319
Merkel, Angela 10, 12, 25, 91, 112, 125, 174, 215, 233, 286, 292, 293, 314, 327
Metzler, Gabriele 159, 160, 162
Mezger, Paul 283, 284
Michal, Wolfgang 217
Minkmar, Nils 222, 289
Mischnick, Wolfgang 77, 233
Mitscherlich, Alexander 43, 72, 122, 148, 192, 211, 229, 258, 324
Mitscherlich, Margarete 43, 72, 122, 148, 192, 258, 324
Mohr, Reinhard 294, 326
Möllemann, Jürgen 130
Mommsen, Hans 237
Mommsen, Wolfgang J. 237
Monnet, Jean 313
Montesquieu, Charles-Louis de Secondat Baron de 242
Moore, Henry 68, 153

N
Nahles, Andrea 262
Nannen, Henri 196, 197
Neckermann, Josef 124
Nell-Breuning, Oswald von 68
Nevermann, Paul 89
Nida-Rümelin, Julian 300, 301
Nietzsche, Friedrich 299

Nixon, Richard 251
Noelle-Neumann, Elisabeth 125, 151

O
Obama, Barack 214, 310, 312
Obama, Michelle 310
Oppenheimer, Robert 182

P
Palme, Olof 313
Pamperrien, Sabine 51, 52, 299, 300
Parnes, Ohad 29
Pawelczyk, Alfons 115
Plessner, Helmut 323
Pokatzky, Klaus 204
Popper, Karl Raimund 152, 173, 177, 227, 290, 301, 302
Posche, Ulrike 318
Pötzl, Norbert F. 260, 290
Precht, Richard David 326
Prittie, Terence 63
Putin, Wladimir 23, 230

R
Radebold, Hartmut 41
Reagan, Ronald 189, 311
Reemtsma, Jan Philipp 276–278
Retzer, Arnold 279
Reuter, Ernst 93
Richter, Horst-Eberhard 44, 45, 149, 180, 188–197, 201, 209, 313
Richter, Ilja 296
Rieck, Horst 196
Rogers, Carl 209
Römer, Felix 300
Rommel, Manfred 216
Rosenthal, Hans 294
Rousseau, Jean-Jacques 242

S
Sadat, Anwar as- 69, 313
Sarkozy, Nicolas 311
Sarrazin, Thilo 185
Scharping, Rudolf 229, 267, 268, 269
Schättle, Horst 178, 200, 201
Schäuble, Wolfgang 45, 285
Scheel, Walter 74, 121, 129, 140–142, 153, 176, 203, 205, 206
Schelsky, Helmut 32, 104
Scherf, Harald 302
Schiller, Karl 85, 93, 98, 149, 231
Schleyer, Hanns Martin 46, 157, 158, 161, 274, 275
Schmidbauer, Wolfgang 65, 69, 70, 73, 80, 218, 279, 327
Schmid, Carlo 93
Schmidt, Doris 153
Schmidt, Gustav Ludwig 20, 21, 53, 54, 55, 62, 83
Schmidt, Hannelore (»Loki«) 13, 54, 56, 66, 70, 306, 308, 319–321
Schmidt, Johann Gustav Adolph 21
Schmidt, Ludovica 21, 53
Schmidt, Susanne 321
Schmidt, Wolfgang 53
Schmude, Jürgen 287
Scholl-Latour, Peter 306
Scholz, Olaf 305
Schoppe, Waltraud 262, 263
Schreiber, Hermann 77
Schröder, Gerhard 25, 27, 46, 47, 125, 126, 174, 178, 215, 219, 226, 229, 230, 236, 239, 252, 261, 262, 264, 268–270, 272, 285, 286, 290, 305, 307, 308, 312, 326, 327
Schröder, Hiltrud (»Hillu«) 46
Schumacher, Kurt 93, 122, 214
Schumann, Jürgen 274
Schütz, Klaus 155, 156
Schwarz, Hans-Peter 268
Schweiger, Til 291
Seebacher-Brandt, Brigitte 220
Seeler, Uwe 291
Seidl, Claudius 235

Serke, Jürgen 212
Simonis, Heide 268
Soell, Hartmut 259, 260, 320
Sölle, Dorothee 301
Sommer, Theo 173, 220, 234, 245, 250, 299, 300, 309
Spinoza, Baruch de 194
Springmann, Baldur 179
Steffahn, Harald 90
Steinbrück, Peer 10, 23, 43, 174
Steingart, Gabor 302
Stephan, Klaus 66, 80, 89, 137
Sternberger, Dolf 145
Stern, Fritz 97, 223, 299
Strauß, Franz Josef 25, 42, 60, 68, 70, 71, 73, 76, 77, 80, 93, 102, 117, 119, 120, 121, 126, 146, 147, 148, 149, 160, 161, 171, 191, 193, 202, 204, 205, 210, 211, 212, 216, 232, 236, 237, 265, 273, 287, 294, 321, 325, 328

T

Thierse, Wolfgang 13
Thies, Jochen 26
Thoelke, Wim 140, 141, 294
Travolta, John 167

U

Ullrich, Jan 273
Utter, Werner 164

V

Vedder, Ulrike 28, 29
Verheugen, Günter 200
Vogel, Hans-Jochen 39, 42, 161, 227, 237, 248, 253, 316
Vogel, Jürgen 291
Voß, Peter 46

W

Walser, Martin 221
Walter, Franz 50, 174, 179, 311, 323, 327
Weber, Max 195, 227, 307, 310, 312
Wedekind, Frank 197
Wegener, Ulrich 275, 276
Wehler, Hans-Ulrich 237
Wehner, Herbert 76, 84, 86, 93, 108, 120, 122, 127, 143, 147, 174, 214, 219, 221, 225, 229, 281, 288, 294, 296–298, 323
Weinhauer, Klaus 27
Weizsäcker, Carl Friedrich von 163
Weizsäcker, Richard von 74, 75, 102, 172, 175, 273, 274, 297
Westerwelle, Guido 17, 130, 262
Wichmann, Dominik 295
Wieczorek-Zeul, Heidemarie 267
Wiegrefe, Klaus 114
Wildenmann, Rudolf 152
Wildt, Michael 33, 34
Wilhelm II. 14, 21, 159, 207
Willer, Stefan 28, 29
Winkler, Willi 154
Wirtgen, Klaus 251
Wirth, Hans-Jürgen 198
Wischnewski, Hans-Jürgen 80, 160, 164, 217
Wissmann, Matthias 262
Witter, Ben 90
Wulff, Bettina 286
Wulff, Christian 45, 215, 286
Wüllenweber, Walter 327

Z

Zastrow, Volker 82, 248
Zimmermann, Friedrich 74, 120, 121, 160, 161, 237, 325
Zöller, Walter 176